부와 가난에 관하여

On Being Rich and Poor
by Jacques Ellul

부와 가난에 관하여

ON BEING RICH AND POOR

자크 엘륄

빌렘 반더버그 엮음, 홍종락·이지혜 옮김

비아토르

일러두기

1. 본문에 인용된 성경은 대한성서공회에서 펴낸 개역개정판을 따랐으며, 다른 번역본을 사용한 경우 따로 표기하였다.
2. '서문'은 엮은이의 글이기에 평어체로 옮겼고, 나머지 부분은 자크 엘륄의 강의이기에 경어체로 옮겼다.

우리가 매순간 일상에서 하는 일은 우리가 하나님의 자녀인지를 묻는
질문에 대한 대답입니다. 우리 삶의 모든 것이 믿음의 시험이기에,
고난을 수반하는 사건들만 따로 생각할 일은 아닙니다.
행복과 부도 포함됩니다. 이것들도 우리 믿음을 시험할 것입니다.

차례

2 야고보서

서문

기독교가 지난 200년간 서구 유럽과 북미에서 산업 문명의 발흥에 미친 영향력을 논한 책은 많았다. 오늘날 기독교는 미국과 캐나다를 비롯한 서구의 경제, 사회, 정치, 윤리에 계속해서 상당한 영향력을 행사하고 있다. 그리고 그 영향력은 막대한 책임을 요구한다. 경제 위기나 문명 붕괴, 환경 파괴 등이 발생했을 때 우리의 역할을 어떻게 설명할 수 있을까? 이런 가능성들을 고려하지 않는 것은 국가와 다국적기업이 지닌 과학적, 기술적 도구의 힘을 무시하는 것이다. 그런 끔찍한 사건이 어떻게, 그리고 어째서 우리의 허를 찌르는지를 조사하는 위원회에 회부된다면, 우리는 개인과 공동의 행동을 어떻게 설명할 수 있을까? 하나님이 우리에게 일이 이 지경이 될 때까지 아무것도 몰랐던 이유를 물으신다면, 우리는 어떻게 대답해야 할까?

나는 그런 위원회도 선지자도 아니기에 독자들이 내게 답해야 할 의무는 없다. 하지만 그렇다고 해서 독자들이 책을 덮어버리고 이 문제에서 자유로울 수 있다는 뜻은 아니다. 독자들은 이 책을 읽으면서, 아모스 선지자를 통해 주신 하나님 말씀에 기독교 공동체가 조금만 더 주의를 기울였다면 지난 20-30년간 북미의 상황이 달라질 수도 있었다고 확신하게 될지도 모른다. 아모스 시대에는 상당한 경제적 확장과 군사적 성공으로 많은 사람들이 부자가 된 반면, 그만큼 많은 사람들이 가난해졌다. 부자들이 기독교 공동체에 들어오는 의미를 두고 고심한 야고보는 이 메시지를 한층 더 강화했다. 유대교 성경과 기독교 성경에 등장하는 가장 심한 말은, 자신이 가진 돈과 권력으로 다른 사람들을 자기 뜻에 복종시킬 수 있는 사람들 차지였다. 게다가 그들의 길은 그리스도인의 삶의 방식과 상반되는 모든 것을 상징한다.

물질적 부가 상징하는 것에는 복음을 받은 결과로 누리는 풍요로움도 포함된다. 이것은 다른 어떤 형태의 부보다 더 가치가 있다. 가장 뛰어난 부인 동시에, 다른 사람들에 대한 우월감으로 변하기 쉬운 부이기도 하다. 우리는 우리가 가는 곳을 아는데, 남들이 그곳에 함께 가길 원하지 않는다면 이 얼마나 안타까운 일인가. 휴거가 오면 맞으면 그만이다. 그 밖의 다른 일은 우리 관심사가 아니다. 이런 가장 큰 부가 금융 자본만큼이나 실재 같은 일종의 경제적, 사회적, 정치적, 윤리적 자본으로 변했다. 그래서 우리는 부자냐 가난한 자냐가 아니라 부자**이면서도** 가난한 자가 되는 것이 무엇인지를 생각해봐야 한다.

우리가 인생을 살면서 주변 세상에 영향을 미치는 동안 우리가 놀라게 되는 또 다른 이유는 이 세상이 동시에 우리에게 영향을 미치기 때문이다. 흔히 받아들여지는 뇌의 가소성이란, 모든 경험은 신경과 시냅스가 뇌-마음의 구조에 미치는 변화로 상징된다는 것을 암시한다. 이 변화는 우리가 삶을 발전시키고 적응하고 우리 정체성을 미묘하게 바꾸도록 도와준다. 이런 종류의 상호작용은 성경 읽기에도 적용된다. 우리는 우리의 언어와 개념, 가치관과 문화로 성경을 이해하려 하기 때문에 우리 삶의 일부를 우리가 읽은 내용에 부과하는 것을 피할 수 없다. 이런 의미에서, 우리는 성경이 우리에게 영향을 미치기 바라는 동시에, 우리 역시 성경에 영향을 미친다. 우리가 성경에 미치는 영향이 성경이 우리에게 미치는 영향보다 더 결정적이라면, 우리 삶과 사회에 맞추어 우리의 이해理解가 조정될 것이고, 그 반대라면 어떻게 성경 메시지가 우리 삶과 사회와 **전적으로 다른지**를 어렴풋하게나마 알게 될 것이다. 많은 연구가 보여주었듯이, 두어 가지 이슈를 제외하고는 그리스도인들은 대체로 우리 사회의 방식을 따르는 데 큰 문제가 없기 때문에 전자의 가능성을 고려하지 않을 수 없다. 우리가 그런 가능성을 인정하더라도, 스스로를 신실한 사람, 곧 그 패턴에 들어맞지 않는 사람으로 여길 수도 있다. 그렇다면 우리는 또 다른 딜레마를 만난다. 어떻게 우리는 일찍이, 철저하게 다른 이 메시지, 너무나 달라서 우리를 곤란하게 만드는 이 메시지를 받을 수 있었을까? 이 메시지가 이미 분주한 우리 인생의 다른 긴장들에 더해서 엄청난 염려와 스트레스를 초래하지는 않았을까? 그랬다면, 우리는 데버루George Devereux, 1908-1985, 루마니아 출신의 프랑스 민속학자, 정신분석학자가 역전이 반응countertransference reaction이라고 부른 것의 유혹을 받았을지도 모른다. 이 역전이 반응은 우리가 어떤 대상을 우리 정체성에 덜 위협적인 것으로 만들기 위해서 그것을 해석하는 방식에 자신도 모르게 적응하는 형태를 취한다. 염려하는 정도가 줄어드는 것이 그 확실한 유익이다. 이 경우에는 우리가 성경 이해에 미치는 영향력이 성경이 우리 이해에 미치는 가능성보다 더 큰, 앞의 가능성으로 돌아간다. 사회학적 관점에서, 북미 지역에서 아모스서와 야고보서의 메시지는 이에 대해 충분한 의문을 제기하지 않았고, 경제적 세계화 시대의 우리 인생 여정을 전환하도록 설득하지 못한 것 같다.

제도화된 기독교를 포기하거나 제도화된 기독교의 언행에 매력을 느끼지 못하는 독자들에게 이 점은 무엇을 시사하는가? 많은 사람들에게 자크 엘륄은 뭔가 색다른 곳으로 향하는 문을 연 사람이다. 나는 이 책은 교회에서 편안함을 느끼는 그리스도인들을 위한 책은 아니라고 말하고 싶은 유혹까지 느낀다. 어쨌든 이 책은 하나님이 인류에게 계획하신 사랑하는 삶이 어떤 것인지, 어떻게 그런 삶을 살 수 있는지에 대해 매우 다른 관점을 제공한다.

현 시대와 장소와 문화를 살아가는 우리가 이 책을 읽으면서 반드시 떠올릴 심상과 가치관과 약속들이 무엇일지 질문하는 것부터 시작해보자. 우리는 이런 영향들을 피할 수 없지만, 우리가 이 책을 읽으면서 사용하려고 하는 '문화 안경'을 비판적으로 살펴봄으로써 그런 영향들에 책임을 질 수는 있다. 이 '안경'을 벗어버릴 수는 없지만, 그것이 우리의 성경 해석에 어떻게 영향을 미치는지를 더 잘 인식할 수는 있다.

북미는 물론 다른 지역의 그리스도인들도 자신의 일상과 성경의 간극이 점점 더 커지는 것을 알고 있는 듯하다. 그와 동시에, 많은 사람들이 우리 삶과 공동체를 형성하고 재형성하는 세계적인 세력 앞에서 무력함을 느낀다. 사회가 우리 이웃의 생계를 희생시키는 것을 불필요하거나 어쩔 수 없거나 정상적인 일로 받아들여야 할까? 사회는 우리 이웃의 일자리를 수출하고, 나이 들거나 일할 수 없을 때 생계 유지를 어렵게 만들고, 청년들에게 공동체 참여에 필요한 유의미한 일자리를 주지 않아서 경제적 소외자로 만들고, 많은 청년들이 비용 문제로 고등교육을 받지 못하게 하고, 기업들이 지역 사회와 국가 운영을 위해 마땅히 내야 할 몫의 세금을 면제해주고, 자유무역 하에서 점점 더 책임을 회피하고 있는 기업에 기초 공공 서비스를 넘겨줘야 한다는 의견을 좇고, 일하는 사람들을 임시 노동력으로 바꿔버린다. 요약하자면, 생산과 자본, 기술 전문가에게는 매우 효과적이지만, 사람들과 생물권에는 아무 효용이 없는 '체제'[1]를 세우는 데 동참하는 것이다. 물론, 모든 사람은 각자 나름대로 자신이 이 그림에 들어맞는 방식과 이유를 설명할 수 있다. 그럼에도, 모든 사람은 그 설명이 아모스서와 야고보서에 대한 책임 있는 읽기에 비할 바는 아님을 알게 될 것이다. 우리가 너무나 당연하게 여기는 것을 좀 더 자세히 살펴보는 것에서부터 시작해보자.

우리는 소위 대중사회에 살고 있다. 나는 다른 책에서, 산업화 이전의 전통사회 사람들은 자신의 경험을 생물권에 자리 잡은 공동체에서 살아가는 삶의 순간으로 상징화함으로써 자기 인생을 세우고 살아갔음을 보여준 적이 있다. 이와 대조적으로, 대중사회는 지식과 행동에 대한 한 분야 중심 접근법discipline-based approaches(이에 대한 자세한 설명은《자유, 사랑, 능력에 관하여》의 서문을 참고하라—옮긴이)에 크게 의존하는데, 이는 일상의 앎과 행위와는 분리되어 있다. 그 결과, 이 대중사회 구성원들의 삶은 탈상징화된다. 따라서 매우 약화되고 탈상징화된 전통과 가치관, 종교적 헌신이 그들 삶의 특징이 된다. 이런 전통적 문화 수단으로 개인과 공동의 삶을 유지하지 못하는 것은 대중매체와 인터넷이 우리를 푹 잠기게 만든 이미지의 홍수로 대개 상쇄되었다. 집합적으로 이런 이미지들은 대세에 적응하고 속하는 방법, '대세를 따라가는' 방법을 말해준다. 우리의 사적인 의견들은 대부분 공공의 의견과 일치하며, 우리 개인의 윤리적 확신이 통계적 윤리를 따라간다고 안심시켜준다. 이 말은 대부분의 사람들의 생각과 행동이 정상으로 간주되고, 정상으로 간주되는 것이 규범이 되었다는 뜻이다.

우리가 잠겨 있는 이미지의 홍수는 우리가 무엇을 먹고 마실지, 무슨 옷을 입고 어떻게 머리를 손질할지, 무엇을 소유하고 무슨 차를 탈지, 어떻게 여가를 보낼지, 의사에게 어떤 질문을 해야 할지, 과학자들에게 무엇을 맡겨야 할지, 어떻게 은퇴를 계획할지, 세상에서 벌어지는 일을 어떻게 이해해야 할지 등을 알려준다. 전통의 단절과 문화의 탈상징화로 우리가 잃어버린 생활방식을 대체하는 특정한 생활방식을 제시한다. 광고는 이런 생활방식을 구체적인 상품과 연결한다. 그 물건이 없으면 이런 생활방식을 누릴 수 없는 것처럼 느끼게 한다. 이런 광고들에는 상품에 대한 정보가 전혀 들어 있지 않다. 처음에는 광고가 문화적 상징을 사용하여 이런 상품들을 새로운 생활방식과 결합했다. 나중에는 탈상징화의 결과로, 기업 로고 같은 기술적 대안으로 대체되었다. 이런 식으로 재화와 서비스는 자신들에게 없는 능력을 부여받았다. 물질 소비는 그 '체제'가 제공해야 할 온갖 좋은 것들에 참여하는 것으로 전환된다. 따라서 많은 비물질적 필요가 물질적인 것들—대량 생산과 대량 소비, 대량 광고에 과도하게 의존하는 대중사회의 필수품—로 채워지는 듯 보인다.

동시에 대중매체는 우리가 맞닥뜨린 어려움과 위기를 알려준다. 우리의 염려는, 정말로 중요한 것이 무엇이냐는 맥락에 그 염려들을 놓음으로써 관리할 수 있다. 즉, 우리는 진보와 역사의 길을 걷고 있는 중이다, 자유시장과 세계 시장이 주도하는 경제 성장은 우리의 모든 고민을 해결해줄 것이다, 민주주의가 독재를 극복할 수 있다, 의학이 우리를 질병에서 구해줄 수 있다, 교육이 우리를 세계 경쟁에서 살아남게 해줄 것이다, 체제가 줄 수 있는 재화와 서비스의 소비는 모든 좋은 것으로 향하는 관문이다, 인류는 계속 발전할 것이다 등. 대중매체는 예단과 고정관념, 이데올로기와 신화 등의 수단으로 모든 사건을 이 목적지로 몰아간다. 그런 접근법은 우리 삶에 아무런 방향이나 준거점을 제시해주지 못한다. 우리는 신화에 접목된 정보의 홍수에 휩쓸리고 만다.

인생과 세상에 대한 이런 심상 이외에도, 우리에게는 가치관과 진정한 헌신에 대한 필요가 있다. 이런 것들은 우리에게 궁극적으로 알 수 없는 실재에 대한 존재론적 근거를 제공해준다. 우리는 그것 없이는 우리가 누구인지, 어떻게 살아야 하는지, 이 세상은 어떻게 될지 상상하기 힘들 정도로 근본적이고 필수적인, 우리 인생과 세상에 존재하는 실체 같은 것을 찾고 있다. 종교적 언어로 표현하자면, 이런 것들이 우리와 우리가 사는 세상을 형성했다. 그렇게 창조하고 유지하는 실체들에는 한계가 없고, 그 자체로 선하다. 우리가 사는 현 세상에서, 그런 실체들에는 과학, 기술, 국민국가, 역사 등이 포함된다.

우리는 마치 과학에는 한계가 없는 것처럼 살고 있다. 과학이 인간의 삶과 세상을 절대 알 수 없다는 주장을 펼치기란 대단히 어려운 형편이다. 그렇다면 지식 영역에서, 우리는 과학만능주의 시대를 살고 있는 듯하다. 우리는 한 번에 한 가지 현상 범주씩 인간의 삶과 세상을 연구하는 특정 분야 중심 과학은 한 가지 범주가 나머지 모든 범주를 지배하는 상황들에만 적용될 수 있다는 것을 전혀 인식하지 못하게 되었고, 따라서 그런 사실을 쉽게 무시할 수 있다. 다른 곳에서도 살펴보았듯이, 지식에 대한 그런 접근법은 기술적인 것에는 가장 적합하지만, 인간과 공동체, 생물권처럼 모든 것이 유기적으로 연결된 살아 있는 실체에는 적합하지 않다. 따라서 과학은 강력한 반反생명 성향의 학문들에 기초하여 체계화되었다. 그러나 우리는 지식에 대한 특정 분야 중심 접근법이 무제한으로 모든 주제를 연구하는 데 사용될 수 있기라도 한 것처럼 산다. 그래서 과학에 대한 세속적 종교적 태도가 생기는데, 이는 인간이 창조한 한 분야 중심 지식 접근법은 특정 상황을 연구하는 데만 적합하다는—다른 상황들에는 부적절하고, 심지어 왜곡을 불러오기까지 한다—분명한 사실을 제거해버린다. 과학 숭배(과학만능주의)는 다른 모든 숭배와 마찬가지로, 막대한 피해를 가져왔다. 과학을 모든 인간 지식의 신으로 떠받들지 않고, 지식에 대한 한 가지 접근법으로 다루었다면 충분히 피할 수 있었을 피해이다. 요약하면, 현대 대중사회에서 과학은 문화인류학, 곧 신과 같은 실체라는 의미에서 세속 신화가 되어버렸다.

현대의 생활방식을 발전시키는 과학의 행보는 한 분야 중심 접근법에 주도권을 거의 빼앗겼다고 해도 과언이 아니다. 이런 접근법들이 전통과 문화를 대체해버렸다. 우리는 효율성을 통해 달성된 기술적 기교에 매료되었다. 우리 삶과 세상에 있는 모든 것은 효율성에 대한 추구를 빼고는 상상할 수 없다. 한 분야 중심 접근법과 거기서 얻는 전문 지식이 아니라면, 다른 어떤 방법이 있을까? 있다면, 그런 접근법들은 제약이 (있다 해도) 거의 없기 때문에 행위의 영역에서는 만능으로 취급된다. 하지만 한 번에 한 가지 현상 범주씩 인간의 삶과 세상을 개선하는 것은 (과학의 경우처럼) 다른 모든 현상 범주를 소홀히 할 수도 있다는 점을 상정한다. 이것은 수많은 현상 범주가 뒤섞여서 이 현상들의 기능과 발전과 관계된 맥락을 구성하도록 돕는, 인간의 삶과 공동체, 생물권의 기본 구조가 중요한 역할을 하지 않음을 암시한다. 성과와 효율만 추구하는 성향은 모든 연결고리를 갈라놓는 '체제'를 만들었다. 이 체제는 (막스 베버가 관찰한) 합리성이라는 현상으로 시작되어, (자크 엘륄이 검토한) 기술의 현상으로 발전했다. 간단히 말해 기술은, 기술이 기계를 다루듯이 인간의 삶과 세상 모든 것을 다룬다. 그래서 우리는 한 분야 중심 지식과 행동으로 달성된 경제 성장이 경제·사회·환경의 삼중 위기를 초래했다는 사실을 거의 인식하지 못한다. 모든 살아 있는 실체는 쇠퇴하고 있다. 이제 우리는 모든 상황을 한 분야 중심 접근법으로 해결해야 할 기술적 문제로 다루고 있다. 그래서 우리 문명은 행위에 대한 이런 접근법이 우리의 유일한 도구가 되는 상황이 되어버렸다. 우리가 집 안 곳곳을 수리하려 할 때 망치질 한 번으로 다 해결할 수 있다고 확신하는 인부를 과연 고용해야 할까? 그렇다면 새는 변기, 고장 난 문짝, 깨진 창문 등을 망치로 한 번 치기만 해도 '고칠' 수 있을 것이다. 이것은 우리 편에서의 세속적 종교적 우상숭배의 절정이다. 효율성의 숭배는 이 효율성을 측정하는 투입·산출 비율이 전통적인 문화적 가치관과 아무 공통점이 없다는 사실을 무시한다. 전통적인 문화적 가치관은 항상 다른 모든 것과의 관계에서 사물을 평가했다. 다시 한 번, 우리는 문화인류학의 의미에서 기술(행위에 대한 한 분야 중심 접근법)을 신화로 바꾸어버렸다.

우리가 하는 일들을 정치적으로 조직하는 문제와 관련해서, 우리는 만사가 정치인 것처럼 살아간다. 이것은 정치적인 모든 것을 다루는 국민국가에 제한이 없음을 암시한다. 따라서 우리의 모든 어려움에는 정치적 해결책이 있고, 이 모든 해결책은 국민국가로부터 와야 한다. 따라서 이 국민국가의 힘은 무제한으로 여겨져야 한다. 국민국가는 인간의 삶과 공동체를 조직하고 지휘하고 유지하는 면에서 전통적으로 문화가 제공했던 역할을 물려받았다. 물론 우리는 오늘날의 정부가 아쉬운 점이 많다는 것은 충분히 잘 알지만, 다음번 선거에서는 이 모든 상황이 근본적으로 변하여 더 나은 내일이 우리를 기다리고 있으리라고 기대한다. 더군다나 모든 사람의 정치적 우선순위는 경제 성장을 자극하기 위해 한 분야 중심 과학과 기술을 100퍼센트 활용하는 것이다. 이 성장은 가능한 한 최대의 부를 생산해내야 하고, 거기서 우리는 청구서를 지불하고 나머지는 교육, 보건, 사회보장, 환경 정화 등 우리가 가치 있게 여기는 것들에 분배한다. 이것은 놀랄 만한 정치적 반전을 이끌어 내어서, 경제 성장이 만들어낸 부를 분배할 때가 이르기까지 우리의 야망을 유보하고 우리의 정치적, 윤리적, 종교적 확신을 잠시 덮어두게끔 하는 데까지 도달한다. 국민국가는 이 성장을 우리 미래의 원천으로 지지하도록 만사를 처리한다. 국민국가가 숭배하는 민주주의는 무한한 정치권력을 소유하게 된다. 다시 한 번, 우리는 국민국가의 신화 속에 살게 된다.

이 모두는 우리가 성인이 되었고 세속 대중사회에 살고 있다는 우리의 확신에 위배된다. 이런 상황에서 우리는 앞서 간 사람들처럼 그것 없이는 우리 삶과 세상을 생각할 수 없는 실체들을 절대화함으로써 궁극적으로 알 수 없는 실재 가운데 지향점을 만들어야 한다는 것을 깨닫지 못한다. 이것은 우리에게 또 다른 신화, 곧 역사의 신화를 가져온다. 다른 모든 대안적 삶의 방식과 문화의 방식이 파괴되거나 약해진 지금, 오로지 한 가지, 미래만 인류에게 열려 있는 듯하다. 이 유일한 역사적 길의 귀결은 '시간이 지나면 알게 될 것'이다. 미래가 그 길과 관련된 모든 것을 판단할 것이다. 우리가 알고 행동하는 모든 것을 한 분야 중심 접근법에 맡기고 거기서 경제 성장을 얻었을 때 '전적으로 다른' 모든 것은 배제되었다.

지금까지 우리가 현대 대중사회에서 성장하고 살면서 획득하는 심상과 가치관, 헌신을 간략하게나마 그려보았다. 우리는 모든 경험이 우리의 뇌-마음 구조에 미치는 신경과 시냅스 변화로 상징화된다는 사실 덕분에 그것들을 내면화하는데, 그 전체는 세상에서 각 사람의 인생을 상징한다. 따라서 우리가 과학과 기술, 경제 성장을 형성하고 발전시키는 동안, 이 인간의 창조물이 동시에 우리를 형성하게 된다. 우리가 우리의 창조물에 미치는 영향력이 그것들이 우리에게 미치는 영향력보다 크다면, 우리는 자유롭다. 하지만 그 반대라면, '새로운 영에 사로잡힌the newly possessed'[자크 엘륄의 책 *The New Demons*(원제는 Les nouveaux possédés—옮긴이)의 프랑스어 제목을 문자 그대로 옮기면 이렇다] 상태가 된다. 문화인류학의 관점에서, 세상을 이해하고 그 가운데 살아가려는 우리의 노력에는 우상숭배도 포함된다. 이제는 우상숭배가 세속적 형태를 취하게 되었지만 말이다. 그 결과, 구약성경 이야기들은 소위 세속사회에 전혀 새로운 의미를 띤다. 구체적으로, 우리는 우리의 생활방식에서 비롯된 심상과 가치관, 약속을 가지고 아모스서와 야고보서를 읽으면서 우리의 방식이 하나님의 방식과 비슷하리라고 기대해서는 안 된다. 오히려, 이 책들을 읽으면서 주요한 역전이 반응을 기대해야 하는데, 이는 그리스도인과 비그리스도인 모두에게 해당할 것이다.

이쯤 해서 종교가 등장할 필요가 있다. 이 개념의 원래 의미는 함께 묶는 것을 가리킨다. 공동체의 구성원을 그렇게 한데 묶는 것은 공유된 문화라는 수단으로 그들이 세상을 이해하고 그 가운데 살아간다면 효과적일 수 있다. 우리는 현대 대중사회에서 대중매체와 정보통신 기술을 통해 그 대부분이 달성되는 것을 목격했다. 그 결과, 우리 모두는 정도의 차이는 있지만 '체제'가 주어야 할 좋은 것들에서 자기 몫을 바란다. 또한 여론과 통계적 윤리에 뿌리내리는 데 별다른 어려움이 없다. 이것들이 모두 '새로운 영에 사로잡힌' 표시인데도 말이다. 우리 가운데 기독교가 있다는 것이 별 차이를 만들어내지 않는다. 예를 들어, 대형 체인점을 애용하는 것은 이웃의 살림살이에 별반 관심이 없다는 뜻이다. 그중 많은 사람의 일거리가 사라졌고, 대형 상점이 시장을 잠식할수록 실직은 계속될 것이다. 불완전 고용과 실직은 사람들 개인의 삶과 가족, 공동체와 국가를 파괴하는 가장 끔찍한 세력 중 하나다. 이런 상황이 지속되도록 내버려두는 정치인들에게 투표하는 것에 반대하는 도덕적 혹은 종교적 장벽은 거의 없는 듯하다. 질병을 제외한다면, 실직만큼 우리 이웃에게서 그들의 품위와 자기 존중, 자신과 남을 돌볼 수 있는 능력을 효과적으로 앗아가는 것이 또 있을까? 그런데도 우리는 해외 수입 인력과, 한 사람이 가족을 먹일 수 있는 일자리들이 사라지는 현상—질병이나 노환으로부터 보호받지 못하는 파트타임 일자리로 대체된다—에 대한 지겨운 통계를 주기적으로 마주한다. 우리는 사람들의 생계가 이렇게 엄청나게 무너지는 현실을 모른다고 주장할 수 없다. 이런 현실을 가난한 사람들은 더 가난해지고 극소수의 부자들은 더 부자가 되는 통계와 연결 짓는 것 같지도 않다. 사람들에게 필수품을 공급해주지 못하는 체제가 어떻게 민주적이라고 할 수 있을까? 어찌 우리는 공동선을 보호하지 않고 경제적 필요에만 허리를 굽히는 정부를 선출할 수 있을까? 확실히, 기독교 공동체는 이웃을 자기처럼 사랑하는 일 이외의 다른 일에 몰두하고 있다.

영적 하나 됨에 관한 한, 기독교의 존재는 본질적으로 두 가지로 압축되는 경우가 많다. (우리가 종교적으로 묶여 있는) 서구식 생활방식에 영성을 추가하는 것과, 일반 구성원으로부터 거의 혹은 전혀 의견을 수렴하는 일 없이 성직자들의 단체에서 사회정의나 낙태, 성적 성향 같은 다양한 주제들을 두고 성명서를 통과시키는 것. 둘 다 그리스도인들의 생활방식에 거의 영향을 끼치지 못하는 것 같다. 따라서 '새로운 영에 사로잡힌' 그들의 존재는 본질적으로 아무런 영향을 받지 않는다. 그러나 다방면에서 사람들로 하여금 그들의 죄를 직면하게 하려는 열정이 있다. 이 사람들은 성경에서 죄를 '어떤 대상에 대한 종'이 되는 것이라고 설명한다는 점을 잊어버린 것 같다. 그렇게 종이 된 결과, 하나님이 우리를 부르신 소명에 충실하지 못하게 되는 것이다. 하나님의 사랑에 잠긴 우리는 해방되었다. 진실로 좋은 것을 누리고 정의로운 것을 생각하며 윤리가 아니라 사랑으로 행동할 수 있는 허락을 받았다. 그런데 우리 일상 행위에 관한 한, 역전이 반응은 우리 사회의 도덕적, 종교적 필요를 채우려는 시도로 우리의 생활방식과 하나님의 방식 사이에 양립 불가능이라는 믿기 힘든 척도를 만들어냈다. 이는 아모스서와 야고보서가 묘사하는 것만큼이나 클 것이다. 우리도 효율성과 맘몬이라는 우상숭배에 빠져 있기 때문에 세속사회가 자기만의 우상을 가지고 있다는 것을 더 이상 인식하지 못한다.

모든 영성과 도덕성, 종교는 본질적으로 사적 영역이 되었다. 나는 평생 동안, 세상에서 가장 큰 종교적, 문화적 다양성을 띤 도시에서 공학, 사회과학, 환경을 전공하는 학생들에게 대형 강의를 했다. 하지만 내가 과제를 내주면 학생들은 한 사람도 예외 없이 (투입-산출 비율에 따른) 한 분야 중심 접근법을 사용하여 배경에 확신을 둘 것이다. 우리 사회의 이원론을 보여주는 확실한 예다. 공적 영역은 한 분야 중심 지식과 행위와 경제 성장에 넘어간 반면, 개인의 삶에서는 종교적 자유를 가질 수 있다. 종교가 우리 삶의 방식과 아무 상관이 없기 때문이다. 우리는 사생활의 대부분은 물론이고 직업 생활에서도 '체제'를 신뢰하고 거기에 속해 있으면서도 하나님을 사랑하고 그분께 속해 있다고 주장할 수 있다. 이것은 확실히 아모스와 야고보가 인정했을 법한 상황은 아니다.

자크 엘륄은 앞 책에서 창세기를 다루면서, 우리가 창세기 도입부에서 윤리와 종교, 마술에 대한 공격과 맞닥뜨린다고 주장했다. 거짓 신을 섬기지 말고 우리 자유를 윤리에 굴복시키지 말라는 이 경고들은 유대교 성경과 기독교 성경에 계속해서 이어지지만, 이 메시지는 대체적으로 이해하기 어렵게 되어버렸다. 기독교가 '수평적'(이웃 사랑) 차원과 '수직적'(하나님 사랑) 차원으로 나뉘었기 때문이다. 소위 '자유주의' 그리스도인들은 전자를 강조하는 반면, 소위 '근본주의 복음주의' 그리스도인들은 후자를 강조하는데, 각 집단에서 불가분한 차원을 가분한 측면으로 바꾸어놓을 정도다. 기독교의 이런 분열은 기독교가 세속 생활방식에 동화되는 데 크게 일조했다. 그 증거는 누구나 볼 수 있을 정도로 확실하다. 대부분의 그리스도인들은 정치가 그들의 대의명분을 이루어주리라 믿기에 특정 정당이나 정부에 동조하는 데 크게 어려움을 느끼지 않는다. 우리에게는 충격일 수 있지만, 아모스서에서는 이를 철저히 정죄한다. 아모스 시대처럼, 정치권력에 대한 이 같은 신뢰는 사회에서 가장 가난하고 약한 사람들에게 엄청난 결과를 가져올 것이다. 북미 기독교의 정치화는 기독교가 안팎과 위아래로 뒤집어졌다는 확실한 표시이다. 이런 기독교는 자유와 사랑으로의 부르심을 재해석하여 서구 생활방식에 대한 맹종으로 바꾸어버린다. 하나님은 '원칙에 입각한' 특정 대통령과 수상들 배후에 계신 형상으로 재창조되셨다. 이것이 가능한 유일한 방법은 우리가 우리의 방식을 하나님의 방식에 꽤 흡사하게 만들었다고 스스로를 설득하는 것이다. 아모스와 야고보가 우리를 이 환상에서 꺼내줄 때 독자들은 또 다른 충격에 대비해야 할 것이다.

나는 우리가 얼마나 세속적으로 변했는가 하는 질문을 던짐으로써 비그리스도인 독자들 역시 똑같은 대비를 하라고 요청하고 싶다. 우리가 과학과 기술, 경제 성장에서 그것들이 줄 수 있는 것 이상을 기대한다면, 머지않아 우리 자녀와 손자손녀들과 이 지구에 끔찍한 결과가 닥칠 것이다. 우리가 창조한 것들이 우리에게 실제로 무슨 일을 해줄 수 있는지, 그것들이 절대로 이룰 수 없는 것은 무엇인지, 그것들이 파괴할 것은 무엇인지를 꼼꼼히 살펴서, 우리 삶을 전적으로 이 세속적 종교적 방식에 맡기는 것을 피해야 한다. 그러지 않고 우리가 그 창조물에 모든 생명체와 이 지구를 맡겨놓는 것은 우리의 세속적 종교적 태도를 전혀 문제 삼지 않는 것이다. 다시 말해, 우리는 인류의 역사만큼이나 오래된 문제들을 해결하지도 않고 피해 가지도 않았다. 그저 그 문제들을 세속적 종교적 형태로 재창조했을 뿐이다. 그것들이 절대 줄 수 없는 것들을 신뢰하면서 말이다. 우리는 우리의 물질적 필요를 채워주고, 우리 삶을 공유하며, 생물권과 관계를 맺는 유일한 방법이 있다고 생각한다. 우리가 전능하다고 생각하는 '망치'로 만사를 내리쳐서 우리의 문제들을 해결하고 더 나은 세상을 만들려고 애쓰고 있다. 아모스와 야고보가 제시한 자유와 사랑은 우리 모두에게 간절히 필요한 것일 수 있다. 하지만 나는 먼저 여러분에게 경고해야겠다. 아모스와 야고보의 메시지는, 우리를 사랑하시고 우리를 얻으려고 모든 것을 포기하신 분이 주신 책망의 말씀이라는 사실을 염두에 두지 않는다면 너무 가혹해서 견디기 힘들 정도다. 아모스서와 야고보서의 결말 부분이 이 점을 확실히 보여준다.

내가 주장한 내용의 결과는 간단하다. 지난 50년간 기독교가 유일하신 참 하나님께 충실했다면, 과학을 지식의 신으로, 기술을 행위의 신으로, 국민국가를 삶을 조직하는 신으로, 역사를 이 선함을 관장하는 시간의 신으로 만들려는 유혹을 거부했을 것이다. 그랬다면 기독교는 반과학, 반기술의 성격을 띠지도 않았을 것이다. 오히려, 과학이 알 수 있는 것과 기술이 할 수 있는 것, 국민국가가 조직할 수 있는 것의 한계를 추적하여 이 한계를 넘어서 할 수 있는 대안을 찾을 수 있었을 것이다. 어쩌면 우리 사회에, 부를 창출하는 경제를 빚을 창출하는 경제로 탈바꿈시킨 심각한 구조적 경제 위기가 찾아오지 않았을지도 모를 일이다. 이런 일이 벌어진 것은 한 분야 중심 접근법이 그것이 만들어낸 문제들을 다루는 '체제'를 세웠기 때문인데, 이 사후 처리 방식은 보상 기술과 서비스를 추가하여 이익보다 빚이 많아지고 결국 비용 발생이 부의 창출을 능가하는 지점까지 도달하게 된다. 과학과 기술이 이런 종류의 경제 성장을 지배하지 않았을 수도 있었을 것이다. 과학과 기술의 한계가 부정적인 피드백 통제라는 수단으로 우리의 가치관과 열망에 따라 그것들을 규제할 수 있었을 것이기 때문이다. 이런 일들은 기독교가 반죽의 누룩이나 음식의 소금처럼 그 부르심에 충실했더라면 일어날 수도 있었을 실제적 결과다. 그런데 오히려, 기독교의 우상숭배는 인류 역사상 가장 파괴적인 세력을 촉발하는 결과를 낳았다. 우리는 이것이 어떻게 끝날지 아직도 모른다. 이제 우리가 아모스와 야고보가 현재와 같은 경제적 세계화와 환경 파괴 시대에 던질 메시지를 들을 준비가 되었기를 바랄 뿐이다.

자크 엘륄을 잘 모르는 독자들을 위해서 간략하게나마 그를 소개하려고 한다. 나는 그를 20세기의 가장 중요한 기독교 사상가로 내세울 만하다고 생각한다. 나는 우리가 사회과학자들이 세상에서 인간 삶의 발전을 묘사하고 예측하는 능력에 근거해서 개념과 이념을 평가하지 않는 데 늘 놀라곤 했다. 우리는 이런저런 지적 유행을, 그것들을 시험해보는 일도 없이 전전할 뿐이다. 만약 시험해봤다면, 자크 엘륄의 개념과 이론이 20세기 후반의 주요 사건들을 대부분 정확히 예측했다는 것을 금세 발견할 것이다. 이는 어느 프랑스 기자의 취재 기록으로도 확인이 된다. 우리가 어디서 과학과 기술을 우리의 가장 강력한 창조물로 취하고 있으며, 이 창조물들이 인간의 삶과 사회와 생물권에 대한 막대한 영향력을 통해 우리를 어디로 데려가고 있는지를 이해하는 데 평생을 바친 한 사람으로서, 나는 (막스 베버 정도를 제외하고는) 다른 어떤 사상가도 이런 평가를 받지 못했다는 사실을 잘 안다.

자크 엘륄의 기독교도 굉장히 독특했다. 인생에서 신의 존재를 인식한 그는 모든 것을 다시 생각하고 새로운 태도를 찾아야만 했다. 그는 자신과 비슷한 생각을 가진 사람들과 교제하려 했지만 제도화된 기독교는 거의 도움이 되지 않았다. 그 결과는 어떤 신학이나 철학이 아니라, 당대의 세상에서 빛 되신 분과 동행하는 것이었다. 그는 자신이 성경을 읽고 해석할 때 사용하는 '문화 안경'을 비판적으로 인식하고 있었다. 따라서 이 안경과 초월해 계신 하나님의 방식 사이에 필연적으로 변증법적 관계가 세워졌다. 그 내용은 대부분 그가 저술한 책에 담겼는데, 한편으로는 사회적, 정치적, 역사적 요소로, 다른 한편으로는 성경과 기독교의 역할에 대한 연구로 나뉠 수 있다. 따라서 이 두 요소의 변증법적 긴장 때문에 신학이나 철학, 역사 같은 학문으로의 도피는 차단되었다.

자크 엘륄은 기술이 '20세기의 도박'이라고 경고했다. 나는 다른 책에서, 기술이 인간의 삶과 사회에 미치는 탈상징화 효과가 **우리 자신에 대한 전쟁**을 개시했고, 전 지구적 파국을 빼면 이 전쟁이 21세기의 특징이 될 것이라고 주장한 바 있다. 북미의 생활방식은 인류 개인과 공동의 삶을 탈상징화하고 있으며, 따라서 지금까지 우리를 인간으로 만든 것을 약화하고 파괴하고 그 자리에 아무것도 두지 않는다. 이것은 우리가 우리 자신의 창조물과 상호작용한 결과다. 우리가 그 창조물들을 바꾸는 사이, 그것들도 동시에 우리를 바꾼다. 이 이론은 많은 것을 설명해주는데, 특히 정보통신 기술과 인터넷의 영향력과 관련해서 그렇다. 우리는 이후의 사건들이 이를 증명해주는지 지켜봐야 한다.

북미에서 기독교의 빛이 사라지지 않으려면, 이 책이 시도하는 종류의 성경 연구가 더 많아져야 할 것이다. 자크 엘륄이 이 책에서 지적하듯이 우리는 성경을 공동체적으로 읽을 필요가 있다. 우리는 공동체적으로, 우리가 성경을 읽을 때 가져오는 전제들과 성경 내용을 대면시켜야 한다. 또한 우리가 성경에서 배우는 내용을 우리 삶과 세상과 대면시켜야 한다. 이것은 결코 쉬운 일이 아니다. 번역상의 오류와, 성경이 좀 더 쉽게 읽히고 받아들여지도록 신학적으로 조정한 내용을 짚어낼 만큼 성경 원어를 잘 아는 사람들이 필요하다. 우리가 현 시대와 장소, 문화에 살면서 성경 연구에 가져오는 전제들을 생각해본 사람들도 필요하다. 우리 모두는 그렇다면 이 세상에서 어떻게 살아가야 할지를 결정해야 한다. 이 모든 요소가 어떻게든 맞물려야 한다. 한 가지는 확실하다. 최신 기독교 기관이나 교회 조직 중에서 그런 성경 연구를 용인해줄 곳을 나는 알지 못한다. 이 연구가 기독교의 종교 기득권층을 뒤흔들어놓을 것이기 때문이다.

마지막으로, 이 책이 나오게 된 과정을 소개하는 것이 독자들에게 도움이 될 것이다. 나는 나토NATO 박사 후 과정 펠로우로 있던 1973년과 1978년 사이 거의 5년 동안 자크 엘륄의 야고보서 성경

공부를 테이프에 녹음했다. 대부분은 우리가 성경을 함께 연구하는 시간에 그가 공식적으로 발표한 내용이다. 우리 중에 보르도 대학의 교수 혹은 동료인 그를 향해 존재론적 질문을 던진 사람들이 있었다. 우리의 배경은 매우 다양해서 (거의 비슷한 숫자로) 개신교인, 가톨릭교인, 유대교인, 불가지론자가 있었다. 이 야고보서 연구에, 나중에 그가 페사크Pessac의 지역 교회에서 메리냐크Merignac 교회 성도들과 그 지역 가톨릭교회 성도들을 초청해서 한 성경 연구 내용에서 상당한 분량을 엮어 넣었다. 아모스서 연구는 자크 엘륄이 페사크에서 똑같은 그룹과 함께한 성경 연구를 녹음했다. 자크 엘륄은 이전의 성도들과 처음에는 자기 집 주방에서 모임을 시작했지만, 나중에는 집 근처 장소를 별도로 구입하여 성경 공부 모임 장소로 개조했다.

내게 없는 성경 공부 테이프 복사본을 미국 공항까지 가져다준 뷔르네 메다르Burney Medard에게 큰 빚을 졌다. 아모스서 연구에서 두 회에 해당하는 녹음이 누락된 것을 발견했는데, 필리프 루이제Philippe Louiset가 이 테이프들을 구해주었다. 오랫동안 자크 엘륄에게 이 성경 공부를 출판하라고 권했지만, 죽기 1년 전에 마지막으로 그를 만났을 때에야 이제 기회가 없을지도 모른다고 생각한 그에게서 허락을 받을 수 있었다. 음성 녹음을 활자로 바꾸는 작업은 예상 외로 쉽지 않아서, 프랑스어 책은 엄두를 내지 못했다. 적절하다고 생각하는 곳에는 내용을 덧붙일 수 있는 허락을 받았다. 이 사랑의 수고를 적극 후원해준 저자의 자녀들에게 감사한다. 이 성경 연구는 자크 엘륄의 저작을 완성하는 중요한 작품이다. 독자들은 이 시리즈의 1권《자유, 사랑, 능력에 관하여》를 읽으면 이 책을 이해하는 데 도움이 될 것이다. 이런 이유로 꼭 필요하다고 생각하는 곳에서 그 책을 언급한 곳이 몇 군데 있다. 토론 도중에 엘릴이 상세한 설명을 덧붙인 내용은 가능한 한 본문에 포함시켰으며, 그렇게 하기 힘든 경우에는 "이제 여러분의 질문에 답해보겠습니다"라는 문구를 붙여 추가했다.

늘 그렇듯이, 이 책이 쉽게 읽히도록 하는 데 큰 도움을 준 아내에게 말할 수 없는 빚을 졌다. 스스로 처리하지 못하는 몇몇 일 때문에 좌절하기 쉬운 시각장애인 저자와 함께 일하는 것이 늘 쉬운 것만은 아니다. 딸 에스더에게도 큰 도움을 받았다. 새로운 경력을 위해 다시 대학으로 돌아가게 된 딸은 학기 시작을 앞두고 여름 내내 나와 함께 작업에 몰두했다. 우리 자녀들이 '체제'를 위한 '비정규직 노동자'가 되어 평생 직업은 사실상 불가능해졌다는 사실을 받아들여야 하는 것이 우리 시대의 또 다른 표지다. 에스더가 학업으로 바쁠 때 책의 마무리 작업을 도와준 아들 데이비드에게 고마움을 전한다. 주 내용과 관련하여 피드백과 제안을 주었지만, 여러 이유로 이름을 밝히기 힘든 여러 독자들에게도 감사한다. 히브리어와 그리스어를 음역해준 크레이그 바르톨로뮤Craig Bartholomew에게도 감사한다. 이 모든 수고가 북미를 비롯한 전 세계의 신실한 남은 자들이 계속해서 자기 자리를 지키는 데 기여하기를 바란다.

2013년 토론토에서

빌렘 반더버그

On Being Rich and Poor

Jacques Ellul

아모스

1

1. 아모스 도입

이번 장에서는 도입 삼아 세 가지 주제를 다루겠습니다. 선지자의 역할, 아모스서의 역사적 배경, 아모스라는 사람과 그의 생애입니다. 첫 번째부터 시작해봅시다. 히브리어에는 선지자를 나타내는 단어가 세 가지 있습니다. 아모스는 세 단어를 별 구분 없이 사용합니다. 가장 흔한 단어 '나비*nabi*'는 하나님의 종을 가리킵니다. '로에*roeh*'라는 단어는 '보는 자'라는 뜻입니다. 세 번째로 '호제*hozeh*'는 흔히 직업적 선지자를 가리킵니다.

몇 가지 흔한 오해가 있는데, 우선 선지자는 미래를 예견하는 사람이 아닙니다. 선지자는 거룩한 사람도, 성령에 사로잡힌 자라고 부를 만한 사람도 아닙니다. 최근에 나온 보다 흔한 해석에 따르면, 선지자는 하나님의 말씀을 전하는 일반적인 설교자입니다. 이 해석은 바울이 사도, 집사, 기적을 행하는 자같이 다양한 직책을 구분한 것을 근거로 삼습니다(고전 12:28—옮긴이). 이 목록에 선지자도 들어 있었기 때문에, 사람들은 바울 시대의 선지자가 어떤 사람이었을지 추측해보게 되었습니다. 어떤 사람들은 하나님의 말씀을 전하는 이들이 오늘날 개신교회에서 선지자에 가장 근접하는 사람들이라는 결론을 내렸습니다. 하지만 그들의 역할과 하는 일은 구약성경의 선지자들과 관련성이 거의, 또는 전혀 없습니다. 여러 본문에 근거하여, 하나님의 심판과 정죄, 형벌을 선포하는 이들이 선지자였다는 결론을 내린 이들도 있습니다. 하지만 그것이 그들의 주된 역할은 아니었습니다.

성경의 선지서들을 분석해보면 선지자들이 감당했던 역할이 그보다 훨씬 복잡했음을 알 수 있습니다. 우선, 그들은 당대 이스라엘에 영향을 끼친 사회적, 정치적, 국제적 사건들을 인지했고, 그 의미까지 이해하고 있었습니다. 그들은 그 맥락 안에서 이스라엘 정치 지도자들의 행동과 적국들의 행동을 평가했습니다. 그들은 당장의 위험과 잠재적 위험, 위기, 전쟁 등 주변국들에서 벌어지는 일들을 꿰고 있었던 것입니다. 그들은 이스라엘이 처한 상황을 정치적, 도덕적으로 판단했습니다. 하지만 영적인 판단을 내리지는 않았습니다. 자신들의 판단이 하나님의 계시라고 주장하지도 않았습니다.

선지자들은 그런 여러 판단을 근거로 이스라엘이 현재의 방향으로 계속 나아간다면 이런저런 결과를 맞이하게 될 것이라고 선포하게 됩니다. 사건이 전개되는 '논리'에 따라 반드시 찾아올 전쟁, 추방, 기타 재난들을 예측한 것입니다. 별도의 개입이 없다면 필연적으로 벌어질 일들을 파악한 것이지요. 그런 '통상적인' 사건 전개는 지금도 볼 수 있습니다. 제2차 세계대전은 1939년에 일어났지만, 1933년에도 본질적으로 예측 가능한 사건이었습니다. 당시의 상황이 그대로 전개되도록 내버려두면 전쟁은 불가피한 일이 될 터였습니다. 오늘날 우리가 만들어내고 있는 수많은 위험에 대해서도 같은 말을 할 수 있을 것입니다. 위험이 현실이 되도록 허용한다면, 우리는 셀 수 없이 많은 위기에 직면하게 될 것입니다.[1]

그다음, 선지자들은 하나님의 백성을 향해 다가오는 사건들과 재앙들을 하나님의 심판으로 해석해야 한다고 경고했습니다. 현재의 상황을 그냥 내버려두면 통상적으로 벌어질 사건이고 재앙이지만, 여기서 역사가 그렇게 전개되도록 허용하시는 하나님을 알아보아야 한다는 것이었습니다. 당시 상황에서 하나님을 알아보자 그 상황을 정치적, 도덕적으로 해석하는 수준을 넘어 거기서 하나님의 심판과 경고를 볼 수 있게 되었습니다. 유대 민족이 이런 식으로 세상사의 흐름을 분별해야 했다면, 우리 그리스도인들도 분명 같은 일을 해야 할 것입니다.

또한 선지자들은 이스라엘 백성이 회개하고 삶의 방향을 바꾸는 적절한 행동을 취한다면 하나님이 그들을 용서하시고 사건의 경과에 개입하셔서 아무 일도 일어나지 않을 거라고 선언했습니다. 다시 말해, 하나님은 이스라엘 백성이 제때 회개하면 여러 사건과 재앙을 막아주시는 분이지, 그 일들이 일어나게 하는 존재는 아니라는 것입니다. 이것이 모든 예언에 들어 있는 요소들입니다. 선지서를 읽을 때는 몇 구절만 문맥에서 떼어내지 말고 책 전체를 읽어야 합니다. 그래야 이 부분이 분명히 드러나고 같이 묶여야 할 것을 묶어서 생각하게 됩니다. 주어진 사건에 대한 정치적, 도덕적 해석, 다가올 재앙, 심판에 대한 분별, 회개의 촉구. 이 모든 요소는 선지자들의 역할일 뿐 아니라 예언적 메시지의 필수 요소입니다.

선지자들이 활동을 시작한 시기와 이유를 살펴보면 그들의 이런 면모를 더 잘 이해할 수 있습니다. 그들은 이스라엘에 왕정이 만들어진 것과 거의 동시에 나타나기 시작했습니다. 사울, 다윗, 솔로몬의 통치 기간에는 사무엘, 나단, 아히야(원문에는 '사무엘, 엘리야, 엘리사'로 되어 있으나 저자의 착오로 보인다—옮긴이) 선지자가 있었습니다. 이들은 첫 번째 선지자들이었습니다. 이들의 출현은 하나님이 사무엘을 통해 이스라엘에 왕을 세울 것을 허락하신 시기와 관련지어 생각해볼 수 있습니다. 하나님은 이스라엘 백성이 왕을 요구한 일이 사무엘이 아니라 하나님을 거부한 일이라는 말씀을 하셨습니다. 이 말만 보면 인간 왕이 하나님의 백성 이스라엘의 머리가 되어 그분의 자리를 대신하게 될 것 같습니다. 하지만 이것은 그렇게 간단한 문제가 아니었습니다. 하나님은 인간 왕이 대신할 수 있는 분이 아닙니다. 그래서 하나님은 왕을 견제할 하나님의 사람을 세우기로 하셨습니다. 직접적인 정치권력은 행사하지 못하지만 하나님의 계시에 힘입어 왕의 행동을 판단할 사람이었습니다. 다시 말해, 선지자는 아무 권력이 없지만 말씀의 능력을 가진 자였습니다. 그는 왕의 행동에 대해 판단을 내리고 그 문제를 왕과 상의하기 위해서 주위에서 벌어지는 상황을 정치적, 영적으로 분별해야 했습니다. 여기에는 대단한 인간적 통찰력과 엄청난 용기가 필요했습니다. 이렇게 해서 선지자들은 왕에게 일종의 대항권력이 되었습니다. 이것은 대단히 민주적인 원칙을 보여줍니다. 모든 형태의 권력이 대항권력에 의해 견제를 받아야 한다는 인식 말입니다.

왕들이 선지자들을 달갑게 여기지 않았다고 해서 놀랄 필요는 없을 것입니다. 선지자들은 왕이 저지르는 여러 악행과 그에 따라올 결과를 끊임없이 경고했기 때문입니다. 선지자들은 예레미야의 경우처럼 극심한 박해를 받기도 했습니다. 선지자의 개입은 상대적으로 드물었지만 늘 시의적절했습니다. 왕정이 세워지고 발전하는 기간이었던 주전 10세기에는 조금 전에 언급한 세 명의 위대한 선지자 외에도 나실인들이나 레갑 족속 같은 열렬한 무리가 있었는데, 이 무리는 세 가지 금기(포도나무에서 난 것을 먹지 않고, 시체를 가까이하지 않고, 머리에 삭도를 대지 않는 것—옮긴이)를 중심으로 도덕적으로 엄격한 생활을 영위했습니다. 그들은 소박하고 생태적인 생활방식에서 구원을 기대했습니다. 모든 권력을 배제하고 극히 소박한 생활로 돌아가기를 바랐습니다. 주전 10세기에는 그런 무리가 많았지만, 시간이 지남에 따라 그 수는 줄어들었습니다. 세례요한은 바로 그렇게 사는 사람이었습니다. 메뚜기를 잡아먹고 낙타 털옷을 입었지요.

왕들과 제사장들은 이런 선지자들 및 신자들의 무리와 뜻이 맞지 않았습니다. 선지자들의 영향력을 줄이기 위해 선지자 학교를 세울 생각을 해냈습니다. 그 학교는 제사장과 레위인처럼 선지자 사역을 감당하도록 사람들을 훈련시키는 곳이었습니다. 선지자들은 그곳에서 황홀경, 무아지경, 방언, 예언의 언어 등을 구사하는 법을 배웠습니다. 물론, 이 훈련된 선지자들은 왕의 명령을 받았지요. 이것을 생각하면 아모스가 자신은 선지자가 아니고 선지자의 아들도 아니라고 선언한 이유를 알 수 있습니다. 자신은 선지자 학교에서 배운 사람이 아니라고 말한 것입니다. 선지자 학교가 세워진 결과, 참 선지자들과 그들이 저작을 통해 거짓 선지자들로 지목한 이들 사이에서 갈등이 생겨났습니다. 거짓 선지자들의 범주에는 선지자 학교 출신들뿐 아니라 나실인 무리와 레갑 족속도 있었습니다. 누구도 이들을 진지하게 받아들이지 않았습니다. 이들은 이스라엘 민족의 사회적, 정치적 상황을 전혀 알지 못한 상태로 현실과 별 관련이 없는 아름다운 말들만 늘어놓았기 때문입니다. 참 선지자들과 왕의 통제를 받는 거짓 선지자들의 갈등은 몇 세기 동안 이어졌고 가끔은 격렬한 충돌로 표출되었습니다. 역사적으로 이런 갈등이 해결되는 방식은 두 가지가 있습니다. 첫째는 엘리야와 바알의 거짓 선지자들과의 대결 같은 경우입니다. 그들은 각기 제단을 쌓고 어느 쪽 제단에 하늘의 불이 내려오는지 지켜보았습니다. 둘째, 참 선지자들이 예언한 바가 이루어지면서 그들이 옳았음이 드러나는 경우입니다. 거짓 선지자들의 말은 늘 틀린 것으로 드러났고, 그들의 글은 보존되지도 못했습니다.

기독교적 관점에서 볼 때 참 선지자들은 메시아를 예언한 사람들로서 언약의 일부였습니다. 그들 중 상당수가 이스라엘이 처한 상황(둘로 쪼개진 왕국, 추방 등)의 유일한 해결책으로 메시아의 오심을 제시했습니다. 그리고 그들이 메시아에 대해 묘사한 바는 예수 그리스도와 잘 들어맞습니다. 선지자들을 제대로 이해하려면 이 모든 것을 고려해야 합니다. 아모스는 그런 선지자 중 하나였습니다.

이제, 아모스의 예언이 있었던 시대를 살펴봅시다. 그는 통일왕국이 북왕국과 남왕국으로 쪼개진 이후의 시대를 살았습니다. 이 분열의 경과는 다음과 같이 요약할 수 있습니다. 솔로몬의 통치 기간에 이스라엘의 종교적 우상숭배는 심각해졌습니다. 즉위 초, 그는 대단히 지혜로운 왕이었지만 수많은 아내와 첩들의 유혹에 마음이 넘어갔습니다. 그들과 함께 온갖 이방종교가 들어왔고, 솔로몬도 어느 정도 그 종교들을 받아들이면서 그리스나 갈대아(바빌로니아—옮긴이)에서 볼 수 있었던 다신교 신앙이 이스라엘에 생겨났습니다. 이와 동시에 솔로몬은 다신교 신앙과 여러 건축 사업을 뒷받침하기 위해 백성에게 과중한 세금을 부과했습니다. 그가 죽은 후, 백성의 장로들이 솔로몬의 아들 르호보암을 찾아가 세금을 줄여달라고 요청했습니다. 그러나 르호보암은 세금을 두 배로 올리고 채찍이 아니라 전갈로 백성을 벌하겠다고 으름장을 놓았습니다. 그러자 다수의 백성이 여로보암 1세의 지도하에 반역을 일으켜 이스라엘 왕국을 세웠고, 유다 왕국은 다윗 가문에 대한 충성을 지켰습니다.

르호보암은 유다와 베냐민 지파의 충성에 힘입어 남쪽에 유다 왕국을 세웠습니다. 이 지역에 예루살렘과 성전이 있었는데, 나중에 이것이 큰 문제가 되었습니다. 북쪽 이스라엘 왕국의 국민들이 더 이상 예루살렘과 성전을 방문할 수 없게 되면서 종교적 딜레마가 생겨난 것입니다. 여로보암은 바알(지역 신)의 옛 신전을 재건축한 다음, 그곳의 이름을 '하나님의 집'을 뜻하는 벧엘이라고 지었습니다. 하지만 바알 숭배는 금세 살아났습니다. 유대 민족은 하나님의 이름을 입에 담을 수 없었기에 YHWH 대신 '아도나이'라는 호칭을 사용했습니다. 아도나이도 바알도 '주主'라는 뜻입니다. 이 점을 알아둘 필요가 있습니다. 하지만 바알은 페니키아의 신이고 유대인들의 하나님은 자신을 계시하신 한 분 하나님이십니다.

바알 숭배는 죽 이어지다가 기원전 850년, 예후라는 장군이 등장해 왕족들과 바알의 제사장들을 죽이면서 중단되었습니다(이세벨의 이야기 참조). 예후는 이스라엘 왕국을 그들을 이집트에서 구해내신 하나님을 섬기는 자리로 되돌려놓았지만, 벧엘 신전은 없애지 않았습니다. 그는 유다 왕국과의 합의를 시도했습니다. 하지만 그의 권력 기반은 군사귀족들이었기에 이후 군대의 장군들이 대대로 통치자로 나서는 결과가 생겨났습니다. 이스라엘 왕국은 기술적, 경제적으로 크게 성공했고, 거기서 만든 물품들이 지중해 서쪽 지역에서 활발하게 거래되었습니다. 그중 일부 유물이 그리스와 이집트에서 발견되었습니다. 상업적 성공과 더불어 큰 부가 이스라엘로 흘러들어갔고 부자들이 늘어났습니다. 그러나 가난한 사람들은 전보다 훨씬 더 많아졌습니다. 어마어마한 사회적 불평등의 시대가 시작된 것입니다.

예후의 두 후손은 온건한 통치자로서 순리를 따랐습니다. 하지만 그들의 뒤를 이은 여로보암 2세는 주전 800년경 전면적인 권력추구에 나섰습니다. 그는 경제적, 상업적 팽창을 등에 업고 유다 왕국을 정복하려 했습니다. 최상위층에 부가 계속 축적되어 부자들의 금권정치가 만들어졌고 그와 함께 사회적, 도덕적 타락이 찾아왔습니다. 게다가 여로보암 2세는 그의 증조할아버지가 회복하려 했던 야웨 신앙에 관심이 전혀 없었습니다. 아브라함의 하나님이 모세의 손을 통해 자기 백성을 이집트에서 이끌어내셨다는 사실을 바알의 제사장들이 부인하기 시작한 것이 바로 이 무렵입니다. 그들은 이스라엘 민족이 탁월한 군사적, 정치적 기량에 힘입어 이집트를 탈출한 것이라고 선언했습니다. 바로 이 시기에 아모스가 등장했고, 그는 당시의 상황을 그냥 두고 보지 않았습니다. 하지만 여로보암 2세는 아모스의 말에 대체로 관심을 기울이지 않았고, 앞으로 살펴보겠지만 이후에 아모스에게 어떤 일이 벌어졌는지 우리는 모릅니다. 놀랄 것도 없지만, 여로보암 2세는 그의 통제하에 있는 선지자 학교를 졸업한 선지자들의 지지를 받았습니다.

제가 아모스를 같이 읽어보자고 제안한 이유는 그가 성경에 예언이 보존된 첫 번째 선지자이기 때문이기도 합니다. 성경의 선지서들은 선지자 본인이 자신의 예언을 기록했거나 비서가 그 내용을 적어놓았기 때문에(예레미야의 경우) 글로 남았습니다. 선지서들이 성경에 포함되기에 이른 것은 백성들이 이 글을 하나님이 주신 말씀으로 분별했기 때문입니다. 그런 선택을 내린 이들은 제사장이나 다른 자격 있는 사람들(신학자들을 포함하여)이 아니었습니다. 그들은 거의 예외 없이 왕의 편이었기 때문입니다. 왕과 제사장에 대한 경고와 심판을 선언하는 이 예언들의 가치를 알아본 이들은 하나님의 선택된 백성이었습니다. 그 일이 어떻게 이루어졌는지는 제게 신비로 남아 있지만, 이런 분별력은 그들이 정말 선택된 백성이었다는 증거입니다.

아모스는 말씀을 전하면서 토라와 언약을 모든 것의 토대로 삼았습니다. 이스라엘 민족이 어떻게 변했건, 그들은 여전히 언약의 민족이었으니까요.

끝으로, 아모스에 대해 우리가 아는 내용을 간략하게 정리해볼까 합니다. 그는 저작이 성경에 포함된 첫 번째 선지자로서, 활동 시기가 호세아보다 10년, 미가보다 20년 정도 빠릅니다. 아모스의 등장은 눈길을 확 끄는 사건이었습니다. 그는 이스라엘 왕국의 국력이 정점에 있던 시기에 나타나 재앙을 예언했습니다. 그가 예언한 첫 번째 재난은 예루살렘에 지진이 난다는 것이었는데, 2년 후에 정말 지진이 났습니다. 또한 그는 권력의 절정에 있던 유다 왕 웃시야가 쓰러질 거라고 선언했는데, 웃시야는 나병에 걸려 죽었습니다. 이 두 예언의 실현은 백성들에게 깊은 인상을 남겼습니다.

모든 역사가를 놀라게 하고 쩔쩔매게 만드는 사실이 하나 있습니다. 아모스가 유다 왕국 출신이면서 모든 예언을 이스라엘 왕국에서 선포했다는 점입니다. 두 왕국 사이의 긴장과 갈등이 최고조에 이르렀던 시기에 이런 일이 어떻게 가능했을까요? 이 질문에 만족스러운 답은 없습니다. 일부 역사가들은 아모스가 유다 왕국 출신이 아니라 이스라엘 출신이라는 결론을 내렸습니다만, 그럴 수는 없습니다. 아모스는 베들레헴 옆 유대 광야에 위치한 드고아에서 태어났기 때문입니다. 그는 소박한 목동이 아니라 양떼를 소유한 사람이었습니다. 무화과 뽕나무sycamore tree도 심고 길렀는데, 그 열매는 가축 사료로 쓰였습니다. 이 나무의 열매는 성장 도중 어떤 시점에 상처를 내어야만 먹을 수 있게 익었습니다. 이 작업은 전문가들이 수행했고, 아모스가 그런 사람이었던 것 같습니다. 어쨌건, 그는 무화과 뽕나무 경작에도 관여했습니다.

앞에서 지적했다시피, 아모스의 첫 번째 예언은 예루살렘과 유다 왕에 대한 것이었습니다. 그는 유다 왕에 의해 위험한 선동자로 찍히고 추방되었는지도 모릅니다. 그는 이스라엘 산악지대로 가게 되었고, 그곳에서 영감을 받아 예언 사역을 했습니다. 그때까지 이스라엘 왕국은 모든 것이 순조로웠습니다. 블레셋 족속과 모압 족속 같은 적들을 물리쳤지요. 가장 강력하고 위험한 적이었던 앗수르(아시리아)는 북쪽에서 온 민족과 싸우느라 바빴습니다. 이스라엘 왕국이 상업적, 군사적 성공을 구가하던 바로 이 시기에, 한 농부가 나타나 사회 전반, 구체적으로는 왕과 제사장들을 문제 삼기 시작한 것입니다. 이전의 선지자들은 언제나 우리야의 살해(나단 선지자)나 나봇의 포도원을 빼앗고 그를 죽인 일(엘리야 선지자) 같은 구체적인 사건에 대해 발언을 했습니다. 선지자가 왕에게 나가 이런 저런 사건 때문에 왕이 불의하다고 말한 것이지요. 그런데 아모스에 이르러서는 예언의 성격이 달라졌습니다. 주로 왕과 관련된 것이던 예언이 사회 전체에 적용되었습니다. 인류 역사상 누군가가 그가 속한 사회 전체를 문제 삼은 것은 이때가 처음이 아닌가 싶습니다. 아모스는 화려하게 사는 부유한 사람들, 군인들, 학자들과 기성 종교계에도 문제를 제기합니다. 기성 종교계에 대해서는 당대의 신앙, 제사, 절기에 이르기까지 거의 모든 측면을 공격했습니다. 사람들의 일상생활도 비판했습니다. 그는 도덕이 신앙에 따라오는 결과인가, 아니면 (반대로) 신앙이 특정한 도덕과 삶의 지침에 따라오는 결과인가, 하는 놀라운 질문을 제기했습니다. 또, 하나님과 바알, 하나님과 국가를 하나로 묶는 여로보암 2세를 규탄했습니다. 그는 왕 위의 유일하고 참된 주인은 야웨시라고 주저 없이 선포했고, 더 나아가 아모스 본인이 이스라엘 왕국에서 유일한 야웨의 대변인이라고 선포했습니다. 그는 왕에게 출애굽을 포함한 과거를 기억하고 언약과 정의를 기억하라고 촉구했습니다. 이집트에서 자신을 계시하신 하나님은 우주적인 하나님이시며 만국의 주인이셨습니다. 아모스는 하나님이 지역 신(예를 들면 산의 신)이 아니라는 것을 보이기 위해, 유다와 이스라엘을 공격하기에 앞서 주변 민족들을 규탄하는 예언을 시작했습니다. 그에게 애국심이 없어서 자기 민족에 대해 안 좋은 예언을 하는 것이 아님을 보여준 것입니다. 하나님의 심판은 민족을 가리지 않기 때문입니다.

아모스에 관한 네 가지를 더 지적하고자 합니다. 첫째, 모든 주석가들은 아모스의 글이 하나의 전체를 이루고 있다는 데 동의합니다. 일부 다른 선지자들의 경우처럼 수집되고 편집된 조각들의 모음이 아닙니다. 아모스의 사역 기간이 여섯 달이었다는 데도 다들 동의합니다. 여섯 달이 지난 후 아모스는 모습을 감추었고 다시는 그의 목소리를 들을 수 없었습니다. 그가 어떻게 되었는지는 어떤 자료를 통해서도 알 수 없습니다.

둘째, 이스라엘 백성은 아모스의 예언을 듣고도 달라지지 않았지만, 그의 예언은 50년 이내에 모두 이루어졌습니다. 기근, 예후 왕조의 몰락, 이스라엘 백성의 유배(주전 700년경)가 모두 현실이 되었습니다. 아모스가 예언 활동을 한 시기는 주전 780년부터 750년 사이의 언젠가로 보고 있습니다.

셋째, 아모스는 하나님이 원하시는 인간의 삶과 사회의 본을 제시합니다. 그 결과, 일부 주석가들은 아모스가 사회정의를 선포했다는 결론을 내렸습니다. 하지만 이것은 우리가 가진 개념의 렌즈를 통해 정리한 재해석입니다. 가난한 사람들을 편들고 부자들을 정죄한다고 해서 반드시 사회정의를 말했다고는 볼 수 없습니다. 그런 식의 생각은 우리의 발상입니다. 아모스서에서는 가난한 사람들에게 해를 끼치는 것이 곧 하나님의 백성에게 해를 끼치는 일이었기에 문제가 된다고 보았습니다. 그들이 가난하다는 사실이 아니라 하나님의 백성이라는 사실이 중요합니다. 가난한 사람들을 박해하는 것은 하나님을 공격하는 것과 같습니다. 아모스서에서 악은 가난, 부, 불의의 문제라기보다는 하나님을 믿지 않음, 언약을 어기는 불순종, 이웃을 사랑하지 않음(그렇지 않다면 가난한 사람이 없었을 테니까)의 문제입니다. 단지 사회정의가 아니라 이런 것들이 문제의 핵심에 자리 잡고 있습니다. 가난한 사람들의 존재는 숨겨져 있는 깊은 악을 드러냅니다. 믿음과 순종과 사랑이 없음을 드러냅니다. 사회 전반의 방향전환을 촉구하고, 특히 돈이 사회를 지배하도록 허용하지 않겠다는 결단을 촉구합니다.

끝으로, 아모스서에서는 가난한 자들을 존중하고 사회 및 정치에서도 믿음과 사랑의 역할을 인정하는 글을 볼 수 있습니다. 어쩌면 인류 역사상 처음 있는 일인지 모릅니다. 주전 780년에서 750년 사이에 나온 글에서 말입니다! 부처가 등장한 시기가 주전 560년이고, 그리스인들이 생각을 하기 시작한 시기가 주전 550년경입니다.

사회와 그 구성원들의 행동, 사회의 조직과 불의에 대한 아모스의 성찰이 다른 이들보다 앞섰다는 뜻입니다. 또한 아모스는 시내 광야에서 모세의 중재로 시작된 하나님과 그분의 백성의 대면이 중단된 지가 500년이 되었고, 이제는 그 백성이 언약으로 돌아가야 할 때임을 모든 사람에게 상기시킵니다. 그 언약은 아주 오랫동안 한 개인과 하나님의 대화에 머물러 있었고, 다시금 하나님과 그분의 백성 전체가 대면하는 만남이 되어야 했습니다. 아모스는 이스라엘 백성에게 하나님을 만날 준비를 하라고 선언함으로써 이 점을 분명히 지적합니다.

이제 여러분의 질문에 답해보겠습니다. 선지자는 성경의 선지자들만을 말하는 것이 아니라는 주장이 있었습니다. 예를 들어, 예수님의 탄생은 베르길리우스(로마의 시인, 주전 70-주전 19—옮긴이)의 저작에도 예언되어 있었다고 볼 수 있습니다. 아우구스티누스가 베르길리우스를 선지자로 여겼다는 사실은 저도 압니다. 그러나 제가 지금까지 설명하려고 했던 것처럼, 저는 예언의 핵심이 사건 예측이라고 생각하지 않습니다. 모든 예언의 본질은 하나님의 말씀을 그분의 선택된 백성에게 전하는 것입니다. 그러므로 그 일을 하는 사람과 선택된 백성 사이에는 긴밀한 관계가 있습니다. 하나님의 말씀은 특정한 역사적 상황과 관련해서 선포되며 이중의 요소를 담고 있습니다. '너희가 지금 하는 일을 계속하면 이런 일이 벌어질 것이다. 그러나 회개하면 하나님의 사랑이 너희를 용서하실 것이다.'

저는 예언 활동이 성경의 선지자들에게만 한정된다고 생각하지는 않습니다. 이스라엘이 하나님의 계시에 비추어 바빌로니아와 이집트의 전설을 변형하여 하나님 말씀의 일부로 삼은 것을 보십시오. 욥기의 일부가 이집트의 시에 근거한 것이라는 점도 의심의 여지가 별로 없습니다. 그 자료는 유대인들의 신앙을 통해 재검토되어 하나님의 말씀의 일부로 자리 잡았습니다. 이런 사례는 바울의 경우에도 볼 수 있습니다. 그는 스토아 철학의 글을 가져다가 예수 그리스도의 계시에 비추어 재검토했고 하나님의 말씀의 일부로 내놓았습니다. 저는 이런 식의 작업이 기독교 공동체에서 지속되어야 한다고 강하게 믿습니다. 물론 그 결과물이 성경에 실리지는 않을 거라는 차이점은 있겠지요.

우리가 해야 할 일은 많습니다. 온실가스를 계속 배출하고 다른 온갖 파괴 행위들과 거대한 삼림 파괴를 계속한다면, 불가피한 재난이 따를 것입니다. 기독교계가 이 일을 하나님의 피조세계를 파괴하는 행위로 인식하면서도 회개하고 돌이키지 않는다면, 하나님이 우리에게 노하시고 그로 인한 결과가 고스란히 나타나도록 허용하신다 해도 놀라서는 안 될 것입니다. 그 결과로 엄청난 고통이 따를 수 있습니다. 성경은 우리의 하나님이 예수 그리스도의 하나님이실 뿐 아니라 전능하신 하나님이심을 자주 밝힙니다.

창조세계의 파괴에는 성경이 많이 말하는 또 다른 측면, 즉 역창조de-creation의 행위가 있습니다. 인류가 원자를 쪼갰을 때, 저는 그것이 물질의 구성 요소 중 하나를 에너지로 바꾸기 위한 역창조 행위라는 생각을 떨칠 수가 없었습니다. 그 사건은 피조세계 전체를 파괴할 수 있는 우리의 능력을 보여주는 신호가 아닐까요? 만약 그렇다고 인식했다면 우리는 무엇을 해야 할까요? 지금 생명의 모든 구성요소에 대해 그와 흡사한 일들이 벌어지고 있습니다. 이런 최첨단 연구를 역창조의 하나로 분별해야 할까요? 인간이 곧 생명체를 만들어낼 수 있을 거라고 확신하는 이들도 있습니다만, 우리는 여기에 대해 하나님이 뭐라고 말씀하실지 생각해봐야 합니다. 어쨌든, 상황이 이런 식으로 계속 펼쳐진다면 거기에 따르는 재앙이 있을 것입니다.

2. 주변 6개국을 규탄하는 예언

아모스서는 유다와 이스라엘 왕국을 둘러싼 여섯 나라의 심판을 예언하는 것으로 시작합니다(암 1:2-2:3). 지난 장에서 1절은 대체로 다루었기 때문에 2절부터 시작해보겠습니다. 주YHWH께서 시온에서 '부르짖으신다'고 나오는데, 이것이 도대체 무슨 뜻인지 궁금할 수 있습니다. 이 단어는 사자의 포효를 가리킵니다. 다른 선지자들도 많이 쓰는 표현이지요. 그렇지만 일부 주석가들은 이 단어에 별다른 뜻이 없다는 결론을 내렸습니다. 다른 주석가들은 이 단어에 해당하는 히브리어 동사가 이스라엘을 덮치려 하는 폭풍의 우렛소리를 가리킬 수도 있다고 지적했습니다. 본문이 보여주는 하나님은 사자처럼 부르짖으실 뿐 자신을 따로 계시하시지 않습니다. 그래서 저는 이 표현이 아모스가 하나님을 만나고 받았던 실존적 충격을 가리킨다고 생각합니다. 그때 그는 사자의 포효를 떠올렸던 것입니다. 이렇게 하나님을 만난 후, 그는 사자의 포효 같은 능력을 지닌 하나님 말씀의 담지자擔持者가 되었습니다. 게다가 이 표현이 자주 등장하는 것을 보면 사람들이 그런 경험에 쉽사리 공감하는 것이 아닌가 합니다. 하나님의 말씀을 듣는 일에는 사자를 만나 포효를 듣는 것과 같은 효과가 있다는 것이지요.

뒤따라 나오는 예언은 직접적이고 구체적입니다. 하나님이 누구시고 어떻게 말씀하시며 어떻게 일하시는지에 대한 설명은 없습니다. 이스라엘 민족이 시내 산에서 하나님을 만났을 때와는 아주 다릅니다. 하나님의 말씀은 그 시점의 역사적 상황과 관련이 있습니다. 하나님은 지금 이 순간에 말씀하시는 분으로 나타나십니다. 우리는 형이상학적 특성들의 관점에서 하나님을 신학적으로 생각하는 데 익숙해진 나머지 그분이 지금 여기서 말씀하신다는 사실을 잘 인식하지 못합니다. 아모스 선지자는 거짓 선지자들과 달리, 신비적 언어나 표현하기 어려운 느낌을 사용하여 말하지 않습니다. 바울도 사람들이 방언으로 말하며 이런 것들을 사용하는 것을 탐탁지 않게 여겨 분명하게 말하는 편이 낫다고 권합니다. 이런 의미에서 볼 때 하나님은 분명하게 말씀하십니다. 오늘날 우리가 자주 듣는 것처럼 난해하거나 비밀스러운 방식으로 말씀하시지 않습니다. 하나님은 알아듣게 하시려고 말씀하십니다.

하나님은 시온, 즉 예루살렘에서 부르짖으십니다. 모든 유대인은 이 사실을 더없이 분명하게 알고 있었습니다. 하나님이 거하시는 성전이 예루살렘에 있었기 때문입니다. 다음으로, 본문은 목자의 초장과 갈멜 산 꼭대기를 거론합니다. 하나님이 산속 초장에 있던 아모스에게 말씀하신 것을 알 수 있습니다. 초장과 산이 '애통한다'(개역개정에서는 '마른다'로, 새번역에서는 '초장이 시들고 산이 마른다' 정도로 번역했다—옮긴이)는 것은 거기에 아무것도 없다는 뜻입니다. 아모스가 하나님의 예언을 받자 그의 양떼와 초장도, 갈멜 산 꼭대기도 사라진 것입니다. 주위에서 가장 높았던 이 산꼭대기는 높음과 세상에서 높이 들린 모든 것을 상징합니다. 한 번 하나님을 만나고 나면 이전의 삶이 모두 달라집니다. 이스라엘의 경치도 예외는 아닙니다. 이와 유사하게, 하나님의 말씀이 아모스의 인생에 들어오자, 이전의 삶은 빛이 바래고 맙니다. 과거가 모두 말라버린 것만 같습니다.

아모스는 하나님의 임재에 붙들려 충격을 받았고 사자의 포효에 쪼그라든 기분이었지만 신비주의로 빠지지 않습니다. 하나님의 말씀은 분명했고, 그는 자신이 해야 할 일에 바로 관심을 기울입니다. 그리고 그는 왕과 제사장들을 위시한 당대의 권력 및 권세와 싸움을 벌입니다. 추상적인 것은 없습니다. 이것이 모든 선지자 사역의 특징입니다. 그들은 하나님을 만나 충격을 받고 나서 해야 할 일로 곧장 넘어갑니다. 아모스는 당대의 정치와 역사의 현장에서 예언에 중요한 역할을 부여한 첫 번째 사람입니다. 그를 포함한 선지자들의 사명은 살아 계신 하나님의 진리를 회복시키기 위하여 거짓 신들과 거짓 가치들을 깨부수는 것이었습니다.

이스라엘 민족의 역사는 평화, 안정, 발전의 시기와 혼란, 위기, 전쟁의 시기를 오갑니다. 두 번째 시기가 첫 번째 시기보다 더 많은 것 같습니다. 안정의 시기에는 제사장들과 레위인들이 주도적인 영향력을 행사했습니다. 그러나 위기의 시기에는 그들이 내놓을 것이 별로 없었습니다. 그들은 싸울 줄도 몰랐고 보통은 용기도 부족했기 때문에 누구도 그들의 말에 귀 기울이지 않았습니다. 바로 이런 상황에서 선지자들이 등장했습니다. 이 패턴은 아모스의 시대에 벌어진 일이기도 합니다. 혼란이 커지자 제사장들과 레위인들의 영향력은 거의 사라졌습니다. 왕의 편을 드는 대제사장과 아모스 선지자 사이에서 충돌이 한 번 있었을 뿐입니다.

당시의 상황을 곰곰이 생각해보면, 아모스가 산에서 내려와 그렇게 짧은 시간에 어마어마한 영향력을 끼치게 된 것이 참 믿기 어려울 정도입니다. 그가 하나님의 말씀을 전달했다고는 하지만, 그것만 가지고는 이해하기가 쉽지 않습니다. 지난 장에서 저는 아모스가 전한 말이 백성들의 공감을 얻었고 그들이 그것을 하나님의 말씀으로 인식했다고(그리고 성경의 일부로 받아들였다고) 말했는데요, 물론 그 모든 것을 용이하게 만든 요인들이 있었습니다. 당시 이스라엘 사회의 인구 규모와 밀도는 현대의 기준으로 볼 때 아주 작았습니다. 1, 2천 명의 주민이 사는 마을이 여기저기 흩어져 있었고, 나라 전체를 이동하는 데도 오랜 시간이 걸리지 않았습니다. 그런 사회에서는 소식도 아주 빠르게 퍼져나갑니다. 하지만 이 모든 것을 참작한다 해도 백성들이 당시 벌어지는 상황을 분별했다는 데 대한 저의 놀라움은 사라지지 않습니다.

유다 왕국과 이스라엘 왕국을 둘러싼 민족들에 대한 심판 선언은 다음 구절로 시작됩니다. "~의 서너 가지 죄로 말미암아 내가 그 벌을 돌이키지 아니하리니." 성경은 주변 민족들 하나하나가 대단히 심각한 죄를 지었다고 말합니다. 하나님은 세 가지 범죄를 이미 용서하셨지만, 네 번째에 대해서는 용서하지 않고 벌하기로 하십니다. 당시에는 수를 다루는 방식이 지금과 전혀 달랐다는 사실을 알아야 합니다. 아모스는 여기서 1, 2, 3에 이어 4를 헤아리는 것이 아니라, 3에다 숫자 4를 더해 완전을 상징하는 수 7을 얻습니다. 하나님은 네 번째를 참지 않으시는데, 이런 식의 셈에서 네 번째는 마지막 일곱에 해당합니다. 하나님은 불을 보내시어 일곱 번째 죄를 사르십니다. 하나님은 마지막 하나의 죄만 고려하십니다. 하나님의 인내에도 한계가 있다는 뜻입니다.

"서너 가지"라는 표현은 성경 다른 책에서도 자주 볼 수 있습니다. 예를 들어, 잠언에서는 이 표현이 대여섯 번 나옵니다. 일부 주석가들은 아모스가 이 표현을 잠언에서 빌려온 것이라고 생각했습니다. 하지만 이런 생각에는 문제가 있습니다. 아모스서가 기록된 시기는 성경의 여러 다른 책보다 훨씬 이르기 때문입니다. 그 결과, 아모스서의 표현 중 일부가 나중에 오경Pentateuch('모세오경')에 쓰이기도 했습니다. 어쨌거나 잠언은 아모스서보다 훨씬 나중에 기록되었습니다. 저는 아모스서의 많은 표현들도 그렇게 봐야 한다고 생각합니다.

일곱 번을 의미하는 첫 문구에 이어 "내가 그 벌을 돌이키지 아니하리[라]"는 문구가 나옵니다. 이 대목의 히브리어 원문을 일곱 가지 다른 방식으로 번역해놓은 자료를 보았습니다. 번역하기가 참 까다로운 대목이라는 뜻이겠지요. 다른 번역으로는 "내가 대답하지 아니하리라", "내가 돌아오지 아니하리라", "내가 그들을 돌아오게 하지 아니하리라" 등이 있습니다. 제가 히브리어를 썩 잘하는 것은 아니지만, 각각의 번역의 여러 논거를 살펴본 후 네어의 번역 "내가 대답하지 아니하리라"[1]가 낫다는 결론을 내렸습니다. 이것과 상당히 비슷한 번역도 있습니다. "나는 한마디도 응답하지 아니하리라." 다시 말해, 하나님은 누가 불러도 모른 체하시겠다는 것입니다. 흥미로운 이 표현은 고대 야웨 신앙의 한 부분, 즉 우림과 둠밈으로 야웨의 뜻을 묻는 의식과 관련이 있습니다. 그 도구를 정확히 어떻게 사용했는지는 모릅니다. 대제사장이 작은 주머니에 우림과 둠밈을 넣고 제비를 뽑지 않았을까 생각합니다. 그것이 하나님의 뜻을 묻는 방법이었고, 성전에 와서 이스라엘의 하나님의 뜻을 묻는 주변 민족들도 널리 그 방법을 썼다는 사실은 분명합니다. 지금 이 본문은 그 모든 과정이 끝났고 하나님은 더 이상 대답하시지 않을 거라고 선언하고 있습니다. 더 이상 묻지 말라는 것입니다.

이 표현은 나중에 생겨난 다른 표현, 하나님이 외면하신다는 표현과 정확히 일치합니다. 이것은 히브리 민족이 가장 두려워한 하나님의 행동입니다. 시편과 선지서들에는 하나님의 진노를 감당하는 것이 하나님이 외면하시는 것보다 낫다는 고백이 거듭거듭 나옵니다. 외면하신다는 것은 하나님이 더 이상 우리에게 신경 쓰지 않으신다는 뜻인데, 이것은 참으로 견딜 수 없는 일입니다. 그런데 아모스서 본문에 바로 이런 선언이 나오고 있습니다.

본문의 모든 예언은 하나님이 불을 보내시어 사르고 파괴하신다고 말합니다. 우리가 살펴본 대로, 하나님은 어떤 일이 시작되게 하시고 그 일이 끝까지 전개되도록 내버려두십니다. 더 이상 개입하지 않으십니다. 이것을 하나님이 상황을 되돌리지 않으신다고 번역할 수도 있습니다. 한 민족이 죄를 지어 자초한 운명에서 그들을 구해내지 않으실 것입니다. 이것은 "서너 가지"라는 구절의 의미를 더 분명히 해줍니다.

하나님이 더 이상 말씀하시지 않을 때, 그분의 침묵은 인류의 죄를 드러냅니다. 하지만 그런 때에 우리는 오히려 엉뚱한 유혹을 받습니다. 하나님의 침묵이 그분이 존재하시지 않는 증거라고 둘러대고 싶어지는 겁니다. 아모스는 그렇지 않다는 것을 보여줍니다. 하나님의 침묵은 우리가 너무나 많은 잘못을 저지른 결과이기 때문입니다. 하나님은 침묵을 통해 회개를 촉구하십니다. 결국, 우리에게 더 이상 말씀하시지 않겠다고 선언하신 분도 하나님이십니다. 하나님은 그런 식으로 우리에게 다시 한 번 말씀하신 것입니다. 그다음부터는 사건들이 그분을 대신하여 말하게 하십니다. 역사가 하나님을 대신해서 말한다고 할 수 있겠습니다.

아모스는 이스라엘의 하나님이 지역 신이 아니심을 드러냅니다. 사무엘기와 열왕기를 보면 모든 민족에게 나름의 신이 있고, 그 신들은 하나같이 지역 신으로 나옵니다. 이스라엘의 하나님을 산의 신이라고 부르는 대목이 나옵니다. 열왕기상(원문에는 '사무엘하'로 되어 있으나, 저자의 착오다. 왕상 20:23 참조—옮긴이)에 보면 하나님은 산의 신이기 때문에 평지로 내려가기만 하면 하나님이 거기까지 따라오지 못할 거라고 믿는 사람들이 등장합니다. 그러나 아모스는 절대 그렇지 않다고, 이스라엘의 하나님은 우주적인 하나님이라고 선포합니다. 그는 이 하나님이 세계와 뭇 민족, 자연과 역사의 주인이심을 보여준 첫 번째 사람입니다. 뭇 민족이 하나님을 알아보지 못할 수도 있지만, 그런다고 해서 달라질 것은 없습니다. 바로 이 하나님은 자연의 사건들을 일으키실 수 있는 분입니다. 이 내용을 시리아의 나아만 장군 이야기에 나오는 내용과 연결해봅시다. 나아만 장군은 나병 치료를 받고자 이스라엘로 왔던 사람입니다. 그는 치유를 받고 난 뒤 엘리사에게 이스라엘의 흙을 가져가게 해달라고 요청합니다. 그 흙 위에서 하나님을 예배하겠다는 것이었습니다. 다시 말해, 나아만은 이스라엘의 하나님이 특정 영토와 연결된 지역 신이라고 철석같이 믿었던 것입니다. 그래서 그는 네 부대의 흙을 가져다 하나님의 영토의 일부가 될 작은 땅을 그의 나라에 조성하고 그분을 섬기려 했습니다. 하지만 아모스가 볼 때 이것은 시간낭비가 될 일이었을 것입니다. 이스라엘의 하나님은 나아만의 나라를 포함한 모든 나라의 하나님이시기 때문입니다. 나아만이 어느 곳을 가더라도 이스라엘의 하나님을 만날 수 있을 것입니다.

아모스는 하나님이 역사를 만들어가는 분이 아니라는 사실도 드러냅니다. 하나님은 역사의 무대에서 벌어질 일을 지시하지 않으십니다. 하지만 자유롭게 역사에 개입하실 수 있습니다. 본문에는 주변 민족들이 벌이는 여러 전쟁에 대한 기록이 나옵니다. 하나님은 거기에 개입하시지 않고 민족들이 제 할 일을 하도록 허용하십니다. 하지만 하나님은 그분의 주권적 결정에 따라 언제든 개입하실 수 있습니다. 하나님과 인간 역사의 관계에 대한 이 계시는 그분이 모든 것을 주관하시는 섭리적인 하나님이라는 개념과 정면으로 배치됩니다. 역사는 펼쳐지지만 하나님은 언제든 원하실 때 자유롭게 개입하십니다. 바벨 사람들이 탑이 있는 도시를 건설하기로 했을 때, 하나님이 내려오셔서 그것을 보시고 모종의 조치를 취하기로 하셨습니다. 또, 하나님은 예수 그리스도를 통해 우리 역사에 개입하셨습니다. 그러므로 인류 역사의 진화와 주권적 결정에 따라 역사에 개입하시는 이스라엘의 하나님 사이에는 모종의 변증법적 관계가 있습니다.

이스라엘 주변의 민족들을 규탄하는 예언이 묘사하는 온갖 죄들은 '반역'을 뜻하는 히브리어 단어 '페샤'로 묶어낼 수 있습니다. 아모스는 이스라엘 주변의 모든 민족이 하나님의 권세 아래 있지만 그들이 하는 일이 모두 하나님에 대한 반역이라는 사실을 분명히 알고 있습니다. 이 반역이 바로 그들의 죄입니다. 물론, 자신들이 지켜야 할 하나님의 선한 뜻을 계시받지 못했다면 그들이 그것을 어떻게 알 수 있겠는가, 하는 질문이 가능할 것입니다. 이 질문에 답하기 위해서는 그들이 노아의 후손이라는 사실을 기억해야 합니다. 그들은 노아의 후손이므로 하나님이 노아 및 그 후손들과 세우신 언약의 당사자가 됩니다. 이 언약의 조건은 창세기 9장에 분명하게 나와 있고, 거기에서는 어떤 신조도 신학도 찾아볼 수 없습니다. 하나님이 자신을 야웨로 계시하시지 않았다는 뜻입니다. 그러므로 이 언약에 따라 사는 데는 유대교 신앙이나 기독교 신앙이 필요하지 않습니다. 이것은 하나님이 노아의 모든 후손과 맺으신 언약입니다. 언약의 표시인 무지개가 그 사실을 분명히 보여줍니다.

하나님이 노아 및 그의 모든 후손과 맺으신 언약에서 세 가지 요소를 알 수 있습니다. 첫째, 이 언약은 하나님이 자연의 힘을 상대적으로 누그러뜨리심을 보여줍니다. 무지개는 우주의 상당한 안정을 보장합니다. 둘째, 이 언약은 노아와 맺은 것입니다. 노아야말로 모든 인류의 아버지이자 선조입니다. 인류의 조상은 아담이 아닙니다. 모든 민족과 인종은 노아의 세 아들의 후손으로, 서로 친척관계로 이어져 있습니다. 다시 말해, 우리가 입버릇처럼 말하듯 인류가 하나님의 피조물이라서 서로 이어져 있는 것이 아닙니다. 여기에 담긴 함의는 지대합니다. 아담의 후손으로 태어난 인류는 하나님과 분리되고 하나님께 반역했습니다. 사람들은 하나님이 주실 수 있었던 도움을 거부했습니다. 그러나 노아의 후손으로 나온 인류는 하나님이 인류와 맺기로 결정하신 언약의 유익을 얻습니다. 이 언약에는 서로 친척 관계인 모든 인종의 형제애를 가지고 전 인류의 통일성을 확보하기로 하신 하나님의 결정이 들어 있습니다. 셋째, 이 통일성을 바탕으로 하나님은 사람들에게 함께 평화롭게 살아가라 하시고 인간의 특별한 가치를 드러내십니다. 하나님은 누구건 다른 사람의 피를 흘리게 할 경우 그 사람의 피를 요구하실 것입니다.

아모스는 모든 인간이 좋건 싫건 같은 조상의 후손이고 하나님의 보호와 사랑을 받는다(인간이 신성하다고 말하는 것이 아닙니다)는 단순한 사실에 의거하여 보편적 도덕이 존재한다고 선언합니다. 이렇게 선언한 것은 아모스가 처음입니다. 이 단순한 보편적 도덕은 인간의 본성 또는 인간성에 근거한 것이 아니기에 유엔의 보편 인권선언과는 많이 다릅니다. 보편적 도덕의 토대가 인간성이라는 생각은 진지하게 받아들이기가 어렵습니다. 유대인들과 기독교인들이 보편적 도덕의 근거가 하나님과 노아의 언약이라 생각하는 것은 자연스럽지만, 그런 생각은 유엔 보편인권선언의 근거로 잘 받아들여지지 않을 것입니다! 어쨌건, 유대인들과 기독교인들은 하나님이 노아와 맺으신 언약, 그로 인해 모든 인간과 맺으신 언약에 토대를 둔 단순한 보편적 도덕을 받아들일 수 있습니다. 아모스가 예언을 통해 사람들의 온갖 죄와 잘못을 드러내고 그것을 하나님에 대한 반역으로 여기는 근거는 바로 인간이 이런 독특한 가치를 지닌 존재라는 데 있습니다.

하지만 아모스의 예언은 온 세계를 대상으로 하지 않습니다. 앗수르인들과 바빌로니아 사람들은 이스라엘과 그리 멀리 떨어져 있지 않지만 아모스는 그들에게 신경 쓰지 않습니다. 왜 그럴까요? 이것은 선지자라는 직분 및 그가 하는 일과 관련이 있습니다. 선지자는 특정한 역사 속에 뛰어들어 행동에 나섭니다. 그러므로 미국, 아프리카, 아시아에서 벌어지는 일에는 개의치 않습니다. 그것은 선지자의 역할이 아닙니다. 선지자는 자신이 속해 있는 곳의 상황에 관심을 가집니다. 아모스의 경우는 유다와 이스라엘 왕국에서 벌어지는 일과 주변 나라들이 어떻게 두 왕국을 파괴할 것인지가 관심사였습니다. 아모스는 이 두 가지가 그의 온 세계를 어지럽힐 정치적인 문제임을 알고 이것에 대해 발언했습니다. 다른 모든 선지자들도 마찬가지입니다.

주변 나라들을 규탄하는 아모스의 여러 예언의 마지막 유사성은 (하나를 제외하고는) 그 나라들의 죄가 모두 유다와 이스라엘 왕국을 대상으로 한 것이라는 점입니다. 예를 들어, 길르앗은 이스라엘의 열두 지파 중 하나입니다(길르앗은 므낫세의 손자이다—옮긴이). 주변 나라들의 모든 죄는 솔로몬의 통치가 끝난 이후, 이스라엘의 여로보암 2세와 유다의 웃시야가 통치하던 기간에 오랫동안 이어진 무정부 상태 및 갈등과 관련이 있습니다. 이 부분에서 우리는 하나님이 벌을 예고하신 민족이 정죄받은 다른 민족에 의해 그 벌을 받고 그 다른 민족 또한 하나님의 벌을 받게 되는 경우를 봅니다. 예를 들어 에돔은 하나님의 정죄를 받습니다만, 에돔 사람들을 학살하고 그 왕을 불태운 모압도 정죄를 받습니다. 모압은 에돔을 처벌하는 도구였지만 그 정도가 지나쳤기 때문입니다. 이것은 성경에 자주 등장하는 상당히 중요한 원리를 보여줍니다. 하나님은 한 사람이나 민족을 통해 어떤 일을 이루시지만, 그 사람이나 민족에게 상대에 대한 어느 정도의 존중과 지혜를 기대하십니다. 이것은 앗수르인들을 정죄하는 본문인 이사야 10장 5-8절에 분명히 나와 있습니다. 앗수르인들은 다른 민족들을 향해 진노를 쏟으시는 하나님의 도구였습니다. 하지만 그들은 인도적이지 않았습니다. 다른 민족들을 존중하지 않았습니다. 그들은 승리자로서 심판을 수행하며 하나님처럼 행동했습니다. 그렇기 때문에 하나님은 앗수르인들을 벌하셨습니다. 그들은 전쟁과 약탈로 하나님의 백성을 벌하도록 선택되었지만 완전한 말살과 파괴를 허락받은 것은 아니었습니다. 그런데 그들은 도를 넘어섰고 결국 하나님의 정죄를 받습니다.

본문을 보면 아모스(원문에는 '예레미야'로 되어 있으나, 저자의 착오다—옮긴이) 선지자는 하나님의 선택을 받는 일의 심각성과 중요성을 이해했던 것을 알 수 있습니다. 하나님께 선택받은 자들은 자신이 전달해야 할 것이 하나님의 진노이건 말씀이건, 적정선을 지키면서 상대를 존중해야 합니다. 자신이 맡은 책임을 권력으로 오해하고 자기 목적을 위해 이용해서는 안 됩니다.

이것은 바울이 끊임없이 하는 말을 떠올리게 합니다. '이 일을 하는 이는 내가 아니다. 나는 아무것도 아니기 때문이다. 중요한 것은 내가 받은 것과 해야 하는 일일 뿐, 그 이상도 이하도 아니다.' 모압은 에돔을 벌하는 임무를 맡았지만 전혀 용인할 수 없는 방식으로 그 일을 수행했습니다.

그러나 앗수르인들은 하나님의 지시를 받은 것이 아닙니다. 이것을 잘 이해해야 합니다. 그들은 하나님이 자신들을 보내셨다고 주장할 수 없습니다. 그런 일은 있을 수 없습니다. 앗수르인들이 하는 일의 의미는 하나님만이 아시고, 하나님은 그들이 전쟁 중에도 상대를 존중하며 행동하기를 기대하십니다. 당시에는 지금보다 적군을 많이 존중하며 전쟁을 치를 수 있었습니다. [오늘날에는] 무기가 너무 강력해진 나머지 이것이 완전히 불가능해졌지요.

지금 우리가 살피는 예언들은 여섯 나라에 대한 것입니다. 여섯 나라를 다 합치면 유다 왕국과 이스라엘 왕국을 완전히 에워쌉니다. 북쪽으로 다메섹(시리아인들), 남서쪽으로 가사(블레셋 족속), 서쪽으로 두로(페니키아 사람들), 남동쪽으로 에돔, 북동쪽으로 암몬(암몬 족속), 동쪽으로 모압(모압 족속)입니다. 모압은 예루살렘과 가장 가까운 나라입니다. 앞서 지적한 대로, 여섯 나라에 대한 아모스의 심판 선언을 보면 그가 단순히 이스라엘이나 유다 왕국에 반대하는 것이 아님을 알 수 있습니다. 그는 이스라엘과 유다뿐 아니라 다른 나라들에 대해서도 토라를 기준으로 이야기합니다. 피셔Vischer[2]는 진노의 폭풍이 여섯 나라를 휩쓴 다음에야 일곱 번째 나라인 이스라엘에 쏟아진다고 지적합니다. 또, 여섯 나라 모두가 다윗 왕이 정복해 이스라엘의 속국으로 삼았던 나라들임을 밝힙니다. 당시 다윗 왕은 그들이 고유의 문화와 독립을 유지하게 해주었습니다. 여섯 나라는 이스라엘 왕국에 복속되지 않았습니다. 일종의 국가 연방이나 연합체로 생각할 수 있겠습니다.

다메섹(시리아)은 철 타작기로 포로들을 짓바수는 범죄를 저질렀다는 비난을 받습니다. 전쟁 그 자체가 아니라 포로들에 대한 고문을 포함한 극단적 조치들이 정죄의 대상입니다. 여섯 나라가 받는 벌은 거의 동일한데 아모스는 이 범죄에 대한 처벌은 두 가지 수준에서 이루어질 거라고 예언합니다. 왕이 궁궐과 함께 불에 탈 것이고, 백성들은 죽임을 당하거나 사로잡혀 기르로 끌려갈 것입니다. 이 모든 일은 50년 후 앗수르 왕에 의해 이루어졌습니다. 일부 역사가들은 기르가 그 사건 이후에 만들어졌다고 말합니다만, 거기에 대해서는 아모스 본문이 완성된 시기가 해당 사건이 벌어진 이후라는 설명이 가능할 것입니다. 복음서와 주후 70년에 일어난 성전 파괴도 같은 방식으로 이해할 수 있습니다. 복음서 기록 중 일부는 성전 파괴 이후에 완성되었기 때문입니다.

가사는 블레셋 족속의 영토입니다. 블레셋 족속은 가나안 족속들과 함께 그 지역에 아주 오래 전부터 살았던 민족입니다. 그들은 해안을 따라 죽 펼쳐진 땅에 살았습니다. 그들의 죄는 전쟁포로들을 노예로 팔아버린 것이었습니다. 히브리어 용어의 뉘앙스가 이 사실을 암시합니다. 당시에는 노예제가 흔했고 금지된 것이 아니었습니다. 노예무역을 금지하는 유일한 성경본문은 신명기 23장 16절이지만(개역개정판은 23장 15절—옮긴이), 그 본문의 기록 시기는 아모스 이후입니다. 그러므로 아모스서는 전쟁포로를 노예로 파는 일이 심각한 처벌을 받을 만한 범죄라고 선언한 첫 번째 책입니다. 우리는 그 지역에서 노예무역이 어떻게 진행되었는지 알고 있습니다. 블레셋 족속은 호전적인 민족으로 많은 전쟁포로를 획득했습니다. 그들은 전쟁포로를 당시 노예무역의 중심지였던 에돔으로 팔아넘겼습니다. 그 노예들 중 상당수는 이오니아로 팔렸고, 다시 그리스로 수송되었습니다. 전쟁포로들을 노예로 파는 행위에 대한 형벌은 불, 왕과 백성의 죽음, 그들의 3대 주요 도시의 파괴입니다. 하지만 그런 일은 일어나지 않았고 우리가 아는 한 이 예언은 실현되지 않았습니다.

두로(페니키아인들)도 노예제로 규탄을 받지만 블레셋 족속의 경우와는 사정이 다릅니다. 페니키아인들과 히브리인들은 '형제의 계약'이라고 부르는 동맹을 맺고 있었습니다. 그런데 페니키아인들이 이 약속을 깨뜨리고 자국 영토에 살던 소규모 유대인 공동체의 구성원들을 노예로 팔기 시작했습니다. 하나님은 두로에 불을 보내셔서 그 요새들을 파괴하셨습니다.

에돔은 아주 독특한 경우입니다. 에돔 민족은 에서의 후손이기 때문입니다. 에돔은 '붉은 자'를 뜻합니다. 창세기 본문에 따르면 에서가 야곱에게 팥죽 한 그릇을 받고 장자권을 팔았는데, 팥죽의 붉은색을 따라 이름을 그렇게 지었다고 합니다. 이 사건으로 에서의 후손들은 이스라엘의 거주지가 야곱이 그들에게서 훔친 땅이라는 주장을 그치지 않았습니다. 두 형제는 화해한 이후 상당히 좋은 관계를 유지했지만, 에돔 족속은 이스라엘에게 악감정을 품었고 그로 인해 두 나라는 오랫동안 사이가 나빴습니다.

암몬은 영토를 넓히기 위해 벌인 전쟁에서 길르앗 임신부들의 배를 갈랐다고 정죄를 받습니다. 이것 자체도 끔찍한 범죄였으나 자국 영토 너머에 살았던 이스라엘 자손을 최대한 많이 제거하겠다는 결정을 내림으로써 죄를 더했습니다. 암몬의 영토는 이스라엘과 앗수르 사이에 낀 작고 비좁은 땅이었는데, 암몬 족속은 이스라엘의 아이들과 아직 태어나지 않은 아이들까지 모두 죽여 이스라엘 땅을 텅텅 비게 만들기로 했습니다. 아모스는 태아까지 죽여 더 많은 영토를 정복하려 한 이 민족이 전쟁의 무서움을 제대로 알게 될 거라고 선포했습니다. 이 예언은 암몬 족속이 앗수르인들에게 정복당하고 노예로 팔려가는 것으로 성취되었습니다. 본문에는 중요한 세부사항이 나옵니다. 왕의 호칭이 다른 예언들의 경우와 다르다는 점입니다. 여기서 왕은 '바알'이라고 불리는데, 주主를 뜻하는 바알과 하나님을 혼동하는 등의 여러 일이 있었음을 짐작하게 해줍니다. 그들의 신은 황소였는데, 유대인들은 아이러니하게도 그것을 금송아지라고 불렀습니다. 암몬 족속이 다산의 상징으로 숭배한 황소를 '송아지'라고 부른 데서 유대인 특유의 비꼬는 표현을 볼 수 있습니다. 아모스 시대에 바알 신앙은 이스라엘을 끊임없이 유혹했습니다. 황소를 상징물로 삼는 바알 숭배는 여로보암 2세와 웃시야가 통치하던 시기에 이스라엘의 주도적인 종교적 세력이 되었습니다. 아모스는 이 부분도 규탄하고 있습니다.

이제 모압에 대한 예언만 남았습니다. 모압은 에돔 왕의 뼈를 불살라 재로 만들었다는 이유로 정죄를 받습니다. 이 범죄의 심각성은 그것이 왕의 뼈였다는 데 있지 않습니다. 당시에는 누군가의 뼈를 불살라 재로 만드는 것이 전쟁에서 흔히 있던 관행이었습니다. 그 재는 석회액으로 만들어 모든 집의 백색 도료로 썼습니다. 이것이 의미하는 바는 죽은 사람들이 적절한 종교적 의식을 거쳐 매장되지 못했다는 것입니다. 신명기는 장례절차의 중요성을 분명하게 밝히고 있습니다. 죽은 사람이 불에 탔으면 뼈를 수습해 적절한 종교적 의식에 따라 매장해야 한다고 말입니다. 결과적으로, 모압은 한 사람을 완전히 소멸시키는 지독한 악을 저지른 것입니다.

이상의 예언들을 살펴보면, 거의 모든 반인륜적 범죄를 나열하고 있다는 인상을 받습니다. 고문, 노예 삼기, 추방, 후손의 제거(종족학살), 인간의 절멸. 우리는 아모스가 모든 인간에 대한 존중이 하나님의 뜻이라고 선포한 첫 번째 선지자임을 다시 한 번 확인할 수 있습니다. 다시 말하면, 여기 나와 있는 것은 특정 민족들에 대한 정죄에 그치지 않습니다. 모두 더해놓고 보면, 하나님과 인류의 총체적 연합을 존중하는 방법을 볼 수 있습니다. 오늘날 세상에서 벌어지는 상황을 보면, 교회가 이 가르침을 마음에 새길 때가 되었음을 알 수 있습니다. 교회에 어떤 예언자적 역할이 남아 있다면, 주위에서 벌어지는 상황을 두고 이 가르침을 거듭거듭 전해야 할 것입니다.

구전사회에서 이 노골적인 예언들이 잘 전해져서 하나님의 말씀으로 인정을 받고 결국 성경에 기록된 것은 아무리 생각해도 놀라운 일입니다. 이 모든 사건은 하나님이 직접 나서서 벌이신 일이 아닙니다. 신명기가 말하는 대로(30:19-20 —옮긴이), 하나님은 우리 앞에 선과 악, 생명과 죽음을 두십니다. 그러니 살기 위해 선을 택하십시오. 하나님은 우리가 선을 선택할 수 있도록 우리와 함께하십니다. 하지만 우리가 악과 죽음을 선택할 경우, 하나님은 그 선택을 막지 않으십니다. 아니, 막으실 수 없습니다. 하나님의 능력을 생각할 때는 늘 그분의 자유를 고려해야 합니다. 그분의 자유는 인간의 자유를 존중합니다. 이 사실을 알고서 한 민족이 이런 예언들을 하나님의 말씀으로 분별해낸 상황을 곰곰이 따져보면 그저 놀라울 따름입니다. 이것은 하나님의 계시가 점진적임을 보여줍니다. 계시의 점진성이란 하나님이 우리의 시대와 공간과 문화를 고려하여 우리가 이해할 수 있는 것을 알려주신다는 뜻입니다. 여기에는 하나님이 그분의 자유 안에서 우리의 자유를 존중하시며 우리를 가르치신다는 비범한 교육학이 들어 있습니다. 이와 관련해 떠오르는 예레미야의 본문이 있습니다. 그 본문은 어떤 율법에는 불의한 면이 있긴 하지만 선조들이 이해할 수 있는 유일한 법이었기에 그들에게 주어진 것이라고 사실상 인정하고 있습니다. 바울도 비슷한 취지로, 우리가 아직 어린아이이기 때문에 젖을 받는 것이며 어른이 되면 어른의 음식을 받게 될 거라고 말했습니다.

이 예언들을 생각할 때 또 하나 이해해야 할 것은 하나님이 역사적 사건들을 만들어내시는 것이 아니듯 지진도 만들지 않으신다는 것입니다. 지구라는 행성이 있고, 지구에는 나름의 구조가 있으며 박테리아가 있고 바이러스가 있습니다. 이 모든 것과 더 많은 것이 나름의 기능을 하고 진화합니다. 이런저런 본문에 따르면, 우리 그리스도인들은 때때로 하나님이 주시는 말씀을 알아볼 수 있습니다.[3] 그러나 그것을 다른 이들에게 강요하거나 그들을 판단하는 도구로 삼아서는 안 됩니다. 예를 들어, 전쟁이나 재난이 일어날 때 그리스도인들은 하나님이 혹시 우리에게 무슨 말씀을 하시는 것은 아닌지 자문해봐야 합니다. 하지만 예수님께서 아주 분명히 말씀하신 것처럼, 이 전쟁이나 저 재난의 희생자들이 형벌을 받았다거나 그들이 살아남은 자들보다 더 악했다고 말해서는 결코 안 됩니다. 사실, 하나님은 전쟁이나 재난을 겪지 않은 사람들에게 그들도 그런 악한 일을 당하지 않도록 회개하고 삶을 변화시키라고 경고하십니다.

3. 유다와 이스라엘을 규탄하는 예언

개관

유다와 이스라엘 왕국을 둘러싼 민족들을 규탄하는 첫 여섯 예언의 근거는 하나님이 노아를 통해 인류와 맺으신 언약이었습니다. 그런데 유다를 규탄하는 예언들은 다른 언약에 근거하고 있어서 예언의 성격이 다릅니다. 이 본문에는 세 가지 주제가 있습니다. 하나는 유다를 규탄하는 예언(2:4-5)입니다. 그다음, 이스라엘을 규탄하는 예언 중에서 하나님이 이스라엘을 위해 하신 일과 이스라엘이 저지른 죄에 대한 기록을 담은 첫 번째 부분과 아모스 선지자의 반응 및 예언된 형벌의 내용을 담은 두 번째 부분입니다(2:6-16).

유다를 규탄하는 예언

유다를 규탄하는 예언의 첫 부분은 이전의 여섯 예언과 같습니다. 일곱 번째 범죄(하나님이 정하신 한계를 넘어서는 것) 때문에 하나님은 그들이 기도할 때나 그분의 이름을 부를 때 더 이상 귀 기울이지 않으실 것입니다. 그런데 유다는 인간이 아니라 하나님께 죄를 지었고 여기에는 두 가지 요소가 있습니다. 우선 그들은 토라(율법)를 어겼고 우상과 거짓에 미혹되었습니다. 이스라엘을 규탄하는 예언과 비교해보면 중요한 차이점이 있습니다. 유다의 범죄가 하나님에 대한 것인 반면, 이스라엘의 죄는 다른 인간들에 대한 것이었습니다. 유다는 마음을 다하여 하나님을 사랑하라는 첫 번째 큰 계명을 어겼고, 이스라엘은 이웃을 자신처럼 사랑하라는 두 번째 큰 계명을 어긴 것으로 해석할 수 있습니다. 성전과 예루살렘이 자리 잡은 유다 왕국이 계시의 수호자 격이었다는 사실을 기억하면 이런 해석이 수긍이 갑니다. 더욱이 유다의 왕들은 다윗의 직계 후손들이었으니, 다윗과 마찬가지로 하나님이 보내신 이들이라 할 수 있습니다. 결과적으로, 유다 왕국을 구성하는 두 지파의 핵심 문제는 언약을 통한 하나님과의 관계였습니다.

이런 상황은 유다 왕국의 사람들에게 다음과 같은 딜레마를 안겨주었습니다. 언약에 불순종하는 왕의 행위에 동참해서라도 하나님이 보내신 메시아인 그들을 좇아야 할까? 아니면 토라의 수호자인 레위인들을 좇아야 할까? 그런데 레위인들은 감히 왕을 규탄하지 못하고 침묵을 지키고 있었습니다. 나중에 아모스는 순응주의

자들이 되어버린 그들의 행태를 지적합니다.

아모스 역시 같은 딜레마에 직면했습니다. 유다의 왕은 다윗의 후손이므로 어떤 일이 있어도 그를 지지해야 할까? 아니면 토라의 우위를 인정해야 할까? 아모스는 분명 후자를 택했습니다. 그래서 율법을 어긴 왕을 규탄하고 나선 것입니다.

우리는 토라가 무엇인지 분명히 알아야 합니다. 토라를 흔히 '율법'으로 번역하는데, 그리 좋은 번역은 아닙니다. 토라는 '가르침'을 의미합니다. 아모스 시대에는 이 구분이 더욱 중요했습니다. 이때의 토라는 오늘날 우리가 아는 토라와 다르기 때문입니다. 위대한 현대 유대교 신학자 중 한 사람인 레비나스[1]는 토라를 구성하는 네 가지 요소가 있음을 설명해주었습니다. 첫째, '레위기적 토라'입니다. 오늘날 우리가 아는 창세기, 출애굽기, 레위기에서 그 일부를 볼 수 있습니다. 기록된 토라이지요. 둘째, 히브리 민족이 역사를 회상한 내용으로 구성된 구술 토라입니다. 구술문화에서는 대를 이어 전해진 이 토라의 내용이 극도로 엄밀하고 정확하며 신뢰할 만했을 것입니다. 셋째, 사람들이 자연을 통해 받은 하나님에 대한 계시입니다. 이 말이 이상하다고 느끼는 사람들도 있겠지만, 다윗의 시편 19편은 하늘이 우리에게 하나님의 영광을 말해준다고 노래합니다. 물론 하늘과 구름과 산과 바다만 바라보면 하나님을 모르는 사람이 그분에 대해 다 알게 될 거라는 뜻은 아닙니다. 참 하나님을 알고 있는 사람이라면 자연 속에서 그분의 영광을 어느 정도 발견할 거라는 의미입니다. 넷째, 가정에서 부모가 자녀들에게 가르치는 내용입니다. 그 당시에는 주로 아버지가 이 책임을 맡았습니다. 완전한 토라는 이 네 요소로 이루어집니다. 오늘날 우리가 아는 기록된 형태의 토라는 아직 없었으나, 아모스 시대에 이미 완전한 토라가 존재했습니다. 그런데 히브리 민족은 하나님이 그들과 맺어온 역사 전체에 대한 기억이 담긴 이 가르침을 내버렸습니다.

대체로 우리는 토라가 유대 민족에게 무엇이었는지 오해합니다. 그들에게 토라는 추상적이고, 이론적이고, 일반적인 계명의 집합이 아니었습니다. 토라는 히브리 민족의 역사적 경험에서 나왔고 그것과 밀접하게 연결되어 있었습니다. 십계명Decalogue을 이해하려면 출애굽과 광야에서의 방랑, 시내 산 도착과 같은 히브리 민족의 장구한 역사적 경험을 알아야 합니다. 십계명은 그뿐 아니라 기타 역사적 사건들과도 분리되지 않았습니다. 다시 말해, 토라는 어떤 지성인이나 철학자가 추상적으로 만들어낸 도덕이 아닙니다. 거기에는 역사가 반영되어 있습니다. 그런데 유다 왕국은 이 역사를 버렸습니다.

또한, 토라의 계명들은 우리가 법이나 규칙으로 생각하는 것들과는 성격이 많이 달랐습니다. 십계명을 계명의 집합으로 읽어서는 안 됩니다. 그것은 약속이자 미래입니다. 언젠가는 더 이상 훔치고 간음하고 살인할 필요가 없는 순간이 올 것입니다. 이 법을 존중하면 살 수 있지만, 이 법을 어기면 죽음의 영역에 들어가게 될 거라는 뜻입니다. 이처럼 토라는 생명이 가능하고 허용되는 영역을 묘사합니다. 토라를 어기면 이 영역에서 벗어나 죽음의 영역으로 들어서게 됩니다. 히브리어에는 현재시제가 없다는 사실이 이 점을 이해하는 데 도움이 될지 모르겠습니다. 히브리인들은 현재에 시작되는 행동이 앞으로 이어질 어떤 것이라 여겼고, 따라서 현재가 미래의 시작이라고 보았습니다. 매 순간 뭔가 새로운 것이 시작됩니다만, 명령을 이행한다는 의미가 아니라 소망이 열린다는 의미에서 그런 것입니다. 현재는 지속되는 소망입니다. 그렇기 때문에 십계명의 모든 계명은 대체로 미래시제로 번역이 됩니다. 히브리어의 다른 시제로는 과거시제가 있습니다. 이미 벌어졌지만 아직 끝나지 않은 일입니다. 구약성경, 특히 모세오경에서 주어가 악이나 악의 어떤 형태와 관련이 있을 때는 동사가 과거시제로 나옵니다. 히브리 민족 앞에 놓인 토라는 시도해볼 수 있다는 관점에서 본 미래입니다. 이런 식의 이해는 우리의 통상적인 계명 이해보다 훨씬 깊고 소망이 담겨 있습니다.

본문은 유다 왕국이 **거짓 우상들**에게 미혹되었다고 말합니다. 이것은 우리가 흔히 생각하는 우상숭배 개념 이상의 것입니다. '우상'에 해당하는 히브리어 단어의 복수형은 모음 하나만 빼면 전도서에 나오는 히브리어 단어, 흔히 '헛됨'이나 '헛되고 헛됨'으로 번역되는 단어와 같습니다. 공통 어근은 우상이 가짜 신이라기보다는 거짓, 사라지는 연기, 아무것도 아니라는 의미의 헛됨이라는 사실을 나타냅니다. 거짓 우상들을 따라가는 것은 아무것도 아닌 껍데기에 불과한 권력과 아름다움, 성공 등의 겉모습에 현혹되는 것입니다. 우상들이 인간 공동체에서 감당하는 역할의 핵심이 바로 '아무것도 아님'이라는 것입니다. 우상을 따르는 것은 살아 계신 분을 버리고 세상의 겉모습을 택하는 것입니다. 이것을 알면 왜 하나님을 견고한 바위라고 부르는지 이해할 수 있습니다. 하나님은 흩어져 무로 사라지는 연기와 같지 않기 때문입니다.

하나님을 질투하는 분이라고 말하는 성경 말씀도 이런 맥락에서 이해해야 합니다. 십계명에서 하나님은 자신을 질투하는 하나님이라고 지칭하십니다. 이 질투는 우리가 인간의 애정관계에서 질투라고 부르는 것과 공통점이 전혀 없습니다. 하나님이 질투하시는 이유는 인류를 사랑하시기 때문입니다. 인류가 살아 계신 하나님으로부터 떨어져나가면 죽게 된다는 것을 너무나 잘 아시기 때문입니다. 인간 공동체는 우상, 헛된 것, '연기'를 좇아가면서도 자신들이 무슨 일을 하고 있는지 이해하지 못합니다. 하지만 하나님은 그들이 그런 행태를 고집할 때 결국 어떻게 될지 아십니다. 하나님이 질투하시는 이유는 우상들 및 가짜 신들과의 경쟁을 참으실 수 없기 때문입니다. 하나님은 "나다I am"라고 말씀하실 수 있는 유일한 분입니다. 그분은 충만한 존재이십니다. 신성神聖사음문자tetragram YHWH는 '있다to be'라는 뜻의 히브리어 동사에서 나왔습니다. 하나님이 모세를 보내어 파라오에게 전갈을 전하게 하셨을 때, 모세는 자신이 누구의 이름으로 말하게 되는지 묻습니다. 하나님은 "나는 스스로 있는 자니라I am the One who is" 하고 대답하십니다. 하지만 이 사음문자는 이런 뜻도 있습니다. "나는 스스로 있는 자일 것이다", "나는 스스로 있을 자인 나이다", "나는 스스로 있을 자인 나일 것이다." 히브리어에는 현재시제가 없다는 점을 기억해야 하겠습니다. 요약하면, 하나님의 질투는 인류 구원을 목표로 합니다.

하나님은 형벌로 유다에 불을 보내실 것이고 그 불이 예루살렘의 요새들을 파괴할 것입니다. 이 일은 정확히 주전 734년에 벌어졌습니다. 이 예언은 그 사건 이후에 기록되었을 수 있다는 반론을 제기할 사람이 여전히 있겠지만, 개인적으로 저는 설령 그렇다 한들 아모스 선지자의 역할과 관련해서 무엇이 달라지는지 모르겠습니다.

이스라엘을 규탄하는 예언

이스라엘을 규탄하는 예언도 같은 진술로 시작됩니다. 일곱 번째 범죄 이후, 하나님은 더 이상 이스라엘에게 귀를 기울이지 않으십니다. 앞에서 살펴본 대로, 다른 모든 죄의 근원이 된 그들의 주요 범죄는 직접적으로는 다른 인간들에 대한 것이었고, 간접적으로는 하나님에 대한 것이었습니다. 이스라엘은 두 번째 큰 계명을 어긴 죄로 규탄을 받습니다.

2장 6-16절의 기록은 세 가지 주제로 나눌 수 있습니다. 이스라엘의 죄(2:6-8, 12), 이스라엘을 위해서 하나님이 하신 일(2:9-11), 그들에 대한 형벌(2:13-16)입니다. 두 번째 주제부터 살펴보겠습니다.

아모스는 하나님이 이스라엘을 위해 하신 일을 상기시킵니다. "오, 이스라엘아 기억하라…." 이것은 우리가 가슴에 새겨야 할 아주 중요한 구절입니다. 오늘날 우리는 하나님이 침묵하시고 세상사에 더 이상 개입하시지 않는다는 느낌을 받고 있습니다. 그럴 때는 하나님이 그동안 우리를 위해 하신 일을 상기해야 합니다. 그것은 이스라엘 자손뿐 아니라 우리에게도 중요한 일입니다. 개인의 삶에서도 마찬가지입니다. 하나님이 한때 내 삶에 자신을 계시하셨다면, 그 이후에는 침묵이, 때로는 기나긴 시간 동안 이어질 수 있습니다. 그 시간에는 이전에 하나님이 나와 함께하셨다는 사실을 기억해야 합니다. 하나님이 끊임없이 자신을 계시하시고 삶의 매 순간 나와 동행해주시길 기대해서는 안 됩니다. 삶에서 하나님을 만난 순간에 대한 기억이야말로 우리에게 살아갈 힘을 주는 원천입니다.

이스라엘 민족은 하나님이 그들을 위해 행하신 세 가지 일을 기억하라는 말씀을 듣습니다. 하나님은 아브라함과 언약을 맺으셨고 그와 후손들에게 땅을 약속하셨습니다. 아브라함이 죽었을 때, 약속된 땅 중에서 그가 소유한 부분은 아내 사라를 묻기 위해 구입한 무덤이 전부였습니다. 그 땅은 아모리 족속과 가나안 족속들의 소유였습니다. 이후 여호수아가 아모리 족속의 땅을 정복했는데, 본문에 따르면 아모리 족속은 강력한 민족이었습니다. 그렇지만 하나님은 이 민족을 멸하고 그들의 땅을 이스라엘 민족에게 주셨습니다. 9절에 설명이 필요한 내용이 나옵니다. 하나님이 그 위의 열매와 아래의 뿌리를 진멸하셨다는 대목입니다. 이것은 완전한 승리를 가리킵니다. 뿌리에 해당하는 선조들과 열매에 해당하는 자녀들이 모두 죽임을 당했습니다.

다음으로 이스라엘 민족은 그들이 이집트에서 해방된 일을 기억하라는 말씀을 듣습니다. 히브리어에서 이집트를 가리키는 단어는

'미츠라임'인데 '이중 고통의 땅'이라는 뜻입니다. 한 랍비의 주석에 따르면, 이것은 삶의 고통과 죽음의 고통을 가리킵니다. 하나님은 그분의 백성을 노예 상태에서 건져내는 것 이상의 큰일을 행하셨습니다. 이 해방은 그보다 훨씬 포괄적인 것이었습니다. 출애굽 사건은 하나님이 그분의 백성에게 자신이 해방자이심을 알려주는 것보다 훨씬 더 깊은 의미를 전해줍니다.

하나님은 해방된 그분의 백성을 이끌어 40년간 광야를 다니게 하십니다. 하나님은 전혀 권위주의적이지 않은 방식으로 그 일을 하셨습니다. 하나님의 백성은 그분을 따르도록 초청을 받았습니다. 낮에는 구름기둥, 밤에는 불기둥이 그분의 임재를 보여주었습니다. 광야 생활은 쉽지 않았습니다만, 하나님이 그들과 동행하셨습니다. 이와 마찬가지로, 우리 삶에서도 하나님은 우리가 정처 없이 방랑하도록 내버려두시지 않습니다. 언제나 모종의 표지가 주어집니다. 그러나 그것이 사람을 강제하지는 않습니다. 하나님은 일련의 규칙으로 사람의 삶을 기계적으로 제어하시지 않습니다. 아모스는 '광야 40년'이라는 구절을 처음 쓴 사람입니다. 그 이전에는 광야 여행의 기간이 언급된 적이 없습니다. 아모스 이후 이 문구는 하나님의 영감을 받은 것으로 인정이 되었고, 출애굽기 등에서 사용되었습니다.

이스라엘 자손이 기억해야 할 세 번째 사건은 하나님이 선지자들을 통해 주신 예언입니다. 선지자 중에는 나실인도 있었는데, 이들은 선善의 증인이자 자제가 필요한 미덕의 증인이었습니다. 바울의 서신에서 자제에 대한 언급을 자주 볼 수 있습니다. 그는 이것을 '절제'라고 부릅니다. 자제는 별다른 의미가 없어 보일지 몰라도 상당히 중요합니다. 나실인들에게 자제는 성관계와 술을 삼가는 형태로 나타납니다. 하나님은 정욕과 유혹을 제어할 수 있는 자들을 원하시는데, 그렇게 해야 선을 행할 수 있습니다. 이것이 나실인들이 중요한 이유이며 하나님이 그들을 일으키신 이유입니다. 하나님은 이스라엘 자손에게 이상의 세 가지 사건을 기억하라고 하십니다. 아모스는 이스라엘 자손이 저지른 일곱 가지 죄를 나열합니다. 돈을 받고 의인을 팔고, 신발 한 켤레에 가난한 사람을 판 그들을 규탄합니다. 사람을 물건으로 취급했기 때문입니다. '의인'과 '가난한 자'로 번역된 히브리어 단어들('차디크*tsaddiq*'와 '에브욘*ebyon*')은 연관성이 있습니다. 그러므로 의인과 가난한 자를 연결 지어 생각해야 합니다. 물론 가난한 사람들이 다 의롭다는 말은 아니지만, 의인들이 가난한 것은 분명한 사실입니다. 곧 살펴보겠지만, 여기에 중요한 결론이 따라옵니다.

이스라엘이 저지른 두 번째 죄는 어렵게 사는 이들을 짓밟아 그들의 머리가 흙먼지로 뒤덮이게 만든 것이었습니다. 당시에는 빠져나갈 길이 보이지 않고 절망에 사로잡힐 때 머리에 티끌을 뿌리는 것이 관습이었습니다. 재앙이라 할 만큼 일이 잘못되었을 때, 사람들은 옷을 찢고 머리에 티끌을 뒤집어썼습니다. 이스라엘 사람들은 안 그래도 어렵게 사는 사람들을 더없이 비참하게 만들었고 그들을 극도의 절망으로 몰아붙였습니다.

이스라엘 사람들의 세 번째 죄는 비참한 사람들의 권리를 빼앗은 것이었습니다(2:7, 개역개정 성경은 "연약한 자의 길을 굽게 하며"로 번역—옮긴이). 이런 식의 번역은 그 의미를 이해하는 데 그다지 도움이 안 됩니다. 히브리어의 해당 구절은 이렇게 번역하는 것이 낫습니다. "그들은 비천한 자들이 길에서 벗어나게 만든다." 이 번역의 난점은 '비천한 사람들'이라는 우리말이 가난한 자들과 비참하거나 불행한 자들을 구분하지 않는다는 데 있습니다. 우리에게는 둘이 거의 같은 것으로 보입니다. 하지만 히브리어에서는 전혀 그렇지 않습니다. 종종 비참한 사람들로 번역되는 히브리어 단어 '아나윔*anawim*'은 가난을 선택한 사람들을 가리킵니다. 그들은 한때 부유했지만 가진 것을 다 나눠주었고, 의도적으로 가난한 상태를 유지합니다. 부유해지기를 바라지 않겠다는 선택은 자신의 인생과 미래를 하나님께 온전히 맡기겠다는 또 다른 고백입니다. 이 자리에 계신 분들 중에는 앙투아네트 수녀와 포메롤의 작은 공동체를 아시는 분도 있을 것입니다. 이 수녀는 공동체에 필요한 현금을 확보하기 위한 일에 단 1초도 쓰지 않았습니다. 돈은 공동체에 필요가 생길 때마다 주어질 것이라고 전적으로 확신했기 때문입니다. 그녀는 평생을 그런 식으로 살았습니다. 처음에는 장 보스크 정신병원도 정확히 같은 방식으로 운영되었습니다. 이것이 바로 히브리어 단어 '아나윔'이 의미하는 바입니다. 히브리어 본문이 말하는 바는 이런 사람들이 서원을 깨뜨리고 소명을 저버리게 만드는 시도가 있었다는 것입니다. 이스라엘 민족은 이런 사람들의 삶을 방해했다는 규탄을 받고 있습니다.

아모스는 초반의 이 세 가지 죄를 지적하는 동시에 불의가 가득한 사회였던 이스라엘 왕국에 아나윔(자발적으로 가난을 선택한 자들)

뿐 아니라 차디크(의인)도 있었음을 알려줍니다. 그러니까 이스라엘이 모든 것을 잃은 상태는 아니었습니다. 완전하고 철저하게 하나님을 신뢰한 자들과 의인들이 남아 있었습니다. 성경은 이들을 '남은 자들'이라고 부릅니다. 이스라엘에서 믿음을 지킨 사람들을 뜻하지요. 하나님의 은혜와 역사는 이런 남은 자들을 통해 계속될 것이고, 이런 패턴은 하나님의 백성의 역사에서 거듭거듭 되풀이될 것입니다. 믿음을 지키는 사람은 이스라엘에 자기 혼자뿐이라고 엘리야가 불평하자 하나님은 바알 앞에 무릎을 꿇지 않은 7천 명이 남아 있다고 대답하십니다. 아모스가 정죄하는 이 상황에서도 하나님의 일은 이어질 것입니다.

이스라엘의 네 번째 죄는 '아버지와 아들이 한 젊은 여자에게 다녀서 하나님의 거룩한 이름을 더럽힌 것'으로 흔히 번역됩니다. 그러나 이런 번역은 잘못된 인상을 심어줍니다. 여기 나오는 젊은 여자는 '나아라*naarah*'인데, 당시에 특정 신들을 섬기는 사제에게 붙여진 여자 노예를 가리키는 말입니다. 그들의 의무는 찾아오는 모든 남자에게 몸을 내어주는 것이었습니다. 성교와 관능을 통해 고양된 상태에 이르게 하여 여자가 섬기는 신에게 가까이 가게 해주는 것이 목표였습니다. 그런데 이 단어를 '젊은 여자' 대신 '신성한 매춘부'로 번역한다면, 신과의 합일에 도달한다는 더 깊은 목적을 담아내지 못할 것입니다. 흔히 '젊은 여자'로 번역하는 히브리어 단어는 '코데셰트*quodeshet*'인데, 하나님의 거룩함을 뜻하는 '코데쉬*quodesh*'와 어근이 같습니다. 이 대목에서 우리는 번역자의 고민을 이해할 수 있습니다. 하나님의 거룩함을 타 종교에서 신성시하는 매춘부와 섞고 싶지 않은 것입니다. 하지만 이제 이 죄를 묘사하는 뒷부분을 이해할 수 있게 되었습니다. 이 죄로 인해 하나님의 거룩한 이름을 더럽히게 된다는 것입니다. 이 죄가 가족 내의 근친상간이었다면 어떻게 그런 결과에 이르게 되는지 납득하기 어려웠을 것입니다. 하지만 그것이 하나님의 영광에 도달하기 위해 하나님의 이름을 들먹이며 남녀가 맺는 종교적이고 신성한 결합이라면, 명백히 그분의 이름을 더럽히는 일이 됩니다. 이렇게 보면 이 죄가 통상적인 번역이 함축하는 것보다 더 심각한 문제임이 드러납니다.

다섯 번째와 여섯 번째 죄는 제단 옆에서 전당 잡은 옷 위에 눕는 것과 다른 사람들에게 부과한 벌금으로 산 포도주를 마시는 것입니다. 이 부분에서도 우리는 그것이 뭐 그리 대수냐 하는 느낌을 받게 됩니다. 그렇지만 다섯 번째 죄는 전당 잡은 옷을 하루 안에 돌려주라는 율법 규정(출 22:25-27)을 어긴 것이었습니다. 율법이 이 문제를 중요하게 다룬 이유는, 사정이 절박하여 옷을 저당 잡혀야 했던 사람들은 추운 밤에 덮고 잘 것이 그 옷밖에 없을 것이었기 때문입니다. 문제의 핵심은 옷을 갖고 있다는 것이 아니라 토라를 명백하게 어겼다는 데 있습니다. 벌금으로 산 포도주를 마시는 여섯 번째 죄는 포도주로 벌금을 내는 일이 흔했던 당시의 관행과 관련이 있습니다. 권세자들이 그들이 내린 판결에 따라 백성이 벌금으로 낸 포도주를 마시는 일이 벌어지고 있었던 것입니다. 원래 그 포도주는 성전에서 하나님께 바치는 제물에 부어드리는 용도로 써야 하지만, 그들은 성전에서 자기들끼리 마셔버렸습니다. 일곱 번째 죄(2:12)는 나실인에게 포도주를 마시게 하고 선지자들에게 예언하지 말라고 명령한 것이었습니다. 이것은 왕을 겨냥한 규탄이었습니다. 대단히 권위적이었던 왕이 관리들에게 명령을 집행할 것을 강요하면서 이런 일들이 벌어졌기 때문입니다. 이스라엘은 나실인들을 타락하게 만들고 선지자들이 맡은 일을 하지 못하게 막음으로써, 그나마 남아 있던 거룩함의 흔적마저 없애고 하나님의 명령이 선포되지 못하게 하려 했습니다. 이상의 일곱 가지 죄들은 이웃을 사랑하고 존중하라는 두 번째 큰 계명을 따르지 않는 모습을 보여줍니다.

역사적으로 볼 때 당시 이스라엘은 많은 다른 민족 사이에 사는 작은 민족이었습니다. 다른 민족들이 섬긴 신들의 면면은 인상적이었지요. 바알을 따로 언급하고 있긴 하지만, 그 외에 다른 신들도 많았습니다. 이스라엘 사람들이 이 신들에게 유난히 미혹되었던 데는 이유가 있습니다. 그들은 하나님을 시각적으로 표현하면 안 되었고 그분의 임재도 말로만 증언할 수 있었던 것입니다. 이스라엘 백성은 눈에 보이고 만질 수 있는 신을 향한 욕구를 광야에서 여실히 드러내었습니다. 하나님을 그들의 왕으로 모시는 일에도 같은 문제가 있었습니다. 그들이 볼 때는 가끔 사사를 보내는 것이 전부인 하나님보다는 제대로 된 권세와 조직을 갖추고 늘 그들 곁에 있는 왕이 더 실질적인 도움이 되는 것 같았습니다. 만사가 훨씬 수월해 보이는 다른 민족들처럼 되고 싶은 유혹은 컸습니다. 어떤 의미에서 이스라엘의 일곱 가지 죄는 세상살이를 더 수월하게 만들고 실리를 추구하는 데 꼭 필요한 부분이었습니다. 간접적으로는 그들이 이웃 민족들의 관행을 받아들이거나 모방하여 삶의 방식을 바꾸고 하나님 및 그분의 말씀과 거리를 두었다는 뜻이었습니다. 갈대아인, 앗수르인 같은 주변 민족들의 종교 중 일부는 이후 그리스인들이 믿었던 다양한 신 못지않게 많은 신들이 등장하는 방대한 신화를 바탕에 깔고 있었습니다.

이제 아모스의 반응이 등장하는 마지막 부분으로 넘어가보겠습니다. 아모스는 하나님의 말씀을 선포하고 뒤따라올 형벌을 선언합니다. 우리는 주전 8세기의 이스라엘 왕국이 심각한 사회변화를 겪고 있었음을 이미 보았습니다. 솔로몬은 상업을 장려하고 상업은행을 만들어 그 변화의 기틀을 마련했습니다. 지중해 동쪽 유역에 펼쳐져 있던 많은 유대인 공동체들은 그런 흐름을 뒷받침했습니다. 그 결과로 엄청난 부가 밀려들었지만 오히려 가난해진 사람들도 적지 않았습니다. 그들의 전통적 농법은 설 자리를 잃었고 그들이 생산한 농산물은 찾는 이가 적어졌기 때문입니다. 바야흐로 상업이 부의 생산의 중심이 되었고, 상업에 종사하지 않는 이들은 다양한 방식으로 뒤처지고 말았습니다.

본문은 네 범주의 가난한 사람들을 거론합니다. '아나윔'은 자발적 가난을 선택한 이들이었습니다. '아나오*anaw*'는 압제받는 사람들이었습니다. '에브욘'은 거지에 해당했습니다. 끝으로 '달*dal*'은 부랑자였습니다. 이들은 할 일이 없어 놀 수밖에 없는 무산계급을 이루고 있었습니다. 거기에서 벗어날 길은 자신을 노예로 파는 것 외에는 없었습니다. 한 가족이 모든 것을 잃게 되면 흔히 자녀를 팔았고, 남편이 아내를 팔았으며, 마침내 자기 자신을 팔았습니다. 그것이 부랑자나 거지가 되는 것보다 낫다고 생각한 사람들도 있었습니다.

아모스와 동시대에 기록된 그리스어 문헌들을 보면 그 지역 노예들은 대부분 에돔을 거쳐서 온 팔레스타인 사람들인 것을 알 수 있습니다. 에돔은 그리스와 노예무역을 했던 것입니다. 이 모든 변화에 따라온 사회적 격변을 상상하기는 어렵지 않습니다. 그와 더불어 사회적 관습과 생활습관에도 급격한 변화가 찾아왔습니다. 그로부터 한 세기 전만 해도 가난한 사람들은 크게 존중받았고 하나님께 헌신된 존재로 여겨졌습니다. 그러나 이제 그들은 물품이 되어버렸습니다. 타인을 학대하는 행태에다 부도덕과 우상숭배도 증가했습니다. 이 모든 변화와 더불어 사회에서 선지자들이 감당했던 역할도 달라졌습니다.

아모스 이전에는 엘리야 같은 선지자들이 구체적인 종교적 문제를 정면으로 지적했습니다. 예를 들어, 엘리야는 바알 숭배 및 바알의 제사장들과 맞서 싸웠습니다. 그러나 위에서 말한 변화의 결과, 아모스는 사람들의 행동에 대해 종교적 차원뿐 아니라(유다의 경우에서 보았듯) 사회경제적 차원에서도 개입해야 했습니다. 하나님과 우상도 문제였지만 하나님과 부富도 문제였던 것입니다. 그 결과, 선지자의 메시지는 다른 사람들을 대하는 방식(두 번째 큰 계명)에 집중되었습니다. 권력을 가진 사람들은 스스로를 토라보다 우위에 두었고, 하나님에 맞선 인간의 반란이 다른 사람들(신약성경은 이들을 이웃이라 부릅니다)에 대한 멸시와 무지로 나타났습니다. 아모스는 이것을 처음으로 드러낸 사람이었습니다. 타인에 대한 경멸은 하나님과 맺은 언약을 부정하는 행위입니다. 신약성경이 설명하는 대로, 두 번째 큰 계명은 첫 번째 큰 계명과 같은 것입니다. 두 번째 계명을 어기는 것은 첫 번째 계명을 어기는 것과 같다는 의미에서 그렇습니다. 누구든지 다른 사람들을 경멸하는 자는 하나님을 거부하는 사람입니다. 그러므로 이것은 오늘날 우리가 말하는 사회정의 문제가 아닙니다. 아모스의 많은 본문이 사회정의의 시각에서 해석되었다는 것을 저도 압니다만, 이런 해석은 아모스의 사고방식과 큰 관련이 없습니다. 아모스는 지금 벌어지는 상황이 불의하다고 말하는 것이 아니라, 다른 사람을 경멸하는 것은 곧 하나님을 경멸하는 일이라고 말하는 것입니다.

부유한 시대가 찾아오면서 인간의 가치는 땅바닥에 떨어졌고, 그에 따라, 하나님을 사랑하고 섬기는 일도 불가능해졌습니다. 폰 라드von Rad[2]가 말한 대로, 영원한 분을 되찾기 위해서는 이웃을 되찾아야 했습니다. 아모스에게 이웃은 하나님의 사랑과 관련된 존재로 늘 우리 곁에 있는 사람들입니다. 아모스에게 하나님은 어디에나 계시지만 무엇보다 타인 안에 계십니다. 이 통찰은 선지자의 역할을 근본적으로 바꿔놓았습니다. 아모스를 시작으로, 모든 위대한 선지자들은 어떤 사람이 다른 사람을 대하는 것을 보면 그가 하나님을 사랑하는지 아닌지 알 수 있음을 파악했습니다.

이스라엘의 형벌

하나님은 아모스를 통해 전쟁이 있을 것이고 그분의 백성이 형벌을 받을 거라고 선언하십니다. 그때부터 하나님은 더 이상 그들을 보호하시지 않을 것입니다. 살아남아 그것을 보는 사람들은 이 예언을 기억하고 그들에게 닥친 군사적 재앙을 하나님이 하신 일로 해석해야 합니다. 세상의 그 어떤 무력과 무기도 그들을 구해낼 수 없을 것입니다. 네어Neher[3]에 따르면, 우리가 위에서 살펴본 네 범주의 가난한 사람들과 유사하게 네 범주의 힘 있는 사람들이 있습니다. 강한 자, 용사, 궁수, 기병입니다. 이들 모두는 자기보다 더 강한 힘을 가진 이와 마주하게 될 것입니다.

이제 우리는 문제의 핵심에 도달했습니다. 하나님은 그분의 백성에게 그분이 그들을 위해 하신 일을 기억하라고 하십니다. "나는 내 능력으로 너희를 이집트에서 끌어내었고 내 능력으로 너희를 이끌어 약속의 땅에 들어가게 했다. 그런데 이스라엘은 그 모든 일을 잊었다. 그들은 더 이상 나의 능력을 신뢰하지 않는다. 이제 그들은 자기들의 왕, 군대, 부, 그리고 원하던 많은 것을 소유했다. 그들은 더 이상 하나님이 필요하지 않다고 믿는다." 하나님은 그들의 뜻을 존중하셔서 그들을 더 이상 돕지 않으십니다. 끔찍한 처벌의 내용은 하나님이 이스라엘의 역사에서 손을 떼시는 것입니다. 어떤 의미에서 이것은 그들의 행동에 함축되어 있던 그들의 욕망이라고 말할 수 있겠습니다. 이스라엘 민족은 그들을 보호하셨던 하나님과의 교제를 깨뜨렸고 이제 믿을 것은 자기들의 힘밖에 없으니 정복당하는 일만 남은 것입니다.

이 패턴은 우리가 익숙하게 생각해온 심판의 모습과 많이 다릅니다. 우리는 심판이라고 하면 공동체가 죄를 짓고 하나님이 벌하시는 장면을 떠올립니다. 그러나 이것은 부조리한 환원주의적 사고입니다. 하나님이 그분의 피조물들을 사랑하시고 존중하셔서 그들이 자기 뜻대로 할 때 따라올 결과를 아시면서도 그것을 허용하신다는 사실을 반영하지 못하기 때문입니다. 우리는 하나님이 아브라함과 맺으신 언약 안에서 그분과 더불어 사는 것과 그 언약을 깨뜨리고 자기 힘으로 살아가는 것을 구분해서 생각해야 합니다. 두 상태 모두에서 하나님은 신실하게 사랑을 베푸십니다. 하나님은 그분의 백성을 찾아와 구원하고 돕고 붙들어주셨지만 그들은 하나님을 믿지 않았습니다. 이제 그들이 정복과 압제를 경험하면 하나님의 경고를 기억하고 그분께 돌아갈지도 모릅니다. 이스라엘 백성은 하나님이 그들을 위해 행하신 선한 일 속에서 그분을 발견하지 못했지만, 그분과 떨어져서 겪은 불행을 통해 다시 하나님께 돌아갈 수도 있습니다. 이것이 모든 선지자들의 '논리'입니다.

아모스의 예언적 가르침들은 예루살렘 제사장들의 가르침과 달랐습니다. 선지자들의 말은 각 지파가 대대로 물려받은 역사적 경험과 전통(두 번째 의미의 토라)에 근거한 것이었습니다. 아모스는 그 자체로 이스라엘의 기억의 대변인이었고, 이스라엘은 그 기억을 다시 한 번 받아들이고 그들의 기념물로 보존할 수 있을 것입니다.

이스라엘 왕국의 파괴를 말한 여덟 번째 예언은 주전 734년 앗수르 왕이 유다를 정복하면서 이루어졌습니다. 이스라엘은 앗수르 군대의 침략에 맞서 싸웠지만 주전 724년에 벧엘, 사마리아와 함께 파괴되었습니다. 예언과 성취의 간격이 너무 멀다고 느낄 수도 있겠지만, 하나님께는 천년이 하루와 같다는 것을 기억해야 합니다.

이스라엘의 의로운 사람들에게는 어떤 일이 벌어졌을지 자문해 볼 수 있겠습니다. 이 대목에서는 소돔 성에 의인 50명이 있다면 소돔을 멸하지 말아달라고 구했던 아브라함의 기도를 기억해야 합니다. 50명이 너무 많다고 생각한 그는 45명, 40명, 30명, 20명으로 그 수를 줄여나가다 마침내 의인 10명만 있으면 소돔을 멸망시키지 말아달라고 간구했습니다. 그러나 그곳에 10명의 의인도 없는 것으로 밝혀지자 더 이상 하나님께 매달리지 못했습니다. 지금까지 우리가 살펴본 것은 역사적 사건들이고 이스라엘은 그 사건들을 통해 벌을 받았지만 그것과 영벌은 아무 관련이 없다는 것도 기억해야 합니다. 하나님이 불의하게 느껴지는 이유는 우리가 언제나 개개인의 미래의 관점에서 생각하기 때문입니다. 하지만 우리는 사회의 한 부분을 차지하고 일정한 역할을 감당합니다. 이 연결 관계로 인해 우리 민족이 당하는 일에 우리도 피해자가 될 가능성이 있습니다. 이것을 받아들이기 어려운 사람들도 있겠지만, 결국 어떤 하나님의 처벌도 영원하진 않습니다. 그 일은 늘 한 민족의 역사 안에서 이루어집니다.

오늘날 우리가 계속 만들어내는 문제들을 생각하면 두려움에 떨게 됩니다. 하지만 우리는 예수님이 수많은 무리를 어떻게 먹이셨는지 늘 기억해야 합니다. 사람들은 자신이 가진 떡과 물고기를 내놓았고, 나머지는 하나님이 하셨습니다. 우리가 아무것도 하지 않으면, 하나님도 가만히 계십니다. 우리가 할 수 있는 작은 일을 믿음으로 감당하고 나머지는 하나님이 하실 것이라고 굳게 믿어야 합니다.

4. 엮여 있는 주제들

개관

아모스서의 이 부분은 여러 주제가 얽혀 있다 보니 복잡합니다. 고발과 정죄의 주제가 있고, 이스라엘이 저지른 악을 드러내는 주제도 있습니다. 이렇게 얽힌 주제들을 명료하게 이해하기 위한 시도로, 3장 1-8절을 먼저 다루겠습니다. 그다음에 3장 9-11절과 4장 1, 4, 5절을 논하겠습니다. 그다음에 살펴볼 세 번째 부분은 3장 12-15절과 4장 2-3절입니다. 이렇게 본문의 순서를 재배열해서 다루는 것은 설명을 용이하게 하려는 시도일 뿐입니다. 이번 장 끝에 가면 원래 본문의 비범한 논리 정연함이 드러날 것이라 생각합니다. 구조주의 접근법을 따르는 주석가라면 얽혀 있는 주제들의 구조를 이해하기 위해 저와 다른 방식으로 접근하겠지만, 저는 구조주의자가 아니기에 교육 목적상 필요한 재량권을 자유롭게 행사하려 합니다.

예언의 역할

이 본문(암 3:1-8)은 지구상의 온갖 족속 중에서 하나님의 백성을 선택하는 일로 시작됩니다. 이 선택에는 무시무시한 점이 있습니다. 여기서도, 우리의 고정관념에 들어맞는 착하기만 한 하나님은 등장하지 않고, 산상설교가 펼쳐지지도 않습니다. 히브리서가 이 문제를 잘 설명해주는데, 살아 계신 하나님의 손에 떨어지는 것은 무서운 일이라는 것입니다. 그것은 하나님이 비열해서가 아니라 그분의 요구 수준이 높기 때문입니다. 많은 비유들이 같은 메시지를 전하고 있습니다. 달란트 비유와 포도원 비유가 그 대표적인 예입니다. 하나님이 돌아오실 때 그분과 관련된 사람들은 자기가 한 일들에 대해 그분께 해명해야 합니다. 뿐만 아니라, 다른 이들보다 많은 것을 받은 사람들에 대해서는 더 받은 것으로 더 많은 일을 했어야 한다는 기대가 있습니다. 하나님은 머리에 불쑥 떠오르는 대로 아무 일이나 하라고 우리를 해방시켜주신 것이 아닙니다. 우리가 하나님을 선택한 것이 아닙니다. 하나님이 어떤 일인가를 위해 우리를 선택하셨고, 그 부분에서 하나님의 요구 수준은 높습니다. 이와 마찬가지로, 하나님이 이스라엘을 선택하신 것이지 이스라엘이 하나님을 선택한 것이 아닙니다. 하나님은 친히 선택하신 백성에게 높은 기대를 갖고 계십니다.

이 본문을 이해하려면 여러 까다로운 번역 문제를 해결해야 하는데, 당장 첫 두 절에서 그중 몇 가지를 만나게 됩니다. 하나님은 그분의 백성에게 그들만 선택했다고 말씀하십니다. 여기에 해당하는 히브리어 동사는 의미도 어형도 복잡합니다. 게다가 이 부분에 대한 통상의 번역에서는 볼 수 없는 두 가지 사실을 담고 있습니다. 첫째, 하나님이 사랑 가운데 선택하셨다는 사실입니다. 동사의 어형이 선택 행위의 지속성을 암시합니다. 따라서 이렇게 번역하는 것이 더 나을 것입니다. '나는 너를 선택했고 사랑 가운데 계속 선택하고 있다.' 본문은 또한 자기 백성을 향한 하나님의 지식과 그들을 향한 사랑과 선택이 영원하다고 말해줍니다.

2절의 첫 구절에도 번역 문제가 있습니다. 히브리어의 의미는 '하나님이 너희를 벌하실 것이다'라는 취지의 흔히 볼 수 있는 번역과 많이 다릅니다. 원문이 의미하는 바는 하나님이 너희가 한 일에 대한 기억을 지속적으로 보존하신다는 것입니다. 이 기억이 처벌의 가능성을 염두에 둔 것일 수 있습니다. 그 결과, 우리는 히브리어 원문을 다음과 같이 기술할 수 있습니다. '나(하나님)는 너희가 한 모든 일에 대한 기억을 계속 갖고 있고, 너희 죄악을 처벌할 가능성은 내 마음 한구석에 남아 있을 것이다.' 어쨌거나, 히브리어 원문은 하나님이 자기 백성을 처벌하실 거라고 노골적으로 말하지 않습니다.

3장을 여는 텍스트의 전반적인 취지는 이렇습니다. "하나님이 자기 백성에게 주신 언약과 토라는 여전히 유효할 뿐 아니라, 사랑으로 계속 주어지고 있다. 하지만 너희(이스라엘 백성)가 나(하나님)를 사랑하는 마음에서 이 율법을 따르지 않는다면, 이 율법은 정의의 힘을 통해 적용될 수밖에 없고 나로서는 심판할 수밖에 없을 것이다. 내 백성인 너희가 사랑을 버리지 않는 한, 나는 이런 심판자로 변하지 않을 것이다. 어느 쪽이건, 너희는 나의 선택된 백성으로 남을 것이다. 너희는 언제나 내 백성 이스라엘일 것이다." 저로서는 이것이 3장의 첫 두 절에 대응하는 히브리어 텍스트의 의미에 가장 가깝게 다가갈 수 있는 번역입니다.

이어지는 여섯 절에서 우리는 6절의 전반부에 이르기까지 죽 펼쳐지는 이미지들을 봅니다. 각 이미지는 하나의 사건과 그 사건에 대한 설명 사이에 존재하는 관계를 드러냅니다. 두 사람이 동행하는 것은 그렇게 하기로 합의했기 때문입니다. 사자가 포효하는 것은 먹이를 잡았기 때문입니다. 새가 잡히는 것은 덫이 놓였기 때문입니다. 뱀이 땅에서 나오는 것은 뭔가를 발견했기 때문입니다. 성읍이 두려움에 떠는 것은 전쟁이나 기름부음 받은 자의 도착을 알리는 나팔소리를 그곳 사람들이 들었기 때문입니다. 각 경우마다 설명이 사건을 확증해줍니다.

이 모든 사건들과 그에 대한 설명들은 '하나님의 행하심이 없이 재난이 성읍에 닥칠 수 있는가'(6절) 하는 질문으로 이어지는 듯합니다. 곤란한 점은, 그 '행하심'이 이 질문 바로 앞에 있는 6절 본문의 내용 전체를 가리키지 않는다면 이 질문과 바로 앞까지의 본문이 아무 관계가 없다는 것입니다. 반면, 본문의 내용이 하나님의 행하심에 해당한다면, 모든 것이 완벽하게 딱 들어맞습니다. 사건이 있고 그 사건에 대해 하나님이 주신 설명이 있기 때문입니다. 성읍에 재앙이 닥치고 그에 대해 하나님이 주신 설명이 있습니다. 이것은 하나님이 그 일을 하셨다는 의미가 아니라 하나님이 그 일을 설명하셨다는 말입니다. 보다 일반적으로 말하자면, 모든 역사적 사건은 그런 일이 있을 거라는 선포에 뒤이어 나타납니다. 성읍에 재앙이 나면, 하나님이 그것을 알리시지 않았겠는가? 하나님이 재앙을 말씀하셨기 때문에 그 일이 벌어진다는 것이 아니라, 그분이 재앙을 알려 경고하신다는 것입니다. 하나님은 우리에게 다가올 재앙을 경고하시고, 그 의미를 말씀해주십니다. 여기서 아모스는 이스라엘에게 특정한 사건들의 의미를 설명해주는 선지자에 대해 말합니다. 선지자는 말씀하시는 하나님과 그분의 백성 사이에 선 중개자입니다.

어떤 역사가들은 이 여섯 절이 공적 토론의 일부였다고 믿습니다. 아모스는 예언한 내용 때문에 엄청난 저항에 부딪혔던 것이 분명합니다. 어떤 이들은 그가 선지자라는 데 이의를 제기했고 다른 이들은 그의 말을 아예 믿지 않았습니다. 7절에서 아모스는 자신을 옹호하면서 이렇게 선언합니다. '하나님은 먼저 그분의 비밀을 선지자에게 알리셨고 선지자는 그것을 그분의 백성에게 전달했다. 이렇게 선지자의 선포가 있은 후에야 예언된 재앙이 벌어진다.' 선지자가 하나님의 계시를 들으면 저항할 수 없는 압박에 직면하기에, 말하는 것 말고는 다른 선택의 여지가 없습니다. 아모스는 이 선언으로 자신이 진짜 선지자임을 보이려 한 것이 아닙니다. 사실,

그는 자신은 선지자가 아니지만, 하나님이 그분의 백성 이스라엘에게 예언하라고 자신에게 말씀을 주셨음을 아주 분명히 말합니다. 어쨌건 그의 논증은 중요하지 않습니다. 닥쳐올 역사적 사건들이 중요하지요. 역사적 사건들이 벌어지고 나면 그에 대한 설명들이 옳은지 그른지 드러날 것이기 때문입니다. 택한 백성들이 하나님의 이 말씀을 들었을 때, 그들에겐 반응해야 할 책임이 주어졌습니다. 우리의 경우도 마찬가지입니다. 하나님이 택하셔서 그분의 뜻을 계시하신 이들에게는 거기에 반응해야 할 온전한 책임이 생겨납니다. 즉, 그들은 그에 대해 책임을 져야 할 것입니다. 우리도 하나님의 사랑으로 택함을 받고 선택되었으니, 거기에 반응해야 할 온전한 책임을 져야 합니다. 더 이상 그 어떤 것도 필연이나 운명, 비극이나 우연으로 취급할 수 없습니다. 이런 것들은 섬김으로의 부름을 받지 못한 자들의 일상에서나 존재합니다.

우리는 선택에 직면해 있습니다. 만약 우리가 자유롭다면, 그 자유를 사용하여 촉발한 재앙들이 있을 것입니다. 그렇지 않고 세상이 기름칠한 기계처럼 잘 돌아가며 우리가 그 거대한 기계의 부속품에 불과하다고 생각한다면, 우리는 지금과 같은 상태에서 결코 벗어날 수 없다고 하나님 앞에서 고백해야 할 것입니다. 다른 가설은 있을 수 없습니다. 우리가 자유로운 존재라고 주장한다면, 아담의 경우처럼 그 자유가 하나님이 주신 것임을 부인한다 해도, 여기에는 우리가 실수를 저지를 수 있고 해를 끼칠 가능성이 들어 있다는 점을 깨달아야 합니다. 이 부분과 긴밀하게 이어져 있는 문제가 바로 유대인들과 그리스도인들의 근본적인 차이점입니다. 유대인들에게 메시아는 영광스럽게 오시는 분입니다. 그분이 오실 때 모든 유대인이 이스라엘로 돌아올 것이고, 세상이 끝나고 새로운 세상이 창조될 것입니다. 예수는 이 세상을 끝내지도, 새로운 세상을 창조하지도 않았기에 메시아일 수가 없다는 것이 그들의 생각이지요. 우리 그리스도인들은 예수님이 우리의 마음에서부터 시작해 새로운 세상을 창조하셨다고 믿습니다. 이렇게 되면 우리는 반응해야 할 책임을 온전히 지게 됩니다. 모든 목회자, 성직자, 선교사들이 사람들을 회심시키는 일을 완전히 긍정적인 일로만 생각합니다만, 사람들이 일단 예수 그리스도를 제대로 알아보게 되면 응답해야 할 책임이 생겨나고 더 이상 그들이 원하는 대로 살아갈 수 없습니다. 그들은 증인이 되고 그와 더불어 온갖 책임을 지게 됩니다. 그와 동시에, 우리는 믿음이 소유하고 보유할 수 있는 것인 양 믿음을 가졌다고 주장할 수 없습니다. 믿음은 우리에게 주어지는 것입니다. 하나님은 모든 민족 중에서 그분의 말씀을 짊어질 특정한 민족을 선택하시고, 그들에게 믿음을 주십니다. 그 믿음으로 모든 것이 달라지고, 그들은 그것을 대대로 증언해야 합니다. 모든 것이 믿음에 달려 있습니다. 하늘나라의 비유들에 대해 공부했던 내용을 기억해보십시오.[1]

범죄

아스돗은 유다 왕국 남쪽 끝에 위치한 도시였고 이집트와 국경을 맞대고 있었기에 왕은 그곳을 상당한 요새도시로 바꾸어놓았습니다. 하지만 아모스 시대에 앗수르 왕이 이 요새를 차지하면서 이집트와 유다를 침략할 교두보를 확보했습니다. 다음 구절을 읽을 때는 이 사실을 염두에 두어야 합니다. "너희는 아스돗의 요새들과 이집트 땅의 요새들에게 전하여라. 사마리아의 산 위에 모여서, 그 도성 안에서 일어나는 저 큰 혼란과, 그 속에서 자행되는 억압을 보라고 하여라"(3:9, 새번역). 하나님은 이스라엘과 유다에서 벌어지는 온갖 불의와 비인간적 행위들을 보라고 그분의 선지자를 통해 앗수르인들과 이집트인들에게 호소하십니다. 하나님이 그분의 백성이 아닌 자들에게, 와서 그분의 백성이 저지르는 악을 보라고 호소하시다니, 참으로 믿을 수 없는 일입니다. 이것은 비유대인들, 나중에는 비그리스도인들이 와서 지금 벌어지는 상황을 보고 심판해야 한다는 뜻입니다. 다른 사람들이 오늘날 우리 교회들에서 벌어지는 일을 너무나 정확하게 판단한 경우가 참으로 많았습니다. 우리 본문에 따르면, 아모스 시대에 벌어진 일은 큰 혼란이었습니다. 여기에 해당하는 히브리어의 의미는 누구도 다른 사람을 믿을 수 없었다는 것입니다. 사람들 사이의 진실하고 건강한 관계가 사라졌습니다. 사람들의 일상을 지배하는 공동의 질서가 허물어졌고 폭력이 난무했습니다. 10절은 그들이 더 이상 바른 일을 행할 줄 모른다고 말합니다. 하지만 "바른"으로 번역된 히브리어 단어는 복잡합니다. 두 가지 번역이 가능한데, 그들이 상대의 면전에서 당당하게 행동하는 법을 잊었다는 뜻일 수도 있고, 더 이상 정의롭게 행동하지 않았다는 뜻일 수도 있습니다. 따라서 이 구절에 대한 최고의 번역은 이렇게 될 것입니다. "그들은 더 이상 상대의 면전에서 당당하게 하는 행동, 즉 정의로운 행동을 하지 못했습니다. 그들은 더 이상 서로를 정당하게 대하지 않았습니다." 여기에 쓰인 히브리어 '네코하*nekohah*'는 아모스가 만들어낸 단어입니다. 아모스 이후 이 단어는 정의, 즉 상대의 면전에서 당당하게 하는 행동을 가리키는 말로 많이 등장합니다. 이것과 반대되는 행동이 바로 가장 가난한 사람들의 물건을 훔치고 폭력을 써서 부유해지는 것입니다. 선지자는 경계하라고 호소합니다.

4장에는 '바산의 암소들'이 등장하는데, 전통적으로 이들은 이스라엘의 부유한 여인들을 가리키는 것으로 해석되었습니다. 바산에서 온 암소들은 극히 귀한 순종純種 짐승이라 사람들이 애지중지했고 값이 아주 비쌌습니다. 이 짐승들은 전혀 착취당하지 않았고 아주 잘 먹었습니다. 이 육중한 동물들이 잠을 자기 위해 자리를 잡으면 근처에 있던 작은 동물들이 그 아래에 깔리곤 했습니다. 우리 본문에는 그들이 마신 것을 그들의 '아돈*adon*'이 가져왔다는 대목이 나오는데, 이 단어는 의미가 다소 모호합니다. 이것은 남편이나 종을 뜻하기도 합니다만, '아도나이*adonai*'의 단수형이기 때문에 주 하나님을 뜻할 수도 있습니다. 그러므로 본문이 의미하는 바는 이스라엘 백성이 이 바산의 암소들처럼 되었다는 사실입니다. 이들은 사마리아 산에 사는 사람들이었습니다.

이 바산의 암소들은 주님을 예배하는 의식에 참여했습니다. 이 의식들은 매우 감각적이었던 듯하고 술이 포함되었을 가능성이 있습니다. 여기서 아모스는 우리가 앞서 살펴본 온갖 범죄들에 더해 위선의 죄를 고발합니다. 당시는 여로보암 2세가 이스라엘을 다스리던 때라는 것을 기억해야 합니다. 여로보암 2세는 바알 숭배를 공식적으로 폐지했습니다. 그렇게 해서 공식적으로는 이스라엘의 주, 하나님을 섬기는 예배만 남았습니다. 그러나 여기서 아모스는 백성들이 몰래 섬겼던 주나 신神들이 많았다고 주장합니다. 나중에 아모스는 이 주主들 중 아시마(아람 족속이 섬기던 여신—옮긴이)와 식굿(바벨론의 토성 신—옮긴이) 등을 거론합니다. 이스라엘 백성은 공식적으로는 '스스로를 계시하신 분'을 예배했지만, 마음속으론 바알을 품고 있었습니다. 이 위선은 그들의 행동에서 드러났습니다. 이스라엘이 마음으로 저지른 배신은 30년 후에 웃시야 치하에서 온전히 드러나지만, 아모스 시대에도 이미 '바알 콤플렉스'로 나타납니다. 악이 아직 공식적 예배의 형태로 나타나지는 않았지만, 백성들의 마음속 숭배로 시작되었습니다. 아직 공식적으로 이름이 붙지는 않았지만 다양한 감각적 만족을 가져다준 신에 대한 숭배였습니다. 이와 동시에 나라 전체가 가난한 자들을 신나게 억압했습니다.

그러므로 이스라엘 백성은 첫 번째 큰 계명(온 마음을 다해 주 하나님을 사랑하라)과 두 번째 큰 계명(네 이웃을 사랑하라)을 이중으로 어긴 것입니다. 본문은 이것이 초래한 양면적 상태에 대해 말합니다. 백성들은 다른 신들을 섬겼고, 그 결과 이웃의 물건을 훔치고 그들을 짓밟았습니다. 반대로 말하면, 이스라엘 백성이 이웃의 물건을 훔치고 그들을 짓밟은 일은 그들이 다른 신들을 섬긴다는 사실을 드러냈다고 할 수 있습니다. 다시 말해, 이런 일들은 사람들이 다른 신들을 섬길 때만 나타날 수 있습니다. 이것은 두 번째 큰 계명이 첫 번째 큰 계명과 같다고 말씀하심으로써 예수님이 확립하신 두 계명 간의 관계를 설명해줍니다. 두 계명을 분리하는 것은 불가능합니다. 우리는 두 번째 계명에서 시작하여 첫 번째 계명을 돌아보는 방식으로, 즉 다른 이들을 향한 우리의 지향에서 출발해 우리의 영적 지향을 검토하라는 부름을 받습니다. 이 가르침 역시 이스라엘 백성에게만 한정되지 않습니다. 이것은 교회들과 그리스도인들에게도 똑같이 적용됩니다. 우리들의 행동을 보면 종종 국가 및 관련된 세속적 정치종교들을 포함한 다른 신들을 따르고 있음이 드러납니다.[2] 우리는 다른 신들을 섬기면서 공식적으로만 예수 그리스도의 하나님을 믿노라 고백합니다.

4장 4-5절에서는 불순종이 극에 달한 일곱 사례가 등장합니다. '벧엘로 가서 죄를 짓고, 길갈로 가서 죄를 더 짓는다.' 그리고 의식의 목록이 이어집니다. 더 이상 예루살렘과 성전에 갈 수 없게 된 이스라엘에서 벧엘과 길갈은 예배를 드리는 두 장소였습니다. 그들은 그곳에서 공식적으로 하나님을 예배했습니다. 네어는 이스라엘 백성이 벧엘로 올라가거나 브엘세바로 내려갈 때, 모두 지리적으로 예루살렘에 등을 돌리게 되며 상징적으로는 성전으로부터 거리를 두게 된다고 지적합니다.[3] 본문은 이스라엘 백성에게 공식적으로 하나님을 섬기는 장소인 예배의 처소로 가서 죄를 더 지으라고 말합니다. 그리고 이어지는 목록을 통해 그 이유가 드러납니다. '희생제물'로 번역된 히브리어는 구체적으로 유월절에 잡은 어린 양을 가리킵니다. 출애굽기를 보면 이스라엘 백성이 이집트를 떠나기 전날 저녁에 어린양을 잡았음을 알 수 있습니다. 하지만 아모스의 본문을 보면 그들이 매일 아침에 제사를 드렸다고 구체적으로 나와 있습니다. 그리고 그들이 누룩을 넣은 감사제물을 바친다고 말하고 있는데, 이것은 출애굽기의 율법이 분명하게 금하는 내용입니다. 이스라엘 백성은 무교병(누룩을 넣지 않은 빵)을 써야 했습니다. 그들은 유월절 제물과 무교병을 가져온 것처럼 행동했지만, 실제로는 율법이 명하는 내용과 전혀 다른 것을 가져왔습니다. 이와 마찬가지로, 낙헌제를 소리 내어 선포한다는 것은 자신들이 하려는 일에 대해 인정을 받으려 드는 그들의 관행을 말합니다. 요약하자면, 이 두 절이 묘사한 유월절 의식들은 하나님이 요구하신 바와 정반대되는 것들이었습니다. 이스라엘 백성은 이 제사들의 의미를 이해하지 못하게 된 것 같습니다. 그들은 이집트에서 구원받은 일을 잊어버렸습니다. 그들은 자신들의 제물과 관대함에 자부심을 가졌고 눈길을 끄는 제물을 과시하며 경건한 사람으로 보이고자 했습니다. 이번에도, 하나님께 짓는 죄는 가난하고 압제받는 자들을 향한 범죄로 고스란히 이어졌습니다. 그래서 하나님은 그들이 바친 제사와 제물들을 거부하셨습니다. 백성들이 모든 것을 잊어버렸기 때문에 제사고 제물이고 아무 의미가 없었습니다. 그들은 경건한 유대인 행세를 계속했지만, 아무 의미가 없는 일이었습니다.

우리는 이러한 정죄를 경고로 받아들여야 합니다. 예배에 참석할 때, 특히 성만찬에 참여할 때 대단히 주의해야 할 것입니다. 우리가 무슨 일을 하고 있는지 정확히 알고 있어야 합니다. 한때는 예수 그리스도의 몸과 피를 분별하라고 경고하는 본문들을 읽는 것이 흔한 일었습니다. 그렇지 않으면 자칫 우리의 죄를 먹고 마실 수 있기 때문입니다. 그러나 오늘날 우리는 이것에 거의 개의치 않습니다. 그렇게 된 이유는 쉽게 이해할 수 있지만, 그렇다고 해서 우리가 무슨 일을 하고 있는지 알아야 할 의무가 사라지는 것은 아닙니다. 성만찬은 얄팍하거나 공허한 의식이 되어서는 안 됩니다. 지금까지 이스라엘이 저지른 죄들을 살펴보았는데, 우리는 이 범죄들을 명심해야 합니다. 만약 우리가 하나님께 순종하지 않기로 결정한다면, 적어도 순종하는 척 연기를 해서는 안 됩니다. 하나님께 순종하기로 결정한다면, 작은 것 하나까지 충실하게 순종해야 합니다. 모세오경은 우리에게 우리의 삶 전체를 감싸고 있는 작은 일들에서 순종할 능력이 있는지 묻습니다. 예를 들어, 유대인들에게 유월절 제사를 드리는 시간이 저녁인지 아침인지는 상당히 중요한 세부내용입니다. 그들의 하루는 해질녘에 시작되므로, 유월절 제사를 아침(유대인의 하루에서 중간에 해당하는 시간)에 드리는 것은 그 의미를 지우는 일입니다. 예수 그리스도 안에서 우리는 이런 작은 일들에서 해방되었지만, 그렇다고 해서 그런 것들을 멸시해도 된다는 뜻은 아닙니다. 본문이 제시하는 여러 사례들은 우리가 예수 그리스도 안에서 자유를 누린다고 말할 수 있는 사안과 거리가 멉니다.

형벌

우리 본문(암 3:11-15, 4:2-3)이 선언하는 형벌은 그 특성상 종교적이면서 정치적, 군사적인 형벌입니다. 여기엔 모호한 요소가 있습니다. 형벌의 선언은 "주 여호와께서 이와 같이 말씀하시되"에 이어 다가올 역사적 사건들을 기술하는 것으로 이어집니다. "이 땅 사면에 대적이 있어 네 힘을 쇠하게 하…리라." 아모스 선지자가 전달한 YHWH의 말씀은 인류 역사에서 어떤 사건들이 펼쳐질지 설명합니다. 또 본문에는 하나님이 친히 역사에 개입하기로 하시는 또 다른 상황이 등장합니다. 하나님은 그분의 백성에게 그분이 멸하실 거라고, 그분이 벌하실 거라고 말씀하십니다. 하나님이 다가올 역사적 사건들을 경고하시는 것과 역사적 사건들의 과정에 주권적으로 개입하기로 결정하시는 것은 다릅니다. 우리 본문은 첫 번째 상황으로 시작합니다. 이스라엘 백성은 폭력과 강탈로 탈취한 재물을 궁전에 쌓았고, 하나님은 그들이 적군에게 포위되고 힘이 쇠약해질 거라고 말씀하십니다. 이 힘은 이스라엘 백성 전체의 힘이나 (궁궐에 대한 언급이 있으므로) 왕의 힘을 가리킵니다.

두 번째 상황은 14절에 묘사되어 있는데, 여기서 하나님은 이스라엘의 종교적 범죄를 벌하기 위해 친히 개입하십니다. 하나님은 벧엘의 제단들을 치고 제단의 뿔들을 꺾으시겠다고 말씀하십니다. 전통적으로 이 뿔들은 하나님의 능력을 상징했고 공식적으로는 여전히 그러했지만, 실제로는 제단들 위에서 숭배의 대상이 된 다른 신들의 힘을 상징하고 있었습니다. 사람들은 그 신들의 힘을 조금이나마 받기 위해 이 뿔에다 제물을 매달곤 했습니다. 벧엘의 제단들이 이스라엘 백성의 종교적 죄가 훤히 드러나는 자리가 되어버렸던 것입니다.

15절은 여름 별장과 겨울 별장으로 상징되는 사치를 의미할 수 있습니다. 이런 이중의 거처는 당시에도 이미 존재했습니다. 또 다른 해석도 있는데, 여름 별장은 이스라엘을, 겨울 별장은 유다를 나타낸다는 것입니다. 만약 이 해석이 옳다면, 이 예언은 남북 왕국 모두를 겨냥한 것이라고 할 수 있습니다. 유다 왕국 사람이었던 아모스가 이스라엘 왕국에서 예언했다는 사실을 잘 기억해야 할 것입니다.

바산의 암소들에게 선포된 형벌은 갈고리에 꿰여 끌려가는 것인데, 그들이 도살장으로 가는 육우 취급을 받을 거라는 의미입니다. 그것이 아니라면 그들은 벽에 난 틈으로 끌려가 하렘(이것이 해당 히브리어 단어의 올바른 번역입니다)에 던져질 것입니다.

이제 앞으로 돌아가 상당히 흥미로운 구절을 자세히 살펴보고자 합니다. 3장 12절에는 목자가 사자의 입에서 양의 두 다리와 귀 조각을 건져내는 광경이 나옵니다. 총체적인 군사적, 종교적 재앙 속에서 무엇인가를 되찾게 될 거라는 의미입니다. 이것은 야곱의 집에 들려주고 선포해야 할 내용입니다. 야곱의 집 전체가 이와 관련이 있기 때문입니다. 이 예언이 다루는 것은 사자가 대부분을 삼켜버린 후에 남겨질 자들입니다. 이것을 야곱의 집 전체에 선포해야 한다는 것은 아모스서 3장 첫 부분을 다시 기억하게 해줍니다. 3장 첫 부분은 이스라엘 자손들을 부르고 있는데, 이들은 유다와 이스라엘 백성 모두를 의미합니다. 두 다리는 남북 각 왕국에서 구원받을 자들을 상징하고, 양측의 남은 자들 모두 귀 조각이 남아서 하나님의 말씀을 들을 수 있을 거라는 뜻입니다. 이렇게 아모스는 유다에게 형벌의 소식과 함께 다가올 재앙에서 건짐을 받을 남은 자들이 있을 것임을 알려주었습니다. 남은 자들의 두 무리가 함께 다시 한 번 야곱의 집을 세울 것입니다. 누가 이 모든 일을 하게 될까요? 두 남은 무리 안에서도 선의와 미덕 등을 갖춘 자들이 맡게 될까요? 본문이 들려주는 답은 명확한 '아니다'입니다. 두 다리와 귀 조각을 구해내는 자는 목자입니다. 이스라엘의 목자는 하나님 외의 다른 존재일 수가 없습니다. 목자가 되시는 하나님의 이미지는 구약성경에 줄곧 등장하는데, 시편 23편과 80편이 대표적인 경우입니다. 요한복음의 여러 비유에서 예수님은 선한 목자로 불립니다. 이런 재앙들을 거치면서 하나님은 다시 한 번 유다와 이스라엘의 남은 자들을 구원하시고 그들로 통일된 야곱의 집을 다시 세우게 하실 것입니다.

일부 역사가들은 이 예언들이 종말에 남은 자들을 한데 모으는 것과 관련된 종말론적인 성격의 것인지, 아니면 유대 민족의 역사에서 벌어지는 사건들과 관련된 역사적 성격의 것인지 의문을 제기했습니다. 둘의 차이는 상당히 중요합니다. 이 예언들이 묵시록적인 것이라면, 아모스 시대의 이스라엘 백성이 할 수 있는 일은 거의 없다고 할 수 있습니다. 그러나 이 예언들이 역사적인 것이고 형벌도 역사적인 것이라면, 이 예언과 형벌이 실현되는 것을 피할 수 있을 터입니다. 이스라엘 백성이 이 예언들에 귀를 기울이고 그 내용을 마음에 새기고 회개한다면, 하나님은 그들을 용서해주실 것입니다. 반면, 그들이 예언을 무시하고 줄곧 하던 대로 계속한다면, 이 예언들은 그대로 이루어질 것이었습니다. 우리는 선지자들의 역할 문제로 되돌아온 것입니다. 선지자들은 백성들에게 그들이 하던 대로 계속 행동한다면 특정한 역사적 사건들이 벌어질 거라고 경고했습니다. 또 백성들이 회개하고 행실을 바르게 한다면 하나님이 생각을 바꾸실 거라고도 말했습니다.

이스라엘 백성이 돌이킨다면 엄청난 결과가 따라올 것이었습니다. 아모스 시대는 부와 권력과 명성의 시기였습니다. 이스라엘 민족은 상업의 팽창, 생활수준의 향상, 군사적 승리, 여호와 신앙으로의 공식적 복귀 덕분에 비범한 성공을 구가하고 있었습니다. 저는 현대 문명을 누리고 있는 우리에게 주는 메시지가 여기에 있다고 믿습니다. 우리는 과학, 기술, 경제발전의 거의 무제한적 팽창을 누리고 있고 성공이 줄을 잇고 있습니다. 바로 이런 시기에 교회는 아모스의 메시지를 전해야 합니다. 거기에 더해, 우리는 열왕기서와 역대서에 나오는 왕들의 역사를 꼼꼼하게 다시 읽어야 합니다. 성경에는 경제적, 군사적으로 성공을 거둔 위대한 왕들이 모두 우상숭배 때문에 정죄를 받는 광경이 나옵니다. 그런가 하면 하나님의 뜻에 따라 살아간 선하고 정직하고 경건하고 신실한 왕들이 정치적, 군사적으로 약하고 무능한 모습을 보이며 때로는 외세의 정복을 당하는 광경도 나옵니다. 이 왕들의 이야기를 읽는 일이 쉽지 않다는 것은 저도 알지만, 그 이야기들은 우리 시대에 특히 적절한 특정 사안들을 이해하는 데 중요한 열쇠를 쥐고 있습니다.[4]

정리해보겠습니다. 저는 이번 장에서 본문의 순서를 살짝 재배치하여 고발, 정죄, 그리고 회개와 변화의 가능성이라는 다양한 주제들이 서로 엮여 잘 짜이고 대단히 일관성 있는 텍스트를 형성하고 있음을 여러분에게 보여드리고자 했습니다. 저의 시도가 성공했기를 바랍니다.

5. 하나님의 교수법과 진화하는 계시

개요

이번 장의 본문(암 4:6-5:7)을 논하기 전에 두 가지를 간략하게 언급하고 싶습니다. 여기 등장하는 온갖 형벌과 재난에 우리가 압도당하지 않기란 어려운 일입니다. 그럼에도 불구하고, 우리는 여기서 하나님의 교수법이라고 부를 만한 것을 분별할 수 있습니다. 그런데 하나님의 교수법이 모든 상황에서 동일하지 않다는 어려움이 있습니다. 하나님은 그분의 교수법을 때때로 바꾸십니다. 그러다 보니 하나님이 내리려고 하셨던 재앙을 돌이키셨다고 말하는 본문이 생겨납니다. 하나님이 특정한 형벌을 정하셨지만 결국 그것을 내리지 않기로 하신 것입니다. 교수법상의 이런 변화는 점진적 계시progressive revelation라 불리는 신학적 문제도 일으킵니다. 점진적 계시란 하나님이 단번에 자신을 총체적으로 계시하시지 않는다는 뜻입니다. 하나님은 오직 예수 그리스도 안에서만 그렇게 하십니다. 점진적 계시가 어떤 발전 '단계'를 거치는 것을 말한다고 생각한다면, 저는 그 개념은 잘못된 것이라고 봅니다. 그렇게 되면 주전 2세기의 이스라엘 백성이 주전 8세기의 이스라엘 백성보다 하나님의 계시를 더 잘 이해한다는 뜻이 될 테니까요. 계시의 진전은 있습니다만 그런 의미에서의 진전은 아닙니다. 모종의 탄력성을 갖고 상황에 접근하기 위해 때로는 전진하고 때로는 물러서는 하나님의 지속적인 계시가 있지요. 맨 처음 등장하는 재앙에 근거한 교수법에 대해서는 여전히 설명이 필요합니다. 그다음, 하나님이 오시고 이스라엘 백성은 그분을 만날 준비를 해야 한다는 선언에 근거한 교수법이 이어집니다. 그리고 반응해야 할 책임을 촉구하는 데 근거한 세 번째 교수법이 이어집니다. 전능하신 분이 이스라엘 백성에게 그분을 찾으라고 말씀하시는 것입니다. 이 세 가지 교수법에서 계시의 세 가지 측면이 생겨나게 됩니다.

다섯 재앙

본문(암 4:6-11)은 이어지는 다섯 재앙을 묘사하는데, 뒤로 갈수록 더 가혹해집니다. 재앙은 모두 물리적 특성을 갖고 있습니다. 첫 번째 재앙은 기근입니다. 두 번째 재앙은 비나 가뭄 중 하나입니다.

어떤 도시에는 비가 내리고 다른 도시에는 비가 내리지 않습니다. 어떤 들녘은 필요한 물을 얻고 다른 들녘은 시들어갑니다. 사람들은 물이 있는 곳으로 가지만 갈증을 채우지 못합니다. 하나님이 의로운 자들과 불의한 자들 모두에게 비를 내리시고 선인과 악인 모두에게 해가 비치게 하신다는 예수님의 산상설교의 논지도 이와 같습니다. 우리에게도 그렇지만 당시 사람들에게도 그것은 불의한 일로 보였을 것입니다. 더욱이, 그들은 이 불의의 의미를 이해하지 못했던 것 같습니다.

그다음에는 잎마름병, 깜부기병, 메뚜기가 곡식을 덮칩니다. 전통적으로 사람들은 메뚜기 떼를 하나님이 보낸 재앙으로 여겼습니다. 또한 이집트에서 있었던 재앙들과의 어떤 유사성이 서서히 감지되고 있습니다. 이스라엘에게 동산과 포도원과 무화과나무와 감람나무는 하나님이 인류와 맺으신 은혜언약의 증표였습니다. 이것이 얼마나 중요한지는 아모스서의 마지막 9장 결말부에서 분명하게 드러나는데, 거기서 우리는 이 본문의 내용과 정반대의 내용을 보게 됩니다. 들녘과 포도원에서 풍성한 작물이 회복될 것입니다. 이것은 이스라엘 백성의 정치적, 도덕적, 종교적 부활을 상징하며, 이전에 수립된 언약의 조건을 확인해줍니다.

다음으로 하나님은 그 재앙(전염병)을 보내시는데, 이집트의 재앙 중 하나와 분명하게 비교되고 있습니다. 그다음으로 소돔과 고모라에서처럼 불비가 내렸습니다. 이 다섯 재앙은 같은 문제를 제기합니다. 형벌이 아니라 믿음으로 분별하고 믿음으로 받아들여야 할 표적들이라는 점을 파악하는 것이 중요합니다. 이 사실은 다섯 재앙 각각이 밝히고 있는 바입니다. 각 재앙은 그럼에도 불구하고 이스라엘 백성이 그들의 하나님께 돌아가지 않았다는 선언으로 마무리되거든요. 이 부분을 분명하게 정리해야 바르게 이해할 수 있습니다. 본문은 재앙을 맞은 이스라엘 백성이 도움을 구하며 하나님을 불렀어야 한다고 말하지 않습니다. 하나님은 우리가 곤경에 처할 때마다 불러내는 해결사가 아닙니다. 이스라엘 백성에게 재앙을 내린 이 전능하신 하나님은 자기 백성을 돌이키는 일에 또다시 실패한 데 따른 실망감을 토로하시는 분 같습니다. 이스라엘 백성이 그들의 하나님께 돌아가는 일이 왜 그렇게 중요했을까요? 그 이유는, 만약 그들이 한 민족으로서 하나님과 더불어 죽 살았고 그분과의 교제를 이어왔다면, 이집트에서의 노예생활이 어떠했으며 소돔과 고모라가 왜 멸망했는지 참으로 기억했다면, 자신들을 위해 그 모든 일을 행하신 하나님께로 돌아갔을 테니 말입니다. 그것도 겸손하고 회개하는 마음으로 돌아갔을 것입니다. 그들은 이 재앙들도 그들을 향한 하나님의 절박한 호소임을 즉시 알아보았을 것입니다. 하나님의 백성으로 살아온 역사 내내 그분이 그들에게 호소하셨던 것처럼 말입니다. 탈무드의 토라 주석은 이 재앙들이 하나님의 행하심을 전형적으로 보여주는 다섯 재앙이라고 분명히 밝히고 있습니다. 이 백성이 그들의 주님을 믿고 살았더라면, 지금 무슨 일이 벌어지는지 알아챘을 테고 우상숭배(지금 다루는 본문 바로 앞에 있는 절들에 묘사된)를 버리고 회개했을 것입니다. 하지만 그들은 지난 역사를 잊었고, 그들의 하나님과 같이 살지 않았습니다. 그리고 이것이 하나님의 여러 경고와 호소를 불러온 계기가 되었습니다. 이것은 믿음의 문제요 믿음이 있어야 분별이 가능한 일이었습니다. 이 다섯 재앙은 다섯 형벌이 아니라 다섯 표적이 되었어야 했습니다. 형벌이 믿음의 문제가 되지 못하면, 그 형벌은 그야말로 형벌에 불과하게 됩니다.

이 모든 것은 오늘날의 교회에 큰 의미가 있습니다. 이 부분에서 저는 사례가 될 만한 개인적인 경험을 나눌까 합니다. 저는 에이즈를 마약 및 성적 행위와 관련된 우리 사회의 질병으로 봐야 한다고 주장하는 글을 한 편 썼습니다. 에이즈를 통해 개인들에게 초점을 맞추는 대신, 지금처럼 마약과 관능적 이미지와 행위들에 유별나게 의존하게 된 우리 사회의 일반적 행동과 관행들에 의문을 제기한 것입니다. 에이즈는 대중 사회에서, 또는 전통사회라 해도 도덕적, 영적으로 길을 잃어버린 채로 사는 일의 실체가 무엇인지 고스란히 비춰줍니다.[1] 그리스도인들은 에이즈를 우리가 함께 살아가는 방식을 회개하고 바꾸어야 한다는 신호로 분별해야 하지 않을까요? 어떻게 하면 우리가 이 일을 감당하고 그로써 마약과 관능적 경험에 목말라하는 우리 사회의 정신적, 영적 결핍감을 현격하게 줄일 수 있을까요? 어떻게 하면 더 건강하고 정상적인 성적 관행들로 돌아갈 수 있을까요? 특히 젊은이들이 말입니다. 어쨌건, 저는 에이즈에 걸린 사람들을 우리 문명의 여러 문제들을 일으킨 원인으로 생각해선 안 된다는 점을 분명히 하고 싶습니다. 저는 이것이 더없이 근본적인 문제라고 생각합니다. 에이즈로 고통 받는 사람들은 개인들에게 가해지는 형벌을 받는 것이 아닙니다.

예수님은 이와 똑같은 문제와 마주하셨습니다. 빌라도에게 학살당한 사람들은 살아남은 사람들보다 죄가 더 많았습니까? 망대가 무너져서 죽은 사람들은 살아남은 이들보다 죄가 더 컸습니까? 예수님의 대답은 분명합니다. 그것은 너희가 판단할 문제가 아니지만, 같은 일이 너희에게 닥치지 않도록 주의하여라. 이것은 회개의 촉구로 해석해야 하지, 다른 사람들에 대한 심판으로 받아들여서는 결코 안 됩니다. 저는 글을 통해 이런 생각들을 자세히 전개했고 그로 인해 폭풍 같은 논쟁에 말려들었습니다. 그런 반응이 있을 거라고 누가 먼저 말했다면 저는 믿지 못했을 것입니다. 저는 왜 에이즈가 하나님이 우리 그리스도인들에게 주시는 표적이자 호소일 수 있다고 감히 말한 걸까요? 그것이 하나님을 복수하시는 잔인한 분, 정의를 엄격하게 집행하시는 분으로 그렸던 과거에 대한 반작용인 측면이 있다는 점을 저도 압니다. 신학적으로, 이제 우리는 사랑이시고 우리의 해방자이신 하나님을 강조하는 쪽으로 정반대의 극단에 이르렀습니다. 그리고 이 하나님이 우리에게 재앙을 보내실 수 있다는 것이 상상도 못할 일이 되었습니다. 그렇지만 성경은 이 사랑의 하나님이 우리에게 경고하신다는 것, 때로는 끔찍한 결과를 경고하신다는 것을 보여줍니다. 아모스의 본문이 이 사실을 분명하게 밝히고 있습니다. 우리는 살아 계신 하나님의 손에 떨어지는 일에 대한 두려움을 잃어버린 듯합니다. 인자한 할아버지 같은 하나님, 순진무구한 예수님을 상상하는 현재의 고정관념은 우리에게 큰 해를 끼쳤습니다.

아모스의 본문은 우리의 고정관념이나 신학적 왜곡보다 훨씬 멀리 나아갑니다. 여기, 자기 백성이 돌아오지 않는 것을 대단히 안타깝게 여기시는 전능하신 하나님이 계십니다. 이것은 자녀들의 성장을 돕고자 그들을 다양한 경험에 서서히 노출시켰으나 결국 감사를 받기는커녕 자녀들에게 거부당한 아버지의 애틋한 이야기입니다. 유대 민족의 역사 전체는 우리에게 많은 의미가 있고 많은 것을 이해하도록 도울 수 있습니다. 과학적 용어로 말하자면, 그들의 역사는 하나의 패러다임입니다. 우리가 자유와 사랑 안에서 살지(하나님의 뜻이지요) 않으면, 우리의 개별적, 집단적 삶의 사건들이 재앙의 방식으로 펼쳐지게 될 것입니다. 하나님은 아버지로서 우리와 함께하시고 가끔은 우리의 일에 개입하기도 하십니다. 우리는 이것을 분별하려 노력해야 합니다.

여러분의 질문에 답하자면, 저는 나치가 보여준 거의 무제한의 권력과 폭력 행사가 우리에게 주어진 분명한 경고였다고 생각합니다. 소련의 강제수용소들도 마찬가지입니다. 그 외의 비슷한 다른 사태들도 우리의 거의 무제한적인 권력욕에 대한 경고입니다. 오늘날 우리는 삶의 모든 영역에서 통제권을 행사하고 힘을 늘리려고 합니다. 저는 제 학생들에게 이 이야기를 꺼낼 때마다 나치가 성취한 긍정적 측면들에 대해 말한다는 사실을 분명히 밝히고 싶습니다. 히틀러는 6개월 만에 실업 문제를 해결했고, 300만 명의 독일 국민들이 그 덕을 보았습니다. 그는 독일을 무력화시켰던 경제위기를 극복했고, 역시 6개월 만에 통화위기도 해결했습니다. 그는 이 모든 일과 그 외에 더 많은 일들을 1년 안에 해냈고 그로 인해 널리 존경을 받았습니다. 유일한 문제는 히틀러 찬미자들 대부분이 그런 성장의 과정에서 불가피하게 치러야 했던 대가에 대해 묻지 않았다는 것이었습니다. 지금 돌이켜 보면 우리는 그 모든 것이 너무나 눈에 잘 들어옵니다. 강제수용소들은 그런 신호들 중 하나일 뿐입니다. 저는 권력과 효율성을 무제한적으로 추구하는 현대 문명에 대해서도 같은 말을 할 수 있습니다. 우리는 끔찍한 대가를 이미 지불했고 앞으로 더 많은 대가를 치르게 될 것입니다. 유대인들과 기독교인들이 우리 문명을 향해 한계가 존재한다고, 그 한계를 무시하면 피할 수 없는 결과가 따라온다고 상기시키는 한, 우리는 문명의 목표를 방해하는 존재가 되고 거기에도 불가피한 결과가 따라올 것입니다. 유대 민족의 역사가 보여주다시피, 예수 그리스도를 믿는다는 이유로 우리가 다른 모든 사람들보다 더 보호받을 거라고 기대할 수 없습니다.

하나님의 교수법

아모스 4장 12-13절과 5장 1-3절은 하나님이 교수법을 어떻게 바꾸셨는지 보여줍니다. 이스라엘이 하나님의 행동을 아버지의 그것으로 알아보지 못했기 때문에, 그들은 이제 그분을 하나님으로 만나야 합니다. 하나님은 분명 이스라엘이 믿음으로 돌아가는 쪽을 선호하셨을 것입니다. 그들에게 믿음이 있었다면 여러 재앙을 하나님이 보내시는 표적으로 알아볼 수 있었을 것입니다. 하나님과 그분 백성의 관계가 이렇듯 믿음과 신뢰와 회개를 통한 것이었다면 좋았을 것입니다. 그랬다면 전능하신 하나님이 그분의 백성과 사랑으로 관계할 수 있었을 테니까요. 그러나 그런 일은 일어나지 않았고, 본문은 하나님의 선언을 제시합니다. 대부분의 역본에서 12절의 번역은 문제가 있습니다. "그렇다, 내가 이스라엘에게 이렇게 행하겠다. 곧 내가 네게 이렇게 행하겠다." 다시 말해, 하나님이 무엇을 하시겠다는 것인지 나와 있지 않습니다. 본문에는 불연속성이 있습니다. 이것을 설명하기 위해 가능한 온갖 가설이 제시되었습니다. 어떤 이들은 본문의 일부가 사라졌을 가능성을 제안했습니다. 하나님이 하실 일이 너무나 끔찍해서 아모스가 감히 적을 수 없었을 거라고 추측한 이들도 있었습니다. 이 모두는 추측에 불과합니다. 어쨌건 우리는 하나님이 무엇을 염두에 두고 계신지 듣지 못합니다.

그다음, 이스라엘 백성은 그들의 하나님을 만날 준비를 하라는 말씀을 듣습니다. 전능하시고 전적으로 정의로우시며 더없이 순결한 분입니다. 본문은 그분의 능력의 여러 사례들을 제시하는데, 그중에는 산들을 짓고 땅의 높은 데를 밟는 것도 있습니다. 후자의 표현은 하나님이 땅의 힘 있는 모든 것을 지배하신다는 뜻입니다. 하나님은 모세와 엘리야에게 처음 계시하셨던 이름 YHWH를 다시 한 번 알리십니다. 이 이름에다 흔히 '만군의 하나님', '만유의 주'로 번역되는 표현이 더해집니다. 전자는 '만군'을 군사적 의미로 해석하지 않는 한 정확합니다. 이 표현은 창조세계를 이루는 수많은 요소들을 가리키기 때문입니다. 탈무드에는 히브리어 표현의 의미가 '만물의 창조주'라고 나와 있습니다. 이것은 무한히 많은 수의 은하와 별들만 보더라도 이해할 수 있습니다. 그 모두가 이 히브리어 어구에 포함되어 있으니까요. 이스라엘 백성은 이제 아버지 하나님 대신에 바로 이 하나님을 만나게 됩니다. 네어는 이 부분에서 예리한 지적을 합니다.[2] 개인이나 이스라엘 민족 전체가 어디서 이 하나님을 만날 수 있을까요? 하늘에서 그럴 가능성은 없습니다. 창조주(만유주)께서는 자신의 창조세계 안에서 이스라엘 백성을 만나실 것입니다. 이스라엘은 하나님 앞에서 자신들이 얼마나 작은지 알게 될 것이고, 이것이 본문의 요점입니다. 압도적으로 강력하며 영감을 주시는 이 하나님이 절대적으로 신실하시다는 사실 말입니다. 본문은 어떤 의심의 여지도 남기지 않습니다. 이스라엘 백성은 **그들의** 하나님을 만나게 될 것입니다. 그동안 온갖 일이 벌어졌지만, 그분은 여전히 그들의 하나님이십니다. 이것은 그들에게는 그분 외의 다른 어떤 하나님도 가능하지 않고, 그분이 그들에게 속하기로 결정하신 한 분 하나님이라는 뜻입니다. 우리는 '나의' 또는 '우리의' 하나님을 말할 때 이 이중의 요소를 종종 간과합니다. 무시무시한 능력을 가진 이 하나님이 우리 존재와 친밀하게 이어져 계십니다. 하나님의 신실하심은 그분의 이름을 그것이 함의하는 모든 것과 더불어 다시 한 번 알려주시는 것으로 더욱 강조됩니다.

본문은 이스라엘 백성에게 그들의 하나님을 만날 준비를 하라고 말합니다. 이것은 그 일이 일어날 때까지 빈둥거리며 기다리라는 의미가 아닙니다. 그들은 만반의 준비를 해야 합니다. 하지만 본문은 어떻게 준비해야 하는지에 대해 완전히 침묵하고 있습니다. 축하행사를 준비해야 할까요? 베옷을 입고 재를 뒤집어써야 할까요?

여기서도, 하나님이 그들에게 하실 일에 대한 바로 앞 절의 침묵과 같은 것이 존재합니다. 본문을 조금 더 읽어 내려가보면 가능한 답변의 몇 가지 요소들을 만나게 될 것입니다. 하지만 지금으로선 하나님이 우리를 만나러 오실 때도 우리 쪽에서 의도적인 준비를 하지 않고 그분을 만날 수는 없다는 결론만 내릴 수 있을 뿐입니다. 5장의 첫 3절에서는 텍스트의 어조가 전혀 달라집니다. 아모스는 더 이상 하나님의 말씀을 선포하는 선지자의 자격으로 말하지 않습니다. 그는 이제 이 모든 일이 이스라엘에게 어떤 재난이 될 것인지에 대해 개인적으로 말합니다. 우리는 바울의 저작들에서도 이와 동일하게 중간에 삽입된 바울의 말들을 보게 됩니다. 가끔 그는 어떤 대목에 이르면 자신이 자의로 말하고 있음을 분명히 밝힙니다.

아모스는 이스라엘 집이 넘어졌고, 처녀였던 이스라엘이 겁탈을 당했다고 탄식합니다. 후자의 문구는 성전을 빼앗긴 것을 말하는 전통적인 방식이었습니다. 누구도 이 처녀 이스라엘을 사랑하지 않고, 백성들은 학살을 당할 것입니다. 그들의 힘은 무너질 것입니다. 이스라엘의 진정한 힘은 만군의 주님과 한편이라는 데 있었습니다. 그러나 이제 그들은 자기 군대의 힘만 의지해야 할 것이고, 그렇게 치르는 전쟁의 결과는 참혹할 것입니다. 전투에 나선 천 명 중 백 명만 살아남을 것이고, 백 명 중에서는 열 명밖에 살아남지 못할 것입니다. 이스라엘의 유일한 힘인 그들의 군대가 파괴될 것입니다. 그리고 하나님이 다시 말씀하십니다.

하나님이 그분의 백성을 기다리신다

이제 우리는 하나님의 교수법의 세 번째 단계에 이르렀습니다. 하나님은 여러 표적을 알려주시고 그분을 만나게 될 거라고 선언하신 후, 이스라엘 백성에게 하나님이 기다리시니 그분을 찾으라고 말씀하십니다. 이 선언은 다소 놀랍습니다. 하나님은 이미 그분의 백성에게 하나님이 오실 거라고 말씀하셨기 때문입니다. 그런데 이제 그들이 와야 한다고(하나님을 찾아야 한다고) 말씀하십니다. 그들은 어떻게 해야 하는 것일까요? 5절에 따르면, 그들은 먼저 거짓된 예배의 장소들을 아낌없이 포기해야 했습니다. 그들이 예루살렘 성전 대신에 예배 장소로 썼던 벧엘과 길갈을 버려야 했습니다. 우리는 벧엘과 길갈에서 희생제사 및 그와 관련된 모든 것의 의미를 왜곡시키는 일이 벌어지는 것을 상당히 자세히 살펴보았습니다. 하나님을 찾는 것은 예루살렘 성전으로 나아가고 참된 예배를 다시 시작하는 영적 결단을 포함하게 될 터였습니다. 예루살렘은 이스라엘 백성의 적국이었던 유다 왕국에 있었기 때문에, 이 일을 위해서는 이스라엘 왕국과 유다 왕국이 화해하고 약속의 땅을 통일하는 정치적 결단도 뒤따라야 했습니다. 저는 아모스가 이 모든 것을 염두에 두었다고 봅니다. 이 통일은 그의 삶에서 이미 시작되었습니다. 그는 유다 왕국의 시민이면서 이스라엘 왕국에 거주했고 그곳에서 하나님의 말씀을 전했습니다. 이 모든 것이 이스라엘 백성을 향한 하나님의 부름인 "나를 찾고 살아라"에 분명하게 함축되어 있습니다.

이 문구는 번역이 아주 어려운 히브리어 문구에 대응합니다. 이것은 "나를 찾으라. 그리하면 살리라"로 번역할 수 없습니다. 그렇게 번역하면 어떤 행위(나를 찾으라)와 그 결과(너희가 살리라)를 말하는 것이 되기 때문입니다. 너희가 나를 찾았기 때문에 살게 될 거라는 의미가 되는데 그것은 히브리어 표현이 원래 뜻하는 바가 아닙니다. '찾다'로 번역된 히브리어 단어는 하나님과의 교제를 시작하려는 의도와 의지를 표현하는 아주 구체적인 용어입니다. 분명하고 정확한 의미를 갖고 있지요. 하나님과의 교제는 기도와 토라의 준행으로 이루어진다는 것입니다.

이제 우리는 하나님을 만날 준비를 하라는 말씀의 의미를 어느 정도 이해할 수 있습니다. 이스라엘 백성은 우상과 위선을 버리고, 기도하고, 토라대로 살아야 합니다. 앞에서 살펴본 것처럼, 토라대로 산다는 것은 율법주의적 의미에서 율법을 따르는 것이 아니라 그 가르침을 따르는 것을 뜻합니다. 저는 하나님이 "내가 간다"고 말씀하시면서 "너희 이스라엘 족속도 내게 오라"고 말씀하시는 것이 상당히 놀랍습니다. 이스라엘은 그들의 하나님께로 가야 했습니다. 저는 이것이 어떤 식, 어떤 형태로도 모순되지 않는다고 생각합니다. 이것은 성경의 한 구절을 떠올리게 합니다. "하나님을 찾겠다고 하늘로 올라가지 말라. 하나님을 찾겠다고 바다 깊은 곳으로 내려가지도 말라. 그것은 전적으로 부질없는 일이니, 하나님은 거기, 너희 마음에, 너희 입에, 너희가 하는 말에 계시기 때문이다. 멀리 계신 이 전능하신 하나님은 너희와 가까이 계신 분이다"(신 30:12-14 참조—옮긴이). 이 모두가 타당한 이유는 하나님은 자신을 강요하지 않으시기 때문입니다. 하나님은 그분을 찾고 그분께 나아오라고 우리를 부르십니다. 하나님이 원하시니 우리도 이것을 원해야 합니다. 그분은 자신을 강요하지 않으실 것이기 때문입니다. 그분은 변함없이 신실하신 분으로 남으십니다.

"나를 찾고 살아라." 이 말씀은 분명 대단히 넓은 의미를 담고 있습니다. 우리가 하나님을 찾는다면, 사는 것이 가능합니다. 하나님은 우리에게 그분을 찾으라고 말씀하시는데, 그분은 수많은 은하 및 더 많은 것을 만들고 다스리시는 하나님이신 동시에 우리와 가까이 계신 하나님이십니다. 우리는 하나님을 만나는 것이 불가능하다고 말해서는 안 됩니다. 파스칼은 이것을 아름답게 표현하기를, 우리가 하나님을 이미 발견하지 않았다면 하나님을 찾고 있지 않을 것이라는 사실로 위안을 삼으라고 했습니다. 하나님을 추구하는 의지는 그분을 발견했다는 증언입니다.

"나를 찾고 살아라." 이 말씀은 전도서의 한 구절도 떠오르게 합니다. "왜 제 명도 다 못 채우고, 죽으려고 하는가?"(전 7:17, 새번역)[3] 하나님이 여러분에게 말씀하셨고 여러분이 그분을 찾는다면 계속해서 살게 될 것입니다. 여러분이 돌이켜서 하나님을 찾고 사랑하는 일을 중단한다면, 때가 되기 전에 죽게 될 것입니다. 우리는 모든 사람에게 적용되는 일반법칙을 다루고 있는 것이 아닙니다.

그뿐이 아닙니다. 우리는 하나님을 찾을 때 더욱 온전하게 살기 시작합니다. 저는 영적 삶에 대해서만 말하는 것이 아닙니다. 하나님을 찾는 것은 우리 삶의 전반에 영향을 끼칩니다. 우리는 우리 손으로 하는 모든 일에 있는 힘을 다하여 온전히 임하라는 말을 듣습니다. 바울이 이사야서 본문에 근거해 고린도전서 16장 13절과 14절에서 한 말씀을 생각해보십시오. "용감하십시오. 힘을 내십시오. 모든 일을 사랑으로 하십시오." 그는 우리 삶을 충만하게 살라고 말하는 것입니다. 우리는 그리스도인의 삶을 해야 하는 일과 해서는 안 되는 일로 양분해서 생각하는 데 너무나 익숙해졌습니다. 부분적으로, 이것은 계명을 자유를 주는 은혜로 보지 않고 우리의 가능성을 제한하는 족쇄로 해석한 결과입니다. 우리가 하나님을 온전히 신뢰한다면 보다 온전하게 사는 법을 배우게 될 것이고 미래가 열리게 됩니다. 더 이상 두려워할 필요가 없습니다. 하나님을 경외함은 그분을 무서워함과 전혀 다르다는 것을 늘 기억해야 합니다. 하나님을 경외함은 그분에 대한 존경과 순종을 가리키고, 그것은 다른 모든 두려움을 배제합니다. 하나님을 두려워하면 세상의 다른 모든 것을 더 이상 두려워할 필요가 없습니다.

준엄한 경고로 시작해 "나를 찾고 살아라"는 강한 명령으로 마무리되는 하나님의 교수법의 세 단계를 살펴보았습니다. 저는 이 본문이 이렇게 펼쳐지고 있다고 믿습니다. 어쨌건, 이것이 제가 이 본문에서 들은 내용입니다.

6. 정의 및 관련 주제들

개관

이 대목(암 5:4-27)은 열정과 분노가 가득하고 그로 인해 여러 주제들이 혼란스럽게 뒤섞여 있기에 저는 다른 접근법을 취해서 설명할 수밖에 없습니다. 이 본문에서 저는 일관된 개요를 찾을 수가 없습니다. 예를 들어보면, 여러 주제 중 하나가 '정의正義'이고, 7, 12, 15, 24, 25절에서 그것을 볼 수 있습니다. 다른 주제들도 이렇게 본문에 이따금씩 나오면서 서로 엮여 있습니다. 결론을 말씀드리면, 저는 제가 그다지 좋아하지 않는 방식으로 진행하기로 마음먹었습니다. 특정한 주제에 해당하는 절들끼리 일관된 덩어리로 재배열해서 다루기로 말입니다. 본문을 세 부분으로 나누어 연구해보려 합니다. 첫 부분은 공식 예배와 이스라엘의 사회적 행동 사이의 대조를 다룰 것인데, 여기에는 정의의 문제와 이스라엘의 죄도 들어 있습니다. 두 번째 부분에서는 하나님의 능력과 주님의 날을 살펴볼 것입니다. 세 번째 부분에서는 하나님의 호소와 선지자가 처한 상황을 연구할 것입니다.

아모스서는 아모스의 선포로 이어지는 모종의 준비의 결과물이자, 그의 예언이 기록된 원고로 바뀌면서 여러 해에 걸쳐 진행한 사색의 결과물일 수도 있습니다. 아모스는 어떤 일이 벌어지고 있는지 파악하기 위해, 그가 아주 잘 알았던 사건들을 주의 깊게 관찰했습니다. 아모스는 이 작업을 위해 아모스서의 여러 주제들과 그의 선포, 사건들의 경로 등을 앞뒤로 많이 살펴야 했을 것입니다. 아모스가 아모스서를 직접 썼는지, 친구나 추종자들의 도움을 받았는지, 아니면 일부 선지자들의 경우처럼 비서가 있었는지 우리는 모릅니다. 예수님의 상황과 다소 비슷하지 않았을까 짐작할 뿐입니다. 예수님의 제자들은 꽤 시간이 지난 후에 그분이 하신 일을 기록으로 남겼습니다. 이것은 아모스서가 명확한 하나의 개요를 갖추지 못한 이유를 설명하는 데 도움이 됩니다. 아모스서는 아모스의 사역과 생각을 요약해놓은 책인 것입니다.

정의

하나님에 대한 공식 예배는 5장 21-26절에서 다루고 있습니다.

여기서 묘사하는 것은 하나님의 백성의 전통적인 절기와 의식들이지만, 그들은 그것을 완전히 잘못된 방식으로 지키고 있습니다. 다른 우상숭배 의식이 있는 것은 아닙니다. 예를 들어, 유월절 식사로 원래는 무교병(효모 없이 만든 빵)을 먹어야 하지만 효모를 넣어 만든 빵을 먹었고, 하루가 시작될 때 잡아야 하는 어린양을 하루의 중간에 잡았습니다. 이런 의식들이 상징하는 진정한 의미는 더 이상 존중되지 않았고, 그 결과로 원래 의도했던 중요성을 잃고 말았습니다. 그럼에도 불구하고, 이스라엘은 전통적인 절기와 의식을 유지하고 있다고 주장했습니다.

희생제사에 대해 말하자면, 다른 선지자들은 이스라엘이 하나님께 말라빠진 암소처럼 상태가 나쁜 동물들을 제물로 바쳤다고 비난했었습니다. 그러나 아모스는 하나님이 이스라엘 백성이 바친 살진 동물들을 쳐다보지도 않으셨다고 말합니다. 그들이 그런 제물을 가지고 하나님 앞에 나와 감사를 드리기에 걸맞은 백성으로 살고 있지 않았기 때문입니다. 자신이 다른 죄인들과 같지 않다고 하나님께 감사하는 바리새인이 등장하는 예수님의 비유가 떠오릅니다. 예수님은 그가 의롭다 함을 받지 못할 것이고, 그의 감사를 하나님이 받아주시지 않을 거라고 말씀하십니다. 아모스서에서 우리는 같은 내용을 봅니다. 엄청난 불의와 폭력을 저지르고 용인하는 백성들이 바친 감사의 제물은 아무 의미가 없고 하나님이 받아주시지도 않을 것입니다. 하나님은 그들의 찬양과 수금 연주에 대해서도 같은 말씀을 하십니다. 그 모든 것이 하나님 앞에서 받아들여지려면 정의가 물처럼, 공의가 마르지 않는 강처럼 흐르게 하는 일이 있어야 합니다.

이러한 판결을 듣는 우리는 우리의 예배에 대해 생각해야 마땅합니다. 우리의 예배를 하나님이 받아주시고 그 자리에 하나님이 임재하시려면, 예배 참가자들이 진실한 신자가 되어야 합니다. 예배를 드리고 헌물을 바치는 일로 우리의 오류를 덮을 수는 없습니다. 우리는 하나님의 뜻에 미치지 못했음을 아는 백성으로 우리 하나님 앞에 나가야 합니다. 그렇지 않으면 우리의 모든 예배와 헌물 역시 아모스 본문에서 묘사된 이스라엘 백성의 그것들과 전혀 다르지 않을 것입니다. 하나님이 사랑하시고 받으시는 예배는 정의를 강처럼 흐르게 하는 사람들이 바치는 예배입니다.

26절은 하나님이 생각하시는 정의가 어떤 것인지 본보기를 제공합니다. 너희 왕의 장막, 너희 우상들의 받침대, 너희가 신으로 삼아버린 별을 치워버려라(개역개정과 새번역에는 이런 것들을 짊어지고 끌려갈 것이라는 식으로 기술된다. 엘륄이 사용하는 본문이 우리말 성경과 더러 차이가 있다—옮긴이). 여기서 장막은 이스라엘 백성이 만들고 그들과 하나님을 연결시켜주고 그들을 보호해주었던 장막을 가리킵니다. 그들은 그것을 자신들이 소유할 수 있는 신을 위한 장막으로 만들어버렸는데, 그 신은 지금 그들에게 말씀하시는 하나님이 아닙니다. 그들이 섬기던 우상의 받침대를 거부한다는 것은 그 우상들을 거부하는 것 이상을 의미했습니다. 이스라엘 백성은 그들이 토대로 삼았던 모든 것을 버려야 했습니다. 가령, 그들은 분명 돈을 우상으로 섬기고 있었습니다. 그 받침대를 제거한다는 것은 부와 부의 축적을 초래했던 탐심을 거부하는 것이었습니다. 그들이(그리고 우리가) 탐심을 거부한다면, 그와 더불어 무제한적 부의 축적도 사라질 것입니다. '너희가 너희 신으로 삼아버린 별'은 다윗의 별을 가리킵니다. 이 별은 아모스 시대에도 이미 쓰이고 있었습니다. 하나님은 그분의 백성에게 그것은 그들 자신을 위해 만든 것일 뿐이라는 사실과 하나님은 더 이상 그것을 좌시하지 않으실 것임을 상기시키십니다.

하나님이 이런 축제와 제물들을 요구하지 않으셨다는 증거는 25절에서 이어집니다. 하나님은 이스라엘 가문에게 그들이 광야에서 지낼 때 이런 희생제사와 제물을 바친 적이 있느냐고 물으십니다. 우리는 그 기간에 이스라엘 백성이 모범적으로 행동하지 않았음을 잘 압니다. 심지어 반란까지 있었습니다. 하지만 그때와 아모스 시대의 결정적인 차이가 있는데, 그때 이스라엘 백성들은 위선적이지 않았습니다. 먹을 것이 충분하지 않다고 불평하거나 모세와 하나님을 다 버리겠다고 으름장을 놓았을 때, 그들은 정말 그런 심정이었습니다. 그들은 내키는 대로 하면 했지 순종이나 경건을 가장하지는 않았습니다. 그들은 낮에는 구름기둥, 밤에는 불기둥의 인도를 받으며 이집트에서 나와 광야로 들어가는 것을 받아들였지만, 그 과정에서 맘에 안 드는 것이 있으면 불평을 늘어놓았습니다. 그런 식의 행동은 아모스 시대 이스라엘 백성의 모습과 정반대였습니다. 이제 그들은 연기를 하기 시작했습니다. 그들은 정착을 했고, 아름다운 석조주택을 지었으며, 그와 동시에 엄청난 사회적 불평등과 불의가 생겨나는 것을 허용했습니다. 11절과 12절을 보면 진짜 문제는 사회적 불평등 그 자체가 아니라 그로 인해 생겨난 불의라는 것을 알게 됩니다. 가장 가난하고 힘없고 취약한 사람들이 이 모든 번영의 부담을 짊어졌고 세금 및 기타 조치들에 짓눌렸습니다.

저는 아모스서 5장의 마지막 절(27절)을 이해하는 열쇠가 바로 광야에서 하나님의 백성이 보여준 행동과 아모스 시대 그들의 행동 간의 이 차이라고 봅니다. 처음에는 이 절이 앞에서 이어지던 문제들에 대한 결론으로 나오는 것이 다소 이상해 보입니다. 하나님은 광야에 있던 이스라엘은 지금처럼 제물을 바치거나 절기를 지키지 않았다고 말씀하십니다. 그다음 하나님은 그들에게 모든 우상숭배를 없애라고 말씀하시고, 그들이 다메섹 북쪽으로 사로잡혀 갈 거라고 위협하십니다. 앞뒤가 맞지 않는 말처럼 보이지만, 출애굽 당시 이스라엘 백성의 삶과 아모스 시대의 그들의 삶이 이렇게 달랐다는 사실을 염두에 둔다면 얘기가 달라집니다. 만약 이것이 사실이라면, 하나님은 한때 그분이 이집트에서 해방시키셨던 그분의 백성이 이제 다메섹 북쪽에 있는 앗수르의 노예가 될 거라고 말씀하시는 것입니다. 하나님이 마치 이렇게 일갈하시는 것 같습니다. "우리는 전부 다시 시작해야 할 것이다. 너희는 다시 한 번 노예로 잡힌 백성으로 살아가게 될 것이고, 나(하나님)는 너희를 언제 해방시켜줄지 결정할 것이다. 이를 통해 이스라엘 민족은 다시 한 번 거룩한 민족으로 거듭날 것이다." 형벌과 더불어 약속이 주어집니다. 저는 개인적으로 5장 마지막 절의 의미를 이런 식으로 이해합니다.

이 모든 것은 정의에 대한 아주 까다로운 질문을 제기합니다. 저는 최대한 명료하게 설명하려고 시도하겠지만, 성공을 장담하지는 못하겠습니다. 히브리 성경의 정의正義는 우리가 갖고 있는 어떤 정의 개념과도 일치하지 않습니다. 그것은 사법정의도, 사회정의도, 형이상학적 정의도, 도덕적 정의도, 응보적 정의도 아닙니다. 히브리어에는 정의에 해당하는 두 단어가 있는데, '미슈파트*mishpat*'와 체다카*tsedaquah*입니다. 전자는 어근 '*spt*'에서 나왔고 후자는 어근 '*sdq*'에서 나왔습니다(히브리어는 자음뿐이고 각 단어는 세 글자로 된 어근을 갖고 있습니다). 이 단어들을 번역하는 데는 많은 어려움이 따릅니다. 저는 이 단어들의 어원을 살펴볼 것인데 아모스서 본문 여러 곳에서 이 단어들이 등장하고 있습니다. 미슈파트는 히브리어로 '쇼페트*shopet*'(우리는 '사사judge'라고 부르게 되지요)라고 불리는 사람이 선고하는 것입니다. 사사기에서 우리는 이 사사들의 활동을 만나게 됩니다. 이들은 지상에서 하나님을 대표하는 사람들로 이스라엘 백성을 이끌었고 특정한 상황에서 그들에게 하나님의 뜻을 알려주었습니다. 어떤 의미에서 그들은 선지자들의 선구자 격이었지만, 선지자들은 그들이 갖고 있었던 정치적인 힘을 결코 갖지 못했습니다. 이런 맥락에서 본 미슈파트는 재판하고 이끄는 과정에서의 정의를 뜻합니다. 하지만 이것은 두 가지 다른 방식으로 해석할 수 있습니다. 어떤 이들은 사사들이 백성을 재판하고 이끄는 과정에서 관습과 법률과 인간적 의미에서의 정의가 생겨났다고 생각합니다. 그런데 다른 이들(위대한 유대교 주석가 중 한 사람인 네어를 포함해)이 볼 때, 미슈파트는 이스라엘 민족의 영구 정착과 등장 이전에도 있었던 정의에 대한 지식을 전제합니다. 그것은 재판의 분위기(방식)와 사면, 즉 판결과 용서를 모두 아우르는 정의였습니다.

체다카는 히브리어로 '차도크*tsadoq*'라고 불린 사람과 관련이 있는데, 그는 약하고(권력이 전혀 없고) 의롭거나, 가난하고 의로운 사람입니다. 그 어원은 '은혜'와 '칭의'에 해당하는 히브리어 단어의 어원과 같습니다. 체다카에서 우리는 동전의 양면 같은 정의와 은혜의 관계를 만납니다. 정죄는 사면과 이어져 있습니다. 바로 이런 관계 때문에 우리로서는 이런 종류의 정의와 법을 이해하기가 참으로 어렵습니다. 사면과 칭의의 개념을 모두 함축하고 있기 때문입니다. 어떤 성경 본문은 하나님이 미슈파트에 따라 판결하신다고 하고, 다른 본문에서는 체다카에 따라 판단하신다고 하는데, 이것이 그 이유를 설명해줍니다. 하나님이 어느 쪽에 따라 판단하시건, 그분은 죽이기 위해서가 아니라 살리기 위해 심판하십니다. 에스겔이 말하는 바와 같습니다. 그분은 삶을 끝장내기 위해서가 아니라 삶을 가능하게 만드시고자 심판하십니다. 이 두 용어의 공존성은 신명기 1장 16-17절에서 놀라운 방식으로 드러납니다. 16절 서두에서 언급되는 인간 재판관은 체다카에 따라 판결해야 하지만, 17절 끝부분에 하나님의 정의를 언급하면서 쓰이는 단어는 미슈파트입니다. 그 결과, 인간의 정의로 이해하면 되겠다 싶은 것이 하나님이 내리시는 재판이 되고, 하나님의 정의로 이해하면 되겠다 싶은 것이 인간 재판관에 의해 선고됩니다. 정의를 다루는 거의 모든 본문에 이런 특성이 있습니다. 하나님이 행하시지만, 인간의 정의가 선포됩니다.

하지만 인간의 재판은 결코 양가적일 수 없습니다. 이것이냐 저것이냐의 선택을 피할 수 없기 때문입니다. 사람은 의롭거나 불의하거나, 유죄이거나 무죄입니다. 그에 반해, 하나님의 정의는 체다카이건 미슈파트이건 언제나 두 가지 가능성을 포괄합니다. 누군가가 유죄이면서도 무죄하고, 죄인인 동시에 결백합니다. 이것으로 정의와 관련된 성경의 모든 본문이 그렇듯 어려운 이유가 좀 더 분명해졌기를 바랍니다.[1] 우리 그리스도인들은 이 모두가 예수 그리스도 안에서 성취되었다고 말하는데, 그것이 정의와 관련된 본문들을 부당하게 해석한 것이 아니라고 저는 믿습니다. 그분은 정죄를 받은 분이자 무죄한 분이었고 저주받은 동시에 의로운 분이었습니다. 기독교적 관점에서 볼 때, 히브리 성경에 나오는 정의에 대한 본문들은 모두 예수 그리스도 안에서의 이 같은 실현을 가리킵니다.

여러분들의 질문에 답해보겠습니다. 인간적 정의의 성경적 의미를 물으셨는데, 우리가 체다카를 이야기하며 살펴보았던 것처럼, 그것은 약한 사람들을 보호하려 합니다. 모종의 이론적 정의나 추상적 원리들의 집합을 구현하는 것과는 아무 상관이 없습니다. 다만, 가장 힘없고 가장 취약한 사람들에게 유리한 방향으로 다시 평형상태를 잡는 것을 목표로 합니다. 이것이 사회적 문제에만 국한되는 것은 아닙니다. 나이나 질병, 또 다른 종류의 약함의 문제가 대상일 수도 있습니다. 인간적 정의는 이런 문제들을 가진 사람들에게 적용되어야 합니다.

이렇게 되면 인간 공동체들이 만들어내는 법과 사법체계 전체가 상당 부분 상대화된다는 것을 저는 잘 알고 있습니다. 그런 온갖 시도들은 우리가 정의의 표현이 아니라 소위 게임의 규칙으로 받아들이는 한 유용합니다. 사람들이 함께 살기 위해서는 그런 규칙들이 필요합니다. 그러나 우리는 정의에 대해 어떤 환상도 가져서는 안 됩니다. 여기서 진짜 문제는 우리가 자신을 위해 정의의 심상을 만들어낸다는 것입니다. 이 심상들은 인류 역사를 거치며 크게 달라졌습니다. 예를 들어, 정의에 대한 그리스와 로마의 심상은 둘 다 서구문명에 심오한 영향을 끼쳤습니다. 이 두 심상 사이에는 공통점이 전혀 없습니다. 이것은 이 문제에 대해 상당한 지식을 갖춘 사람으로서 하는 말입니다. 간단히 설명하면, 로마인들은 그리스 철학 전반, 특히 그리스인들의 정의를 이해하지 못했습니다. 그들은 자신들에게 아주 잘 작동하는 사법체계를 계발했습니다. 그에 반해, 그리스인들은 대단히 지적인 정의 이론을 발전시켰지만 그것을 어디에도 제대로 적용하지 못했습니다. 저는 지금 우리 모두 정의에 대한 나름의 생각을 갖고 있다는 사실을 지적하고 있습니다. 그 모두는 철학, 정치적 신념, 우리의 사회·정치적 상황 등 다양한 출처에서 나옵니다. 우리가 어떻게든 피해야 하는 것은 우리가 생각하는 정의 개념(온갖 다양한 출처에서 그러모아서 갖게 된 것)으로 하나님의 행위를 판단하는 일입니다. 우리는 언제나 그렇게 하고 싶은 유혹을 받습니다. 많은 사람들이 상대적으로 중하지 않은 범죄로 범죄자들을 처형하는 것을 정상이라고 확신했던 시절, 그리스도인들은 인명 손실을 초래하는 하나님의 행위를 흔히 정상적인 것으로 판단했습니다. 그러나 지금은 다른 정의 개념을 갖고 있기에, 많은 그리스도인들이 하나님의 행하심에 문제가 있다고 여깁니다. 교회는 이 부분에서도 해야 할 일이 있는 것이 분명합니다.

성경이 말하는 정의를 대할 때 우리가 겪는 어려움은 많은 부분 실존적 관점보다는 철학적 관점에서의 해석에서 나옵니다. 다른 많은 사안의 경우도 마찬가지입니다. 일테면, 우리가 언제나 죄인이자 언제나 의롭게 된 자라는 취지로 루터가 제시한 표현은 현대인들에게 크게 의미 있게 다가오지 않습니다. 우리는 딱 부러지게 구분해서 분류할 수 없는 이런 사안들에 어려움을 겪을 때가 많습니다.

하나님의 능력

아모스가 하나님의 능력에 대해 말하는 바를 논하려면 4장 13절의 본문을 포함시켜야 합니다. 5장 8-9절에서도 하나님의 능력을 다루고 있습니다. 이 능력은 가장 큰 것부터 가장 작은 것까지 하나님의 창조세계의 모든 요소들로 잘 드러나 있습니다. 하나님의 다양한 능력은 아주 놀랍게 묘사되어 있습니다. 하나님은 바닷물을 불러 지면에 쏟으십니다. 이 표현은 창세기에서 하나님이 창조세계에 부과하신 한계, 즉 바다를 육지와 나누신 것을 전제한 말씀입니다.[2] 이것은 하나님이 그분의 창조세계에 부과하신 한계에 매이지 않으신다는 뜻입니다. 낮을 밤으로 바꾸시는 능력도 같은 것을 가리킵니다. 이것은 하나님이 시간의 주인이시라는 뜻이기도 합니다. 하나님의 능력은 그분의 창조물인 묘성과 삼성에서도 드러납니다. 그런데 이것은 하나님이 이 별들을 만드셨다는 사실 이상의 훨씬 많은 것을 의미합니다. 묘성과 삼성은 그리스인들에게 반신半神이었고 가나안 족속에게도 마찬가지였습니다. 본문이 우리에게 말해주는 바는 우리 주위에 신이나 반신으로 여겨지는 어떤 것이 있다 해도, 그것들을 창조하신 분은 만군의 하나님, 너희들의 하나님이라는 것입니다. 이 하나님은 사망의 그늘을 아침으로 바꾸실 수 있습니다. 하나님께는 죽음이 그저 하나의 시작에 불과하다는 뜻입니다. 이 비범하고도 다양한 능력에 대해 4장 13절은 하나님이 산들(창조세계의 가장 장엄한 요소 중 하나)을 창조하셨고 산들의 높은 데를 밟으신다고 덧붙입니다.

엄청나고 다양한 하나님의 능력의 또 다른 측면이 4장 마지막 절에 언급되어 있습니다. 이 구절은 하나님이 바람을 창조하셨다고 전하는데, '바람'으로 번역된 히브리어 단어는 호흡, 영을 가리키는 단어와 같습니다. 본문은 바로 이어지는 내용, 즉 하나님이 인간들에게 그들의 생각을 계시하신다는 사실을 염두에 두고 있는 것 같습니다. 하나님은 우리가 자신을 아는 것보다 우리를 더 잘 아십니다. 시편 139편도 같은 것을 말해줍니다. 하나님은 우리가 생각하기도 전에 우리 생각을 이미 아신다는 것입니다. 저는 이 말이 우리 생각이 하나님이 주시는 영감에 불과하다는 뜻이라고 보지 않습니다. 우리는 우리 생각의 주인입니다. 그러나 그 생각들은 하나님이 창조하신 호흡 내지 영에서 나옵니다. 우리가 이 계시를 믿는다면 "나는 생각한다. 고로 존재한다"라고 말하는 대신 "나는 생각한다. 고로 하나님의 영이 존재한다"고 말하고 싶어지지 않을까요? 이것은 창조 개념 전체와 일치합니다. 하나님이 생명의 숨결을 아담의 콧구멍에 불어넣으셨고 그는 살아 있는 존재가 되었습니다.[3] 이것은 하나님의 숨결과 인간의 사고의 관계에 대해 말해줍니다. 우리가 우리의 생각을 하지만 하나님이 그 생각을 우리에게 드러내심으로써 인간의 의식이 등장하게 만드신다는 것입니다. 내가 생각을 하지만 하나님은 내가 생각한다는 사실을 계시하시어 내가 생각한다는 사실을 인식하게 만드십니다. 본문이 가리키는 바는 우리가 우리의 생각을 의식하게 된다는 것입니다. 지금까지 하나님의 능력에 대해 계시된 내용을 살펴보았습니다. 우리가 스스로 이보다 더 알아낼 수 있다는 듯 이 계시를 넘어 질문하고 추측해서는 안 됩니다.

하나님의 능력에 관한 계시에 뒤이어 선포된 하나님과 이스라엘 백성의 만남은 끔찍할 것입니다. 우리는 5장 16-20절을 검토함으로써 이것을 알 수 있습니다. 이 대목의 첫 두 절에서 재난의 언급이 없다는 것이 주목할 만합니다. 농작물은 엉망이 되지 않고 포도원은 파괴되지 않습니다. 대신, 이스라엘 백성은 끔찍한 두려움에 사로잡힐 것입니다. 이것은 물리적 재난으로 인한 것이 아닙니다. 농부들이 우는 것은 농작물을 망쳐서가 아닙니다. 사람들이 경험하는 두려움은 하나님의 임재에서 나오는 것이지 다른 것의 결과가 아닙니다. 이것이 하나님과의 만남이 갖는 끔찍함의 첫 번째 측면입니다.

바로 이어서 18절이 나옵니다. "너희는 망한다! 주님의 날이 오기를 바라는 자들아." 이스라엘 백성에게 이 주님의 날은 우리 그리스도인들이 생각하는 그날, 즉 역사가 멈추고 하나님의 나라가 드러날 종말의 그날과는 전혀 달랐습니다. 그들은 테야르 드 샤르댕(1881-1955, 프랑스의 예수회 신학자이자 고생물학자. 우주의 발전과 그 안에서 이루어지는 인간의 상승적 진보를 강조하면서, 모든 자연적 진화 과정이 수렴되는 종말론적 완성으로서의 '오메가 포인트'를 그리스도와 연결시킨다—옮긴이)이 말하는 진화와 비슷하게, 오랫동안 진행된 인류의 진화가 행복한 결말을 맞기를 기대했습니다. 그날에는 메시아가 여는 나라가 지상에 찾아올 것이라고 보았습니다. 이스라엘의 정의가 나타날 것이고 메시아가 그 영광을 가져올 것입니다. 주님의 날에 대한 이러한 기대는 지금도 유대인들과 기독교인들의 차이점으로 존재합니다. 유대인들에게 예수님은 이런 식의 메시아가 아닌 것이 분명했습니다. 그분은 인류 역사를 끝내지도 하나님나라를 불러오지도 않았습니다.

아모스에 따르면, 주님의 날에 대한 이 비전과 그에 따른 신비주의적 소망, 그리고 기독교에서 볼 수 있는 지금 당장 지상에서 하나님나라를 세우겠다는 천년왕국적 성향들은 설 자리가 전혀 없습니다. 하나님이 세상에 오실 때 무엇을 보시게 될까요? 우리의 행동과 주위에서 온통 벌어지는 일을 생각할 때, 누가 감히 주님의 오심을 기다리고 갈망할 수 있습니까? 아모스는 이스라엘 백성에게 무슨 일이 벌어질지 생각해보라고 경고합니다. 그들은 근본적으로 불의하고, 이 하나님을 정말로 믿지 않으면서도, 주님의 날을 갈망한다고 주장하여 위선을 드러내기 때문입니다. 만약 그날이 당장에 정말 찾아온다면, 그들이 바라는 영광이 성취되는 날이 아니라 그들이 벌이고 있는 행동 및 실천과 전혀 다른 것을 기대하시는 전능하신 주님이 오시는 날이 될 것입니다. 이런 조건하에서 그들이 맞이할 것은 전능하신 하나님이 내리시는 끔찍한 심판뿐일 것입니다. 하나님이 그분의 창조세계에 두신 한계에 묶여 있는 그들은 그 심판을 피할 수 없을 것입니다. 주님의 날에 살아 있는 사람들은 그분을 대면하여 뵙게 될 것이고, 그분의 정의와 그들의 불의가 만나는 그날에는 어둠과 재난만이 펼쳐질 것입니다.

하나님의 능력과 주님의 날의 무서운 특성에 대한 이 예언 앞에서 오늘날의 우리가 1, 2천 년 전의 선조들보다 더 낫기라도 하듯 인류 역사의 진보 운운하는 것은 설자리가 없습니다. 이 예언 앞에서는 누구나 천년왕국의 도래를 돕는 것에 대해 재고해야 마땅합니다.[4] 하나님의 능력을 묘사한 대목에서 '자동적으로' 벌어지는 것은 없다는 점을 인식하는 것이 중요합니다. 해당 본문은 하나님이 하실 수 있는 온갖 일들을 이야기하지만, 그렇다고 해서 그분이 예를 들어 낮을 밤으로 바꾸실 거라는 뜻은 아닙니다. 본문이 말하는 일들은 모두 하나님의 능력을 보여주는 이미지이지, 앞으로 벌어질 일에 대한 묘사가 아닙니다. 이 본문은 하나님이 죽음의 능력을 수중에 쥐고 계시고 죽음이 우리에게 아침이 되도록 바꾸실 수 있다고도 말합니다. 하지만 여기에도 자동적으로 벌어지는 것은 없습니다. 우리는 예수 그리스도의 부활로 죽음이 정복되었다는 사실을 알지만, 그 지식을 가지고 우리 자신의 죽음에 대해 사변적인 추론을 해서는 안 됩니다. 죽은 다음에 우리가 곧장 부활하는가, 세상의 종말이 되어서야 부활하는가 하는 문제와 그 외에 우리가 가질 수 있는 다른 생각에 대해서도 마찬가지입니다. 그런 것은 우리가 알 바가 아닙니다. 우리는 받은 약속에 충실해야 하고 그것이 신뢰할 수 있는 약속임을 알아야 합니다. 모든 사람이 동시에 부활한다면 이 땅에는 그들이 어깨를 맞대고 설 공간도 없을 거라는 취지의 반론은 제가 볼 때 바보 같은 소리입니다. 하나님은 그분이 원하시는 방식으로 사람들을 부활시키실 것이며, 그것이 우리가 알아야 할 전부입니다.

이 예언들은 (성경 전체의 경우도 마찬가지입니다만) 종교적인 사람들에게 아주 곤혹스러울 수밖에 없습니다. 우리는 종교적인 동물입니다. 우리는 종교가 필요합니다. 모든 공동체는 종교적인 것을 만들어냅니다. 하지만 모든 인간 공동체와 문명이 종교의 형태로 만들어내는 것은, 하나님께로부터 나온 까닭에 우리가 만든 것이 아닌 계시와 철저히 모순됩니다. 하나님은 종교적인 것을 파괴하시는데, 종교적인 우리는 그것이 전혀 맘에 들지 않습니다. 기독교 신비주의자들이 쓴 많은 책을 들여다보면 바로 알 수 있습니다. 그들은 환상과 온갖 것들을 덧붙여 성경을 완성하고 싶어 합니다. 그로 인해 그리스도인들은 대단히 곤혹스러운 처지에 놓였습니다. 우리는 계시를 안다는 이유로 다른 이들에 대해 우월감을 느끼지 않으려고 하다가 회유적인 태도를 취하고 싶은 유혹을 늘 받는데, 거기에 굴복할 때 찾아온 결과는 예외 없이 재앙이었습니다. 역사적 사례를 들자면 끝이 없습니다. 9세기와 10세기에는 그리스 철학의 일부를 받아들였고 그 과정에서 이슬람의 요소들도 수용했습니다. 독일 기독교인들은 국가사회주의와 타협했고 곳곳에서 많은 기독교인들은 공산주의와 타협했습니다. 최근에는 불교(비폭력주의를 추구한다는 점에서 기독교와 가까운 부분이 있기는 하지만)를 아우르려는 시도가 있었는데, 이런 시도들은 하나같이 재앙을 초래했습니다.

하나님의 호소

하나님의 호소는 5장 14-15절에 나와 있습니다. 악을 버리고 선을 행하라는 도입구는 선이 무엇인가 하는 질문을 제기합니다. 어떤 형이상학적 선이나 단독으로 존재하는 실체로서의 선을 말하는 것이 아님이 분명합니다. 이것은 정의를 살펴볼 때와 같습니다. 정의는 그 자체로 존재하는 것이 아니라 하나님이나 인간 공동체의 행위로 존재합니다. 이런 맥락에서 볼 때 선 자체는 있을 수 없습니다. 선이 따로 존재한다면 우리는 그것을 사용해 하나님의 행하심을 판단할 수 있을 것입니다. 본문에서 묘사된 전쟁들도 그렇게 판단의 대상이 될 것입니다. 그러면 이 선이 하나님보다 우월하게 되겠지요. 토라에서 표현된 하나님의 뜻을 행하는 것도 여기서 말하는 선은 아닙니다. 본문은 우리에게 선을 행하라고 촉구한 직후에 해답을 제시합니다. "너희 말대로 주 만군의 하나님이, 참으로 너희와 함께하신다." 여기 나오는 선은 '하나님과 함께함'입니다. 하나님이 우리와 함께하기 원하시기 때문입니다(임마누엘: 우리와 함께하시는 하나님). 하나님과 함께하는 것은 전능하신 주인의 뜻을 행하는 것이 아니라 그분의 뜻을 사랑하는 것을 말합니다. 이것이 주기도문에서 구하는 바로 그것으로, 주의 뜻을 사랑하기 때문에 그 뜻이 이루어지기를 원하는 것입니다. 여기에 쓰인 히브리어 단어는 이 점을 아주 분명하게 보여줍니다. "선을 구하라"는 "사랑을 통해 선을 구하라"로 번역되어야 합니다. 히브리어에서 이 단어는 율법주의도 도덕주의도 아닙니다. 이것은 하나님이 사랑하시는 것(선)을 사랑하는 것이고, 하나님이 싫어하시는 것(악)을 싫어하는 것입니다. 선은 이렇게 간단합니다. 이런 식으로 선을 구하는 것은 사랑으로 살아갈 수 있는 방법입니다. 우리가 선을 버린다면, 그것은 곧 죽음의 승리를 뜻합니다.

저는 이 원리가 모든 사회에 적용된다고 믿습니다. 하나님의 호소는 개인적인 것인 동시에 집단적인 것이기 때문입니다. 우리 교회들은 이 사실을 인식해야 합니다. 교회는 그 구성원들이 살아 있고 하나님을 사랑할 때만 교회로 존재합니다. 그들은 의무감과 책임감에서가 아니라 순전한 사랑으로만 하나님의 뜻을 행합니다.

본문은 선의 두 번째 측면도 설명하고 있습니다. "성문에서 정의를 세울지어다." 관례적으로 성문은 도시에서 재판이 이루어지던 장소였습니다. 아모스 시대에는 법률 전문가들이 아니라 자유로운 시민들이 재판부를 구성했습니다. 이들은 성문에서 자리를 잡고 있었고 문제가 있거나 갈등을 겪고 있는 사람이 그들을 찾아가 재판을 받을 수 있었습니다. 아모스가 보여주는 정의에 대한 관심을 고려할 때 그는 이 재판부에 참여했을 가능성이 높습니다. 재판은 구전 전승에 따라 이루어졌는데, 일부 기록된 요소들도 고려되었을 가능성이 있습니다. 이런 식으로, 이스라엘 백성은 참되고 올바르게 재판해야 했고, 그것이 하나님을 섬기는 일이었습니다. 개인적으로, 저는 선의 이 두 측면, 즉 하나님이 사랑하시는 것을 사랑하고 성문에서 올바르게 재판하는 일이 하나님을 온 마음으로 사랑하고 이웃을 자기 자신처럼 사랑하라는 두 개의 큰 계명에 정확히 대응한다고 믿습니다. 이것이 두 번째 계명에도 대응한다고 보는 이유는 여기서 요구하는 정의에 사면과 형벌면제가 뒤따르고, 이것이 피고에 대한 사랑을 함축하기 때문입니다. 이것은 또한 악을 미워함을 함축하는데, 물론 악인을 미워함을 뜻하지는 않습니다. 여기서의 악은 무無와 공허를 의미하는 악이고, 생명을 파괴하는 모든 것을 뜻합니다. 또, 히브리어 본문이 말하는 미워함은 미워하는 행위뿐 아니라 무엇보다 마음에 미움을 품고 있는 상태를 뜻합니다. 예수님이 산상설교에서 다음과 같이 말씀하시며 설명하신 것이 바로 이것입니다. "간음하지 말라 하였다는 것을 너희가 들었으나 나는 너희에게 이르노니 음욕을 품고 여자를 보는 자마다 마음에 이미 간음하였느니라"(마 5:27-28). 그러므로 악을 미워함은 마음속에서 악을 뿌리 뽑는 것을 말합니다.

우리 본문은 끝부분에서 만군의 주 하나님이 혹시 요셉의 남은 자들을 불쌍히 여기실지도 모른다고 말합니다. '혹시'라고 번역된 히브리어 단어는 두 가지 의미를 갖고 있기에 대단히 중요합니다. 이 단어는 그렇게 될 수 있다는 의미를 갖지만 어떤 보증도 없습니다. 우리가 선을 사랑하고 정의를 세우고 악을 미워한다면, 혹시 하나님이 은혜를 베푸실지도 모릅니다. 우리는 그것을 당연한 것처럼, 자동적으로 벌어질 일처럼 말할 수 없습니다. 그렇게 되면 우리 자신의 결정으로 하나님의 자유를 좌우할 수 있다고 주장할 수 있을 것이기 때문입니다. 하지만 아모스 선지자는 한 걸음 더 나아가 약속을 제시합니다.

5장 10절에는 성문에서 책망하는 사람들과 진실을 말하는 사람들이 미움과 경멸을 받는다고 나옵니다. 이어서 13절은 그런 때에 지혜로운 사람이 잠잠하다고 말합니다. 때가 악하기 때문이지요. 그런 시절에 정의를 세우기란 분명히 아주 어려웠을 것입니다. 권력은 악한 사람들의 수중에 있었고, 이스라엘 백성 전체가 여러모로 우상숭배를 저질렀습니다. 성문에서 감히 정의를 선포한다면, 존경은커녕 경멸과 미움을 받았을 것입니다. 이런 일은 당시 벌어지는 상황에 대해 진실을 말한 사람들에게도 벌어졌습니다. 핍박받고 싶지 않다면 잠잠해야 했습니다. 개인적으로, 저는 지혜자는 잠잠할 거라는 13절 말씀이 마음에 듭니다. 여기서 '지혜자'로 번역된 히브리어 단어는 '철학자'[5]나 '지식인'[6]으로도 번역되었습니다. 번역과 상관없이 요점은 분명합니다. 이 사람들은 정의의 본질이 무엇인지, 무슨 말을 해야 하는지 잘 알고 있지만 핍박받지 않는 쪽을 선호합니다.

이 모든 상황에 맞서는 유일한 사람이 아모스 선지자입니다. 하나님의 계시의 담지자인 그는 말을 해야 할 의무가 있습니다. 하나님이 "누가 예언하겠느냐?"(3:8)고 물으시던 본문을 다시 떠올리게 됩니다. 하나님의 말씀에 사로잡힌 아모스 선지자는 어떤 위험과 결과가 닥치더라도 예언하지 않을 수가 없습니다. 우리는 아모스가 곤경에 처하게 되는 모습을 곧 보게 될 것입니다. 때가 좋지 않았습니다. 당장의 해결책이 보이지 않았으니까요. 우상숭배는 널리 퍼져 있었고 하나님의 백성은 두 왕국으로 쪼개어져 서로를 철천지원수로 여겼으며 그 외에도 수많은 다른 문제들이 있었습니다. 분명한 해결책은 보이지 않았지만 하나님의 계시를 선포하는 것 외에는 달리 할 일이 없었고, 이것이 바로 아모스 선지자가 결과에 개의치 않고 하고 있는 일입니다. 그렇게 할 때 혹시 다른 일이 벌어질 수도 있었습니다. 아모스는 그렇게 되기를 바랐습니다.

7. 다섯 환상

개관

아모스서에는 다섯 환상이 나옵니다. 첫 번째 세 환상은 아모스 7장 1-9절에 묘사되어 있고, 네 번째 환상은 8장 1-10절, 다섯 번째 환상은 9장 1-4절에 기록되어 있습니다. 앞에서도 말했다시피 우리는 아모스의 사역 기간에 대해 아는 바가 거의 없지만, 우리에게 전해진 내용은 원래 일정한 기간에 걸쳐서 선포된 메시지였습니다. 이 다섯 환상이 본문에 등장하는 순서대로 전해졌는지, 아니면 한자리에서 선포되었는지 우리는 모릅니다. 먼저 이 다섯 환상에 대해 설명을 시도한 후 그 신학적 의미를 살펴볼까 합니다.

다섯 환상

첫 여섯 장에 걸쳐 전해진 아모스의 말은 이후의 다섯 환상으로 이어지고 보완됩니다. 첫째 환상에서는 메뚜기들이 왕에게 바칠 첫 번째 곡식은 건드리지 않고 두 번째로 자라는 곡식을 먹어치웠습니다. 백성들의 필요를 채우는 데 써야 할 두 번째 곡식만 메뚜기 떼가 먹어치웠다는 것이 놀랍습니다. 이것 못지않게 놀라운 것은, 그다음에 메뚜기들이 땅의 풀까지 다 먹어버렸다는 사실입니다. 아모스는 하나님께 용서를 구하며 기도했고, 그러자 하나님은 뜻을 돌이키시고 메뚜기 떼의 파괴가 일어나지 않을 거라고 아모스에게 알리셨습니다. 다시 말해, 이것은 미래에 대한 환상이었지 실제로 벌어지고 있는 일에 대한 환상이 아니었으며, 이 미래의 재앙은 결국 일어나지 않을 것이었습니다.

두 번째 환상의 내용은 불로 내리는 심판이었는데, 소돔의 심판이 바로 이런 것이었습니다. 이 불은 육지뿐 아니라 큰 바다도 삼켰습니다. 이것이 무엇을 의미하는지 이해한다고 주장하는 주석가는 지금껏 없었습니다. 하지만 제가 아는 최고의 주석가 세 명은 큰 바다가 뭇 민족의 사람들을 가리킬 수 있다고 생각합니다. 큰 바다와 구별되는 육지는 유다의 왕이나 다윗의 직계 후손인 유다 민족을 가리킬 가능성이 있습니다. 어느 쪽이건, 큰 바다와 대비되는 육지는 어떤 엘리트 또는 적어도 비범한 중요성을 지닌 어떤 집단을 가리킵니다. 불이 육지와 바다를 삼키는 환상이 무엇을 상징하건, 상황이 아주 심각한 것이 분명했습니다. 아모스 선지자가 다시 한 번 용서를 구하며 개입했기 때문입니다. 야곱은 어린 소년에 불과하여 아직 제대로 된 판단을 내릴 수가 없으니 그 재앙을 어떻게 견딜 수 있겠느냐고 묻는 것으로 본문의 의미를 새긴 피셔 Vischer[1]의 번역은 아름답습니다. 이 구절은 야곱이 너무나 작다는 것을 인정하는 정도를 훌쩍 넘어섭니다. 다시 한 번 하나님은 뜻을 돌이키시고 재앙을 거두겠다고 말씀하십니다.

이런 거듭된 용서를 보면 하나님과 그분 백성의 관계가 엄격하고 융통성 없이 적용되는 법률이나 규칙 같은 것에 근거한 것이 아님을 알 수 있습니다. 그것은 진실한 관계입니다. 하나님은 자신이 하실 일을 선언하셨습니다. 그분의 백성은 그에 반응했고, 그들의 대변자 아모스를 통해 어린아이와 같았던 행동에 대해 용서를 구했습니다. 그에 대한 반응으로 하나님은 마음을 바꾸셨습니다. 이것은 하나님과 그분의 백성 사이에서 일어난 상호성을 보여줍니다.

세 번째 환상부터 아모스는 더 이상 기도를 통해 하나님의 일에 감히 개입하지 않습니다. 그가 세 번째 환상에서 본 것은 하나님이 한 손에 수준기 또는 다림줄을 갖고 담 옆에 서 계신 모습이었습니다. 하나님은 벽이 똑바른지 확인하실 참이었습니다. 그분의 백성 이스라엘의 올곧음을 측정하여 그들이 언약과 율법을 따르고 있는지 보려 하셨습니다. 그 백성이 의롭다면, 그들은 곧은 담처럼 서 있을 것입니다. 그렇지 않다면 기울어진 담과 같겠지요. 이 환상에서 눈길을 끄는 것은 기울어진 담이 조만간 제풀에 쓰러질 거라는 점입니다. 누가 그것을 밀어뜨릴 필요가 없습니다. 이스라엘이 비뚤어진 담과 같다면, 하나님의 개입이 없더라도 결국 무너질 것입니다.

수준기나 다림줄은 이처럼 이스라엘의 미래를 '측정'했습니다.

세 번째 환상에서 눈을 끄는 두 번째 측면은 말놀이를 통해 드러납니다. '수준기'나 '다림줄'로 번역된 단어는 히브리어로 '에나크 *enak*'입니다. 이 단어의 끝에 모음 i가 더해지면(히브리어에서는 모음을 첨가해야 한다는 사실을 상기하십시오) '나 자신'을 뜻합니다. 따라서 하나님이 아모스에게 무엇을 보느냐고 물으시고 아모스가 수준기라고 대답했을 때, 그것은 아노키*anoki*, 즉 하나님 자신을 뜻할 수도 있습니다. 수준기 또는 다림줄의 이미지 아래 하나님의 존재가 숨겨져 있습니다. 하나님은 그분 백성의 수준기이자 다림줄이십니다. 이스라엘이 수직으로 똑바로 서 있는지 아닌지, 따라서 그들이 설지 쓰러질지 드러내는 것이 하나님의 임재입니다.

이 본문을 통해 아모스는 당대의 통념에 맞섰습니다. 이스라엘 자손은 행복하고 번영하는 시기에만 하나님의 임재를 인식하는 습관이 있었습니다. 따라서 그들은 하나님을 생각할 때 부, 건강, 넉넉한 생활 같은 좋은 것들을 주시는 분이라는 이상적 이미지를 떠올렸습니다. 그러나 하나님은 이런 것들을 자유롭게 주시는 분이지만, 그와 다른 방식으로도 자유로우셨습니다. 하나님은 고난 속에서도 여전히 우리와 함께하실 것입니다. 이것은 이상한 선언처럼 보일 수 있는 하나님의 말씀으로 더욱 분명하게 드러납니다. 그분은 다시는 그분의 백성을 지나치지 않겠다고 말씀하십니다. 이것은 하나님이 그분의 백성 곁에 너무나 가까이 머무셔서 그분이 선택하신 백성과 지상에 임재하시는 영원하신 분이 동일하게 인식될 거라는 뜻입니다. 우리는 이 표현을 보다 눈에 띄는 방식으로 아모스서의 뒷부분에서 다시 만나게 될 것입니다. 신약성경으로 가면 이것을 그보다 더욱 분명하게 밝힙니다. 하나님은 예수 그리스도 안에서 우리의 모든 고난을 친히 담당하시어 결과적으로 우리가 고난 받을 때 하나님도 함께 고난 받으시게 됩니다.

네 번째 환상에서 하나님은 다시 아모스에게 무엇이 보이느냐고 물으십니다. 그는 여름 과일 한 광주리라고 대답합니다. 여기에 또 다른 말놀이가 들어갑니다. 히브리어 '카이츠*kayits*'는 익은 과일을 뜻하는데 '끝'에 해당하는 히브리어 단어 '케츠*kets*'가 글자 하나만 빼고 카이츠와 똑같습니다. 너무 익은, 또는 다 익은 과일 바구니의 환상은 이스라엘의 파괴를 알리는 이미지입니다. 하나님은 이 환상을 보여주신 다음에 그분의 백성을 다시는 그냥 지나치지 않겠다고 다시 한 번 선언하십니다. 이 선언은 이제 더욱 중요해집니다. 이스라엘의 끝과 그때 임하시는 하나님을 모두 밝히고 있기 때문입니다. 하지만 카를 바르트Karl Barth가 지적한 대로[2], 우리는 이것을 이중적 의미로 이해해야 합니다. 유대인들이 하나님을 조종할 수 있다고 믿을 때 그들은 자신들의 종말을 자초하게 됩니다. 그러나 언제 어디서든 그들이 끝에 이르러 모든 것이 끝장났다고 믿을 때마다, 그들은 하나님께 이르게 되었을 것입니다. 이 해석은 다 익은 과일 바구니가 이스라엘의 끝을 상징하는 말놀이를 더욱 발전시킵니다. 하나님은 더 이상 그분의 백성과 자신을 분리하지 않겠다고 약속하시면서 이스라엘의 끝과 거기 나타나신 하나님의 임재를 동일시하신다는 것입니다. 이것은 카를 바르트의 해석에서 전형적으로 나타나는 변증법적 전환에 해당합니다. 이스라엘은 하나님을 가졌다고 생각할 때 실제로는 그들의 끝을 직면하게 되지만, 모든 것을 잃었다고 믿을 때에는 하나님을 만나게 될 것입니다. 이것이 처음 읽을 때 잘 드러나지 않는 본문에 대한 해설입니다.

하나님은 이스라엘에서 그동안 벌어졌던 일을 더 이상 용서하실 수 없었습니다. 이어지는 내용(암 8:4-10)은 이스라엘을 향한 심판의 연속입니다. 이 부분은 앞에서 읽었던 내용을 떠올려줍니다. 이스라엘은 율법의 두 돌판에 해당하는 두 개의 큰 계명을 이중으로 무시했습니다. 이를테면, 그들과 하나님의 관계를 봅시다. 매달 첫 사흘은 하나님께 거룩하게 바쳐진 날이었습니다. 그 기간 동안 이스라엘 자손들은 속죄염소 한 마리를 광야로 내보내고 희생제물을 바쳐 그들의 죄를 씻었습니다. 이 사흘 동안에는 다른 모든 활동이 중단되었습니다. 그런데 이스라엘 사람들은 이 기간이 어서 지나가기만 바랐습니다. 한시바삐 장사를 재개하고 싶었기 때문입니다. 그들은 안식일에 대해서도 비슷한 태도를 취했습니다. 이것을 보고 우리는 주일을 어떻게 보내는지 반성해야 할 것입니다. 우리도 하나님을 예배하는 것보다 더 흥미로운 일을 하고 싶어서 안달하지 않습니까? 그런 면에서 이스라엘 백성들과 비슷하지 않습니까? 우리는 매달 첫 사흘이 창조를 축하하는 기간이었다는 사실도 함께 기억해야 합니다. 이스라엘의 이런 죄들을 보면 그들이 앞서 살펴보았던 유월절 때와 상당히 비슷하게 율법을 지키고 있었음을 알 수 있습니다. 그들은 온갖 일들을 하나님의 의도와는 정반대로 했고, 여러 의식을 지켰지만 딱 거기까지였습니다.

다른 사람들에 대한 죄를 살펴봅시다. 여기서도 우리는 동일한 태도를 만나게 됩니다. 남들을 속이기 위해 저울을 조작하고, 가격을 올리고, 가난한 사람들을 돈으로 사서 노예나 다름없게 만드는 등의 일을 벌이지요. 이 모든 것의 결말은 아모스서 5장에서 주님의 날에 대해 논할 때 다룬 것과 비슷합니다. 정오에 해가 지고 백주대낮에 땅이 어두워집니다. 이스라엘 백성이 그들의 절기와 축제의 의미를 더 이상 알지 못하고 존중하지도 않으니, 하나님이 절기를 통곡으로 바꾸시고 모든 노래를 장송곡으로 바꾸실 것입니다. 8절에는 땅이 이집트의 강처럼 솟아오르고 물러갈 거라고 나옵니다. 나일 강이 범람하고 뒤이어 수위가 낮아지는 것을 가리키는 말이 분명합니다. 다시 말해, 이스라엘 백성이 수플레(달걀흰자를 거품을 낸 것에 그 밖의 재료를 섞어서 부풀려 오븐에 구워낸 요리 또는 과자—옮긴이)처럼 부풀었다가 가라앉게 될 것입니다. 이 모두는 하나님이 그분의 백성에게 내리시는 연속적 심판을 가리킵니다. 이어서 선지자의 중개로 들려오는 하나님의 판결이 등장합니다. '하나님은 그들의 처지가 외아들의 죽음을 애곡하는 것처럼 되게 하시며 결국은 곤고한 날처럼 만드실 것이다.'

이 네 번째 환상에서 또 중요한 것은 아모스가 개입하지 않았다는 것입니다. 그는 이스라엘 민족을 위해 기도하지 않았고 하나님께 무엇을 구하지도 않았습니다. 그저 하나님을 대신하여 이 예언의 메시지를 전달했을 뿐입니다. 나중에 좀 더 자세히 살펴보겠지만, 너무 익은 과일 바구니의 환상은 그가 선포하는 예언(4-10절)의 시작입니다. 네 번째 환상은 그 예언의 시작이자 도입입니다.

다섯 번째 환상은 하나님이 제단 옆에 서 계시는 모습을 보여주는데, 아마도 성전에서 지성소라고 불리는 곳인 듯합니다. 하나님은 여러 가지 명령을 연속해서 내리시는데, 누구에게 내리시는 것일까요? 두 가지 해석이 있습니다. 하나는 하나님이 아모스에게 말씀하신다는 것입니다. 그러나 아모스는 그 명령을 수행할 능력이 없으니 하나님은 파멸과 죽음을 가져올 천사에게도 말씀하고 계신 것이 분명합니다. 그 천사는 타격을 가하여 성전을 파괴할 장본인이 분명한데, 성전 기둥머리들을 쳐서 문턱이 흔들리게 하고 기둥들이 무너져 내려 사람들의 머리를 치게 합니다.

어느 성전이 파괴되는지에 대해서도 두 가지 해석이 있습니다. 하나는 벧엘의 성전이라는 해석인데, 문제는 이 성전이 실제로 파괴되지 않았다는 점입니다. 또 다른 해석은 예루살렘 성전이라는 것인데, 이 성전은 주전 749년에 지진으로 파괴되었습니다. 아모스의 예언이 있고 몇 년 후의 일이지요. 우리는 이 지진이 웃시야 왕의 통치와 관련이 있었다는 점을 이미 살펴보았습니다. 결과적으로, 이 환상은 예루살렘과 유다 왕국을 향한 심판을 나타냅니다. 이것은 아모스의 예언이 남북 왕국 모두를 겨냥한 것이었음을 다시 한 번 보여줍니다.

이 심판은 너무나 광범위한 것이라 누구도 피할 수 없을 것입니다. 우리는 주의 날을 논의하면서 같은 것을 보았습니다. 달아나는 것은 불가능합니다. 하나님은 그들이 죽은 자들의 거처로 내려간다 해도 붙잡아 올리실 것입니다. 그들이 하늘로 올라간다 해도 끌어내리실 것입니다. 그들이 자연 속 어디에 숨더라도, 산꼭대기건 숲속이건 바다 깊숙한 곳이라 해도 하나님은 찾아내실 것입니다.

그들이 다른 민족들 사이에 은신한다 해도 잡아내실 것입니다. 설령 그들이 적군에게 포로로 끌려간다 해도 하나님은 그들을 찾아내어 죽이실 것입니다. 하나님이 선택하신 백성은 더 이상 그분을 피할 수 없을 것입니다. 그러므로 그분의 선택을 받는 일은 축복이자 엄청난 책임입니다. 그것은 모든 것을 규정하고 우리는 거기서 결코 빠져나갈 수 없습니다. 서구 기독교는 가난한 사람들이 예수 그리스도라는 취지의 온갖 이미지를 만들어내었습니다만, 가난한 사람들 역시 하나님의 요구사항에 직면하고 있고 다른 모든 사람과 똑같이 심판을 받을 거라는 사실을 망각합니다. 영계나 악령의 세계에 숨는다 한들 달라질 것은 없습니다. 지옥의 힘을 상징하는 뱀이 나오는 바다가 이것을 나타냅니다. 죽음으로 도피하는 자살도 원하는 결과를 가져오지 못할 것입니다.

이런 궁극적 차원의 심판 예언을 받아 든 아모스는 달리 무슨 말도 할 수 없습니다. 물론, 이 모든 것은 하나님이 사전에 선언하시는 예언입니다. 예언의 대상이 되는 사람들이 회개하고 행실을 바꾸고 하나님의 말씀을 감당하기에 합당한 민족이 되기를 바라는 마음에서 하나님이 으름장을 놓으시는 것입니다. 우리는 4장을 다루면서 이런 상황을 본 적이 있습니다. 이것은 다섯 환상을 아우르는 중요한 메시지입니다.

이 본문들을 살피는 과정이 버겁게 느껴질 수 있다는 점, 충분히 이해합니다. 이 부분의 히브리어 본문을 번역할 때 많은 어려움이 있는데, 특히 말놀이가 있는 부분이 어렵습니다. 우리는 이 본문들을 회중과 함께 읽는 습관을 잃어버렸습니다. 개인의 영적 유익을 위해 혼자서 성경 본문을 읽는 데 익숙해졌지요. 하지만 이 본문들은 우리의 개인적 만족을 위해 주어진 것이 아닙니다. 이 말씀들은 함께 읽어야 하고 바로 이 지점에서 다양한 사역들이 참으로 필요합니다. 우리는 이 본문들을 설명할 줄 알고 많은 세부 내용들을 통달한 (말씀) 사역자의 역할이 필수적이라는 점을 지적한 바 있습니다. 그러나 그 일은 신앙공동체에 제공되는 섬김으로 자리매김해야 하고, 모든 섬김 중에서도 아주 겸손한 섬김으로 이루어져야 합니다. 결국, 성경 본문에 대한 특정한 해석을 아는 것은 그 본문에 대해 우리가 보여야 할 반응의 시작일 뿐입니다.

우리가 하나님이 우리 가운데 함께하심을 과소평가하게 되었다는 점도 강조하고 싶습니다. 우리와 그분의 관계는 말하자면 '실존적인' 것입니다. 그것은 단순히 하나님이 결정하시고 우리가 받아들이는 문제가 아닙니다. 구약성경 전체에 걸쳐서 우리는 하나님이 사건들을 특정한 방향으로 향하게 하시는 것을 보는데, 그것이 여의치 않을 경우에 하나님은 다른 것을 시도하십니다. 하나님은 그분의 백성이 그분보다 우상을 더 좋아할 때, 그들이 자초한 일 또는 그들을 회개케 하려는 그분의 시도로 인해 그들이 초라하게 될 때 아파하십니다. 하나님에 대해 우리가 갖고 있는 이미지들에는 히브리 성경의 근본이 되는 요소들이 빠져 있을 때가 많습니다.

보이는 것과 말씀

성경은 '세상을 보는 것'과 '말씀을 듣는 것' 사이의 근본적인 대립을 보여줍니다. 하나님은 자신을 보여주시지 않습니다. 하나님은 우리에게 말씀하십니다. 신 현현(하나님이 나타나심) 같은 것은 없습니다. 사람이 영원하신 분을 보았다고 주장할 수 있는 사례는 세 가지뿐입니다. 한 번은 이사야, 한 번은 에스겔, 그리고 또 한 번은 아모스입니다. 다시 말해, 하나님은 시각적으로 자신을 드러내지 않으십니다. 보이는 것과 말씀 사이에는 근본적인 대립이 존재합니다.

우리는 봄으로써 주위의 것들과 특정한 관계를 수립하고 그 관계가 우리의 현실을 구성합니다. 그러나 그것만으로는 그 현실이 의미하는 바를 알 수 없습니다.[3] 그 의미는 언어에서 나옵니다. 보는 것은 정확하거나 부정확한 것의 영역에 속합니다만, 언어는 참이냐 거짓이냐의 영역에 속합니다. 따라서 하나의 이미지는 언어로 설명이 되어야 합니다. 하나님은 자신에 대한 어떤 이미지도 용인하지 않으시고 어떤 우상도 용인하지 않으십니다. 인간이 스스로 만드는 하나님에 대한 모든 상은 물리적인 것이건 심상이건 근본적으로 틀렸습니다.

이 모두는 아주 어렵습니다. 우리는 하나님에 대한 모종의 심상을 만드는 것을 피할 수 없기 때문입니다. 그런 심상들은 흔히 우리가 자라나서 살고 있는 환경에서 주로 나옵니다. 하지만 그런 심상을 만드는 것을 피할 수는 없어도, 그것을 비판적으로 의식할 수는 있어야 합니다. 예를 들어, '사신死神'신학의 한 가지 중요한 측면은 하나님이 실제로 죽었다는 것이 아니라 우리가 18세기와 19세기에 내세웠던 하나님에 대한 표현방식이 끝났다는 주장이었습니다. 니체가 이 하나님이 죽었다고 주장한 것은 옳았지만 **하나님**이 죽었다고 주장한 것은 잘못된 일이었습니다. 같은 맥락에서, 우리가 가진 하나님에 대한 심상이 그분의 실제 모습과 일치하지는 않는다 해도, 하나님이 우리에게 알도록 허락하시는 어떤 진리에 들어맞을 수는 있습니다.

하나님은 왜 이미지보다 말을 선택하셨을까요?[4] 가능한 이유들은 많이 있습니다. 첫째, 말은 관계이고 대화를 함축합니다. 제가 어떤 것을 볼 때는 그런 관계가 없습니다. 더욱이, 말씀을 선택하신 것은 인류에게 유일무이한 것과 관련이 있습니다. 하나님이 사람에게 시키신 첫 번째 일이 그의 앞에 나온 모든 동물에게 이름을 지어주는 것이었음을 기억하십시오. 창조세계에서 오직 사람만이 가진 능력은 말을 한다는 것입니다. 그러니까 하나님은 자신을 그들의 수준에 두신 것입니다. 사람들이 말하고 하나님이 그들에게 말씀하시는 것이지요. 이것은 신인동형론이 아니라, 인간이 닿을 수 있는 수준으로 하나님이 자신을 낮추시는 것입니다. 이것은 근본적인 사실입니다.

하나님이 이미지보다 말을 선택하시는 또 다른 이유는 말이 약한 수단이기 때문입니다. 말은 해석과 다양한 의미를 요구하고 그 자체로 매개의 역할을 합니다. 하나님이 진짜 있는 그대로 (실제 모습으로) 자신을 계시하신다면, 우리는 완전히 사라지고 말 것입니다. 그러나 말이 매개하는 방식은 듣는 쪽에 다양한 이해나 오해를 허용하는 해석을 요구합니다. 이것은 듣는 사람을 존중하는 방식이며 관계가 이루어질 정도로 충분히 약한 수단입니다. 이런 관계는 보는 것으로 만들어지지 않습니다.[5] 이미지는 다른 방식으로, 특히 휙 지나가면서 우리를 사로잡습니다.

이런 이유들로 인해 하나님은 말씀을 사람들과 맺으시는 관계의 근거로 선택하십니다. 이것은 인류에 대한 하나님의 사랑이 드러나는 방식입니다. 말을 쓰면 사람들이 짓눌리지 않게 됩니다. 이사야, 에스겔, 아모스 같은 사람들이 하나님을 봤다고 말할 수 있는 상황이 너무나 예외적인 일인 이유도 여기에 있습니다. 하지만 하나님이 우리 수준으로 자신을 낮추신다고 해서 우리가 그분에 대한 이미지를 아무렇게나 만들어도 된다는 것은 아닙니다. 우리에겐 성경에 나오는 하나님의 이미지가 있습니다. 약하고 겸손한 사람으로 오신 예수 그리스도입니다. 그분은 자신을 본 사람들은 아버지를 보았다고 말씀하십니다. 예수님이 바로 하나님이 우리에게 허용하신 유일한 하나님의 이미지입니다. 그리고 예수님이 말씀이시라는 점도 기억해야 합니다.[6]

이 본문과 관련된 첫 번째 문제, 즉 보는 것과 듣는 것/말하는 것의 대립을 살펴봤으니, 이제 두 번째 문제를 생각해보겠습니다. 아모스가 환상을 보았다는 사실입니다. 우리는 이교적 개념들에 푹 젖은 나머지 환상과 신비적 황홀경을 계속 혼동해왔습니다. 고양된 기분, 환각, 최면, 히스테리, 이중인격 등의 온갖 모습으로 발현되는 '황홀경 증후군'의 현상에 대한 의학적 연구가 수행되었습니다. 꽤 오래 전, 환상에 대한 그런 식의 해석이 아주 인기를 끌었습니다만 신학자들의 강한 비판을 받았습니다. 신학자들은 황홀경의 경험이 취하는 형태와 그 내용 사이에 구분이 이루어져야 한다는 점을 지적했습니다. 많은 이들이 가장 영적인 사람이라고 여긴 이들 중에서 황홀경을 체험한 경우가 거의 없습니다. 바울은 그런 체험을 평생 동안 두 번 이야기했고, 파스칼과 루터도 그랬습니다. 더욱이 그런 위대한 신비가들이 황홀경을 경험하고 나서 기존에 잘 알려지지 않은 다른 무엇을 새로 알게 되는 경우는 없어 보입니다. 그런 체험들은 새로운 것을 더해주지는 않는 것 같습니다. 어쨌건 우리는 아모스의 환상과 같은 환상들이 사람의 내면에서 나오는 환각 같은 과정의 산물이라는 해석과는 거리를 둘 수밖에 없습니다. 메뚜기 떼나 과일 바구니를 보는 것은 황홀경과는 전혀 공통점이 없습니다.

그럼 성경에는 환상이 왜 있을까요? 우리가 본문을 놓고 토론을 할 때, 많은 분들이 아모스의 다섯 환상과 그가 말로 선포하는 내용들 사이에 긴밀한 대응관계가 존재한다는 것을 지적하셨습니다. 메뚜기 떼는 4장에서 이미 언급이 되었고, 거기서 아모스의 기도도 나왔습니다. 4장은 온 땅이 가뭄에 시달렸다고 했는데, 그러면서 불을 언급한 것입니다. 하나님을 가리키는 말놀이에 해당하는 수준기나 다림줄은 하나님이 그분의 백성에게 "네 하나님을 만날 준비를 하라"고 말씀하신 본문으로 다시 이어집니다. 아모스 8장 13절에서 주목할 만한 것은 우리가 이미 아모스 6장에서 만난 바 있는 침묵입니다. 거기서 우리는 시체를 집 밖으로 끌어내어 태울 요량으로 온, 죽은 사람의 친척에 대해 읽었습니다. 그는 집 앞에서 사람을 만나서 남아 있는 사람이 있느냐고 물었다가 "없다"는 말을 듣고는 입을 다물라고 대꾸했습니다.

아모스서 본문의 끝부분에서 이렇게 다섯 가지 환상을 함께 배치한 것에는 어떤 의미가 있을까요? 저는 아모스의 주석가 중 한 사람(네어)이 이것을 완벽하게 이해했다고 봅니다.[7] 보는 것은 우리를 현실과 이어주기 때문에, 이런 환상들은 행동의 서곡, 또는 촉구로 여겨야 합니다. 이 다섯 환상을 다루기 이전에, 아모스는 자신이 받은 예언들을 선포했습니다. 그는 이미 자신의 정치적 입장을 아주 분명히 밝혔습니다. 그는 예후 왕조를 정죄했고, 예후의 후손들은 모두 이단이 되어버렸습니다. 이 시기에 백성들은 자신들의 종교에 위선적인 태도를 보였고 종교 대신 경제활동에 전념했습니다. 이 모든 것을 선언했으니, 이제 보다 멀리 나아갈 때가 되었습니다. 다섯 환상은 아모스의 선포를 확증해줄 힘뿐 아니라 현실에 영향을 줄 힘을 갖고 있었습니다. 그 환상들이 영적인 성격의 것이건 정치적인 성격의 것이건, 행동에 의한 구체적인 개입으로 가는 길을 준비하는 데 도움을 주었던 것입니다. 첫 번째 두 환상에서 아모스는 기도로 개입하는데, 이전에는 볼 수 없었던 모습이었습니다. 이 환상들이 그를 기도와 같은 이런 영적인 행동을 하도록 이끌었습니다.

세 번째 환상은 정치적 성격을 띠었습니다. 이삭의 산당들은 황폐해질 것이고, 이스라엘의 성소들은 파괴될 것이며, 하나님은 여로보암의 집을 칼로 치실 것입니다. 그런데 이어지던 환상들이 중단되면서 아모스와 대제사장 아마샤의 언쟁이 펼쳐집니다. 여기에 대해서는 다음 장에서 따로 검토하겠습니다. 이번에 아모스 선지자는 정치적 수준에서 개입하도록 요청받은 것이 분명합니다.

네 번째 환상으로 인해 아모스는 한편으로는 언약과 율법, 다른 한편으로는 이스라엘 백성을 잇는 변증법적 움직임이라 부를 만한 것에 들어섰습니다. 그는 이 둘 사이에 중재자로 서야 하고 이 움직임에서 선지자로서 주축이 되어야 합니다. 이스라엘 백성들이 하나님을 장악했다고 생각했을 때, 실제로 그들이 손에 쥔 것은 그들의 끝이었습니다. 그들은 모든 것을 잃어버렸다고 생각할 때, 하나님을 만나게 될 것입니다. 아모스는 율법과 백성들 사이에서 말하자면 전환점이 됨으로써 이런 변증법적 움직임을 이끌어내야 했습니다.

다섯 번째 환상에서 아모스 선지자는 허위진술에 맞서 그런 진술을 물리치라는 부름을 받았습니다. 이 일은 종교적 성격의 개입에 해당합니다.

요약해보겠습니다. 아모스 선지자는 다섯 환상으로 인해 다양한 행동방식으로 현실에 개입합니다. 영적으로(기도로), 정치적으로, 사회경제적으로, 변증법적으로(율법과 백성 사이의 상호작용으로), 종교적으로(거짓 형태의 예배를 파괴함으로써) 개입하지요. 이 환상들이 신비적 체험과 얼마나 다른지 더욱 분명해지는 대목입니다. 신비적 체험은 개인적인 것, 즉 개인을 위해 주어진 것이고 딱 거기까지입니다. 그러나 성경에서 환상과 연결된 움직임은 그와 정반대입니다. 선지자가 어떤 환상을 받으면 하나의 행동에 참여하게 됩니다. 하지만 그런 행동에 앞서 어떤 일이 있을 것인지에 관한 선언이 먼저 제시되어야 합니다. 그래야 이후의 환상이 선지자를 이끌어 행동하고 개입하도록 만들 수 있습니다. 저는 이것이 바로 이전 예언들의 여러 국면에 정확히 대응하는 다섯 환상들이 그 예언들이 끝난 다음에 등장하는 이유라고 믿습니다. 진리의 선포에 이어 어떤 일이 있을지 알리는 선언이 울려 퍼지고, 그에 대한 환상이 그 뒤를 잇고, 그다음에 선지자가 현실로 들어가 개입을 합니다.

다섯 환상이 예언의 메시지 다음에 나온 이유에 대한 이런 설명은 아모스의 생애와 사역에서 정확히 이런 일이 벌어졌다는 뜻은 아닙니다. 아모스가 이런 내용을 먼저 다 선포했고 나중에야 행동에 돌입했다는 의미도 아닙니다. 그보다는 아모스가 예언과 환상을 긴밀하게 통합했을 가능성이 높습니다. 하지만 저는 예언과 환상 간의 관계는 이렇게 둘을 구분해서 설명하는 과정에서 더 깊은 의미가 분명히 드러난다고 믿습니다. 진리 선포가 먼저 있고, 어떤 현실이 눈에 보이고, 마침내 다양한 수준에서 이 현실에 대한 참여가 이루어집니다. 이 모두가 다소 이론적이고 추상적으로 느껴질 수 있지만, 저는 이 내용과 순서가 근본적 중요성을 지닌 것이라고 믿습니다.

이 환상들에서 하나님이 아모스에게 물으신다는 점도 주목할 만합니다. 하나님이 아담에게 어디 있느냐고 물으시고, 가인에게 무슨 일을 한 거냐고 물으시던 장면이 떠오릅니다. 그들과 우리 모두는 질문을 받음으로써 하나님께 대답하는 방식으로 현실에 참여할 수밖에 없게 됩니다. 본문은 하나님이 우리에게 물으시는 것의 근본적 중요성을 더욱 강조합니다.

결론적으로, 저는 이 본문들이 어렵지만 정말 마음에 든다고 말하고 싶습니다. 우리가 이런저런 성경 본문들과 씨름할 때, 그전까지 알고 있던 것을 넘어서는 일이 언제나 벌어집니다. 모두가 한 번씩은 이런 경험을 해봤을 것입니다. 수십 번 읽은 본문인데, 그 안에서 갑자기 전혀 다른 어떤 것을 만납니다. 계시의 의미를 다 캐내는 것은 불가능합니다. 저는 이번 시간의 논의를 준비하다가 이전에 보지 못했던 것들을 발견하면서 이것을 다시 한 번 경험했습니다.

8. 기득권 종교 세력과 벌인 대결, 그리고 하나님의 침묵

개관

이번 시간에는 서로 공통점이 거의 없지만 각각 아주 중요한 두 대목을 검토하려 합니다. 첫 번째는 아모스와 제사장 아마샤의 대결을 기록한 7장 10-17절입니다. 그다음에 8장 11-14절을 살펴보겠습니다.

벧엘의 대제사장과 벌인 논쟁

아마샤와 아모스의 논쟁은 정치적 성격과 종교적 성격을 모두 갖고 있습니다. 아모스는 통상적 의미로 보면 정치에 참여하지 않았는데, 아마샤는 아모스가 정치에 간섭한다고 비난합니다. 하지만 소위 종교적 예언(이스라엘의 성소들이 파괴될 것이다)과 정치적 예언(내가 일어나 여로보암의 집을 치리라) 사이에는 연관성이 있습니다. 이스라엘 백성의 종교생활이 왜곡된 것은 여로보암 왕과 그 왕가의 잘못이기 때문입니다. 여로보암 왕은 자신이 백성의 종교지도자라고 주장한 터였습니다. 그 결과 정치와 종교 사이의 혼동이 생겨났고, 아마샤는 이런 혼동을 이용해 아모스가 정치개입을 한다고 비판하고 있습니다.

아마샤와 아모스가 충돌한 기록은 아모스가 하나님께 받은 첫 번째 세 환상(메뚜기, 불, 다림줄) 이후에 등장합니다. 처음의 두 환상이 펼쳐지는 동안 아마샤는 가만히 있다가 세 번째 환상이 끝나자 입을 엽니다. 이것은 이해할 만한 반응인데, 첫 번째 두 환상에서 아모스는 백성들의 관습과 우상숭배적 종교 행태를 공격하기 때문입니다. 하지만 아모스가 이어서 왕을 비판하고 왕가의 파멸을 선언하자, 왕을 섬기는 사람이던 아마샤는 목소리를 높입니다. 그는 이 세 번째 환상을 정치적 판단이자 왕에 대한 반역행위라고 해석합니다. 사제들을 포함한 공식종교와 개인적 종교체험에 근거해 아모스가 구현하는 선지자 정신의 충돌은 아주 복잡한 상황을 만듭니다. 진짜 선지자들은 모두 공식적인 기득권 종교와 이렇게 충돌했습니다. 이 모두는 이 복잡한 상황의 첫 번째 측면에 불과합니다.

왕의 관리였던 아마샤 제사장과 양떼를 치는 자유인 농부였던 아모스 사이에 추가적인 충돌이 있습니다. 그들의 정치적 충돌이 더욱 첨예해지는 이유는 벧엘의 종교의식이 상당히 왜곡되었다는 사실을 아마샤가 자기도 모르게 시인하기 때문입니다. 우리는 여로보암이 예후의 후손이고, 예후는 이스라엘에서 바알들을 제거함으로써 하나님에 대한 참 예배를 재확립하려 했던 사람이라는 점을 이미 살펴보았습니다. 그로 인해 놀랍게도 모두가 예후 편이라고 선언하는 일이 일어났습니다. 그는 백성들의 '아버지'가 되었고, 백성들은 이제 모든 것이 바로잡혔다고 생각했습니다. 이론적으로, 여로보암 2세와 아마샤는 이스라엘의 참 '종교'를 대표했습니다. 그들은 이 사실을 확신했던 것 같습니다. 그렇지만 아모스가 분명히 밝히는 대로, 그들이 실천한 내용은 토라가 참된 신앙으로 요구했던 것과 정반대였습니다. 서서히 점진적으로 왜곡이 이루어졌고 결국 벧엘에서 사람들이 거짓 신들을 섬기기에 이르렀습니다. 대제사장은 히브리어로 '하나님의 집'을 뜻하는 벧엘을 왕의 성소로 선언함으로써 문제의 심각성을 드러냅니다. 하나님의 성소가 왕의 성소가 되었고, 왕의 권력이 하나님의 능력을 대체했습니다.

이 모두는 더 근본적인 혼동을 드러내는데, 이것은 오늘날의 우리도 여전히 저지르는 혼동입니다. 하나님의 집과 왕의 성소, 왕의 제사장과 참된 선지자 사이의 대립 아래에는 신성한 것과 거룩한 것의 대립이라는 더 근본적인 상황이 놓여 있습니다. 오늘날 많은 이들은 신성한 것과 거룩한 것을 대체로 같은 것으로 여깁니다. 예를 들어 교회에서 목사들의 축성을 말하는데, 그러나 이것은 전적으로 부적절한 표현입니다('consecration'은 개신교에서 흔히 '성별聖別'로 번역되지만, 엘륄은 여기서 성찬의 빵과 포도주나 주교 서품을 받는 사제를 성스럽게 만든다는 의미로 쓰이는 이 단어의 가톨릭적 이해를 거부하는 듯하여 가톨릭 용어인 '축성'으로 번역했다—옮긴이). 우리 인간은 특정한 사물, 장소, 행동, 사람들에게 신성한 차원을 부여합니다. 그렇게 할 때 세상은 신성한 것과 속된 것으로 나뉩니다.[1] 그것은 인간이 내린 결정의 결과이고, 그 결정을 이끄는 것은 세상에서 위치를 정해야 안심이 되는 우리의 욕구입니다. 이 위치는 움직이지 않고 절대적이어야 하는데, 그것은 신성화를 통해서만 달성될 수 있습니다. 신성한 것을 연구한 최고의 사회학자이자 철학자 중 한 사람인 루돌프 오토Rudolph Otto는 신성한 것의 개념을 우리를 떨게 만드는 것, 우리를 매료시키는 것으로 제시했습니다.[2] 모든 인간 공동체에는 이런 준거점과 세상을 조직화하는 방식이 필요합니다. 이스라엘의 하나님, 성경의 계시, 그리고 그에 따라오는 모든 것에는 신성한 내용이 전혀 없습니다. 오히려 성경의 메시지 전체는 세상을 비신성화합니다. 우리는 창세기 첫 몇 장의 목표 중 하나가 세상을 비신성화하는 것임을 살펴보았습니다.[3] 예를 들어, 별에는 신성한 요소가 전혀 없습니다. 그저 하나님의 창조물 중 하나일 뿐입니다. 이스라엘의 하나님과 관계된 모든 것은 거룩합니다. 그분의 성전에는 지성소가 있는데, 그곳은 신성한 장소와 전혀 상관이 없습니다. 하나님이 무엇인가를 따로 구별하시면 그것은 거룩해집니다. 따로 구별된 일곱째 날은 거룩합니다. 어떤 번역본에서는 일곱째 날이 축성되었다는 식으로 써놓고 있지만, 그것은 아주 심각한 오류입니다. 거룩은 구별의 문제입니다. 섬김을 위해 어떤 사람을 다른 모든 사람들로부터 구별하거나, 하나님의 특정한 목적을 위해 어떤 것을 다른 모든 것으로부터 구별하는 것입니다.

아마샤와 아모스의 충돌은 신성한 것과 거룩한 것의 대립을 보여줍니다. 아마샤는 왕을 섬기는 제사장들이 조직해낸 신성한 것을 대표합니다. 아모스는 하나님의 계시를 맡아 전하도록 그분이 불러 따로 구분하신 선지자이고, 그렇기에 거룩한 것을 대표합니다. 이 같은 맥락에서, 우리가 거룩한 보편적 교회를 말할 때는 교회들에서 벌어지는 일이 특별히 성스럽다는 뜻이 아니라, 이 교회가 하나님이 불러 맡기신 봉사를 감당하도록 따로 구별된 사람들이라는 뜻입니다. 우리는 이 거룩함을 기적 행함, 몸의 고행, 완전을 위한 노력, 도덕성 추구 및 기타 거룩과 관련 없는 다른 것들로 바꿔버렸습니다. 바울의 고린도전서의 서두만 보아도 충분히 알 수 있습니다. 거기서 바울은 편지의 수신자들을 거룩하여진(거룩하다고 불리는) 사람들이라고 부른 후에 여러 장에 걸쳐 그들이 살아가는 여러 방식으로 꾸짖고 계속해서 바로잡아주어야 했습니다. 그들 중 많은 이들이 대부분의 다른 사람들보다 나을 것이 없었지만, 그들은 하나님을 섬기도록 구별된 자들이기에 자기들이 좋은 대로 살아갈 권리가 없었습니다.

신성한 것과 거룩한 것 사이의 이 구분을 염두에 두고 아마샤와 아모스의 충돌로 돌아가봅시다. 아마샤는 제사장들의 대변인이었고, 그들에게 예후의 후손이라는 적법성을 부여한 장본인이었습니다. 그는 아모스를 여로보암 2세에게 고발했습니다. 왕은 그 일에 별로 관심을 보이지 않았고, 다른 출처를 통해 우리는 그가 일이 알아서 굴러가게 내버려두었음을 압니다. 어쨌건 왕은 어떤 조치도 취하지 않았습니다. 그러자 아마샤는 아모스를 직접 공격하기 시작했습니다. 그는 모두가 아모스에게 반대하기 때문에 그가 하는 말을 더 이상 참을 수 없다고 주장했습니다. 많은 주석가들은 이 충돌이 공적으로 벌어졌다고 생각합니다. 아마샤는 공적으로 아모스를 비난했고, 아모스도 하던 대로 공개적으로 발언했습니다. 아모스서에 나오는 내용으로 보건대, 아마샤나 그가 대표하는 제사장들 편을 든 사람들은 설령 있었다 해도 그 수가 얼마 안 되었던 것 같습니다. 이 이야기를 예레미야 26장에 나오는 비슷한 이야기와 비교해보면 흥미롭습니다. 처음에는 제사장들과 백성들이 예레미야를 반대하여 들고일어섰지만, 그가 하나님의 계시를 전하자 백성들이 완전히 달라져서 제사장들을 공격했습니다. 아모스의 경우, 백성들이 그와 같이 행동하지는 않았지만, 대제사장을 지지하지 않은 것은 분명합니다.

바로 이 본문에서 우리는 도입에서 다루었던 선지자 아모스라는 사람에 대한 몇 가지 세부정보를 발견합니다. 아모스는 자신이 선지자도, 선지자의 아들도 아니라고 말합니다. 선지자를 나타내는 세 개의 히브리어 단어 중에서 아마샤는 '호세*hozeh*'를 쓰는데, 이 단어는 대체로 직업적 선지자를 가리킵니다. 이런 직업적 선지자는 환상을 보도록 훈련을 받았고 다소 이상하거나 터무니없는 말도 할 수 있었습니다. 결과적으로 이 단어는 다소 모욕적인 느낌을 줄 수 있습니다. 아모스가 자신이 선지자가 아니라고 말한 것은 누구도 스스로를 선지자로 선포할 수 없고 사람이 다른 사람을 선지자라고 지목하는 것도 가능하지 않다는 뜻입니다. 궁극적으로, 중요한 질문은 하나뿐입니다. "하나님의 말씀이 정확하고 참된 방식으로 선포되었는가?" 후대의 한 선지자가 선포하는, 하나님이 그분의 백성을 잘못된 길로 인도하는 선지자들에게 하신 말씀을 읽어보면 도움이 될 것입니다. "예언자라는 자들이 나의 백성을 속이고 있다. 입에 먹을 것을 물려 주면 평화를 외치고, 먹을 것을 주지 아니하면 전쟁이 다가온다고 협박한다. … 이미 날이 저물었다. 내 백성을 곁길로 이끌었으니 너희가 다시는 환상을 못 볼 것이고 다시는 예언을 하지 못할 것이다"(미 3:5-6, 새번역).

아모스는 이런 부류의 선지자들과 어떤 관계도 맺고 싶지 않았고, 선지자의 아들이 아니라고 말함으로써 그런 선지자들을 훈련시킨 학교도 규탄했습니다. 이사야와 예레미야를 포함한 아모스 이후의 선지자들은 이런 이들을 꿈꾸는 자들, 환상을 지어내는 자들이라 불렀습니다. 에스겔은 그들이 아름다운 말과 노래를 지어내는 능력을 갖고 있지만 그 말에는 예언적 내용이 전혀 없다며 그들을 예술가라 불렀습니다. 아모스는 자신의 메시지가 전적으로 하나님께 받은 것이며, 자신은 하나님께만 책임이 있다고 선언합니다. 이스라엘은 하나님과 언약을 맺었고 불의나 부를 포함한 어떤 것도 그것을 방해해서는 안 됩니다. 우리가 살펴본 것처럼, 아모스는 사회정의와 정의로운 사회 구현을 주로 촉구한 선지자가 아닙니다. 그는 하나님의 언약에 제시된 그분의 뜻을 당시 사회에 적용한 선지자입니다. 언약을 따르면 더 정의로운 사회, 더 나은 사회가 찾아올 수도 있겠지만, 그것이 그의 주된 관심사는 아닙니다. [이웃 사랑을 명하는] 두 번째 큰 계명은 [하나님 사랑을 명하는]

첫 번째 큰 계명과 같으며, 첫 계명으로부터 다른 모든 것이 흘러나옵니다. 하나님의 뜻을 향한 사랑에서 벗어난 모든 것은 악합니다.

네어는 선지자의 기능이 버림과 되찾음이라고 잘 말해주었습니다.[4] 선지자는 거짓되고 전도된 가치를 버리고 참된 가치를 회복시켜 가장 겸손한 사람들이 하나님 앞에서 참된 존재로 살아갈 길을 열어줍니다.

하나님의 침묵

이제 우리는 아모스 8장 11-14절로 갑니다. 아모스와 여러 다른 선지서들에서 "날이 이를지라"는 거의 언제나 안 좋은 미래를 알리는 도입 문구입니다. 이날은 하나님이 침묵하시는 때입니다. 하나님이 왜 침묵하실까요? 모든 사람이 원하던 바를 하나님이 주신 것입니다. 이스라엘 백성은 아모스 선지자가 하는 말을 더 이상 듣고 싶어 하지 않았습니다. 말하자면 그에 대한 형벌이 그들이 원하던 하나님의 침묵입니다.

하나님의 이 침묵은 아모스가 앞부분에서 선언했던 내용의 문맥 안에서 이해해야 합니다. 하나님은 메뚜기를 보내셨지만 이스라엘은 하나님께 돌아오지 않았습니다. 그들은 하나님이 하시려는 말씀을 이해하지 못했습니다. 마찬가지로, 하나님이 그들에게 전염병을 보내셨으나 그들은 역시 이해하지 못했습니다. 더욱이 아마샤는 왕과 백성들이 아모스가 하는 말을 더 이상 참을 수 없다고 선언했습니다. 그리고 이제 그들은 바라던 바를 얻었습니다.

이 상황은 우리가 앞에서 다루었던 본문, 즉 4장 12-13절에서 선언되었던 것이 아닌지 의아할 수 있습니다. 이 두 절 중 첫 번째 절은 하나님이 이스라엘에게 무슨 일을 하실지 알려주지 않았습니다. 하나님을 만날 준비를 하라고 하지만 어떻게 준비하라는 것인지, 무슨 일이 벌어질 것인지에 대해서는 한마디도 없습니다. 이 구절은 지금 다루는 8장 11-14절에서 선언된 하나님의 침묵의 관점에서 이해해야 할까요? 어쨌건, 참된 선지자들이 쫓겨나자 사람들의 삶에서 하나님의 말씀이 사라졌습니다. 그들은 하나님의 말씀이 얼마나 중요한지 이제 발견하게 될 것입니다. 그 말씀이 없을 때 그들은 죽음으로 나아가기 때문입니다. 하나님이 그들을 죽이실 거라는 말이 아닙니다. 하나님은 그들을 생명으로 끊임없이 부르셨지만, 그들이 그분의 말씀에 귀 기울이기를 거부했기 때문에 하나님은 침묵하시고 그들은 죽음으로 나아가게 되었습니다. 그전까지 이스라엘 백성은 하나님의 말씀이 어떻게 그들의 삶과 그들의 세계와 창조세계를 붙들어주셨는지 알아채지 못했습니다. 그 말씀이 사라지자마자 그들은 양식과 물이 없는 것을 느끼듯 그것의 결핍을 느끼게 될 것입니다. 이 부분은 나중에 예수님도 인용하시는 신명기의 구절, 즉 우리가 떡으로만 사는 것이 아니라 하나님이 하시는 말씀으로 산다는 구절을 떠올리게 합니다. 하나님의 말씀은 빵과 물만큼이나 필수적입니다. 대개의 경우 우리는 이런 필요를 인식하지 못합니다. 하지만 우리에게 삶을 허락하는 진리에 주리고 목마를 때가 있습니다. 그럴 때가 오면 우리는 말씀을 찾아

나섭니다. "사람이 이 바다에서 저 바다까지, 북쪽에서 동쪽까지 비틀거리며 여호와의 말씀을 구하려고 돌아다녀도 얻지 못하리니"(12절).

이 본문은 사소하지 않고 깊은 의미를 담고 있습니다. 단의 우상들을 섬기던 사람들이 브엘세바부터 벧엘까지, 다시 말해 북쪽부터 남쪽까지 방황할 것입니다. 그다음 그들은 다른 방향으로, 지중해부터 사해까지, 다시 말해 서쪽부터 동쪽으로 방황할 것입니다. 그들은 이렇게 북쪽부터 동쪽까지, 즉 브엘세바에서 벧엘을 거쳐 동쪽까지 이동할 것입니다. 이스라엘 백성은 두 경우 모두 (지중해부터 사해까지, 또는 브엘세바에서 벧엘을 거쳐 동쪽으로) 예루살렘으로 향할 것인데, 그것이 이 본문에 깊은 의미를 부여합니다. 하지만 그들이 예루살렘에서 하나님을 찾는다는 보장은 없습니다. 그들은 방황하고 있고 올바른 길이 어딘지 확신하지 못하기 때문입니다. 자기 백성을 살도록 부르시는 하나님이 길을 알려주시지만, 그들이 귀 기울이지 않고 그분의 용서를 받기를 거부하면 길을 잃고 방황할 수밖에 없습니다.

하나님의 말씀이 더 이상 선포되지 않을 때 정말 죽을 수 있을까요? 과장이 아닐까요? 이런 질문들에 직면한 일부 주석가들은 이 구절들이 영적 죽음의 환상이나 이미지를 묘사한다는 결론을 내렸습니다. 그러나 제 생각은 다릅니다. 하나님이 침묵하실 때, 우리 삶에는 의미가 없습니다. 하나님은 말씀으로 의미를 부여하시는 분이기 때문입니다. 그러면 우리는 모든 곳을 방황하며 어떤 의미라도 발견하고자 합니다. 저는 이것이 현재의 우리가 문명 안에서 살아가는 모습이라고 말하고 싶습니다. 저는 이것이 교회 탓이라고 생각합니다. 19세기까지 교회는 다양한 방식으로 어떻게든 하나님의 말씀을 선포했습니다. 그러나 오늘날에는 더 이상 그렇게 하지 않습니다. 하나님의 말씀이 이제 사회에서 배제되었고 우리는 더 이상 그 말씀이 무엇인지 모릅니다. 우리가 과학적, 경제적, 정치적, 이데올로기적으로 진리라 여겼던 것들이 상당 부분 무너져버렸고, 우리는 삶에 대한 감각을 잃어버렸습니다. 우리는 이렇게 살 수 없습니다. 우리는 준거점이 필요합니다. 자주 인용되는 다음 성경구절이 말하는 바도 그것입니다. "내가 선과 악을 네 앞에 두었으니 너와 네 자손이 살려거든 선을 택하여라"(신 30:19 참조—옮긴이). 하나님이 침묵하실 때 우리는 스스로를 위해 이 선과 악을 스스로 만들어낼 수밖에 없는데, 이것은 우리가 오랫동안 보아온 상황입니다. 이것은 선악을 알게 하는 나무에 대응합니다.[5] 우리가 스스로를 위해 만들어낸 온갖 진리들은 하나둘씩 무너져 내렸습니다. 수백수십 년 동안 과학을 참이라고 여겼지만, 이제 과학의 점점 더 많은 부분들이 이런저런 방식으로 의문의 대상이 되고 있습니다. 여기에다 의미와 가치, 방향의 부재를 더하면 죽음으로 이어지게 됩니다. 삶이 더 이상 이치에 맞지 않고 삶을 붙들어주는 것이 더 이상 없을 때, 삶은 가치와 고귀함을 잃게 되고 자살과 살인이 확산됩니다.

이 부분을 생각하다 보니 어젯밤에 텔레비전에서 봤던 자동차 운전자들의 인터뷰가 떠오릅니다. 한 운전자가 유쾌하게 말하더군요. "제가 차를 좀 빠르게 몰죠. 이러다가 혹시 아이가 치여 죽는 일이 벌어진다면 아주 미안하겠지만, 노인네를 치어 죽이게 된다면 뭐 별로….” 또 다른 운전자는 보행자를 볼 때마다 가속페달을 밟고 싶은 유혹을 받는다고 말했습니다. 이 모든 것은 삶이 더 이상 아무 의미를 갖지 못하는 현실을 보여줍니다. 이것은 살인하지 말라는 계명을 넘어서는, 훨씬 더 근본적인 문제입니다.

이제 우리의 본문으로 돌아가봅시다. 지금 이스라엘 백성은 하나님의 정죄를 받는 것이 아닙니다. 그보다는 하나님의 침묵에서 생겨나는 결과를 치르게 되는 것일 뿐입니다. 사람들은 말 그대로 하나님의 말씀에 굶주리고 목말라 죽습니다. 그 허기와 갈증을 더 이상 견디지 못하고서 말입니다. 갈증에 대해 말하니까 예수님이 사마리아 여인에게 그분이 주는 물을 마시면 다시는 목마르지 않을 거라고 말씀하신 일이 떠오릅니다. 본문은 더 이상 삶에 아무 의미가 없을 때 사람들은 모종의 의미를 만들어낼 수밖에 없고 따라서 자신들이 섬기던 우상들에게로 돌아갈 수밖에 없다는 것을 보여줍니다. 그들은 아람 족속의 신들 중 하나인 아시마의 이름으로 맹세합니다. “단아, 너의 신이 살아 있다.” “브엘세바야, 너의 신이 살아 있다.” 하나님의 말씀이 거부되었을 때 그분은 침묵하시고, 이스라엘 백성은 그들을 죽음으로 이끄는 것들에게로 돌아가는 것 외에는 달리 할 수 있는 일이 없습니다.

본문은 백성들이 말씀을 찾아 나서겠지만 찾지 못할 거라고 말합니다. 그들이 말씀을 찾기로 결정한다고 해서 찾아지지는 않을 것입니다. 말씀은 하나님이 그분의 백성에게 가기로 결정하실 때 개입합니다. 우리는 아모스의 예언 내내 그의 삶과 백성들의 삶에 말씀이 개입하는 것을 보았습니다. 하나님이 자신을 계시하기로 결정하실 때 그 말씀을 환영하는 일은 그들의 몫이었습니다. 그와 동시에, 그들은 말하자면 남의 일처럼 그냥 지켜보고만 있어서는 안 되었습니다. 성경 전체에 걸쳐 하나님은 우리에게 살려거든 하나님을 구하라고 말씀하십니다. 우리는 하나님이 자신을 드러내실 때 그분을 구해야 합니다. 이중의 움직임입니다. 우리는 우리 생각대로 하나님을 찾을 수 없습니다. 하나님이 그분을 찾으라고 하실 때 찾아 나서야 합니다. 바로 그때 우리는 하나님이 주시는 새로운 말씀을 듣습니다. 완성된 계시를 받겠다고 마냥 주저앉아 있어서는 안 됩니다. 하나님을 찾으라는 초청을 받을 때 하나님을 찾아야 합니다. 우리 교회들에서 그런 일이 벌어지고 있기를 바랍니다. 우리는 바로 이 초청에 이끌려 계속 나아가야 하고, 그러다 보면 우리를 위해 준비된 말씀을 발견하게 될 것입니다. 저는 이런 추구가 그리스도인의 삶에서 정말 중요하다고 믿습니다.

본문에는 아이러니한 점도 있습니다. 아름답고 젊은 남녀가 갈증으로 쓰러진다고 말하거든요. 젊은이들이 쓰러질 것입니다. 이것은 전도서 12장의 내용에 대응합니다. 우리는 젊을 때에 말씀을 찾고 하나님을 경외할 줄 알아야 합니다. 우리가 젊을 때에, 모든 것이 가능하고 모든 가능성이 열려 있을 때 그런 일이 이루어져야 합니다. 그때는 우리가 자신의 신념에 따라 자기 뜻대로 하고 싶은 유혹을 가장 크게 받는 때이기도 합니다. 그러니 젊을 때야말로 다른 것에 한눈팔지 말고 하나님의 말씀을 들어야 합니다. 이것이 제가 이번 본문에서 듣는 내용입니다.[6]

9. 화해

개관

우리는 이제 아모스의 마지막 부분인 9장 5-15절을 살펴볼 것입니다. 앞에서도 그랬지만 처음에 본문을 보면 할 말이 많지 않다는 느낌이 듭니다. 하지만 히브리어 텍스트를 주의 깊게 살펴보면 전혀 다른 것이 드러납니다. 아모스는 당대에 알려진 다른 성경 텍스트를 많이 언급하는데, 그로 인해 이 대목의 의미의 폭이 너무나 넓어져서 저는 주석가들과 제가 그런 내용들을 본문에 집어넣어서 읽는 것이 아닌지 자문해야 했습니다. 그럴 가능성을 신중하게 검토해본 결과 저는 그렇지 않다고 확신하게 되었습니다. 이제 우리는 이 대목에 아주 많은 내용이 실제로 들어 있다는 사실을 발견하게 될 것입니다. 5절부터 10절까지를 먼저 검토한 후에 11-15절을 살펴보겠습니다.

역사 속 이스라엘

9장 5-6절은 이스라엘의 성전과 여러 곳이 파괴되는 다섯 번째 환상에 바로 이어서 나옵니다. 본문은 하나님이 인류 역사 속으로 들어오심을 다루는데, 먼저 그분의 이름을 선포하고 그분의 무한한 능력에 대한 계시가 이어집니다. 하나님의 이름에 대해 히브리어 원문은 "나의 주, 영원하신 하나님 사바옷*Sabaoth*"이라고 되어 있는데, 이 표현은 흔히 '만군의 주 하나님'으로 번역이 됩니다. 우리가 이미 살펴봤다시피, 이 표현은 전 우주의 창조주를 뜻합니다. 하지만, 히브리어는 **그** 주라고 하지 않고 **나의** 주라고 말합니다. 아모스는 자신에게 영감을 주시는 분을 그렇게 부릅니다.

이 대목은 땅을 세 번 언급합니다. 원래 히브리어 에레츠*erets*는 한 민족의 고향땅의 의미로 쓰입니다.[1] 첫 번째 언급은 땅 자체와 관련된 것입니다. 본문은 하나님이 이 땅을 만지시자 땅이 녹았다고 말합니다. 그다음에 땅은 하늘과 관련해서 등장합니다. 하나님이 그분의 땅의 일부를 하늘에 세우시는데, 말하자면 이 에레츠를 하늘로 가져가신다는 의미입니다. 마지막으로 땅은 물과 관련해서 등장합니다. 이 대목은 하늘과 땅과 물(이 모두가 하나님의 에레츠입니다) 속의 모든 것을 주관하는 온전한 능력을 가진 분으로 하나님을 계시합니다. 하나님이 만지기만 하시면 그것은 형태를 바꾸어 더 이상 예전과 같지 않게 됩니다.

하나님이 그분의 '누각'이나 '거처'를 하늘에 세우신다는 취지의 통상적 번역은 틀렸습니다. 하나님이 세우시는 것은 그분의 '높은 곳'입니다. 히브리어가 가리키는 것은 하나님이 하늘에 그분의 초월성을 세우신다는 것입니다. 이것은 모든 것을 다스리는 능력을 가지신 이 하나님, 행하시거나 말씀하실 때마다 큰일을 이루시는 하나님에 대한 묘사를 완성합니다. 이로 인해 우리는 하나님이 초월적인 분임을 알게 됩니다. 히브리어 구약성경에서 '하늘'은 언제나 하나님의 집을 가리키고, '하늘들'은 우주의 별들과 은하계를 가리킵니다. 하나님은 바로 이 하늘에서 초월자로 계시는데, 그렇다고 해서 그분이 우리 세계나 우리 땅과 아무 관계가 없다는 뜻은 아닙니다. 본문은 하나님이 이 땅에 창공의 기초를 세우신다고 강조함으로써 이 점을 아주 분명히 드러냅니다. 이 표현의 의미에 대해서는 의심의 여지가 없습니다. 다른 여러 문맥에서도 같은 방식으로 쓰이고 있기 때문입니다. 창세기 9장 12-17절은 무지개가 홍수 이후에 주어진, 하나님과 그분의 땅 사이에 맺은 언약의 증표라고 말합니다. 우리에게는 목소리만 들리는 멀리 계신 이 하나님은 땅과 평화의 관계를 맺으십니다. 온 땅을 뒤덮는 홍수나 대재앙이 다시는 없을 것이기 때문입니다. 바로 이어지는 본문(암 9:6)은 이것이 사실임을 암시하고 있습니다. 그분은 "바닷물을 불러 올려서 땅 위에 쏟으신다"(새번역). 이것은 대홍수를 가리킵니다만, 완전한 파괴는 아닙니다. 영원하신 분이 그런 일은 없을 거라고 말씀하셨기 때문입니다. 이 대목은 훨씬 나중에 선포되는 예레미야의 예언과 많이 닮았습니다.

이제 7-10절로 관심을 돌려봅시다. 구스 족속은 에티오피아에서 사는 검은 피부의 아프리카 민족입니다. 그들은 블레셋 족속, 시리아 족속(히브리어 본문은 이들을 아람 사람이라고 부릅니다)과 함께 이스라엘과 나란히 거론됩니다. 이것은 이스라엘과 다른 민족들의 관계를 이해하는 또 다른 방식을 보여줍니다. 7-10절은 세 가지 방식으로 해석할 수 있습니다. 우선 하나님이 모든 민족을 이스라엘의 수준으로 높이실 거라는 뜻일 수 있습니다. 그런가 하면 이스라엘이 언약을 깨뜨리고 나쁜 종교를 받아들여 우상숭배를 일삼았기 때문에 다른 모든 민족들의 수준으로 떨어지게 될 거라는 뜻일 수도 있습니다. 이 해석은 검은 피부의 구스 족속이 멸시를 받았다고 가정해야 지지할 수 있겠지요. 세 번째 해석은 이스라엘 자손이 하나님께 속한다고 하나님이 선포하시는 맥락에서 7-10절이 나온다고 봅니다. 이스라엘 족속은 다른 모든 민족과 마찬가지로 하나님의 소유이며, 이것은 이스라엘이 아주 못되게 행동하여 벌을 받아 마땅하다 해도 달라지지 않습니다. 본문에 거론된 여러 족속들을 검토해보면 하나님께 속한다는 이 개념이 분명히 드러납니다.

구스 족속은 구약성경에서 몇 차례, 소위 '자연적인 남녀들'로 등장합니다. 그들은 자연 속에 머문 족속입니다. 몇몇 본문은 표범이 그 반점을 바꿀 수 없듯, 구스 족속도 피부색을 바꿀 수 없다고 말합니다. 이것을 부정적인 방식으로 해석하지 않도록 아주 조심해야 합니다. 이 족속은 타고난 피부색이 검다는 것이 여기서 말하는 전부입니다. 다시 말해, 하나님 앞에서 이스라엘 족속은 구스 족속과 같다고 하나님이 선포하신 것은 자연적으로 주어진 삶을 놓고 (어떤 선입견이나 판단 없이) 기본적인 인간성의 관점에서 바라볼 때 그들은 하나님께 속한다는 것입니다.

따라서 이 본문이 전개되는 첫 번째 단계는, 그들이 자연적인 존재로서 하나님께 속해 있다는 것입니다. 두 번째 단계는 한걸음 더 나아가 이 모든 족속들도 하나님이 어딘가에서 나오게 하신 이들이라고 선포함으로써 그들 역시 하나님께 속해 있다는 것을 이야기합니다. 이것은 역사 속의 그들이 누구에게 속해 있는가의 문제이기도 합니다. "나(하나님)는 너희(이스라엘)를 이집트에서 이끌어내었고, 너희가 역사에 어떻게 참여하는가에 따라 너희를 판단하겠다." 하나님은 이스라엘을 노예 상태에서 건져내신 후 그들이 역사적 여정에 나서게 하셨습니다. 하나님의 이 첫 번째 결정적인 행동 때문에, 이스라엘은 자연 속에서 살아가는 사람들처럼 순환적 시간 속에서 살지 않고 직선적 시간 속에서 살게 됩니다. 순환적 시간과 직선적 시간의 대립은 구약성경에서 필수적입니다. 자연에 갇힌 사람들은 계절의 순환에 따라 사는데, 여기서는 모든 것이 끝난 뒤 다시 시작됩니다. 반면, 성경은 이스라엘에서 시작된 직선적 시간을 확실하게 보여줍니다. 이 직선적 시간에는 과거와 현재와 미래가 있으며 반복되지 않습니다. 쿨만이 이 모든 것을 잘 설명해주었습니다.[2] 직선적 시간은 이스라엘에서 처음 등장했지만, 하나님이 역사 속으로 밀어 넣으신 민족이 그들뿐인 것은 아닙니다. 하나님은 블레셋 족속을 갑돌에서, 시리아 사람들을 기르에서 나오게 하셨기 때문입니다.

이 선포는 역사적 관점에서 볼 때 몇 가지 어려움을 제기합니다. 갑돌은 크레타 섬입니다. 하지만 아주 오래 전으로 거슬러 올라가는 창세기의 기록에 따르면 블레셋 족속은 이집트에서 나왔습니다. 블레셋 족속은 이집트 출신이지만 노예로 크레타로 옮겨 갔다가, 마침내 하나님이 그들을 풀어주셔서 오늘날의 팔레스타인으로 옮겨 갔을 가능성이 있습니다. 아람 족속은 시리아의 다메섹이라는 도시에서 살았는데, 앗시리아인들이 그들을 포로로 사로잡아 기르로 보냈습니다. 이후 그들도 이스라엘 민족처럼 하나님에 의해 자유를 얻었지만, 한 가지 중요한 차이점이 있습니다. 이스라엘은 히브리어 이름은 (삶과 죽음이라는) '이중 고통의 땅'을 뜻하는 이집트에서 구출된 유일한 민족이라는 사실입니다. 이 구출로 인해 이스라엘은 하나님의 백성으로 구별되었습니다. 블레셋 족속과 아람 족속도 비슷한 방식으로 역사적 여정을 시작했고, 그로 인해 그들은 약속의 땅의 소유권을 놓고 이스라엘 민족과 끊임없이 충돌했습니다.

이스라엘과 다른 두 민족이 같은 방식으로 자유를 얻었다면, 이스라엘의 선택의 다른 점이 무엇일까요? 이 질문은 이스라엘을 향한 경고를 드러냅니다. 만약 이스라엘이 그들의 역사를 국수주의적 특성을 가진 것으로 여기고(아모스는 그로 인해 이스라엘을 꾸짖은 바 있습니다), 그들의 종교를 자기 나라만 위한 것이거나 자기들의 왕과 연결된 것으로 여기면, 그들의 역사의 시작과 그 안에서 하나님이 감당하신 역할을 더 이상 알지 못한다면, 그들은 블레셋 족속이나 아람 족속과 다를 바가 없게 됩니다. 이스라엘은 계시를 받았지만, 그들의 역사가 자기들을 구해내신 하나님께 속한 것이라고 여기지 않는다면 다른 민족들과 다를 것이 없습니다.

지금까지 우리는 논증의 첫 번째 두 단계를 보았습니다. 이스라엘은 자연적인 관점에서도 역사적인 관점에서도 하나님께 속한 민족이라는 것이 그 내용입니다. 세 번째 단계는 10-12절에서 전개되고 있는데, 그들이 하나님께 속한 것의 영적, 종교적 차원을 보여줍니다. 이것은 종말론적 약속과 이어져 있습니다. 네어는 이 세 관점이 아모스서 전체의 개요를 구성한다고 말합니다.[3] 1-4장은 이스라엘과 다른 민족들의 관계를 자연적 관점에서 검토합니다. 5-6장은 역사적 관점에서 본 이스라엘과, 그들의 행동이 그 역사 속에서 심판을 받는 것을 보여줍니다. 7-8장은 이스라엘의 미래를 '신학적'이고 영적인 관점에서 다룹니다. 한마디로, 9장 7-10절은 아모스서 전체의 요약이자 개요 정리라고 말할 수 있습니다.

이제 9장 7-8절에서는 두 가지 문제만 다루면 됩니다. 우선, 8절에는 주 하나님이 범죄한 나라를 지켜보고 있다고 나옵니다. 히브리어에서는 이 어구 앞에 말하자면 그것을 일반화하는 관사가 붙습니다. 이것은 '범죄한 나라 전체' 또는 '모든 죄 지은 나라들'을 뜻합니다. 루터와 칼뱅은 이것이 모든 불의한 정부를 가리키는 것이라고 해석했습니다. 반면, 많은 현대의 주석가들은 이 범죄한 나라가 이 예언에서 줄곧 고발당하는 이스라엘이고, 유다는 범죄하지 않은 나라라고 봅니다. 하지만 이런 식의 설명은 앞에서 나왔던 유다에 대한 부정적 예언을 무시하고 있습니다. 제가 볼 때는, 이 구절이 '범죄한 나라'와 완전히 파괴되지는 않을 '야곱의 집'을 구분하고 있다는 네어의 지적이 정곡을 찌르고 있습니다.[4] 유다 사람들과 이스라엘 사람들이 함께 이 야곱의 집을 구성합니다. 의로운 사람들, 야곱의 집에 받아들여질 사람들은 두 나라 모두에 있습니다. 따라서 이 절이 문제 삼는 것은 유다 사람들이나 이스라엘 사람들, 또는 그들 모두가 아니라 나라입니다. 앞 장에서 우리는 벧엘에 있는 하나님의 성전이 왕의 집이 되어버린 것을 보았습니다. 영적 또는 '신학적' 관점에서 진리였던 것을 그들의 왕이 가려버린 것입니다. 다시 말해, 이 구절이 지적하는 것은 거룩해야 할(하나님이 따로 구별해낸) 사람들이 왕 중심의 정치조직체가 되어버렸다는 사실입니다. 사람들이 정치권력을 신뢰하는 여부에 따라 분류되고 있습니다. 따라서 이 구절은 이 정치권력이 파괴될 시점을 가리키고 있으며, 그렇게 되면 정치권력을 신뢰했던 사람들이 크게 영향을 받을 것입니다. 하나님은 이스라엘 집을 체로 체질하듯 하시겠지만 알곡은 하나도 잃어버리지 않으실 것입니다.[5] 정치권력을 궁극적으로 신뢰하던 이들은 모두 그것이 자신들을 보호해주리라 믿었습니다.[6] 당시는 이스라엘에서 정치권력이 서서히 커져가고 있던 때이며 그와 더불어 하나님에 대한 예배가 파괴되고 있었음을 기억하십시오.[7]

두 번째 문제는 하나님이 바람의 도움을 받아 이스라엘 집을 체로 체질하듯 흔드는 이미지와 관련이 있습니다. 누가복음에서 세례 요한은 이와 동일한 이미지를 사용합니다. 하나님이 바람과 함께 찾아오실 것이고 밀을 까불러 알곡만 남기고 쭉정이는 날려버리실 것입니다. 이것은 바람이 등장하는 몇 안 되는 선지서의 구절 중 하나입니다. 따라서 세례 요한은 이 이미지를 아모스서에서 가져왔을 가능성이 높습니다. 세례 요한은 히브리어로 '요 아난*yo anan*'이라 부르는데, 하나님이 은혜를 베푸신다는 뜻입니다. 우리는 5장 4절에서 동일한 히브리어 단어를 만난 바 있습니다. 거기서 아모스는 이스라엘 백성에게 회개하라고 촉구하고 혹시 하나님이 은혜를 베푸실지도 모른다고 말합니다. 세례 요한의 이름에 '혹시'라는 단어가 붙은 것입니다. 누가복음에 나오는 그의 이름에는 '혹시'가 없습니다. 하나님이 은혜를 베푸십니다. 그런 일이 이루어졌습니다. 저는 세례 요한의 이름이 아모스서의 한 부분과 정확히 일치하는 것은 우연이 아니라고 믿습니다.

종말론적 관점에서 본 이스라엘

우리는 이제 아모스 9장 11-15절로 갑니다. 이 본문이 다윗의 무너진 장막에 대해 말하는 것은 다소 놀랍습니다. 아모스 당시만 해도 이스라엘 왕국과 유다 왕국 모두 성공을 누리고 성장하고 있었기 때문입니다. 우리는 그들의 경제적, 정치적 성공에 대해 살펴보았고, 그로 인해 생겨난 부유한 엘리트 집단이 아모스의 끝없는 비판의 대상이 된 것도 보았습니다. 다윗 왕조가 이렇듯 성공을 거둔 시절도 없었습니다. 하지만 이 본문은 과거를 다시 언급하는데, 당시엔 원수지간이었던 유다와 이스라엘이 분열되기 전의 과거를 말합니다. 하나님의 백성의 이런 갈라짐은 대부분의 선지자들에게 그렇듯 아모스에게도 최악의 추문이자 악의 상징(이사야의 경우)이었습니다. 우리 그리스도인들은 오늘날 기독교계에서 볼 수 있는 온갖 분열의 의미에 대해 반성해야 할 것입니다.

우리는 11절에서 벌써 하나의 약속을 만납니다. 이 약속은 이 대목 전체에 걸쳐서 펼쳐집니다. 장막이 일으켜지고, 갈라진 곳이 메워지고, 허물어진 곳이 다시 세워질 거라는 내용입니다. 이 대목은 더 이상 역사적 성격을 지닌 본문이 아닙니다. 그리고 나머지 구절들은 이 대목의 종말론적 성격을 더욱 확실하게 해줍니다. 이제까지 아모스는 그의 사회에서 벌어지는 일을 가지고 현재를 혹독하게 비판하여 파멸을 선포했습니다. 그러나 여기서부터는 하나의 약속과 그 최종결과인 하나님나라에 대해 말합니다. 우리는 종말론적 약속을 미래의 어느 시점에서 벌어질 일로 해석하는 습관이 있습니다. 하지만 종말론적인 이 하나님나라는 오늘을 위한 약속이라는 의미에서 현재적입니다. 다시 말해, 이 약속은 나중에 가서야 이루어지겠지만 우리는 바로 오늘, 이 약속에 의거해서 행동해야 합니다. 영속적인 것 또는 종말론적인 것을 일시적인 현재 속으로 끌어들여야 합니다. 이 약속은 하나님의 백성에게 주어진 것이기는 하지만, 예수 그리스도를 통해 모든 사람을 위한 약속이 될 것입니다. 바로 그분이 보편적 화해를 선언하십니다.

이 약속의 전 세계적 확장과 일반화는 12절에서 볼 수 있습니다. "에돔의 남은 자와 내 이름으로 일컬을 모든 나라"를 재통합시키는 것입니다(일부 번역처럼 '차지하게 하는 것'이 아닙니다). 그들은 모두 다윗의 집으로 재통합될 것입니다. 에돔을 구성하는 이들은 에서의 자손들인데, 에서가 저주를 받은 이유는 그와 그의 후손들이 하나님과의 언약에 관심이 없었기 때문입니다. 이 모든 일은 에서가 자신의 장자권을 그에 따르는 하나님의 약속 및 축복과 함께 팔아버리면서 시작되었습니다. 에돔은 하나님의 약속을 거부한 사람들을 상징합니다.

에돔의 남은 자들은 야곱의 집에서 하나님의 선택된 백성과 재통합될 것입니다. 하나님의 약속을 거부했던 모든 이교도들 중에서도 남은 자들이 있을 것입니다. 하나님의 이름이 불렸던 모든 나라에서도 같은 일이 있을 것입니다. 다시 말해, 약속이 모두에게 활짝 열린 것입니다. 하나님의 이름이 불린 곳이라면 어디든 남은 자가 있을 것이며, 그들은 야곱의 집에 추가될 것입니다. 이것은 보편적 구원의 선언에 해당합니다.[8]

13-15절에서 아모스는 레위기의 본문을 다시 진술하는데, 해당 본문은 성결법전(레 17:1-26:2—옮긴이)으로 불리는 내용 직후에 등장합니다. 이 법전은 열 장에 걸쳐 제시되면서 사회적, 정치적으로 완벽한 상태를 보장해줄 만한 법을 확립했습니다. 예를 들어, 이 법전은 7년마다 한 해씩 쉬고 경작되지 않을 권리를 땅에 부여했습니다. 또한 49년째 되는 해를 희년으로 정하여 모든 빚을 탕감하고 모든 노예를 풀어주도록 명했습니다. 심지어 이 법전은 하나님의 백성에게 노예들을 도로 사서 자유롭게 풀어주어야 할 영적 의무까지 부과했습니다. 그들은 가난한 사람들을 부양해야 했고, 이방인들을 보호하고 지원해야 했으며, 누군가가 경제적으로 어려울

때 부득이하게 팔았던 부동산을 되살 수 있게 해야 했습니다. 마지막의 경우에는 부동산을 샀던 사람이 누구든 원래의 소유주가 원하는 경우 그것을 도로 팔아야 할 의무가 있었습니다. 이것들은 하나님의 백성을 구별하기 위한 '성결법전'에 포함된 여러 규정 중 일부에 불과합니다. 이 법전은 아모스가 예언을 마치면서 제시한 것과 같은 약속으로 끝나고 있습니다. 결국, 그는 이스라엘 백성이 이 법전의 규정들을 더 이상 존중하지 않는 것을 꾸짖고 있는 것입니다.

이 종말론적 약속을 해석할 때는 두 가지 오류를 피해야 합니다. 첫 번째는 유대 민족을 풍부하고 달콤한 포도주, 과일, 새로운 도시가 상징하는 물질적 행복에만 관심을 가진 사람들로 판단하는 것입니다. 본문 안에는 정의, 낙원, 하나님나라 같은 것들에 대한 언급이 없으니까요. 유대 민족이 매우 실용적이고 현실적인 경향이 있는 것은 사실이지만, 그렇다고 해서 이 구절들의 영적 가치와 중요성이 줄어드는 것은 아닙니다. 이 점은 곧 살펴볼 것입니다.

두 번째 오류는 이 종말론적 약속이 풍요롭고 행복하고 정의로운 사회를 통해 실현될 것이라고 결론을 내리는 일입니다. 이것은 그런 사회의 본질이 하나님나라를 이 땅에 세우는 일이라는 뜻이 됩니다. 만약 그렇다면, 하나님이 그분의 나라를 세우실 때까지 기다릴 이유가 무엇입니까? 우리가 당장 해버리는 게 나을 것입니다. 아닌 게 아니라, 하나님을 더 이상 믿지 않는 유대인들 사이에서 이런 해석을 흔히 볼 수 있습니다. 그들이 이 약속을 믿는다면, 그런 사회를 수립할 수 있는 온갖 활동을 벌이는 쪽으로 전념하겠지요. 기독교계에서도 이와 똑같은 것, 즉 천년왕국에 해당하는 좋은 사회를 만들어 하나님나라의 수립을 앞당기고자 하는 갈망을 볼 수 있습니다. 하지만 이 모두는 이 구절이 말하는 내용과 전혀 상관이 없습니다.

14절의 히브리어 본문도 상당히 주목할 만합니다. 이런 내용은 욥기 끝부분에서도 볼 수 있는데, 하나님은 욥이 잃어버렸던 모든 것을 그에게 되돌려주시지요.[9] 하나님이 욥에게 모든 재난이 벌어지기 이전의 상황으로 회복시켜주셨다는 취지의 번역은 히브리어 원래의 의미를 전달하지 못합니다. 저는 슈라키Chouraqui의 번역만이 다음과 같은 진짜 의미를 전달했다고 봅니다. '영원하신 분이 욥에게 존재하지 않게 되었던 것을 가져다주셨다.'[10] 여기 나오는 히브리어 동사는 프랑스어나 영어로 번역이 불가능합니다. 하나님은 이스라엘에 대해서도 같은 일을 하실 것입니다. 하나님이 이스라엘의 소유를 모두 되찾아주시고 사로잡혀간 자들을 되돌려 보내실 거라는 취지의 번역은 히브리어 원문이 말하는 바를 무시한 것입니다. 이스라엘 백성은 존재하지 않게 되었고, 존재하지 않게 되었던 것을 하나님이 되돌려주실 거라는 것이 원문의 의미입니다.

이 약속에는 곡식과 포도를 저절로 내던 땅의 능력이 포함되어 있습니다. "그때에는 곡식을 거두자마자 밭을 갈고 씨를 뿌리자마자 포도주를 만들기 위해 포도를 밟을 것이다"(14절, 우리말성경). 이것이 뜻하는 바는 땅이 가시와 엉겅퀴를 낼 거라고 선포했던 아담의 저주가 끝났다는 것입니다.[11] 땅은 다시 한 번 열매를 맺을 것입니다.

이스라엘 백성은 다시는 그들의 자리에서 쫓겨나지 않고, 그들의 땅에서 뿌리 뽑히지 않을 거라는 약속도 받습니다. 이 약속도 종말론적인 것이기에, 유대 민족이 약속의 땅으로 돌아가는 것뿐 아니라 에덴으로의 귀환까지 의미합니다.[12] 이 일이 일어날 때 이스라엘이 에돔 및 다른 모든 민족과 이어져 있다면, 이것은 하나님이 모든 인류를 에덴의 기쁨과 평화 속으로 불러들이신다는 뜻입니다. 그들이 다시는 그들의 땅에서 뿌리 뽑히지 않을 거라는 말은 인류가 다시는 이 새 에덴, 하나님나라에서 쫓겨나지 않을 거라는 뜻이 됩니다. 이것은 아모스서의 마지막 문구로 한 번 더 확증되는데, 흔히 '주 너의 하나님이 말씀하신다'로 새기는 번역은 그 의미를 제대로 담아내지 못합니다. '너의 하나님'은 히브리어 '엘로헤카*elohekah*'에서 나옵니다. 성경에 드물게 등장하는 이 단어의 실제 의미는 '나는 너희에게 자신을 내어주는 하나님이다'라는 뜻입니다. '나는 주 너의 하나님이다'보다 훨씬 깊고 넓은 의미를 담고 있지요. '나는 주 너의 하나님이다'는 자신을 계시하신 하나님이 우리를 다스리신다는 의미이지만, '엘로헤카'라는 히브리어 표현의 원래 의미는 하나님이 우리에게 자신을 주시고 그로 인해 우리에게 속하신다고 말함으로써 그보다 더욱 멀리 나갑니다. 이것은 우리가 그분의 백성이라는 선포와 정확히 대응합니다.

저는 성경의 특정 본문을 해당 본문이 실린 책의 전체 메시지에서 분리시켜서는 안 된다고 자주 경고했습니다. 아모스서를 공부해오면서 우리는 아모스서 내용의 가혹함과 엄격함을 경험했습니다. 하지만 아모스서는 이스라엘의 모든 사람이 에덴에서 하나가 되는 것으로 끝나는데, 그곳에서 자연은 인류와 다시 화해합니다. 다시 한 번, 우리는 이전까지의 모든 위협 및 심판과 정반대되는 종말론적 약속으로 끝나는 텍스트를 만났습니다. 우리는 예수님의 설교에서도 이것을 봅니다. 일부 역사가들은 아모스서의 내용 대부분과 결론부의 이런 대조를 바탕으로 이 둘이 한 저자에게서 나왔을 리 없다는 결론을 내렸습니다. 그래서 마지막 부분은 아모스서를 해피엔딩으로 끝내려고 누군가가 덧붙인 거라는 가설이 제기되었습니다. 그러나 이 텍스트의 심오하고 깊은 통일성을 고려할 때 그 모든 것은 허튼소리임이 틀림없습니다.

결론부는 세 단계로 전개되었습니다. 7절에서 '이스라엘 자손들', 9절에는 '이스라엘 집안', 14절에서는 '내 백성 이스라엘'을 거론합니다. 여기에는 분명한 진전이 있습니다. 자연적 관점에서 보면 이스라엘의 자손들이 있고, 역사적 관점에서 보면 이스라엘 집안이 있으며, 영적 관점(하나님과의 인격적 관계의 관점)에서 볼 때 '내 백성 이스라엘'이 있습니다. 게다가 이 본문은 노아와의 언약, 아브라함과의 언약, 모세와의 언약, 이 세 언약에 내재하는 통일성을 이해하기 위한 열쇠를 제공합니다. 아모스는 하나님이 노아와 맺으신 언약을 모든 사람들에게 선포하는 것이 유대 민족의 사명이라고 생각합니다. 그들이 그것을 거부할 때, 하나님은 그들을 완전히 뒤흔들어 마침내 남은 자들밖에 없게 하기로 하십니다. 역사적 관점에서 보면 하나님은 이스라엘 집안을 향해 역사적으로 어떻게 존재할지, 하나님과 함께할지 그분 없이 존재할지 선택하라고 말씀하십니다. 그들이 하나님 없는 존재 방식을 선택한다면, 아모스가 선포한 예언이 이루어지고 원수들이 이스라엘을 파괴할 것입니다. 영적 관점에서 보면, 하나님은 그분의 백성에게 존재하지 않게 된 것을 회복시켜주실 것이고, 그들의 하나님이 되실 것입니다. 하나님을 섬기도록 선택된 그분의 백성이 설령 거부한다 해도, 하나님과 그분의 백성의 온전한 교제는 회복되고야 말 것입니다. 우리는 주의 날을 맞이하는 것이 집에 들어가 벽에 손을 대었다가 뱀에게 물리는 상황, 사자를 피하다가 곰을 만나는 상황과 같다는, 아모스서의 다른 예언도 떠올리게 됩니다(5:18-20). 영적인 관점에서 본 내용과 이 예언에 따르면, 하나님은 이스라엘과 그들을 통해 선택받고 그들 안에서 환영받은 모든 사람들을 함께 품으시고 누구도 달아나게 두지 않으십니다.[13] 그리고 이 모든 것 배후에는 이스라엘 최후의 궁극적 남은 자이신 예수 그리스도께서 계십니다. 그분은 아모스서의 결론에 등장하는 모든 인간을 위한 종말론적 약속의 확증이십니다. 사람들이 어디로 달아나건, 그곳이 자연이건 역사건 정치건 이데올로기건, 그들은 한 분 안에서 단번에 완전히 모두 포함될 것입니다. 그분에 대해 "이 사람이로다"(요 19:5)라고 기록된 바 있습니다. 그분 안에서 모든 사람이 포함됩니다. 이것이 우리의 역사입니다. 저는 그리스도인으로서 우리가 주위 사람들에게 이것을 전하도록 부름 받았고, 이것이 예나 지금이나 이스라엘의 소명이라고 믿습니다. 우리는 이 본문에 별다른 내용이 없는 것 같다는 첫인상이 사실과 전혀 다름을 확인했습니다. 이 본문은 드고아의 목자, 뽕나무를 기르는 사람, 성령의 영감을 받은 선지자 아모스가 구사하는 어휘와 언어가 비범할 만큼 엄격하고 정확하다는 것을 보여줍니다.

여러분의 질문에 답해보겠습니다. 그리스도인들과 유대인들의 공통적 문제는 언제나 하나님께 받은 계시를 대대로 보존하는 것을 그들의 주된 사명이라고 여겼다는 데(그리고 지금도 그렇게 여긴다는 데) 있습니다. 이것은 상당한 정도까지 옳지만, 그러다 보니 이 공동체들이 하나님의 계시를 자신들의 소유로 여기게 되었습니다. 유대인들의 경우, 그 계시를 다른 이들과 나눌 필요를 별로 느끼지 못했습니다. 그중 어떤 이들은 다른 이들을 개종시키지 않는 것을 칭찬할 만한 일이라도 되는 것처럼 여겼습니다. 그에 반해 그리스도인들은 복음을 모든 민족과 나누려고 시도했지만, 그 일을 진행한 방식은 흔히 재앙이었습니다. 그들 역시 자신들이 진리를 소유했다고 생각했기 때문입니다. 이런 태도는 거저 받은 것을 거저 나누는 모습으로 이어지지 않습니다. 이런 태도는 그들이 구사한 수단에 반영되곤 했는데, 다른 사람들에게 믿지 않으면 지옥에 갈 거라든지, 저주를 받을 거라고 말하는 전략으로 나타났습니다. 모든 사람이 들어야 할 말은 무엇보다 하나님이 그들을 사랑하신다는 것입니다. 그러나 그리스도인들에 의해 복음은 사람들을 위협하는 메시지가 되었습니다. 이것이 대부분의 종교들이 하는 일입니다. 저는 지금 일반적인 이야기를 하고 있습니다. 소수의 예외들이 있었다는 사실은 저도 알고 있습니다.

처음에는, 하나님의 백성 사이에 늘 신실한 남은 자들이 있었습니다. 그러나 시간이 지나 대를 거듭할수록 이들의 수는 점점 줄어들었고 마침내 사라져서 예수 그리스도만이 유일한 남은 자가 된 지점에 이르렀습니다.

이 상황은 우리를 성경 읽기로 이끕니다. 저는 한 교회로서 성경을 읽는 것이 대단히 중요하다고 믿습니다. 모든 시대마다 복음이 당대에 의미하는 바가 무엇인지 자문해야 합니다. 영원한 신학 같은 것은 없습니다. 신학은 모든 시대가 서술해야 하고 우리 모두가 살아내는 진리가 되어야 합니다. 우리는 우리 시대의 맥락에 비추어 예수님이 어떻게 역사의 주축이 되셨는지 끊임없이 이해해야 합니다. 하나님은 오로지 예수님 안에서만 성육하셨고 그분을 통해서만 우리의 하나님이 되시며 우리는 그분의 백성이 됩니다. 전통적인 신학 어휘를 사용하자면, 오직 그분 안에만 신성과 인성의 두 본성이 있고 한쪽이 다른 한쪽을 지배하지 않고 연합되어 있습니다.

구약성경의 완성(주전 350년경)과 이른 복음서들(주후 30년경) 사이에는 하나님의 오랜 침묵이 있었습니다. 대략 400년의 이 기간 동안 다른 저작들도 있었지만 (개인적으로 말해) 이런 저작들은 별로 보탬이 되지 않는 것 같다는 것이 제 솔직한 느낌입니다. 정경으로 받아들여진 저작들과 그 외의 저작들 사이에는 너무나도 엄청난 질적 간격이 있어서 제가 볼 때는 오히려 다른 저작들이 정경의 가치를 확인해주는 것 같습니다. 같은 맥락에서, 바울이 바울서신을 쓴 기간 동안 도마복음 같은 다른 문서들도 나왔지만, 저의 결론은 동일합니다. 이스라엘에는 본질적으로 두 가지 정경목록이 있었습니다. 하나는 예루살렘에서 확정된 정경목록인데, 주로 개신교도들이 받아들입니다. 다른 정경목록은 알렉산드리아의 공동체가 확정했고, 주로 (다 그렇다고 할 수는 없지만) 가톨릭 신자들이 받아들입니다.

하나님이 침묵하셨던 시기가 있었습니다. 성경의 일부 저자들은 하나님이 고개를 돌리신 이 침묵을 무엇보다 두려워했습니다.

우리의 논의를 통해 히브리어 텍스트를 번역하기가 매우 어렵다는 사실이 분명히 드러났습니다. 말놀이뿐 아니라 다른 어려움들도 많습니다. 번역은 우선 본문을 설명할 수 있어야 합니다. 슈라키가 번역한 역본이 가능한 가장 충실한 직역이긴 하지만, 그 역본을 예배시간에 쓰기란 불가능한 정도는 아니라 해도 매우 어렵습니다. 소리 내어 읽기가 어렵기 때문입니다. 하지만 성경공부의 목적으로 쓰기에는 아주 유용합니다. 통상의 번역본 대부분은 히브리어 텍스트의 의미를 크게 약화시킨다는 문제점이 있습니다. 직역된 성경에 담긴 일부 아주 강한 표현에 충격을 받을 분도 계시겠지만, 그것은 원문에 들어 있는 내용입니다. 물론, 모든 번역이 특정한 신학적 입장을 본문에 부과하는 문제도 있습니다. 이 문제는 그동안 매우 흔했습니다.

On Being Rich and Poor

Jacques Ellul

야고보서

2

10. 야고보서 도입

이 서신서를 잠깐 훑어보기만 해도 전체가 윤리적 조언으로 되어 있다는 인상을 받을 것입니다. 마르틴 루터는 야고보서를 아무 내용이 없는 지푸라기 서신이라고 지적하면서 신약 정경으로 간주하지 않으려 했습니다. 더군다나 로마 가톨릭 교회에서는 이 서신서를 행위로 구원받는다는 신학의 근거로 사용하기도 했습니다. 야고보서를 지지한 사람들 중에는 제가 위대한 개신교 신학자의 한 사람으로 간주하는 키르케고르Kierkegaard가 있습니다. 그는 야고보서 전체에 대한 주석을 쓰지는 않았지만, 야고보서와 관련해서 가장 주목할 만한 내용을 기록했다고 봅니다.[1] 그 내용을 여기에 담자면 키르케고르의 사상에 대한 방대한 설명이 필요하므로 생략하지만, 야고보서를 이해하려는 사람들에게는 매우 기초적인 내용

이 될 것입니다.[2]

야고보서를 다룬 건실한 주석을 찾아보기가 쉽지 않습니다. 루이 시몽Louis Simon이 쓴 《지혜의 윤리*Une ethique de la sagesse*》[3]는 도발적이고 기발한 성격 때문에 '야고보가 논평한 시몽 서신'이라고 흔히들 불렸습니다. 하지만 이 주석은 야고보서를 윤리가 아니라 지혜에 대한 책으로 보고, 결정적이고 근본적인 다양한 주제들을 영적 관점에서 다루는 책으로 간주하는 면에서 장점이 있다고 생각합니다. 안타깝게도 그의 주해적 접근은 최악이어서, 먼저 본문을 세분한 다음 전혀 다른 내용으로 재조합합니다.

우리가 성경에서 흔히 볼 수 있는 부제들은 야고보서의 각 부분이 서로 명백한 관련성이 없다는 인상을 줍니다. 예를 들어, 루이 스공Louis Segond 번역본(프랑스어)은 '시험과 유혹', '말씀 실천하기', '차별과 편애', '행함 없는 믿음', '말의 절제', '지혜', '정욕을 자제하기', '악한 부자' 등의 부제를 달고 있습니다. 이런 부제는 조언을 길게 늘어놓은 목록 같은 인상을 줍니다. 그럼에도 나는 야고보서 본문을 자세히 읽어보면 그 모든 내용을 아우르는 심오한 논리가 드러난다고 믿습니다.

그리스 언어의 관점에서 보면 야고보서가 신약성경에서 가장 문학적이고 뛰어난 본문이라는 것이 그리스어 문법학자들의 공통된 견해라는 점이 이런 가능성을 암시합니다. 야고보서는 문체가 단절되는 부분이 없습니다. 다양한 출처에서 여러 요소를 가져다가 편집한 책과 달리, 그 문화에 정통한 한 저자가 기록한 듯합니다. 예를 들어, 키르케고르가 야고보서의 요지를 해석한 내용은 다음과 같이 간단하게 요약할 수 있습니다. "일상의 사건들로 시험을 받는 우리 존재는 기쁨의 대상이 되어야 한다." 일상에서 이런 기쁨을 경험하지 못하는 사람은 지혜가 부족합니다. 이 지혜는 그리스 사상의 지혜도 아니요, 유대 개념에 딱 들어맞지도 않습니다. 이 지혜는 이론적이거나 추상적이지 않고 굉장히 실제적이어서, 우리에게 믿음이 있는지 여부를 끊임없이 시험받기라도 하는 것처럼 인생을 살아가게 해줍니다. 따라서 우리에게 이 지혜가 부족하다면 달라고 요구해야 합니다. 가난과 부는 그리스도인의 믿음에 대한 가장 흔한 시험입니다.

따라서 야고보서의 저자가 예수님의 동생 야고보일 가능성은 매우 낮아 보입니다. 사복음서에 따르면, 야고보는 처음에는 다른 가족들처럼 예수님의 가르침을 믿지 않았지만 부활 이후에는 회심하여 예루살렘 교회의 지도자가 되었습니다. 이 전통적인 설명은 야고보서의 높은 문학적 수준을 설명해주지 못합니다. 그리스어가 아니라 아람어를 사용했을 예수님과 그 가족은 보잘것없는 가문의 출신이었기 때문입니다. 아마도 야고보서의 저자는 예수님을 따르는 사람 중 하나였을 것입니다. 일부 역사가들은 이 야고보가 그의 그리스어 실력 때문에 그리스 교회들에서 중요한 역할을 했을 것이라고 믿습니다. 동시에, 야고보서는 굉장히 유대적인 사고—예를 들면, 율법에 대한 견해—를 드러낸다고 여겨집니다. 대개 야고보서의 집필 시기는 예수님의 사후 30년 정도로 추정합니다. 이 연대가 맞다면, 야고보서는 신약성경에서 사복음서보다도 훨씬 후대에 기록된 가장 오래된 문헌에 해당합니다. 그럼에도 야고보서는

4세기에 이르러서야 정경에 포함되었는데, 부분적으로는 바울의 주요 신학과 배치된다는 이유에서였습니다. 바울은 행위보다 믿음을 강조하는 것처럼 보이는 반면, 야고보는 믿음보다 행위를 강조하는 것처럼 보였기 때문입니다. 이런 대조는 전혀 무의미하다는 것을 나중에 더 자세히 보여드리겠습니다.

11. 그리스도인의 삶에 대한 개관

모든 백성에게

첫 구절이 명시하듯이, 이 서신은 서로 흩어져 살던 열두 지파를 대상으로 합니다. 열두 지파를 언급했다는 점에서 나는 이 서신이 교회뿐 아니라 유대인까지, 곧 하나님의 모든 백성을 대상으로 할 가능성을 고려해보아야 한다고 믿습니다. 그렇다면 이는 흩어진 사람들에게 더 깊은 의미를 부여한다고 생각합니다.

한때 일부 역사학자들은 이것이 예루살렘 교회의 파괴와 해산과 연관이 있다고 해석했습니다. 그래서 (예루살렘 교회의 지도자였던) 야고보가 이제는 흩어진 예루살렘 교회 교인들에게 편지를 쓰고 있다는 것입니다. 그런가 하면, 야고보를 다른 사람으로 생각하는 역사학자들은 이 흩어짐이 첫 번째 박해의 결과라고 보기도 합니다. 개인적으로는 이런 주장들이 모두 핵심을 놓쳤다고 생각하는데, 야고보서 본문의 의미가 그런 실증주의적 역사 해석에 제한될 수 없기 때문입니다.

열두 지파는 유대 백성 전체를 대표합니다. 동시에, 이 서신은 동료 그리스도인 형제자매들에게 보내진 것입니다. 나는 야고보서 본문 자체가 그 점을 분명히 드러낸다고 믿습니다. 따라서 열두 지파는 분열되고 흩어진 하나님의 백성 전체를 가리킵니다. 이런 현실의 의미는 확실히 특정한 역사적 사건을 초월합니다. 이것은 하나님 백성의 영원한 특징을 가리킵니다. 곧, 이스라엘과 교회는 분열되어 있습니다. 유대 백성은 디아스포라로 흩어져 있습니다. 하나님의 교회는 여러 교회로 나뉘어 있습니다. 이 교회들은 흩어져 있습니다. 따라서 이 서신에는 보편적 특징이 담겨 있고, 흩어진 하나님의 백성을 늘, 영원히 대상으로 한다는 점을 깨닫는 것이 중요합니다. 우리는 야고보서에서, 이런 흩어짐에도 불구하고 교회가 존재하는 것을 볼 것입니다. 하나님의 창조하시는 말씀이 교회에 말씀하시기에 교회는 존재합니다.

두 번째로, 인사말을 담은 첫 절은 하나님과 주 예수 그리스도의 종 야고보의 자격을 언급합니다. 우리는 여기서 '종'이라는 용어의 심오한 의미를 다 파헤치지는 않으려 합니다. 종은 하나님이 부르신 사람, 하나님 대신 봉사하는 사람, 따라서 하나님을 대리하고 그분에게서 특정한 권위를 받은 사람입니다. 종이 절대권력을 대리한다고 해도, 그들 스스로는 아무런 권력이나 권위를 취하지 않습니다. 그러나 오늘날 교회의 종들은 봉사는 하지만 권위와 권력도 주장하는 사람들로 변질되어버렸습니다. 그들이 종의 지위와 성향을 취하는 경우는 드뭅니다. 하지만 성경에 나오는 종은 스스로를 전적으로 하나님의 손에 맡기고 권위와 권력을 전혀 주장하지 않습니다. 어떤 권위나 권력을 주장하면서 다른 방식으로 하나님을 대리하는 것은 참소자 사탄이 하는 일입니다. 예수님의 삶의 방식과 사탄이 예수님을 유혹하려 했던 방법의 차이는 이 점을 분명히 보여줍니다. 종 된 그리스도인들의 역할은 야고보서 후반부에서 다루게 될 것입니다.

야고보는 독자들에게 기뻐하라고 말하며 시작합니다. 이 부분을 흔히 '문안합니다Greetings'로 번역하는데, 그런 번역은 그리스어 본문을 제대로 다룬 것이 아닙니다. 2절은 다시 이 주제로 돌아갑니다.

우리의 됨됨이를 시험하는 인생

야고보서 1장 2-8절은 네 가지 주제를 다룹니다. 시험을 온전한 기쁨으로 여기라, 인내하라, 지혜를 구하라, 의심하지 말고 믿음으로 구하라. 우선, 2-4절에 나오는 첫 번째 주제부터 살펴보겠습니다.

(기뻐하라는) 첫인사에 곧바로 이어서 시험이나 시련을 온전한 기쁨으로 여기라는 하나님의 명령이 등장합니다. 이 서신을 쓸 당시에는 아직 박해가 시작되지 않았겠지만, 시험당할 때 기뻐하라는 것은 말이 되지 않는 것 같습니다. 시험에 이렇게 반응할 사람은

아무도 없을 것입니다. 이것은 관점의 변화를 암시합니다. 우리 자신의 관점이 아니라, 예수 그리스도의 관점에서 인생을 바라보는 것입니다. 믿음은 예수님을 우리 인생의 중심에 모신다는 의미입니다. 이것은 확실히 우리에게 자연스러운 일은 아닌데, 바로 그 점에서 기독교는 평범하거나 자연스러운 것과는 거리가 멉니다. 자연 법칙을 따르는 것이 기독교 신앙에 해당한다고 확신했던 때가 있었습니다. 하지만 이것은 완전히 틀린 말입니다. 신앙생활이란 자연스러운 것을 행하는 것과는 오히려 정반대입니다. 그 결과, 믿음으로 살아가려면 우리 일상의 모든 측면에서 일대 개혁이 필요합니다.[1]

어떻게 하나님은 우리에게 기뻐하라고 명령하실 수 있을까요? 이 질문은 하나님이 구약성경에서 계명을 주실 때 벌어진 일에 대한 흔한 오해를 다룹니다. 히브리인들이 보기에 계명은 명령이나 의무가 아닌 것이 확실합니다. 오히려 계명은 허용과 약속, 새로운 가능성을 열어주는 것입니다. 예를 들어, 살인하지 말라는 계명은 사람들이 남을 죽일 필요가 없어서 더 이상 서로 죽이지 않는 날이 오리라는 뜻이기도 합니다. 이런 이유로 이 계명은 종말론적 차원을 지닌 약속이요, 현재에도 그 가능성을 열어줍니다. 이와 비슷하게, 하나님과 이웃을 사랑하라는 계명도 명령으로만 해석하면 전혀 앞뒤가 맞지 않습니다. 명령한다고 해서 사랑하게 되지는 않으니까요. 첫 번째 큰 계명은 우리가 온 우주의 하나님께 말씀드릴 수 있는 허락을 받았고, 그것이 가능하며, 언젠가는 그분을 온전히 사랑할 수 있는 날이 오리라고 말해줍니다. 하나님이 우리에게 계명을 주실 때는 동시에 그분 말씀으로 그 일이 일어날 가능성을 만들고 계신 셈입니다. 즉, 새로운 시작을 열고 계신 것이지요. 우리가 창세기에서 보았듯이 하나님은 바로 그 말씀으로 세상을 창조하셨고, 요한복음 서두에서 보았듯이 그 말씀이 곧 사람이 되신 예수 그리스도이십니다.[2] 바로 그 말씀이 새로운 상황과 새로운 가능성을 만들기 위해 우리에게 말씀하시는 말씀입니다. 따라서 계명은 새로운 삶을 창조합니다. 이렇게 이해하면, 기뻐하라는 계명은 그런 가능성을 허락하고 마련해주는 것이라고 할 수 있습니다. 기뻐하는 게 자연스럽지 않은 상황에서도 우리는 기뻐할 수 있는 자유를 얻습니다. 이렇게 기뻐할 수 있는 이유는 무엇보다도, 우리가 예수님(인간이 되신 말씀)을 통해 우리를 용서하신 하나님을 알게 되기 때문입니다. 하나님이 우리에게 말씀하실 때 그분은 우리와 함께 계십니다. 다른 방법으로는 불가능한 일을 할 수 있는 능력을 주십니다. 그렇게 우리는 그분의 백성이 됩니다. 기뻐하라는 계명은 이 모든 내용을 암시합니다.

본문에서 말하는 시험은 믿음의 시험인데, 이 그리스어 본문에는 언어유희가 있습니다. 대개 '시험'으로 번역하는 그리스어 단어는 금속을 불로 제련하기 위해 두드리는 행위를 가리키기도 합니다. 금속을 제련하는 이 이미지는 당시 사람들에게 익숙해서 성경에 자주 등장하는데, 이 본문을 이해하는 데 꼭 필요합니다. 믿음의 시험은 우리 삶의 매순간을 시험으로 바꾸어놓습니다. 그 시험은 우리 믿음이 우리를 정결하게 하는지를 살핍니다. 믿음이 선과 생명을 낳을까요? 키르케고르는 내가 하나님의 자녀가 되는 것이 중요하느냐의 여부를 묻는 질문에 우리가 어떻게 답해야 하느냐고 물었습니다. '그렇다'고 대답하면, 우리는 일상의 문제들에 관심을 덜 가져야 합니다. 하나님께 속한 기쁨에 비하면 그 모든 문제는 무색해지기 때문입니다. 다른 모든 문제는 부차적인 것이 됩니다. 우리가 매순간 일상에서 하는 일은 우리가 하나님의 자녀인지를 묻는 질문에 대한 대답입니다. 우리 삶의 모든 것이 믿음의 시험이기에, 고난을 수반하는 사건들만 따로 생각할 일은 아닙니다. 행복과 부도 포함됩니다. 이것들도 우리 믿음을 시험할 것입니다.

믿음의 시험에는 우리가 예수 그리스도의 고난에 참여하는 것과 관련된 두 번째 의미도 있습니다. 성경에 나오는 믿음의 시험이 무슨 뜻인지 이해하는 것이 중요합니다. 사람들은 생명과 죽음이라는 '이중고'로 고통 받고 있습니다. 예수님은 우리가 있는 자리에서 우리를 만나기 위해 고난 받으셨습니다. 우리는 십자가형을 받고 죽으신 예수님을 만납니다. 인류가 고난 받는 한, 예수님도 고난 받으십니다. 계시록은 인류 역사 내내 예수님을 죽임당한 어린양으로 묘사하면서 이 점을 확실히 보여줍니다. 파스칼Pascal도 예수님이 세상 끝 날까지 십자가형을 받으신다고 말하여 이 점을 잘 표현했습니다. 예수님은 죽은 자들 가운데서 일어나 승천하여 하나님 오른편에 앉으셨지만, 우리가 그분을 만나는 곳이 바로 그 고난이기에 그분은 계속해서 십자가에 매달려 고난을 받으십니다. 성경도 우리가 그분의 고난에 참여한다고 말하는데, 거기서 그분을 만나는 기쁨이 있습니다. 고난 자체는 아무 가치도 없고 우리를 구원할 수도 없습니다. 고난에 무슨 유익이라도 있는 것처럼 의도적으로 고난을 찾아다니는 것도 다 헛됩니다. 고난의 유일한 가치와 의미는 우리가 거기서 예수 그리스도를 만나고 시험을 받고 정결해진다는 것입니다. 이 땅에서 고난을 받는다고 해서 천국에서 상이 쌓이지 않습니다.

믿음의 시험은 인내를 낳습니다. 여기서 '인내'로 번역한 그리스어 단어는 '참을성'으로 번역하기도 합니다. 하지만 이 단어는 수동성을 암시하기에 지나치게 약합니다. 인내는 체념하는 것이 아닙니다. 고난 받는 사람은 체념해야 한다고 가르치는 교회는 완전히 잘못되었습니다. 기뻐하라고 말하는 본문에서 그런 해석을 끌어내기는 어렵습니다. 더군다나, 고난을 받을 때 수동성과 체념을 지향하는 것은 야고보서와 성경과는 전혀 어울리지 않습니다. 고난에 체념하지 않고 맞서 싸운 욥에게서 이 점을 분명히 볼 수 있습니다. 욥은 친구들과의 지적 논쟁을 일축했습니다. 그는 고난 가운데 있었고, 그에게는 그것이 가장 중요했기 때문입니다. 따라서 그는 지적인 문제에서 실제적이고 실존적인 문제로 초점을 바꾸었습니다.

'인내'는 저항하고 지속하고 견딘다는 뜻이 있습니다. 성경 번역자와 주석가들은 자신의 배경에 따라 세 가지 성향을 강조했습니다. 첫째는 믿음의 인내입니다. 그리스도가 우리 안에서 하시는 일이 하룻밤 사이에 일어나지 않고 점진적이기 때문입니다. 회심이 완전한 전환으로 나타난다는 흔한 오해가 있습니다. 하지만 회심은 우리 믿음이 성장해가는 기나긴 과정의 시작에 불과합니다. 그 과정에는 끝이 없습니다. 우리에게 믿음이 있다고 말하는 것은 잘못된 표현입니다. 우리는 믿음을 소유할 수 없습니다. 오히려 믿음이 우리를 소유합니다. 바울이 지적하듯이, 우리 믿음은 아주 작을 수도 있고 클 수도 있지만, 그럼에도 그것은 믿음이고 우리는 그 믿음을 있는 그대로 존중하고 그 믿음이 무한히 성장하기를 기대해야 합니다. 따라서 믿음의 인내와 꾸준함이 필요한 과정이 있습니다. 이 모두는 시험이라는 방식으로 이루어지는데, 그 시험은 우리 삶을 끊임없이 정결하게 하여 새 생명을 드러내줍니다. 헤겔과 마르크스의 강력한 영향력을 반영하는 현대 프랑스어 어휘를 사용하자면, '시험'은 '위기'와 동의어입니다. 마치 과거에는 시험이 불로 제련하기 전에 금속을 두드리는 것과 동의어였듯이 말입니다. 이 두 개념은 하나로 수렴이 됩니다. 위기는 발전할 수 있는 상황으로 이어지고, 불은 금속을 시험하여 불순물을 제거합니다.

인내의 두 번째 성향은 2세기 순교자들의 인내를 가리키는 데 사용한 그리스어 단어에서 옵니다. 이 단어는 타협을 모르는 순교자들의 용기를 가리켰습니다. 당국은 그들에게 가부간에 대답하거나 뭔가를 하거나 대답해야 하는 구체적인 질문을 던졌는데, 그들은 대답 여하에 자신의 목숨이 달려 있는 것을 빤히 알고 있었습니다. 여기서 인내는 기존 체제에서 일반적인 것과의 결별을 선언하는 비타협적 태도와 반체제를 암시합니다.

인내의 세 번째 성향은 우리 존재가 시험을 받는 비폭력의 인내를 말합니다. 야고보서 성경 본문에서 계속해서 보겠지만, 모든 시험에서의 승리는 하나님의 승리입니다. 우리는 이 시험을 정복하거나 극복하려고 힘이나 폭력, 효율적인 수단을 동원할 필요가 없습니다. 하나님은 우리가 그 시험을 넘어설 수 있는 가능성을 열어 주셔서 우리에게 승리를 주십니다. 따라서 인내란 우리가 승리할 수 있는 수단을 하나님 손에 되돌려드린다는 뜻입니다. 우리는 믿음을 통한 승리의 확실성만 간직할 뿐입니다. 다시 말해, 우리는 권위나 지배, 권력을 사용하지 않는 종의 방식을 채택하고 하나님께 영광을 돌려드려야 합니다.

이 세 가지 성향의 인내는 우리 안에서 그 일을 완수해야 합니다. 인내는 믿음을 꾸준히 유지하고 발전시키는 일, 순교자의 저항의 일, 비폭력, 곧 압제 수단을 일절 거부하는 일입니다. 인내는 믿음과 우리 그리스도인의 존재의 발전을 낳을 것입니다. 인내는 우리 내면에서 일하여 우리를 성숙하고 온전하게 만듭니다. 하지만 인내는 우리가 달성할 수 있는 목표가 아니라, 우리 내면에서 일어나는 일입니다.

이제 본문은 지혜와 의심이라는 주제로 넘어갑니다. 나는 앞서 시몽이 자신의 야고보서 주석에 《지혜의 윤리》라는 제목을 붙인 데 주목한 바 있습니다.[3] 성경의 지혜는 철학자들이 말하는 내용과는 아무 상관이 없습니다. 성경의 지혜는 지적이거나 추상적이지 않고, 철저히 실용적입니다.[4] 성경의 지혜는 그리스도 안에서 받은 용서와 은혜가 우리 일상과 관계 맺는 방식을 다룹니다. 우리가 받은 용서, 우리가 받은 생명, 우리가 확신하는 약속은 보통 사람들이 일상을 사는 것과는 다른 방식으로 우리 삶에 접근해야 한다고 암시합니다. 우리는 가만히 앉아서 하나님이 오셔서 우리 문제를 해결해주시기를 기다려서는 안 됩니다. 인내해야 하는데, 지혜를 통해 인내할 수 있습니다. 우리는 하나님께 이 지혜를 구해야 합니다. 이 지혜는 우리 스스로 필요한 결정을 내릴 수 있게 해줍니다. 하나님은 우리를 대신하지 않으십니다. 그분은 일상의 어려움 가운데서 좋은 결정을 내림으로써 이 지혜를 통해 옳은 일을 할 수 있는 가능성을 우리에게 허락하십니다. 이것은 특정한 지적, 문화적 발전에서 비롯된 인간의 지혜가 아닙니다. 오히려 하나님이 주시는 선물입니다. 우리는 스스로 지혜가 부족하다고 느낄 때마다, 즉 현 상황을 이해하고 어떤 조치가 필요한지 결정할 능력이 없을 때마다 이 지혜를 구해야 합니다. 하나님은 누구든지 이 지혜를 구하는 자에게는 아낌없이 주실 것입니다. 어떤 수단을 강구한다 해도 이 지혜를 습득할 수는 없습니다. 온전히 하나님만이 자유로이 주시거나 거두실 수 있는 선물이지만, 우리는 이 선물을 약속받았습니다. 복음서는 지혜와 마찬가지인 성령을 구하라고 우리에게 권면합니다. 각각의 경우, 우리는 무엇보다도 하나님이 지혜를 주시는 분이라는 사실을 알고 일상의 난관에 정면으로 맞섭니다. 같은 내용을 달리 표현하면, 하나님은 사랑이십니다. 예수 그리스도가 하나님이 주시는 선물 중에서 가장 크고 완벽한 선물이요, 하나님이 주시는 모든 것의 보장이시기에 우리는 그 사실을 압니다.

본문은 하나님이 모든 사람에게 주신다고 말합니다. 의로운 사람과 불의한 사람을 구별하지 않으십니다. 하나님이 선인과 악인 모두에게 햇빛과 비를 내려주신다고 예수님이 말씀하실 때 뜻하신 바가 바로 이것입니다. 누구라도 하나님께 성령의 은사나 지혜의 선물을 구할 수 있습니다. 또한 본문은 하나님이 아낌없이 후히 주신다고 말합니다. 그런데 그리스어 본문은 '조건 없이, 더 생각할 것도 없이 바로'라는 뜻입니다. 말하자면, 하나님께는 구체적인 목적이나 의도가 없으십니다. 하나님이 은혜를 주시는 분이기에, 주거나 거두시는 데에 별다른 이유가 없습니다. 달린 조건도 없고, 비난도 없습니다. 감사를 기대하시지도 않습니다.

우리는 의심하지 말고 믿음으로 지혜의 선물을 구해야 합니다. 기도하면서 의심할 가능성이 있기는 합니다. 예를 들어, 우리는 하나님이 정말 계신지, 우리 기도를 정말 들으시는지, 우리가 구하는 것을 주실 능력이 정말 있으신지 궁금해 합니다. 대개 '의심'으로 번역하는 그리스어 동사는 공존할 수 없는 둘 사이에서 주저한다는 뜻입니다. 이것은 의심의 특징을 잘 포착한 훌륭한 정의입니다. 우리가 현실에서 목격하는 것과 하나님 말씀이 우리에게 사실로 믿으라고 요구하는 것이 모순될 때 의심이 생깁니다.[5] 동시에 둘 다 가질 수는 없습니다. 예를 들어, 하나님이 우리 기도를 듣지 않으신다고 느낄 수 있습니다. 하나님 말씀은 죽음을 이긴 생명의 승리를 말하지만, 우리에게 죽음이 닥칠 수 있습니다. 하나님 말씀은 우리가 구원받았다고 말하지만, 삶에서 별다른 변화를 실감하지 못할 수도 있습니다. 우리의 경험과 하나님 말씀이 똑같이 사실인 것처럼 살아갈 수는 없습니다. 흔히 신학에서는 그렇게 해석하기도 합니다만, 의심은 믿음의 반대가 아닙니다. 의심은 믿음을 배제하지 않습니다. 이 주제를 다룬 성경 말씀을 읽어보면, 이렇게 요약할 수 있을 것 같습니다. 믿음은 우리가 의심의 실재를 분별하게 해줍니다. 즉, 믿음이 있는 곳에만 의심이 있습니다. 너무 오랫동안 일부 신학자들은 의심이 있는 곳에는 믿음이 없다거나 믿음은 의심의 가능성을 차단한다고 주장했습니다. 이것은 불가능합니다. 믿음이 있는 곳에만 의심이 존재할 수 있기 때문입니다. 내가 믿음 가운데 살지 않는다면, 의심할 수도 없습니다. 하나님 말씀을 믿을 때에만 이 모순에 직면할 수 있습니다.[6]

믿음 때문에 나는 의심을 없애달라고 하나님께 기도할 수 있습니다. "주님, 내가 믿나이다. 나의 믿음 없는 것을 도와주소서." 의심은 믿음의 시험입니다. 의심이 믿음을 정제하고, 의심을 극복함으로써 믿음이 성장할 수 있습니다. 믿음은 이런 의심의 시험을 통해 인내를 낳습니다.

마지막으로, 지혜를 구하는 기도는 편안한 삶을 구하는 것이 아닙니다. 의심하는 자들은 두 마음을 품고 모든 일에 정함이 없다고 한 본문은 이 점을 분명히 합니다. 그들은 자신의 경험과 믿는 바, 그리고 일상이라는 현실과 믿음으로 진리라고 아는 것 사이에서 갈피를 잡지 못합니다. 하나님은 세상의 난관에 맞설 지혜를 주시지만, 그 어려움을 없애주시지는 않습니다. 그분은 시험을 통해 기쁨을 주시지만, 시험을 없애주시지는 않습니다. 우리는 어떻게든 이 시험을 피해 가기 원하지만, 하나님은 시험을 극복하고 넘어설 수 있는 수단을 마련해주십니다. 우리는 평화를 간구하지만 전쟁이 터집니다. 하지만 전쟁 가운데서 하나님이 우리 아버지 되심을 압니다. 건강을 간구하지만 죽음이 찾아옵니다. 하지만 이 죽음을 통해 영생으로 가는 것을 압니다. 그래서 의심하는 자들은 무슨 일이 벌어지는지를 이해하지 못합니다. 그들은 자기 뜻대로 인생을 살아가지 못하거나, 중언부언하는 기도로 기도 응답을 받지 못해 마음이 나뉠 것입니다. 그들은 자신이 맞닥뜨린 상황을 다루고 극복할 수 있게 해줄 지혜를 구하지 않습니다. 이것은 그들의 곤경과, 신앙과 의심의 관계를 드러내줍니다.

이것은 야고보서 본문이 어떻게 다양한 문제를 통합하는지 보여주는 첫 번째 예시입니다. 야고보서는 단순히 윤리적 조언을 해주는 데서 그치지 않고, 훨씬 더 깊이 있고 풍요로운 의미를 담고 있습니다.

돈의 시험

이 본문(약 1:9-15)은 돈의 문제를 다루는데, 부와 가난 모두를 시험이자 유혹과 탐욕의 문제로 여깁니다. 시험에 대한 가르침의 연속선상에 있으면서도, 새로운 내용이 추가됩니다.

돈 문제를 다루는 첫 두 절을 이해하려면 이 문제에 대한 근본적인 성경의 가르침 세 가지를 다시 떠올리는 것이 필수입니다.[7] 먼저, 성경에서 돈은 늘 우리가 신성시하는, 즉 신에게 하듯 떠받드는 세상 권력입니다. 다시 말해, 돈은 단순한 경제 도구에 불과하지 않습니다. 우리가 신성시하는 권력이지요. 예수님은 가끔씩 돈을 마귀나 권력으로 언급하시지만, 한 가지로 못 박아 말씀하신 적은 없습니다. 둘째, 돈은 양도는 물론, 매매의 상징입니다. 성경에서 돈에 이토록 큰 관심을 기울이는 까닭은 그것이 무상無償의 반대, 곧 은혜의 반대를 표시하기 때문입니다. 모든 것에는 가격이 있고 공짜는 없습니다. 그런데 하나님이 하신 모든 행동은 모든 것이 거저라고 말합니다. 다시 말해, 하나님의 법칙은 은혜의 법칙이지만, 돈의 법칙은 매매의 법칙입니다. 셋째, 성경은 돈이 하나님께 속했고 따라서 우리는 돈을 소유할 수 없다고 말합니다. 우리는 우리가 만든 이 경제 도구의 주인이라고 믿을지 몰라도, 돈은 우리 것도 맘몬의 것도 아닌 하나님의 것입니다. 돈의 권력을 꺾을 수 있는 유일한 방법은 베풂을 통해 돈을 하나님의 은혜의 법칙에 맡겨드리는 것입니다.

9절에서 11절 내용은 돈을 시험으로 보는 관점에서 비롯됩니다. 부자로 사는 것과 마찬가지로 가난하게 사는 것에도 유혹이 따릅니다. 잠언 저자 중 한 사람의 기도를 인용하는 잠언 30장 8-9절을 보십시오. "나를 가난하게도 마옵시고 부하게도 마옵시고 오직 필요한 양식으로 나를 먹이시옵소서. 혹 내가 배불러서 하나님을 모른다 여호와가 누구냐 할까 하오며 혹 내가 가난하여 도둑질하고 내 하나님의 이름을 욕되게 할까 두려워함이니이다." 부자나 가난한 자가 빠지는 유혹은 어떤 면에서는 똑같습니다. 부자들은 얼마든지 자급자족할 수 있기 때문에 더 이상 하나님이 필요 없다고 생각하는 반면, 가난한 사람들은 도둑질하고 "내 하나님의 이름을 공격할 수 있습니다"(히브리어 직역). 이 본문이 사유재산의 보호를 다룬다는 항간의 설명은 전혀 말이 되지 않습니다. 이 본문은 사람들이 근근이 먹고사는 최저생활 수준의 경제라는 배경에서 이해해야 합니다. 따라서 누군가가 다른 사람 소유를 도둑질하면 그 사람의 생명을 공격하는 것과 같았습니다. 주전 8세기 팔레스타인 사회에서 여러분이 훔칠 만한 것은 최소한의 의식주에 해당하기에, 당시의 도둑질은 매우 결정적이고 근본적인 행동이라고 할 수 있습니다. 따라서 하나님의 이름을 욕되게 하는 것에는 이중 요소가 있습니다. 도둑질은 이웃에 피해를 주는 행동입니다. 이웃이 가난해지면 그 사람은 구약성경 전반에 나오는 것처럼 하나님을 저주하고 죽고 싶은 유혹을 받습니다. 다시 말해, 가난과 부는 이중 유혹을 나타냅니다.

본문은 가난한 사람들이 높아져서 스스로를 영화롭게 할 수 있다고 설명합니다. 이 말씀은 우리를 포함한 대부분의 사람들이 늘 믿어온 내용을 정면으로 반박합니다. 즉, 가난한 사람들이 자기 운명을 개선하려고 무슨 일이든 해서 가난을 멈출 수 있으며, 그것이 지극히 정상이라는 것입니다. 그렇다면 높아진다는 말은 도대체 무슨 뜻입니까? 성경에 나오는 가난은 다차원적이어서, 돈이 없는 상태뿐 아니라 사회적 지원이나 승인이 없는 상태를 가리키기도 합니다. 이는 사실상 가난한 자가 높아지는 문제가 아니라 예수님이 자신을 낮추시는 문제입니다. 빌립보서 2장은 예수님이 하나님이시기를 포기하고 인간이 되어 종의 역할을 맡아 저주와 십자가에 자신을 내어주셨다고 말합니다. 모든 것을 포기한 그분이야말로 가난의 본보기이십니다. 말하자면, 예수님은 이 차원에서 가난한 사람들을 만나십니다. 그래서 그들은 예수님의 차원으로 높아지는 것이지요. 다시 말해, 가난한 사람들은 돈이나 세상의 좋은 것들을 받아서 높아지는 것이 아닙니다. 예수님이 그들을 만나주시고 그들과 관계를 맺으십니다. 예수님은 하나님나라가 가난한 자들의 몫이라고 말씀하시는데, 그들이 높아진다고 하는 말씀은 이런 의미입니다. 성경에서 영화榮華는 훌륭한 사람이라는 자랑과는 아무 관계가 없다는 사실을 기억하십시오. 자신을 영화롭게 하는 것은 자신의 됨됨이를 드러낸다는 뜻입니다. 하나님을 영화롭게 하는 것은 누군가에게 하나님을 드러낸다는 뜻입니다. 성경에서 예수님이 하나님을 영화롭게 하신다고 말씀할 때는 예수님이 하나님이 어떤 분인지를 드러낸다는 뜻입니다. 같은 맥락에서, 성경에서 여자는 남자의 영광이라고 할 때도 여자가 남자가 어떤 사람인지를 드러낸다는 뜻입니다. 예수님이 우리가 있는 곳에서 우리를 만나주시기에, 우리가 누구인지 드러내주는 분은 바로 그분입니다. 또한 예수님은 하나님 앞에서 우리가 어떤 사람인지 드러내십니다. 그렇게 예수님은 우리 자리를 대신하신 변호인의 역할로 우리를 구원하십니다. 따라서 성경에서 가난한 사람들이 높아진다고 할 때는 그들이 다른 사람들보다 더 낫다는 뜻이 아니라, 예수 그리스도와 독특한 관계를 맺고 있다는 뜻입니다. 그들이 더 이상 가난하지 않게 되면 이 관계는 변합니다. 이 모두는 찬양과 예배로 하나님을 영화롭게 할 수 있다는 우리의 생각과는 천지차이입니다.

가난한 사람들이 높아져서 스스로 영화롭게 할 수 있다는 말은, 그들이 가난해진 예수 그리스도 때문에 낮아지지 않고 높아졌음을 인식함으로써 자신들의 존재를 드러낸다는 뜻입니다. 부자와 관련된 가르침은 정반대입니다. 10절과 11절은 부한 자는 낮아져서 스스로를 영화롭게 한다고 말하는데 이는 그들이 들꽃같이 사라지기 때문입니다. 그다음에 이어서 유명한 이사야 본문이 등장합니다. 야고보서에서는 부자가 부자라는 이유로 하나님께 감사할 수 없습니다. 이것이 부를 하나님이 주신 복으로 본 구약성경과의 중요한 차이점입니다. 이것은 나중에 개신교 청교도주의의 잘못된 근거로 변질되어, 부는 하나님이 부자들 삶에 내려주신 복의 증거가 되었습니다. 그들은 구약성경을 읽고 신약성경은 완전히 잊어버렸습니다.

부한 자가 낮아진다는 것은 무슨 뜻입니까? 저는 이 본문이 부자들에게 재산을 포기하고, 예수님이 마가복음 10장에서 젊은 부자에게 요구하신 것처럼 가난해지라고 요구하고 있다고 생각하는 사람들에게 동의하지 않습니다. 본문은 부자들에게 그런 식으로 자신을 낮추라고 말하지 않습니다. 오히려 그들이 행하는 일에서 쇠잔할 것이기에 그들의 존재가 낮아진다고 말합니다. 다시 말해, 부자들은 노력한 일에 실패하고 재산을 잃을 것입니다. 대부분의 사람들은 이 본문에 상당히 회의적으로 반응합니다. 대대손손 부를 누리는 가문들을 주변에서 많이 봤기 때문입니다. 그런데 본문은 부자 그리스도인과 가난한 그리스도인 모두에게 주시는 말씀입니다. 따라서 문제의 핵심은 그리스도인이 부자인 동시에 신자로 남을 수 있느냐 하는 것입니다. 본문에 따르면, 해가 돋으면 들꽃이 시드는 것처럼 시간이 흐르면서 부자들도 재산을 잃게 될 것입니다. 저는 결국 하나님이 그들의 부를 거둬 가시리라고 말할 수 있습니다(그렇게 말하면서 제가 본문을 그 방향으로 몰아붙이고 있다는 걸 압니다). 고위직에서 막강한 정치권력을 누리는 사람들도 마찬가지입니다. 그들도 그런 권력을 행사하는 동시에 신자로 남아 있기는 어렵습니다.

이것이 전부가 아닙니다. 부자가 낮아지는 데는 하나님이 주시는 말씀, 저주는 아니지만 경고의 말씀도 포함됩니다. 부자들은 하나님과 멀리 떨어져 있습니다. 그들이 예수 그리스도께 도달하려면 매우 긴 여정을 거쳐야 합니다. 이런 면에서 성탄절 이야기는 매우 의미심장하다고 생각합니다. 가난한 사람들을 대표하는 목동들은 예수님의 탄생 직후에 나타났지만, 동방박사들은 매우 긴 여정을 거쳐 도착했습니다. 마침내 도착한 동방박사들은 권력과 돈과 과학이라는 세 형태의 부를 상징하는 세 가지 선물을 드렸습니다. 긴 여정 끝에 자신들의 부를 포기한 셈입니다.

그럼에도, 부자들은 낮아지는 것으로 스스로를 영화롭게 해야 합니다. 그리스도인에게 어울리는 방식으로 관리하면 재산을 다 잃을 텐데, 어떻게 그것이 가능하겠습니까? 사실, 이 질문은 많은 전문 직업군에 똑같이 유효합니다. 우리는 1944년과 1945년에 (교수, 변호사, 의사, 은행가, 보험업자, 사업가를 포함하는) 전문가 집단을 조직하여 성경이 각자의 일에 대해 어떻게 말씀하는지를 면밀하게 연구했습니다. 배운 내용을 실천하려고 진지하게 노력한 사람들은 금세 난관에 봉착했습니다. 교수들에게는 큰 문제가 아니었지만, 변호사들의 경우는 달랐습니다. 불공정한 소송 사건을 변호해서는 안 된다는 뜻이니까요. 이것은 우리 모두에게 의문을 제기했습니다. 직장에서 그리스도인답게 사는 것은 거의 불가능했습니다.

하지만 저는 하나님이 우리를 위해 하신 일 가운데서 우리를 영화롭게 하는 것이 가능하다고 믿습니다. 하나님이 우리에게 얼굴을 향하셨기 때문입니다. 부자들에게는 재산이 많았지만, 하나님은 그들에게 말씀하시려고 그들을 주목하셨습니다. 이렇게 부자들은 비록 실패와 정죄의 말, 그게 아니라면 노골적인 거부를 당할지라도, 낮아져서 스스로를 영화롭게 할 수 있습니다. 이것은 그런 상황에서 자신이 어떤 사람인지를 드러내는 문제입니다. 하나님이 그들에게 의문을 제기하고, 그들의 실패를 선언하고, 그들을 정죄하실 때, 그러니까 그냥 듣고 견디기는 힘든 그런 말을 들을 때도 그 말씀은 여전히 하나님의 말씀입니까? 하나님이 우리에게 더 이상 말씀하시지 않는 때야말로 가장 끔찍한 상황이라는 것을 기억할 때에야 비로소 이 질문을 이해할 수 있습니다. 하나님이 침묵하시는 상황은 우리에게 분노하거나 정죄하시는 경우보다 훨씬 더 심각합니다. 구약성경에서는 사람들이 계속해서 하나님께 그 얼굴을 돌리지 말아달라고 간구하는데, 그것이 정말로 견디기 힘든 일이었기 때문입니다. 따라서 하나님이 저주의 말씀을 하시는 이런 종류의 본문은 하나님이 부한 자들에게 얼굴을 향하신다는 뜻입니다. 하나님은 그들에게서 얼굴을 돌리시지 않았습니다. 오히려 그들에게 손을 내미시고, 부의 함정과 유혹을 경고하는 말씀으로 도와주십니다.

부유한 그리스도인들이 낮아져서 스스로를 영화롭게 해야 한다는 말씀을 보면 가인과 아벨 이야기가 떠오릅니다.[8] 하나님은 가인의 제물을 받지 않으신 다음, 그를 떠나시지 않았습니다. 오히려 왜 안색이 변했냐고 물으시며 말을 건네셨습니다. 이때 가인은 용기를 냈어야 했습니다. 하나님이 그의 제물은 받지 않으셨지만 계속 해서 그와 함께 계셨으니까요. 그런데 가인은 그 말이 듣기 거북했던 모양입니다. 가인이 동생 아벨을 죽이고 나서 하나님은 그를 찾아 끔찍한 저주를 선언하셨습니다. 가인은 그 벌이 너무 가혹하여 견디기 힘들다고 하나님께 간청했습니다. 그러자 하나님이 대답하시기를, 하나님이 그에게 표를 주실 것이고 그는 죽임을 면하게 될 거라고 하셨습니다. 다시 말해, 저주 받은 죄인 가인은 그럼에도 불구하고 하나님의 보호 아래 있었습니다. 그는 저주를 받았지만, 하나님은 그에게 은혜를 베푸셨습니다. 부자 그리스도인들도 마찬가지입니다.

자신에게 무엇이 부족한지 알고 싶어서 예수님을 찾아왔던 젊은이도 생각납니다. 예수님이 전 재산을 팔아 가난한 사람들에게 나누어주라고 하자, 그는 슬퍼하며 돌아갔습니다. 그는 불순종했지만, 예수님은 그를 사랑하셨습니다. 젊은이는 차마 자기 재산을 나누어주지는 못했지만, 그렇다고 버림받지는 않았습니다. 다시 말해, 부자들이 이런 식으로 낮아질 때는 하나님이 그들과 계속해서 함께 계시기에 스스로를 영화롭게 할 수 있습니다. 재산으로 자기 존재를 시험받는 것을 통해 하나님은 부자들을 만나시고 그들이 자기 재산에 소유되지 않게 도와주십니다. 부자들이 낮아지지 않고 자기 재산과 지위로 스스로를 영화롭게 한다면, 그들은 하나님이 더 이상 필요 없기 때문에 영원히 잃어버린 존재가 될 것입니다. 앞서 인용한 잠언 본문은 이 점을 매우 확실히 보여줍니다. 부자들이 권력(부의 힘)을 믿으면 하나님이 필요 없게 됩니다.

이 본문에서 야고보는 이사야 40장 6-8절을 인용합니다. 이사야는 부자들이 아니라 모든 인류에게 말합니다(모든 육체는 곧 시드는 풀이다). 저는 야고보가 이 본문을 인용함으로써 모든 인간은 이러저러하게 부자라는 점을 암시한다고 생각합니다. 누구나 어느 면에서는 부자입니다. 우리는 자신의 가난을 살피기 전에 이 점을 염두에 두어야 합니다. 그러면 자신이 특히 불행하거나 불우하다고 느낄 때 감정에 휩쓸리는 것을 피할 수 있습니다.

가난한 자들에게 분수를 지키라는 뜻으로 이 본문을 사용할 때는 세 가지에 주의해야 합니다. 첫째, 이런 생각은 로마 제국 부유층에서 비롯되지 않았습니다. 오히려 가난한 사람들과 노예들 사이에서 비롯된 사고방식을 대변합니다. 요즘도 흔히 그렇지만, 부자 교회들에서 이 말씀을 사용하여 가난한 사람들을 통제하려 했던 17세기와 18세기에 이런 주장이 시작되었습니다. 하지만 본문이 기록된 당시에는 이런 종류의 비평은 전혀 사실과 거리가 멀었을 겁니다.

둘째, 우리가 설명한 이 본문은 그리스도인들에게 주신 말씀입니다. 이 말씀은 단순히 부의 사회경제적 문제를 다루지 않습니다. 부자 그리스도인과 가난한 그리스도인을 모두 다룹니다. 이 말씀은 믿는 그리스도인들에게 주시는 가르침이지, 사회 운동으로 추론할 수 없습니다. 그런 추론은 성경적 사고와 정반대이기 때문입니다.

셋째, 그리스도인들이 이런 본문이 부를 정당화하고 인민의 아편 역할을 할 수 있다고 생각한다면, 우리가 삶의 물질적 조건을 가장 중요하게 고려한다는 점을 드러내는 것이 아니겠습니까? 사회적, 정치적 질문이 영적 진리나 윤리적 행위보다 훨씬 더 중요하다고 생각한다는 점을 드러내는 것이 아니겠습니까? 본문을 이렇게 해석하고 판단한다면, 우리는 오늘날 모든 사람이 이런 식으로 생각하고 그것을 자명하게 받아들이게 만드는 무의식적이고 물질적인 전제에 항복하는 것입니다. 우리는 인생에서 돈의 소유 여부가 전부이고, 그것이 나머지 모든 문제를 결정한다는 입장을 취합니다. 하지만 성경은 돈이 인생에서 가장 중요한 것은 아니라고, 정반대로 말합니다.

이 세 구절과 관련하여 제가 마지막으로 하고 싶은 말은, 이 메시지가 당시에 매우 시의적절했다는 점입니다. 이 메시지는 (이 서신이 기록된 당시를 기준으로) 성육신 교리로 발전할 진리에 부합합니다. 이 메시지는 하나님과 동등하고 모든 의미에서 부유하신 예수 그리스도가 모든 것을 포기하셨다고 주장했습니다. 이것이 성육신의 의미입니다. 예수님은 그분의 부와 권세, 지위, 결국엔 목숨까지 내려놓으셨습니다. 빌립보서 2장에서 바울이 묘사한 내용이 바로 이것입니다. 예수 그리스도는 인간이 되어 권세를 포기하셨고, 인간 중에서도 종이 되어 모든 권세를 포기하셨으며, 종이 되어서도 사형 선고를 받아들이셔서 마지막 남은 목숨까지 포기하셨습니다. 모든 권세를 박탈당하는 이 과정이 우리가 보는 이 본문에 나타나 있습니다. 이것은 결국 권세자와 부자들은 아무런 도움도 필요 없다고 한 구약성경 말씀과 일치합니다. 부자들에게는 그들을 부양해줄 하나님이 필요 없기에, 하나님은 부자들 가운데 계시지 않습니다. 아브라함에게 자신을 드러내신 하나님은 그래서 늘 가난한 사람들하고만 함께하십니다. 하나님은 단점과 약함, 가난이나 질병 때문에 전적으로 그분을 의지할 수밖에 없는 사람들 가운데 계십니다. 다른 곳에는 계시지 않습니다. 그래서 이 세 구절은 교회에 막대한 윤리적, 사회적 함의를 가지고 있습니다. 이 말씀은 구약성경과, 예수님이 어떤 분이셨는지에 대한 신약성경의 신학적 해석에 근거합니다.

이제 여러분의 질문에 답해보겠습니다. 성경에 나타난 돈의 중요성은 돈이 은혜의 정반대라는 사실에서 비롯됩니다. 돈은 모든 형태의 권력과 모든 형태의 지배, 모든 형태의 우월성을 상징하기도 합니다. 더군다나, 본문이 부자들에 대해 밝혀주는 내용은 돈이 많은 부자들에게만 국한되지 않습니다. 지성과 정치권력, 미모, 체력 등을 많이 가진 자들에게도 똑같이 적용할 수 있습니다. 성경에서 물질적인 부에 대해 말할 때는 이 모든 형태의 부도 포함합니다. 성경적 관점에서, 저는 이 점이 매우 중요하다고 믿습니다. 예를 들어, 솔로몬은 상상하기 힘든 어마어마한 부와 권력을 소유했습니다. 솔로몬의 통치기에 상황이 악화되자, 하나님은 그가 살아 있는 동안에는 그 부를 유지할 수 있을지 몰라도 후손들이 그 부를 물려받지는 못하리라고 경고하셨습니다.

마찬가지로, 이스라엘 왕들의 정치권력 행사도 대개 좋지 않은 결과를 낳았습니다.[9] 대체로 말하면, 그리스도인들이 정치권력을 잡았을 때도 별로 나을 바가 없었습니다. 그들도 비그리스도인을 포함한 모든 사람에게 자신들의 윤리적 가치관을 강요하기를 주저

하지 않았습니다. 프랑스에서 이런 행태는 샤를마뉴Charlemagne까지 거슬러 올라갑니다. 그는 색슨족을 대량 학살하고, 권력으로 위협하여 독일을 개종시켰습니다. 상대적으로 죄가 덜한 성 루이St. Louis조차 카타리파를 박해했습니다. 내게는 잔 다르크도 비극적인 경우입니다. 잔 다르크는 성자 같은 인물에다 신앙에 대해 좋은 말을 많이 남겼지만, 결과는 끔찍했습니다. 잔 다르크가 정말로 음성을 들었다면, 저는 이 문제에서만큼은 하나님의 정치를 이해하지 못하겠습니다. 프랑스 왕국이 영국인들 손에 넘어갔다면, 더 좋은 결과가 나왔을지도 모르겠습니다. 하나님이 거기서 실수하셨다고 믿지는 않기 때문에 어디선가 합선이 생긴 것이 틀림없습니다. 제2차 세계대전 이후로 프랑스에는 매우 신실한 정치인이 두 사람 있었지만(가톨릭 신자 한 명과 개신교 신자 한 명), 그들도 어리석은 일을 꽤나 저질렀습니다.[10]

그리스도인들이 권력을 조종할 때는 늘 결과가 좋지 않은 것 같습니다. 성경은 권력에 맞설 수 있는 유일한 힘은 무無권력이라고 말합니다. 하나님은 인류 역사 내내 인간과 함께하시면서 이 접근법을 택하십니다. 인간의 모든 권력은 하나님께, 곧 그분의 무권력에 속합니다. 고린도전서 1장이 도움이 될지도 모르겠습니다. "지혜 있는 자가 어디 있느냐? 선비가 어디 있느냐? 이 세대에 변론가가 어디 있느냐? 하나님께서 이 세상의 지혜를 미련하게 하신 것이 아니냐? 하나님의 지혜에 있어서는 이 세상이 자기 지혜로 하나님을 알지 못하므로 하나님께서 전도의 미련한 것으로 믿는 자들을 구원하시기를 기뻐하셨도다. 유대인은 표적을 구하고 헬라인은 지혜를 찾으나 우리는 십자가에 못 박힌 그리스도를 전하니 유대인에게는 거리끼는 것이요 이방인에게는 미련한 것이로되 … 그리스도는 하나님의 능력이요 하나님의 지혜니라"(고전 1:20-24). 다시 말해, 유대인들 보기에는 반종교적이고 신성모독인 것이 하나님의 능력입니다. 세상 사람들 지식으로는 미련한 것이 하나님의 지혜입니다. 하나님의 어리석음이 사람들보다 지혜롭기 때문입니다. 하나님이 선택하신 무권력은 인간의 권력에는 치명적입니다. 인간의 권력을 무너뜨리려면 권력을 '키우는' 것이 아니라 오히려 '줄여야' 합니다. 우리는 우리가 가진 모든 것을 준다 해도 사랑이 없으면 아무것도 아니라는 고린도전서 13장 말씀을 기억할 필요가 있습니다.

무권력의 길은 자신을 전적으로 하나님 손에 맡기고, 은혜를 주시는 그분의 결정에 의지하는 것입니다. 우리는 이 길을 못 견디는 것까지는 아니라도 몹시 힘들어 합니다. 그래서 돈이나 정치적 영향력, 능변 등 우리가 가진 어떤 권력이든 하나님 마음대로 사용하시도록 내어드림으로써 이 길을 피해 가려고 끊임없이 시도합니다. 하지만 하나님은 우리의 이런 시도를 번번이 거절하십니다. 우리는 독립성을 잃지 않으려고 어떻게든 하나님의 은혜를 의지하지 않을 방법과 수단을 늘 찾고 있습니다만, 성경은 이것이 얼마나 위험한지 경고합니다. 이렇게 우리는 앞서 창세기 앞부분과 하나님 나라 비유들을 살펴보면서 우리의 종 역할을 다룬 내용으로 돌아옵니다.[11]

성경에서 부는 모든 형태의 권력과 지위를 대표한다는 말을 염두에 두면, 사회적 고립이나 홀로 애도하는 것, 따돌림과 멸시 등과 비교할 때 약간의 돈을 소유할 가능성은 보잘것없는 일이 되고 맙니다. 저는 진짜 문제는 우리가 신뢰하는 대상이라고 말하고 싶습니다. 따라서 부와 관련해서는, 최후 심판 때에 결국 소멸할 권력과 지위를 우리가 궁극적으로 신뢰할 것이냐의 문제로 귀결합니다. 예수님은 우리 마음 있는 곳에 생명이 있다고 말씀하시면서 이 점을 지적하십니다.

나는 어떻게 해서 개신교가 자본주의의 길을 예비하게 되었는지 잘 이해가 되지 않았습니다. 물론 인간적, 역사적으로는 그 과정을 잘 알고 있습니다. 사람들은 술 취하지 않고 사치품에 낭비하지 않고 근검절약하면서 돈을 모으기 시작했습니다. 일부 사람들은 엄청난 자본을 축적하기도 했습니다. 개신교인들은 교회 건물을 포함한 그 어떤 것에도 돈을 사용하지 않는 매우 독특한 사람들이었습니다. 그런 행동이 자본주의 체제 발달의 근간이었고, 이 자본주의 체제는 은혜의 개념과 무언가를 거저 준다는 가능성을 철저히 지워버렸습니다. 모든 것이 사유화되고 돈으로 정해졌습니다. 개혁 과정이 악의적으로 왜곡되었습니다. 그러나 하나님의 은혜는 계시와 그 계시가 가져오는 소망 가운데 우리를 풍성하게 해줍니다. 그것은 이 소망을 공유하지 않는 사람들에게도 마찬가지여서, 우리는 이 본문의 중요성과 겸손하게 살아야 할 필요성으로 다시 돌아갑니다.

12-15절에는 세 가지 주요 주제가 나옵니다. 먼저, 예수 그리스도를 향한 우리의 사랑과 시험의 관계에서부터 시작합니다. 다음

으로는 하나님이 우리를 시험하시는지 여부를 묻는 질문이 등장합니다. 마지막으로, 매우 근본적인 탐욕의 문제를 다룹니다. 첫 번째 주제부터 시작하자면, 이 중 일부는 앞서 시험과 유혹에 대해 배운 내용과 겹치지만, 새로운 내용도 있습니다. 그 내용이 바로 예수 그리스도에 대한 우리의 사랑과, 시험을 견딜 수 있는 능력의 관계입니다. "시험을 참는 자는 복이 있나니 이는 시련을 견디어낸 자가 주께서 자기를 사랑하는 자들에게 약속하신 생명의 면류관을 얻을 것이기 때문이라"(12절). 우리가 유혹이나 시험을 견딜 수 있는 원동력은 어떤 힘이나 용기, 미덕, 태도, 교육이 아니라, 예수 그리스도의 사랑 때문입니다. 왜 그럴까요? 이것은 우리를 유혹하는 것보다 예수 그리스도를 더 사랑하느냐의 문제이기 때문입니다. 그 사랑 때문에 우리는 유혹을 거부할 수 있습니다. 다시 말해, 돈을 비롯한 모든 형태의 권력 문제는 궁극적으로 사랑의 문제입니다. 돈을 소유하려는 유혹이나 소유하지 않으려는 유혹을 견딜 수 있는 사람들은 예수 그리스도를 사랑하는 사람들입니다.

사랑은 우리가 사랑하는 대상과 우리를 하나로 묶어줍니다. 우리가 주님(야고보서 전체에서 이 호칭을 한 번도 사용하지 않은 점은 의미심장합니다)을 사랑하면, 죽음을 이기고 부활하셔서 죽음을 비롯한 모든 유혹을 극복하신 그분께 달라붙는 셈입니다. 승리하신 예수님은 생명의 면류관을 주십니다. 우리가 그분을 사랑하면 그분과 하나가 되고, 우리가 모든 유혹을 극복하도록 도와주십니다. 즉, 돈을 사랑하느냐 주님을 사랑하느냐 하는 것은 도덕성을 비롯한 그 어떤 율법주의와도 아무 관련이 없습니다. 사랑이 율법을 대체하고, 사랑으로 방향이 바뀌고, 사랑으로 우리는 유혹을 알아차리고 극복할 수 있습니다. 왜냐하면 모든 유혹은 우리가 사랑하는 대상이 무엇이냐는 질문을 대면하게 만들기 때문입니다. 우리는 누구(혹은 무엇)를 위해 삽니까? 돈을 위해 살지는 않습니까? 내가 가진 권력과 영향력을 위해 살지 않습니까? 아니면, 나는 예수 그리스도를 위해 삽니까? 시험은 이런저런 방식으로 우리 인생의 근본 가치관이 무엇인지 결정하게 만듭니다.

하나님과 예수 그리스도를 사랑하는 것은 어떤 윤리적, 영적 감정의 흐름을 따르는 것이 아닙니다. 유명 신학자가 세운 지적 이론도 아닙니다. 오히려 우리가 일상에서 겪는 어려움과, 시련 가운데서 인내하는 것과 관련이 있습니다. 하나님 사랑은 이 시험의 결과로, 우리가 정말로 사랑하는 대상이 누구 혹은 무엇인지 드러내줄 것입니다.

본문이 제기하는 두 번째 질문은 하나님이 시험을 허락하시는지 여부입니다. 야고보는 먼저, 우리를 시험하시는 하나님이 그 결과도 책임지신다는 흔한 변명을 제거합니다. 그 첫 번째 사례가 창세기에 나옵니다. 아담은 하나님이 주신 여자가 자기를 유혹하여 꾐에 넘어갔다고 하나님께 대답합니다. 하나님께 책임을 전가하려 했지요. 야고보는 하나님이 아무도 시험하시지 않는다고 주장하면서 이런 종류의 변명을 모두 무시합니다.

그런데 욥기 서두에는 하나님이 욥이 시험을 받게 허락하셨다는 내용이 나옵니다. 사탄(고소자)이 하나님 앞에 나타나 욥의 신실함과 경건에 의문을 제기합니다. 하나님이 그에게 많은 재산과 복을 주신 데 따른 결과라는 것입니다. 하나님은 사탄에게 욥의 재산을 다 빼앗아가되 그의 목숨만큼은 건드려서는 안 된다고 말씀하십니다. 그러니 하나님은 욥이 여러 시험을 받게 허락하신 셈입니다.

야고보서는 이 모든 사탄과 악령의 차원을 제거하고, 시험을 순전히 인간적인 현상으로 바라봅니다. 이 때문에 몇 가지 까다로운 신학적 문제가 발생합니다만, 그럼에도 하나님은 우리를 시험하시지 않는다는 분명한 메시지를 읽을 수 있습니다.[12] 야고보는 시험이 인간의 탐욕의 결과라고 분명히 말합니다. 무언가에 욕심을 낼 때 우리는 유혹을 받습니다. 욕심이 죄를 낳고 죄가 사망을 낳습니다. 탐욕이 인간의 삶에서 하는 역할에 관한 이 가르침은 성경에서 근본적이고 핵심적인 주제입니다.

탐욕은 욕구가 왜곡된 것입니다. 아담은 욕구를 지닌 인간으로 창조되었고, 이 욕구 자체는 악하지 않았습니다. 욕구는 하나님이 창조하신, 주변의 만물을 누리고 싶은 아담의 바람을 표현했습니다. 이렇게 욕구는 하나님이 아담에게 주신 자유의 요소였습니다. 아담은 이 욕구 때문에 다른 동물들과 여자에게 눈을 돌릴 수 있었고, 하와는 이 욕구 때문에 아담과 하나님께 눈을 돌릴 수 있었습니다. 어떤 의미에서 이 욕구는 하나님이 세상을 창조하신 열망과 같았습니다. 하나님은 세상을 창조하시기 원했고, 그 열망을 실행하셨습니다.

하나님과 아담의 관계가 어그러지고 난 후, 이 욕구는 전혀 다른 성격으로 변질되었습니다. 이 욕구는 하나님과 하나인 우주에 더 이상 꼭 필요한 요소가 아니었습니다. 노아와 맺은 언약에서 묘사하듯 이 욕구는 전혀 다른 것, 말하자면 권력욕의 표출이 되어버렸습니다. 탐욕은 더 많이 소유하고, 남을 지배하고, 자기 삶의 주인이 되려는 욕구입니다. 자기 삶의 주인이 되려는 욕구에는 자기 힘을 의지하고, 스스로 선을 유발하려는 태도가 포함됩니다. 힘을 소유하고 지배하려는 이런 의지가 사랑과 자유와는 정반대임을 이해하는 것이 관건입니다. 그래서 "탐내지 말라"는 계명이 십계명 맨 마지막에 등장합니다. 나머지 문제가 다 탐욕에 달려 있기 때문입니다. 사람들이 다른 신을 만들거나 도둑질하거나 살인하는 이유는 다른 것을 탐내기 때문입니다. 이 마지막 계명이 나머지 아홉 계명의 동기입니다. 성경 전체에서 탐욕은 인간 심연의 가장 깊은 곳에 자리하고 있다고 말합니다. 탐욕이 모든 것을 상품화합니다. 이기심을 낳습니다. 교만과 교만에 따른 모든 부차적 행동을 낳습니다. 우리가 예수 그리스도보다 다른 무언가를 더 사랑하기 때문에 이런 것들이 유혹을 일으킵니다. 그러면 우리는 하나님이 이런 유혹이 발생한 상황으로 우리를 유도하셨다고 주장하면서 변명하려 합니다. 그런데 하나님이 우리를 시험에 빠뜨리셨다고 말한다면 우리는 하나님께 죄를 돌리는 셈이고, 따라서 우리가 그분을 사랑하지 않고 신뢰하지 않는다는 사실을 드러내게 됩니다. 우리는 우리가 정말로 사랑하는 대상이 누구냐(무엇이냐) 하는 문제로 다시 돌아갑니다. 예수 그리스도와 우리의 권력과 부를 동시에 사랑할 수는 없습니다. 탐욕이 있으면 예수 그리스도를 사랑하지 않는 것입니다. 예수님을 사랑한다면 그분을 조종하려고 시도할 수 없습니다. 그것은 신학적 탐욕입니다. 예수 그리스도를 사랑하고 그분께 붙어서 하나가 된다면, 남의 것을 탐하거나 다른 사람을 지배하거나 부를 축적할 수 없습니다.

탐욕에 무제한으로 자유를 허락하면, 악한 결과를 낳고 하나님과 우리 이웃에 해를 끼치는 행동이 따릅니다. 우리가 주변 사람들에게 끼치는 해는 늘 권력과 지배욕, 곧 다른 사람을 소유하려는 탐욕에서 비롯됩니다. 본문에서 설명하듯이, 악은 사망을 낳습니다. 다시 말해, 탐욕은 내가 있는 곳, 곧 하나님과 분리된 내 상태를 드러냅니다. 하나님이 살아 계신 분이라면, 내 자리는 죽음을 뜻합니다. 야고보는 이 논리를 사용하여 우리의 개인적 책임을 밝힙니다. 유혹의 원인이 남이든 나 자신이든, 어디까지나 대인관계 차원이기에 인간적인 현상이라는 것입니다. 우리가 저지르는 악행의 원인을 하나님이나 사회, 가족이나 유전 탓으로 돌릴 수 없습니다. 모든 악행은 탐욕에서 자라납니다. 정신분석학적 접근법을 사용하여 탐욕의 일부 요인을 찾거나 탐욕이 인간 존재의 핵심이라는 사실을 밝힐 수 있을지는 몰라도, 그것은 야고보서가 묘사하는 과정을 확인해주는 데 불과합니다. 마지막으로, 이제 우리는 사탄이 욥을 고발한 것을 탐욕스런 행동으로, 하나님에 대한 욥의 태도는 의로운 사람의 가능성으로 해석할 수 있을 것 같습니다.

탐욕의 근본적 중요성은 성경 전체에 나타나 있는데 몇 가지만 예를 들겠습니다. 탐욕은 자기가 가진 것보다 늘 더 많이 소유하려는 의지를 가리킬 수 있습니다. 탐욕은 끊임없이 부족하다고 생각하는 부자들을 지배합니다. 왕들의 욕구는 늘 모든 사람을 지배하는 것이었습니다. 그런가 하면, 하나님 없이 우리 힘으로 인생을 살아갈 수 있다는 주장 역시 탐욕의 또 다른 표현입니다. 그런 사람들은 자기 자신 이외에는 아무 진리도 필요 없고, 자기 자신 이외에는 아무 선도 인정하지 않습니다. 흔히 이런 탐욕은 하나님을 판단하려는 욕구로 나타납니다. 하나님보다 더 큰 선이 있다고 전제하는 것입니다. 예를 들어, 우리가 하나님이 정의롭지 못하다고 주장하면, 하나님보다 더 큰 정의가 있어서 그것으로 그분을 판단할 수 있다고 암시하는 셈입니다. 그 기원은 스스로 선악을 판단하기 원했던 하와까지 거슬러 올라갑니다.[13] 이 모든 상황은 탐욕이 자기 존재를 드러낸 것입니다. 인간의 삶에서 탐욕이 차지하는 자리와 역할이 얼마나 중했던지, 십계명 마지막에서 이것을 다룹니다. 이는 탐욕이 가장 덜 중요하다는 표시가 아니라, 탐욕의 다양한 형태로 이해할 수 있는 다른 모든 계명을 요약하고 마무리하는 역할을 한다는 뜻입니다. 본문에서 표현한 대로, 탐욕은 죄를 낳고(문자적으로 동물이 새끼를 낳는 방식을 가리킵니다) 죄는 사망을 불러옵니다. 여기서 그리스어 본문에 쓰인 단어들은 잘 사용하지 않는 희귀한 단어들입니다. 여기 나오는 죽음은 아마도 신체적 죽음이 아니라 영적 죽음을 가리킬 텐데, 의미라고는 전혀 찾아볼 수 없는 아노미 때문에 삶이 부조리해진다는 의미가 아닐까 싶습니다.

본문은 이 과정을 전적으로 인간의 과정으로, 곧 하나님에게서 오지 않은 과정으로 묘사합니다. 우리가 탐욕을 완전히 장악할 수 있다는 암시는 없습니다만, 책임은 전적으로 우리에게 있습니다. 나는 가족과 유전, 교육, 가난, 불행 등을 탓하는 우리 사회에서 이 점이 매우 중요하다고 생각합니다. 사회적 설명이란 것이 늘 존재하지요. 그렇지만 '청소년 범죄 예방 클럽Club de Prevention'[14]에서 20년간 문제 청소년들을 돌본 내 개인의 경험으로 판단해보건대, 인간의 모든 태도는 악을 낳을 가능성이 있습니다. 이 아이들이 '불행한' 가정 출신이라는 것은 사실이 아닙니다. 오히려 그 반대라고 말하고 싶습니다. 많은 아이들이 지극히 평범한 가정에서 좋은 양육을 받았습니다.[15] 물론, 문제 행동에 영향을 미치는 요인들이 있기는 하지만, 그렇다고 해도 그것이 궁극적으로 이 본문에서 설명한 과정과 마음의 문제라는 점에는 변함이 없습니다.

새로운 삶의 시작

야고보서 1장 1-15절은 인간의 존재론적 특징이라고 할 만한 내용으로, 탐욕에 사로잡혀 시험을 당하는 그리스도인들의 일상을 다룹니다. 이런 관점에서, 이 본문은 다음에 이어질 내용의 서문 격이라고 할 수 있습니다. 우리 일상의 존재론적 상황으로 보건대, 어떤 종류의 그리스도인의 삶이 가능할 것인가? 이제부터는 이 윤리적 질문을 다룹니다.

나는 이 본문(약 1:16-21)이 다섯 가지 주제를 다룬다고 생각합니다. 도덕성과 그리스도인의 삶에 대한 서론, 말씀을 통한 새로운 탄생, 창조하는 말씀, 말씀 듣기, 말씀 실천. 이 본문을 관통하는 주제는 말씀입니다. 1장 16-18절에서 처음 세 주제를 다루고, 1장 19-21절에서 나머지 두 주제를 다룹니다.

온갖 좋은 은사(그리스어로는 '은혜')와 온전한 선물은 아버지께로부터 옵니다. 앞부분에서 야고보는 의도적으로 언어유희를 사용합니다. '은혜grace'는 우리가 받는 은혜와, 인생에서 행복한 것에 대한 모든 표현을 동시에 가리킵니다. 원래 그리스어 단어에는 두 가지 뜻이 다 들어 있습니다. 하나님이 주신 이 놀라운 은혜는 지금 우리를 구원하시는 것과 대략 일치합니다. '온전한 선물gift'이라는 표현에도 비슷한 언어유희가 사용됩니다. 이것은 우리에게 있는 재능과 우리가 살면서 무언가 받은 것들을 둘 다 가리킵니다. 이 모두는 하나님에게서 옵니다. 이 말씀이 암시하는 바는 하나님은 우리를 시험하시지도 않고, 우리가 탐욕 때문에 받는 유혹에도 책임이 없으시다는 것입니다. 오히려 하나님은 우리 삶에 온갖 좋은 것을 주시는 분입니다. 그래서 우리는 우리가 한 일로 자랑할 수 없습니다. 또한 이후에 이어지는 기독교 윤리를 온전히 은혜로만 살아낼 수 있다는 뜻이기도 합니다. 그리스도인의 삶은 선물입니다.

나는 수 세기 동안 계속된 끊임없는 논란, 곧 행위를 강조한 야고보와 은혜를 강조한 바울의 긴장을 해결할 수 있는 답이 여기에 있다고 믿습니다. 야고보는 은혜의 근본적인 중요성을 지적하면서 그리스도인의 삶에 대한 논의를 시작합니다. 그다음에는 은혜 이외의 다른 측면들을 언급하지만, 그 역시 하나님의 은혜와 함께 시작되는 것으로 보아야 합니다. 야고보는 우리가 하는 일로 선을 만들어낼 수 있다는 환상을 가져서는 안 된다고 경고합니다. 이 관점은 행위로 얻는 구원과 정반대입니다.

온갖 좋은 은사와 온전한 선물이 '빛들의 아버지'께로부터 내려오는데, 그분은 변함도 없으시고 회전하는 그림자도 없으십니다. '빛들의 아버지'는 빛, 특히 요한복음 서두에 나오는 빛을 떠올리게 합니다. 어둠이 없으면 빛도 없습니다. 우리는 빛이 어둠과 빛의 차이를 만든다고 말할 수 있습니다. 세상이 있어야 그리스도인의 삶도 존재할 수 있기에 이 차이는 야고보서의 핵심이라고 할 수 있습니다. 빛은 하나님과 분리된 이 세상과의 관계에서만 의미가 있습니다. 마찬가지로, 그리스도인의 삶도 세상과의 사이에서 거리감과 차이가 생깁니다. 다시 말해, 그리스도인들도 세상 속에 살면서 세상과 관계를 맺지 않는다면 특별한 의미가 없습니다.

본문은 하나님은 변함도 없으시고 회전하는 그림자도 없으시다고 덧붙입니다. 이 내용은 의심하는 자를 바람에 밀려 요동하는 바다 물결에 비유한 6절 말씀과 직결됩니다. 그들은 단호하지 못하고 매사에 일관성이 없으며, 바울이 묘사하듯 새로운 교리가 나올 때마다 거기에 휩쓸립니다. 여기서 우리는 14절과 15절에서 탐욕에 적용된 것과 동일한 개념을 볼 수 있는데, 그 특징은 모순과 끊임없는 변화입니다. 그와 반대로, '빛들의 아버지'는 변함도 없으시고 회전하는 그림자도 없으신 분으로 묘사합니다. 그분은 늘 동일하신 아버지이십니다.

전통적인 교회 신학에서 이 가르침은 하나님의 속성, 곧 그분의 불변성을 가리키는 철학 용어로 바뀌어버렸습니다. 영원성은 무엇으로도 바꾸거나 변형할 수 없는 일종의 견고한 장애물이 되어버렸습니다. 하나님의 이 불변성은 근본적인 신학 개념으로 자리 잡았습니다. 예를 들어, 이 개념은 칼뱅의 저작과, 더 좁게는 루터의 글에서도 찾아볼 수 있습니다. 그 덕에 사람들은 꿈쩍하지 않는 하나님을 만나게 되었습니다.

이런 하나님을 상상하는 것이 솔깃하기는 하지만, 성경적 하나님과는 정반대입니다. 성경의 하나님은 움직이시지 않는 분이 아닙니다. 그런 생각은 그리스 신들의 성격학을 하나님께 투영한 결과였습니다. 오히려, 성경의 하나님은 역사에 존재하실 뿐 아니라, 인류 역사에 개입하고 그 백성을 쫓아다니십니다. 성경은 하나님이 후회하시고 결정하시고 오가시는 등 많은 일을 하신다고 말합니다. 이런 표현이 난해한 신학 문제들을 불러일으키지 않는다는 말이 아닙니다. 유대 백성과 예수님의 경험은 역사와 사람들의 삶에 섞여 들어가신 하나님을 확인해줍니다. 하나님은 교수법을 바꾸십니다. 뭔가를 시도하시고, 실패하면 결정을 뒤집기도 하십니다. 이 모두를 감안하면 불변하시는 하나님이라고 보기 힘듭니다. 어찌 됐든 우리는 이것이 하나님의 전체 모습인지, 우리와 함께 계시고 우리 개인과 공동체의 삶을 쫓아다니시며 유대 백성과 교회와의 관계를 끊임없이 새롭게 하시면서도 우리와 개인적으로 함께 하시는 분이 드러내신 일면인지 알 수 없습니다. 하나님이 그분의 계시에 모든 것을 다 드러내시는지, 우리가 아는 하나님 이외의 다른 모습이 더 있는지도 우리는 알 수 없습니다. 이와 관련해서 두 가지 해석이 있습니다. 어떤 사람들은 하나님이 역사 가운데 모든 것을 계시하셨다고 믿습니다. 하나님은 이스라엘 백성에게 주신 성경과 예수 그리스도 가운데 온전히 계시되어 있기에, 우리는 그 밖의 차원이 있다고 생각하지 않습니다. 이런 해석은 '신의 죽음'으로 대표되는 종류의 신학으로 빠지기 쉬운 위험이 있습니다. 18세기와 19세기에 상상했던 하나님이 20세기에는 더 이상 존재하지 않는다는 뜻입니다. 이런 신학에 따르면, 우리는 예수님만 알기 때문에 역사적 예수에만 관심을 두고 나머지는 신경 쓸 가치가 없다고 합니다.

저를 포함한 나머지 사람들은 중세 시대 유명론자들과 매우 흡사한 입장을 취합니다. 유명론자들은 하나님이 자신에 대해 계시하시기 원하는 내용이 성경에 있지만 그렇다고 해서 그게 전부라는 뜻은 아니라고 주장했습니다. 물론 하나님은 예수 그리스도 가운데 온전히 계시지만, 저는 두 본성(전통적 표현을 사용하자면)이 어떻게 연합하는지도, 하나님이 예수님 가운데 온전히 계시다는 말이 무슨 뜻인지도 완벽하게 이해할 수 없습니다. 그것은 확실히, 인간 본성을 지닌 인간 예수님이 신성의 모든 문제를 해결하신다는 것과는 다릅니다. 제 생각에는 확실히 그 이상의 뭔가가 있지만, 제가 우려하는 문제는 다 계시되어 있기 때문에 이것은 제가 할 일은 아닌 것 같습니다.

우리가 이런 관점을 취한다면, 바다 물결에 요동치는 인간과 달리 변함도 없으시고 회전하는 그림자도 없으신 '빛들의 하나님'을 보여주는 이 본문에는 어떤 함의가 있을까요? 본문은 하나님이 신실하고 신뢰할 만한 아버지시라고 말합니다. 하나님은 무슨 말씀을 하시면 반드시 그대로 하시고, 무슨 약속을 하시면 그대로 행하실 것입니다. 하나님이 변함없으시다는 말씀은 바로 이런 뜻입니다. 하나님의 약속은 영원히 지속되고, 그 말씀은 영원합니다. 우리가 이런 계시를 진지하게 받아들이면, 성경의 계시가 모순이라거나 하나님의 계명에 변화가 있다고 주장할 수 없습니다. 예수님은 그분이 계명을 정확히 지키고 그중 하나라도 폐하지 않는다고 말씀하시면서 이 점을 분명히 하십니다. 예수님은 계시된 것은 하나도 취소하시지 않습니다. 우리에게 하나님의 영원하심을 드러내주는 것은 바로 이 말씀에 대한 신실하심입니다. 하나님이 인간 역사에 나타나시는 방법은 다양하지만, 그분의 말씀과 약속은 변하지 않습니다.

일부 주석가들은 그리스어에서 '빛들의 아버지'라는 표현이 당대의 천문학에서 비롯되었다는 사실을 발견했습니다. 그 표현은 태양의 움직임과 지점至點, 별들의 균형으로 언급된 것과 별들의 그림자 등을 떠올리게 해주었습니다. 곧, 하나님은 당대 천문학에서 인간의 삶을 결정한다고 간주했던 별들의 중력에 종속되지 않으신다는 뜻입니다. 하나님이 별들을 지배하시기 때문에 그 힘에 영향을 받지 않으신다면, 그 하나님은 인간에게 자유를 주실 수 있습니다. 그리스인들에게 이 말씀은 천문학이 지배했던 스토아주의에서의 해방을 뜻하기도 했습니다.

요약하자면, 하나님은 살아 계신 분입니다. 하나님은 역사의 여정에서 우리와 동행하기로 작정하셨다고 계시하셨습니다. 그 과정에서 하나님은 다양한 접근법과 교수법을 활용하여 인간의 반항을 다루시고 화해를 가져오십니다. 그러나 그분의 은혜와 약속과 사랑은 변함이 없으십니다. 요나서는 그 훌륭한 예를 보여줍니다.[16]

18절은 우리가 지금까지 배운 내용과 말씀의 중요성을 연결해줍니다. 우리는 두 가지 새로운 것을 배웁니다. 먼저, 그리스도인의 삶은 새로운 탄생과 함께 시작합니다. 이 삶은 어떤 교리에 지적으로 동의하는 것도 아니요 또 다른 윤리도 아닙니다. 그보다는 자기 존재가 새로워지는 것입니다. 예수님은 그런 사람들이 어떻게 뿌리를 내리는지 말씀하십니다. 좋은 나무가 나쁜 열매를 맺지 못하고, 나쁜 나무가 좋은 열매를 맺지 못합니다. 따라서 가장 중요한 것은 열매가 아니라 나무입니다. 새로운 탄생에 비유되는, 우리 존재가 새로워지는 것도 마찬가지 원리입니다. 이 변화는 아무것도 없던 자리에 새로운 존재가 나타나는, 우리의 첫 번째 탄생만큼이나 획기적입니다. 우리는 이 두 번째 탄생 전에는 하나님 안에 존재하지 않았지만, 새로운 탄생 이후에는 하나님 안에 살아납니다. 이전과 이후가 철저히 단절됩니다. 뿐만 아니라, 첫 번째 탄생과 다시 비교해보자면, 첫 번째 탄생처럼 두 번째 탄생에서도 우리가 태어나고 싶어서 능동적으로 참여한 것이 아니었습니다. 그냥 뜻밖에 벌어진 일이었습니다. 18절은 하나님이 그분 뜻에 따라 그렇게 하셨다고 분명히 말하고, 21절은 우리 가운데 말씀이 심어졌다고 덧붙입니다. 또다시, 거저 주시는 은혜가 개입합니다. 우리는 은혜를 바라지도, 사지도, 자격이 있어 얻지도 않았습니다. 바울도 같은 내용을 말합니다. 은혜는 그것을 바라거나 쫓아다니는 사람들에게 달려 있지 않습니다. 은혜는 전적으로 하나님의 개입입니다.

18절은 우리가 피조물 가운데 첫 열매가 되게 하시려고 하나님이 뜻을 정하셔서 우리를 낳아주셨다고 말합니다. 구약성경은 첫 열매의 중요성을 설명했는데, 첫 열매란 모든 수확물이 하나님에게서 왔다고 인정하며 일부를 그분께 바치는 것입니다. 이 일부분은 모든 것을 바치는 것에 대한 이미지나 상징이었습니다. 동시에, 첫 열매는 짐승의 경우처럼 하나님이 그다음에 주실 것에 대한 약속으로 주신 것이었습니다. 다시 말해, 첫 열매에는 두 가지 상호적 차원이 있습니다. 모든 것이 하나님에게서 왔음을 인정하고 처음으로 거둔 수확을 드리면, 이 첫 열매가 다가올 새 창조의 약속을 낳습니다.

본문은 이렇게 이해해야 합니다. 하나님과 분리된 이 세상에는, 새롭게 태어났기에 자기 운명을 거부하는 사람들이 있어야 합니다. 이 세상은 하루아침에 새로운 피조물로 변하지 않습니다. 새 창조란 이 세상의 종말과 하나님나라의 시작을 뜻하기 때문입니다. 하나님은 일부를 택하여 전체를 대표하기로 하십니다. 이스라엘 백성은 열방을 대표하는 사람들로 선택되었고, 이스라엘 중에서도 선택된 사람들은 이스라엘 전체를 대표했습니다. 앞으로 살펴보겠지만, 이런 패턴은 그리스도인들 사이에서도 계속되었습니다.

첫 열매이신 예수 그리스도 이후로 하나님은 계속해서 새 생명을 낳으셔서 우리로 하여금 만물의 첫 열매가 되게 하십니다. 은혜와 말씀의 개입으로 이 새 생명을 받은 사람들은 자신의 유익이나 구원을 위해서 받은 것이 아닙니다. 본문은 하나님이 우리를 구원하시려고 새 생명을 주셨다고 말하지 않고, 오히려 다르게 말합니다. 우리가 새 생명을 받은 것은 창조세계에서 특정한 역할을 감당하기 위해서입니다. 우리는 구체적인 자리와 역할, 사명을 받습니다. 그리스도인들은 하나님의 은혜나, 계시에 대한 지식을 특권으로 변질시킬 때가 많았습니다. 성경에서 이것은 특권과는 거리가 멉니다. 하나님이 스스로를 계시하실 때는 항상 우리에게 사명을 주십니다. 그런데 본문에 따르면, 이 사명이 새 세상의 첫 열매가 됩니다. 이 가르침이 바로 야고보서의 나머지 내용을 아우르는 특징이라고 할 수 있습니다. 우리는 이 세상에서 하나님의 약속을 품은 첫 열매로서, 어떤 존재여야 하며 어떻게 행동해야 합니까? 이것은 어떻게 하면 하나님을 기쁘시게 하거나 구원받을 수 있느냐 하는 문제가 아닙니다. 우리는 세상의 미래가 재앙이나 죽음이 아니라 부활이요 하나님나라임을 확실히 하기 위해 이 세상에 왔습니다. 이제부터는 이 문제를 최대한 구체적으로 다루어야 합니다.

하나님은 말씀으로 새 생명을 주십니다. 이 말씀은 유일한데, 그렇다면 이 말씀은 창조하는 말씀과 늘 같다는 뜻입니다. 창세기에서 하나님은 말씀으로 만물을 창조하셨고, 똑같은 말씀으로 동정녀 마리아가 예수님을 잉태하게 하셨습니다. 사람들은 그 사건을 전통적으로 동정녀 탄생 혹은 성령의 잉태하심으로 묘사했습니다. 동정녀 탄생을 생각하면 독일 프랑크푸르트에서 본 동정녀 상이 떠오르는데, 아주 작은 천사가 마리아의 귀로 들어가는 모습을 형상화했습니다. 그렇습니다. 하나님의 창조하는 말씀이 마리아의 귀로 들어가 새로운 존재를 창조하십니다. 이것이 성탄절의 핵심 의미입니다. 오늘날 우리 각 사람에게 들려주시는 하나님의 말씀은 여전히 동일하셔서, 우리 안에 새로운 것을 창조하십니다.

우리는 이 하나님 말씀을 모든 차원에서 받아들여야 합니다. 우리는 성경에서 말씀을 읽고, 설교를 듣습니다. 말씀에는 인간을 새로이 창조할 수 있는 능력이 있습니다. 오늘날에도 여전히 창조하는 이 말씀은 결국 새 창조를 가져올 것입니다.

나는 이것이 성경의 근본 주제라고 믿습니다. 처음부터 유대인들은 말씀에 창조하는 능력이 있다고 보았습니다. 같은 맥락에서, 말하는 능력이 우리를 인간으로 만들었다고 볼 수 있습니다. 인간이 하나님의 형상대로 지음 받았다는 말씀에 대한 한 가지 해석은, 하나님처럼 말을 할 수 있다는 것입니다. 유대 신학에서 하나님은 말씀으로 관계를 창조하십니다. 요한복음 서두에 따르면, 이 말씀이 예수님으로 성육신하여 그분 가운데 충만하게 드러나셨습니다.[17] 이 말씀은 하나님이 이 땅에서 하신 화해 사역을 예수님이 온전히 드러내셨다는 뜻입니다. 창조는 전체를 이루는 만물을 화해시키는 것이었습니다. 새 창조도 화해입니다. 예수 그리스도의 이중 본성은 하나님과 인류의 화해를 뜻합니다.

다음으로, 19-21절을 살펴봅시다. 말씀으로 새로 태어난 우리가 첫 번째로 하는 행동은 듣는 것입니다. 우리가 하는 행동은 우리가 듣는 내용에 좌우되기 때문에 듣기가 행동보다 더 중요합니다. 우리나 교회가 어떻게 해야 하는지 스스로 질문을 던질 때 듣기에서부터 출발해야 합니다. 많은 주석가들은 여기서 야고보가 주로 듣고 말하기는 더디 해야 하는 교회 예배를 염두에 두고 있다고 믿습니다. 예배에는 순서가 있어서 모든 사람이 동시에 말하지 않습니다. 전도서 5장 2절이 이 점을 확인해줍니다. 다른 주석가들은 이 본문이 예배 중의 설교 시간을 가리킨다고 생각합니다. 말씀을 선포할 때 우리의 새로운 탄생이라는 기적을 재현합니다. 이렇게 이해하면, 미사나 예배에 막대한 중요성을 부여하게 되어 그리스도인의 삶이 예배에 달려 있다고 해도 과언이 아닙니다. 이런 관점에서는, 그로부터 200-300년 후 미사 참석이 의무가 된 이유를 쉽게 이해할 수 있습니다. 교인들은 말씀을 듣고 새로이 창조되었습니다. 우리가 설교를 들을 때는 거의 자동으로 하나님의 말씀을 듣는 셈이고, 그렇게 해서 반복해서 새로워진다는 사실을 믿기가 쉽지는 않습니다. 사람들은 늘 뜻밖의 장소와 시간에 하나님의 말씀을 듣기에 성경은 오히려 정반대로 말하는 것 같습니다. 하나님이 언제 말씀하실지 결정하면 그것으로 그만입니다. 따라서 우리는 끈기 있게 들어야 하고, 말씀을 들으면 온전히 그 말씀에 사로잡혀야 합니다. 귀 기울여 듣는 것은 수동적 행동이 아니라 적극적 행동입니다.

우리는 말하고 싶을 때마다 내키는 대로 말하는 것을 경계해야 합니다. 이것은 일상에서뿐 아니라 기도할 때도 마찬가지입니다. 예수님은 우리에게 분명한 말을 사용하라고 경고하십니다. 성경 말씀을 들을 때는 우리 생각과 해석을 거기에 부여하지 않도록 최선을 다해야 합니다. 전통적인 개신교의 표현을 사용하자면, 우리는 성경이 우리 내면에 침묵을 만들어내도록 읽어야 합니다. 이것은, 예를 들어 우리가 전도할 때 더 큰 함의가 있습니다. 전도할 때 함부로 말을 쏟아부어서는 절대 안 되는데, 우리가 다른 사람을 우리 세계관으로 개종시키는 위험을 감수해야 하기 때문입니다. 우리는 최대한 말씀이 스스로 말씀하시게 하고, 우리가 하는 말은 최소한으로 아껴야 합니다. 무엇보다도, 이 교훈은 신학자들의 말이 하나님 말씀을 대체하는 위험을 겨냥하고 있습니다. 지금은 진리보다 교파가 더 중요해졌습니다. 교회가 하나님을 대신해 말하거나 다른 무엇보다 앞설 때 이런 일이 생깁니다. 이 모든 현상은 막대한 영향을 가져옵니다.

듣기는 속히 하고 말하기는 더디 하라는 이 권면에서 분노라는 문제를 만납니다. 둘의 관계는 구체적이고 실제적입니다. 저는 사람들이 하나님 말씀이라면서 교회에서 화를 내며 하는 말은 대부분 틀린 말이라고 믿습니다. 우리는 교회에서 다른 사람을 판단하는 수단으로 하나님 말씀을 사용해서는 안 됩니다. 본문이 설명하듯이, 사람이 성내는 것이 하나님의 의를 이루지 못합니다. 우리는 하나님 말씀을 사용하여 자신의 분노를 부채질하지 않도록 해야 합니다. 특정 집단이나 정치 성향, 도덕적 선택 등을 정죄하려고 성경 본문에 근거해 논쟁하려는 어떠한 시도도 강하게 거부해야 합니다. 그렇게 하면 하나님 말씀이 있어야 할 곳에 우리의 분노가 자리 잡기 때문입니다. 선지자들이 하나님의 말씀을 선언할 때 그것이 단순히 경고나 심판, 형벌 등의 문제가 아니라는 점을 우리는 늘 기억해야 합니다. 이런 것들은 창조하는 말씀에 없어서는 안 됩니다. 하나님 말씀은 사람들에 대한 저주가 아닙니다. 하나님 말씀은 경고와 정죄를 초월하여 새로운 것을 창조합니다.

다시 말해, 우리가 가장 열정적으로 하나님을 변호하는 것은 나쁜 일입니다. 성경 진리를 활발하게 변호하는 것도 마찬가지입니다. 하나님의 일에 착수하려는 시도도 그렇습니다. 때로는 거룩한 분노로 일컫는 일조차도 하나님의 의를 이루지 못하는데, 우리의 분노는 죽음에 이르지만 그분의 의는 우리를 구원하시기 때문입니다. 예수님은 마태복음의 산상수훈에서 이 점을 간단명료하게 표현하십니다. 그분은 여러분이 어떤 사람에게 화를 내고 그 사람을 개 취급하면 그 사람을 죽인 셈이라고 말씀하십니다. 모든 내용이 다 들어맞습니다. 우리는 자신을 변호하거나 남을 죽이려는 목적으로 하나님 말씀을 들어서는 안 됩니다. 화가 나서 하는 행동은 늘 생명을 죽입니다. 분노는 하나님 말씀에 대한 우리의 성향을 드러내줍니다.

본문에 나오는 하나님의 의는 세 가지로 해석할 수 있습니다. 첫째, 하나님의 의는 하나님 보시기에 정의로운 것을 가리킵니다. 둘째, 구약성경에서 이 의는 하나님이 그분의 창조세계에 대해 소유하신 권리를 가리키는데, 이 권리는 그분이 창조세계와 맺은 언약에 잘 표현되어 있습니다. 이 언약에 순종하면 의가 다스립니다. 마지막으로 바울의 표현대로, 의는 하나님의 칭의의 능력, 곧 하나님이 우리를 의롭게 하시려고 예수 그리스도 안에서 소유하신 능력을 가리킵니다. 우리의 분노는 여기에 낄 틈이 없습니다. 분노는 우리를 심판하시는 하나님의 자리에 놓기 때문입니다. 그 결과는 확실히 하나님의 의와는 거리가 멉니다.

그렇다면 선지자들의 분노는 어떻게 보아야 할까요? 이 질문에 답하기 위해서는, 대체적으로 우리가 선지자들을 제대로 해석하지 못하고 있을 가능성을 고려해야 합니다. 앞서 아모스서 연구에서 설명했듯이, 선지자는 자신이 몸담고 있는 역사적 상황을 잘 알고 있습니다. 이 지식에 근거해 아모스는 사람들이 지금처럼 계속 산다면 무슨 일이 벌어질지를 선언합니다. 그는 하나님이 그들을 벌주실 것이라고 말하지 않고, 그들이 앞으로 일어날 일을 하나님에게서 온 것, 곧 회개하고 방향을 바꾸라는 요청으로 해석해야 한다고 말합니다. 선지자가 선언하는 것은 확실히 영원한 저주는 아닙니다.

본문은 우리에게 우리 안에 심긴 하나님의 말씀을 받으라고 초대합니다. 다시 한 번, 우리는 성경에 흔히 등장하는 변증법적 개념을 만납니다. 이것은 하나님의 자유 내에 있는 인간의 자유와 늘 관련이 있습니다. 다시 말해, 여러분이 하나님의 말씀을 들으면, 좋든 싫든 그 말씀이 내면에 심겼습니다. 동시에, 우리는 이 말씀을 지금 받아야 합니다. 논리적으로는 전혀 앞뒤가 맞지 않습니다. 말씀이 심겼다면 다시 받을 필요가 없고, 말씀을 지금 받는다면 이미 심겨 있지 않아야 합니다. 그런데 성경의 변증법에서는 이 두 측면이 서로 영향을 미칩니다. 태어난 아기가 살려는 의지를 드러내듯이, 우리는 책임 있고 자발적인 방식으로 말씀을 받을 필요가 있습니다.

본문은 제가 이 모든 일에서 우리의 역할이라고 믿는 것을 소개합니다. 말씀이 이미 우리 안에 심겼지만, 말씀을 받으려면 우리 편에서 의도적인 행동이 필요합니다. 그것은 오롯이 우리 책임입니다. 우리가 말씀을 받아들이지 않으면 새로운 탄생은 일어날 수 없습니다. 이런 이유로 천사가 마리아에게 수태 사실을 알렸을 때 마리아가 보인 반응은 그 모범이라고 할 만합니다. 하나님의 말씀이 마리아의 태에 아이를 잉태하겠지만, 마리아는 그 말씀을 받아들입니다. 우리는 무관심으로 반응해서는 안 됩니다. 하나님이 무슨 일을 하신다면 그대로 이루어질 테니 나는 아무것도 할 필요가 없다는 태도가 무관심입니다. 하나님은 우리와 함께 일하십니다. 그분이 우리와 함께하시니 우리도 행동해야 합니다. 하나님이 다 하시지만, 우리가 아무것도 하지 않으면 아무 일도 일어나지 않습니다. 예수님이 무리를 먹이실 때도 마찬가지였습니다. 예수님은 제자들에게 먹을 것을 가져오라고 하셨습니다. 떡 조금과 물고기 두어 마리가 있었습니다. 예수님은 그 떡과 물고기로 사람들을 먹이셨습니다. 제자들이 자기 몫을 감당하지 않았다면 먹을 것은 생기지 않았을 것입니다. 아무리 작은 일이라도 우리가 할 수 있는 일을 하나님께 드리면, 그분은 우리가 상상하거나 기대한 것 이상으로 그 일을 크게 만드실 것입니다. 하나님은 우리가 하는 일을 늘 염두에 두십니다.

본문에서 우리가 말씀을 받고 모든 더러운 것과 넘치는 악을 내버려야 한다고 말할 때 좀 더 민감한 문제가 제기됩니다. 더러운 것을 거부하는 문제에서도 동일한 변증법이 작용합니다. 말씀이 우리를 깨끗하게 하는 동시에 우리는 스스로를 깨끗하게 해야 합니다. 우리는 더러움을 어떻게 이해해야 합니까? 성적인 죄를 '죄 중의 죄'로 간주하는 것을 즉시 배제할 수 있습니다. 성경은 성과 더러운 것을 동일시하지 않습니다. 여기서는 훨씬 더 근본적인 문제를 다룹니다. 우리는 이 본문을 구약성경에서 많이 찾아볼 수 있는 성결 신학이나 성결 법전으로 해석해야 합니까? 어떤 주석가들은 어떤 본문에서는 뭔가가 더럽기 때문에 그것을 만지거나 먹는 것을 금지한다고 주장했습니다. 그들은 성결한 것이 있어야 더러운 것도 존재할 수 있기에 그런 본문들이 성결 법전의 요소라고 제안합니다. 당시 사람들이 성결한 물건을 어떻게 알 수 있느냐고 랍비에게 물었다면 만졌을 때 손을 씻어야 하는 물건이라는 대답을 들었을지도 모릅니다. 성결은 그것으로 우리 존재가 더럽혀져서 정결이 필요한 것으로 정의할 수 있습니다. 이 모두는 당대 종교들의 성물과 종교 의식, 마술과 관련이 있습니다. 그렇다면 유대인들에게도 그런 의미가 적용되었을까요? 여기서 우리는 야고보서가 모든 신약성경 문서 중 가장 유대적인 특징을 지닌 한 가지 이유를 다룹니다.

나는 야고보서의 이 본문이 성결이나 부정함과 크게 관련이 없다고 봅니다. 조금 더 뒤로 가면, 본문은 우리 자신을 세상의 더러움에서 지켜야 한다고 말합니다. 야고보서에서 혹독하게 비판하는 이 세상은 성결한 것으로 더럽혀진 것이 아닙니다. 오히려 야고보서는 기독교적 사고에서 유대의 더러움이라는 개념을 가져다가 새로운 개념으로 해석하는 놀라운 예를 보여줍니다. 이런 의미상의 진화는 지금 다루는 본문에 이어지는 단락을 검토할 때 분명해질 것입니다. 25절이 온전한 율법, 곧 자유롭게 하는 율법을 들여다보는 사람들을 언급할 때는 성결 법전과 관련하여 더러움을 말할 수 없습니다. 나아가, 27절은 정결하고 더러움이 없는 경건은 환난 중에 있는 고아와 과부를 돌보는 것이라고 말합니다. 다시 말해, 여기에 의미의 변화가 있습니다. 새로운 정결은 더 이상 마술과 종교적 수단으로 자기를 정결케 하는 의식의 결과가 아니기 때문입니다.

오히려 우리는 전혀 다른 것, 곧 자유세계로의 진입과 그 자유의 새로운 율법을 마주합니다. 사도행전에 기록된 베드로의 꿈에 나온 것과 정확히 일치합니다. 베드로는 하늘에서 음식 보자기가 내려오는 것을 보고 천사가 먹으라고 명령하는 것을 듣고는 부정한 동물을 먹을 수 없다며 거부합니다. 환상은 세 번 반복해서 나타나고, 그때마다 베드로는 그 안에 부정한 것은 없다는 말을 듣습니다. 그렇다면 그때까지 부정하다고 분류된 것과 관련하여 새로운 자유가 생긴 것입니다.

그 이후로는, 어떤 행위나 사물도 부정하지 않습니다. 예수님도 우리가 먹는 것이 우리를 부정하게 만드는 것이 아니라, 우리가 말할 때 마음에서 나오는 것이 우리를 부정하게 한다고 말씀하실 때 동일한 말씀을 하십니다. 그 자체로 부정한 것은 더 이상 존재하지 않습니다. 바울은 너희가 먹든지 마시든지 무엇을 하든지 다 하나님의 영광을 위해 하라고 말할 때 이 내용을 염두에 두고 있는지 모릅니다. 무슨 일이든 하나님의 영광을 위해 할 수 있고, 거기서 제외되는 일은 없습니다.

이런 관점에서 볼 때 과연 무엇이 더러운 것입니까? 저는 그것이 궁극적으로는 마음의 문제, 곧 우리 존재 깊은 곳에서 나오는 말, 따라서 말씀을 받지 않는 문제라고 믿습니다. 조금 다르게 표현해보면 이렇습니다. 우리를 하나님과 갈라놓는 더러움은 어떤 물건도 아니요, 우리 죄도 아니요, 용서의 말씀을 들으려 하지 않는 우리의 반항심입니다. 하나님이 우리를 용서하시는 것을 허락하지 않는 완고함입니다. 그 마음이 모든 것을 더럽힙니다. 반대로, 말씀을 받고 내가 용서 받았다는 사실을 이해하는 순간, 나는 자유로워지고 더 이상 아무것도 더럽지 않습니다. 이것이 말씀을 받는 것과 더러움을 거부하는 것의 연관성입니다.

그러면 '넘치는 악'이라는 문구도 이해가 됩니다. 그리스어 원문은 긍정적인 의미에서 지성과 관련하여 악을 말하기 때문에 다소 혼란스럽습니다. 나는 번역자들도 말이 안 되는 표현이라고 생각하고 혼동을 느꼈으리라 생각합니다. 그래서 그들은 그리스어 단어의 뜻을 부정적 의미로 번역했습니다. 하지만 마리아의 순종에서 보듯이 하나님의 말씀은 아주 단순하게 받을 수 있기 때문에 그것은 지적인 교양이 넘치는 상태를 말합니다. 따라서 그리스어 구문은 과도한 지적 교양으로 하나님 말씀을 이해하려는 태도를 가리킵니다. 신학자들을 겨냥한 표현이 틀림없습니다! 그러나 야고보는 반지성주의자는 아닙니다. 어떤 사람이 지력이 뛰어나고 그것이 그 사람의 일부라면, 본문은 그 지성을 포기해서는 안 된다고 암시합니다. 성경은 넘치는 지성에 대해서만 경고합니다. 그 때문에 우리 자신의 설명에 도취되어서는 안 되고, 아주 단순하게 말씀을 받아야 합니다. 그렇지 못할 때는 말씀이 더 이상 우리 안에 심기지 않아서 우리 삶을 바꾸지 못합니다. 이것은 혼인 잔치에 초대받았지만 예복을 갖춰 입지 못한 사람들을 이야기하는 하나님나라 비유에서와 동일한 질문을 제기합니다. 그들은 자신이 할 수 있는 작은 일, 곧 옷을 바꿔 입는 일조차 하지 않았기 때문에 거부당했습니다. 마찬가지로, 우리가 지성인이라 해도 단순하게 말씀을 받도록 노력해야 합니다. 또한 교회의 진정한 지혜에서는 (근대 신학자에 해당하는) 박사가 사역 목록의 마지막이라는(가장 덜 중요하다는) 사실을 기억해야 합니다. 가장 큰 권위와 권력을 소유하는 위험을 감수하기 때문입니다.

말씀과 새 생명

이 본문(약 1:22-25과 2:12-13)에서는 말씀 실천과 자유라는 두 가지 주요 주제를 만납니다. 말씀 실천은 그리스도인의 삶을 매우 압축적으로 요약한 발달 단계에서 세 번째 단계에 해당합니다. 첫 번째 단계는 새로운 탄생(1:18), 두 번째 단계는 말씀 듣기(1:19)였습니다. 그다음 단계가 말씀을 행하는 것입니다(1:22). 그리스도 안의 삶은 하나이기에 이 세 단계는 하나입니다. 우리는 새롭게 태어났기 때문에 살고 행하라는 부르심을 받습니다. 그러려면 말씀을 실천해야 합니다. 같은 맥락에서, 행동하지 않는 사람은 사는 것이 아닙니다. 우리는 이 사실을 야고보서에서 여러 차례 만날 것입니다. 우리는 말씀을 들었기에 말씀을 행해야 합니다. 역으로, 말씀을 듣고 새롭게 태어나지 않으면 우리는 행동하지도 실천하지도 못합니다. 그리스도인의 삶의 이 세 요소는 너무도 밀접하게 연관되어 있어서 나머지 둘이 없으면 하나도 갖지 못합니다.

다음으로 22-24절을 자세히 살펴봅시다. 하나님 말씀은 우리를 순전히 지적인 지식으로 인도하시지 않습니다. 말씀을 객관적, 형식적, 신학적 체계로 바꿔놓으면 정죄를 받습니다. 예를 들어 (앞으로 살펴볼) 2장 19절에는 여러분이 한 분 하나님을 믿으면 좋지만 귀신들도 믿고 떤다는 말씀이 나옵니다. 즉, 믿음만으로나, 한 분 하나님이 계신다는 지식만으로는 부족합니다. 따라서 하나님 말씀에 대한 지식을 지적으로만 추구하는 것은 좋지 않습니다. 다음 세 가지를 기억하십시오. 첫째, 이것은 아담이 자기 유익을 위해 선악을 알게 하는 나무를 전용할 때 취한 입장입니다. 선악을 분별하는 아담의 능력은 순전히 지적인 특징만 있습니다. 그가 불순종하고 스스로를 하나님 대신 선악을 판단하는 자리에 놓음으로써 획득한 지식이기 때문입니다. 그 결과, 아담이 결국 알게 된 것은 한 가지, 곧 그가 하나님과 분리되었다는 사실뿐입니다. 이 지식은 귀신이 소유한 지식인데, 그들도 하나님과 분리되어 그분 바깥에 있다는 것을 알고 떱니다.

우리가 염두에 두어야 할 두 번째 요소는 하나님 말씀을 아는 지식은 반드시 실천이 필요하다는 것입니다. 결정적인 본문은 집 짓는 비유입니다(마태복음 7장 24절 이하에 나옵니다). 예수님의 말씀을 듣고 행하는 사람들은 반석 위에 집을 지은 지혜로운 사람과 같습니다. 그런 집은 기초가 든든해서 비바람을 견딜 수 있습니다. 그러나 예수님의 말씀을 듣고도 행하지 않는 사람들은 모래 위에 집을 지은 어리석은 사람과 같습니다. 이 집은 비바람을 견디지 못합니다. 반석 위에 지은 집이 비바람을 견뎌내는 이유에 대한 전통적인 설명은 그 바위가 예수 그리스도이기 때문이라고 말합니다. 하지만 이것은 본문이 말하는 바가 아닙니다. 반석은 말씀을 실천하는 것입니다. 두 사람이 각자 집을 짓는데, 둘의 차이는 한쪽은 말씀을 듣고 실천에 옮겼고, 다른 한쪽은 그렇지 않았다는 것입니다. 말씀을 행하지 않은 사람이 무너진 이유는 하나님 말씀에 대한 지적인 지식에만 근거해 집을 지었기 때문입니다. 이 경우에는 차라리 집을 짓지 않은 것만 못하다 해도 과언이 아닙니다. 다시 한 번 말하지만, 말씀에 대한 지식은 순수하게 지적일 수 없습니다. 성경에는 다음과 같은 지속적 움직임이 있습니다. 실천은 하나님의 말씀을 발견하게 해주고, 하나님 말씀은 실천을 유도하고 이끌어냅니다. 카를 마르크스의 사상을 아는 사람들이라면 이론과 실천에 대한 그의 변증법을 떠올릴 것입니다. 나는 내가 이 본문에서 마르크스의 사상을 억지로 끌어내고 있다거나, 마르크스가 이 본문에서 그의 사상을 이끌어냈다고도 생각하지 않습니다(의식적으로 그러지 않았다는 점은 확실합니다).

다시 본문으로 돌아가서, 본문은 잊어버리거나(거울에 비친 자기 모습을 잊어버리는 것) 잘못된 추론의 결과로 실수해서 말씀 듣기를 멈출 수 있다고 말해줍니다. 후자의 경우, 이 잘못된 추론은 우리가 말씀을 행하지 않아도 괜찮다는 잘못된 확신 때문에 말씀 행하기를 기피한 지적 과정입니다. 훌륭한 신학(형편없는 신학이 아닙니다!)을 소유한 유감스런 결과로 그런 잘못된 확신을 가질 수도 있습니다. 우리 내면에서 강하게 역사하는 하나님 말씀이 우리를 구원하기에 충분하다는 것이야말로 최고의 신학이라 할 수 있습니다. 이는 우리가 믿음을 통해 은혜로 구원받는다는 교리이지만, 이 교리는 비극적인 결과를 낳을 수 있습니다. 하나님이 은혜로 나를 구원하시기에 나는 아무것도 할 필요가 없다는 자기 합리화로 변질되는 것입니다. 하나님이 다 하시기 때문에 나는 아무것도 할 필요가 없다는 생각은 이 본문을 잘못 추론한 것입니다. 예를 들어, 이것은 루터 신학의 위험 요소 중 하나입니다. 그런 잘못된 추론을 하면서, 우리는 그 모든 욕구와 염려, 후회 등으로 자신의 인격과 마음을 속입니다. 자신에게 잘못된 확신을 줍니다.

본문의 세 번째 요소는, 말씀을 듣지만 그대로 행하지 않는 사람들을 거울로 자기 얼굴을 들여다보고는 금세 잊어버리는 사람들과 비교합니다. 거울은 하나님의 말씀을 상징합니다. 다시 말해, 우리는 우리 본모습을 적나라하게 보여주고 죄 가운데 있는 우리가 그 분과 얼마나 멀리 떨어져 있는지를 보여주는 말씀을 들었습니다. 또한 우리가 용서 받고 그분의 사랑 가운데 있다는 사실도 발견합니다. 이 말씀을 행할 필요가 없다고 주장하는 사람들은 계시의 말씀이 그들에 대해 알려준 내용을 잊어버린 것입니다. 본문은 우리가 말씀을 단순히 하나님에 대한 계시, 하나님이 그분에 대해 하신 계시로만 듣고 우리는 아무것도 하지 않을 가능성이 있다고 경고합니다. 우리는 하나님 앞에서 우리가 정말로 어떤 존재인지 깨닫지 못한 것처럼 살아갑니다. 반대로, 말씀이 우리의 진면목을 드러낸다면, 자연스럽게 말씀을 행하는 것이 뒤따를 것입니다. 우리는 그것을 원하게 될 것입니다. 다시 한 번, 우리는 은혜의 신학과 초월성의 신학의 위험성과 마주합니다. 하나님과만 관련된 탁월한 신학은 인간을 잊어버립니다. 그런 신학들은 하나님만 이야기합니다. 그것도 좋지만, 우리는 성경의 하나님이 인간에게 인간에 대해 말씀하신 분이라는 사실을 잊어서는 안 됩니다. 어떤 의미에서 우리는 인간에게 다가오신 하나님께만 집중하여 우리 스스로 성경보다 더 나은 신학자가 되려 하는지도 모릅니다.

이런 가르침은 하나님의 용서와, 새로운 탄생과 새로운 삶의 가능성을 출발점으로 하는 그리스도인의 삶이라는 맥락에서 이해해야 합니다. 새로운 삶은 세상에서 올 수 없고, 하나님 말씀을 행하는 것으로만 가능합니다. 구원은 이 모든 과정의 출발점이지, 새로운 삶의 마지막에 오는 것이 아닙니다. 믿음으로 구원에 이르는 길과 행위의 길 사이에 딜레마는 없습니다. 둘 다 하나의 새로운 삶에 엮여 있기 때문입니다. 은혜를 받으면 말씀을 행하는 삶으로 자연스레 이어집니다. 행함이 없는 믿음은 있을 수 없습니다. 우리는 나중에 야고보가 독자들에게 행함 없는 믿음을 보이라고 요청하는 부분에서 이 내용을 다시 만날 것입니다. 바울은 우리가 믿음을 통해 은혜로 구원을 받기 때문에 두려움과 떨림으로 구원을 이루어 가라고 선언합니다. 우리 인생은 우리가 처음부터 구원받았고 이제는 실천해야 한다는 깨달음과 함께 시작합니다. 구원은 오랜 믿음과 행함의 삶 끝에 오지 않습니다. 처음부터 주어집니다.

이제부터는 본문의 두 번째 주제인 자유를 살펴볼 차례입니다. 본문은 말씀 실천의 중요성을 언급한 다음에, 말씀을 행하는 것이 무엇인지 이야기합니다. 말씀을 행하는 것은 율법이나 도덕, 종교에 순종하는 것입니까? 본문은 그것이 자유의 법이라고 말합니다. 25절은 온전한 율법, 자유롭게 하는 율법을 들여다보는 자, 그것을 잊어버리지 않고 꾸준히 실천하는 자는 그 행하는 일에 복을 받는다고 말합니다. 이 구절은 예수님도 산상수훈에서 사용하셨던, 유대인의 표현 형식인 팔복으로 읽어야 합니다. 앞부분의 번역은 다소 빈약합니다. 이 구문의 그리스어 동사는 고대 그리스어에서는 거의 사용되지 않았고, 신약성경에도 두 번밖에 나오지 않습니다. 다른 한 군데는 누가복음 24장 12절인데, 부활 이후에 예수님의 제자들이 무덤에 가는 장면을 묘사할 때 사용됩니다. 베드로가 구부려 들여다보니 땅에 놓인 세마포만 보입니다. '구부리다'로 번역한 그리스어 동사가 야고보서에 나온 동사와 같습니다. 야고보서 본문을 직역하면 자유의 율법을 보려고 구부린다는 뜻입니다. 즉, 이 자유의 율법은 하늘에 있지 않기 때문에 올려다볼 필요가 없습니다. 오히려 우리가 말씀을 들을 때 하나님이 요구하시는 자세는 구부리는 것입니다. 또 다른 본문에서는, 그리스도가 얼마나 낮아지셨는지를 보기 위해 구부려야 한다고 말합니다. 같은 맥락에서, 자유의 율법을 따르는 것은 그리스도의 길을 따르는 것, 곧 자신을 낮추어 가장 작은 자가 되는 것을 전제합니다.

이 그리스어 동사 뒤에는 "자유롭게 하는 온전한 율법"으로 번역된 다소 놀라운 문구가 이어집니다(개역개정 성경의 어순과는 다르다—옮긴이). 여기서 가리키는 자유는 무엇보다도 하나님의 자유, 곧 아무것에도 복종하지 않는 자유입니다. 하나님은 아무것에도 복종하지 않는 순전한 은혜로 우리를 구원하시기에, 그 은혜는 우리가 행하는 선행이나 악행에 구애받지 않습니다. 하나님은 완전히 자유로우시고, 그분이 우리에게 주시는 구원은 순수한 은혜에서 비롯됩니다.

이 하나님의 자유는 인간의 자유를 암시하고 그 자유를 낳습니다. 자유롭게 하는 온전한 율법은 도덕의 율법이나 명령의 율법이 아닙니다. 하나님은 인간의 자유를 원하십니다. 따라서 자유에 반하는 모든 것은 하나님께도 반하는 것입니다. 또한 이 말씀은 인간이 그 본성 때문에 자유로운 존재가 아니라는 뜻이기도 합니다. 하나님이 자유하게 하시는 분이라면, 그분이 우리를 또 다른 형태의 노예로 만들려고 죄와 악과 억압에서 구원하시지 않을 것이 분명합니다. "자유롭게 하는 온전한 율법"이라는 이 놀라운 구절은 이 모든 내용을 암시합니다. 하나님과 그분의 피조물 사이에 존재할 수 있는 유일한 관계는 바로 사랑의 관계입니다. 그 관계에 두려움이나 굴종이 들어설 여지는 없습니다. 우리가 아는 하나님에 대한 유일한 정의는 그분은 사랑이시라는 것입니다. 하나님이 가지고 계신 유일한 기대는 그분이 사랑하시기에 사랑받으시는 것입니다. 그런데 자유 없이 그런 사랑은 있을 수 없습니다. 자유의 율법과 윤리가 아닌 다른 율법과 윤리는 존재할 수 없습니다. 물론 이 자유는 프랑스 혁명의 자유나 장 폴 사르트르Jean-Paul Sartre의 자유와는 아무런 공통점이 없습니다. 이 자유는 하나님이 우리 안에 창조하신, 그분의 작품입니다.

그래서 하나님의 말씀을 들으면 자유로워집니다. 말씀과 그 실천을 언급한 22-24절에 이어 이 본문이 나오는 이유가 그 때문입니다. 이것은 자명해 보이지만 조금은 난해한 신학적 문제를 불러옵니다. 전통적인 논란은 대략 다음과 같습니다. 하나님이 우리에게 말씀하실 때 무슨 일이 벌어집니까? 우리가 전적으로 죄의 노예라서 하나님과 분리되었다면, 인간이 서로 말하고 이해하는 것처럼 하나님의 말씀을 들을 수는 없습니다. 우리가 하나님의 말씀을 들으려면 하나님의 능력으로 우리에게 말씀을 주셔야만 합니다. 즉, 그 능력으로 말씀이 우리 위에 임하셔야 합니다. 그 말씀이 우리 죄와 우리에게 있을지도 모르는 저항의 가능성을 모두 깨뜨려, 우리를 하나님의 손에 있는 장난감처럼 만들어야 합니다. 조금 심하게 단순화하면 이렇습니다. 인간은 전적으로 죄에 빠져 있고, 하나님의 말씀은 전적으로 능력이 있습니다. 그 말씀으로 인간은 변화됩니다. 아주 간단하게 정리하기는 했지만, 이것이 개신교 해석의 요지입니다.

로마 가톨릭 전통은 반대로 해석합니다. 우리는 하나님 손에 있는 장난감이 아니기에, 인간은 완전히 죄의 노예가 될 수 없습니다. 인간 내면에는 하나님 말씀이 호소할 수 있는 부분이 남아 있습니다. 중세 시대에는 이것을 제3의 귀라고 했는데, 말씀을 들을 수 있는 유일한 귀를 뜻했습니다. 이를테면, 하나님 말씀을 듣기에 최적화되어 그분과 단절된 이후에도 온전히 남은 신체 기관이 있었다는 겁니다.

나는 이런 논란이 성경과는 전혀 무관하다는 것을 고백해야겠습니다. 이런 논란은 누가 또는 무엇이 가장 큰 권력을 가졌느냐 하는 문제로 압축되는 논리적 장치에 불과합니다. 하나님인가, 그분의 말씀인가, 죄인가? 성경에는 이런 이야기가 나오지 않습니다. 오히려 야고보는 하나님 말씀이 우리에게 전해질 때 우리가 자유하게 된다고 말합니다. 말씀이 우리 삶에 개입한 결과로 우리는 자유로워집니다.

우리는 성경이 말하는 내용을 진지하게 받아들이고 논리적 주장에 빠지지 않도록 주의해야 합니다. 우리가 아는 것은, 하나님이 성경을 통해 인간을 자유롭게 하신다는 것입니다. 하나님의 말씀이 우리를 자유롭게 하기에 우리는 그 말씀을 듣고 자유를 얻습니다. 제가 보기에는 전통 신학에서 자유의 문제를 다루는 방식이 완전히 틀린 것 같습니다. 하나님이 우리에게 유일하게 요구하시는 것은 자유로운 사람답게 행동하는 것입니다. 저는 조금 더 강하게 나가서, 우리의 유일한 의무는 자유로워지는 것이라고까지 말하겠습니다. 그리스도인의 삶에서 유일한 율법은 그리스도인의 자유입니다. 그러므로 하나님의 말씀을 행하는 것이 이 자유입니다. 물론, 이것은 철학이나 정치적 관점에서 말하는 자유와는 다릅니다. 그렇지만 거기에도 그 자유에서 나온 요소가 포함됩니다.

본문은 자유롭게 하는 온전한 율법을 찾으려고 스스로 낮추는 자, 실천에 옮겨 그 일을 꾸준히 하는 자는 그 행하는 일에 복을 받는다고 말합니다. 그들은 살고, 자유롭고, 행복합니다. 이것은 우리가 기독교 윤리나 그리스도인의 삶을 이야기할 때 필수 요소입니다.

이제는 2장 12-13절을 집중해서 살펴보면서 이 모든 것의 결과를 주시하려 합니다. 여기서는 다소 충격적인 삶의 지향점을 찾아볼 수 있습니다. 본문은 긍휼을 행하지 아니하는 자에게는 긍휼 없는 심판이 있기 때문에 자유의 율법대로 심판 받을 자처럼 말하고 행해야 한다고 말합니다. 자유롭게 하는 율법의 첫 번째 행동은 심판을 받아들이는 것입니다. 심판을 받아들인다고 해서 우리가 재판관 앞에서 죄인이 되는 것은 아닙니다. 오히려 우리를 자신과 다른 사람들에게 책임 있는 사람으로 만들어줍니다. 흔히 우리 삶이 심판 받는다는 데 따르는 거부감을 고려한다면, 이것은 매우 중요하다고 생각합니다.

이 두 절에서 중요한 또 다른 내용은, 우리가 미리 정해진 윤리나 계명에 준해서가 아니라 자유의 표현으로 말과 행동을 선택해야 한다는 것입니다. 우리가 자유와 사랑의 관계, 곧 자유로만 사랑을 표현할 수 있다는 점과 이 자유에는 사랑 이외의 다른 형태는 없다는 점을 이해한다면, 우리는 무슨 일을 하든 끊임없는 선택에 맞닥뜨립니다. 어떤 말과 행동이 말씀을 통해 우리에게 주신 하나님의 자유를 가장 잘 표현할 것인가? 어떻게 하면 자유의 형태를 한 사랑을 가장 잘 드러낼 수 있을까? 우리는 계속해서 이런 종류의 질문을 스스로에게 던져야 합니다. 우리는 자유의 율법으로 심판 받을 것이기 때문에 다른 윤리적 문제는 없습니다. 이 말은 우리가 습관적으로 생각하는 그런 종류의 심판은 없다는 뜻입니다. 우리가 저지른 모든 선행과 악행을 나열하고 둘의 합을 계산하여 그 합이 마이너스면 곤란해지고, 플러스면 괜찮다는 식의 사고방식 말입니다. 자유의 율법에는 그런 계산이 없고, 그런 계산이 필요하지도 않습니다. 다시 말해, 무슨 일을 하든지 우리의 자유를 충족시키는 하나님의 자유라는 한계 안에 머물러야 합니다. 이것이 자유의 작동 방식입니다. 저는 어떤 제약이나 법, 명령 없이도 하나님이 주신 자유와 그분이 베푸신 사랑을 가장 잘 표현하는 말이나 행동을 자유로이 선택합니다. 그렇게 하면서 어떤 보상이나 구원을 기대해서는 안 됩니다. 결국 나는 하나님의 자유를 만날 것입니다. 그 자유가 내 자유를 충족시키는, 그분의 주권적이고 독립적인 자유에 따라 내 행동을 평가할 것입니다. 나는 온전히 자유롭게 선택하고, 하나님도 온전히 자유롭게 평가하십니다. 이것이 우리를 기다리고 있는 심판입니다.

내가 여러 차례 사랑을 언급했지만, 이 본문에는 '사랑'이라는 단어가 나오지 않는다는 점에 유의해야 합니다. 하지만 13절에서 그와 흡사한 단어를 찾아볼 수 있는데, 바로 '긍휼'입니다. 한편으로 이 본문은 긍휼을 행하지 않는 사람들에게 긍휼 없는 심판이 임하리라고 말하지만, 다른 한편으로는 긍휼이 심판을 이긴다고 말합니다. 사랑도 긍휼도 없는 곳에 과연 무엇이 남을까요? 계산만 남을 것입니다. 다시 말해, 본문은 두 존재의 관계를 말합니다. 자유와 사랑의 관계든지, 어느 한쪽이 지배하고 제한하고 강요하여 계산으로 끝날 수밖에 없는 관계든지 둘 중 하나라는 것입니다. 본문은 긍휼을 행하지 않는 사람들에게 긍휼 없는 심판이 있다고 말합니다. 이 말은 두 가지 가능성을 뜻합니다. 하나님은 사랑이시고 그 사랑이 우리를 그분의 사랑 안에서 자유로운 심판으로 움직인다는 것을 알고 하나님의 자유라는 이 심판을 받아들이든지, 우리가 해명해야 하는 심판을 받아들이든지 말입니다. 이것은 우리가 하나님나라 비유들에서 배운 내용을 떠올리게 합니다. 달란트 비유에서 보듯이, 저는 하나님이 우리가 그분께 기대하거나 원하는 일들을 하신다고 말할 수 있습니다. 세 번째 종은 주인이 심지 않은 데서 거두는, 굳고 자비가 없는 분인 줄 알았다면서 한 달란트를 돌려줍니다. 하나님은 그 종이 자신을 그런 식으로 생각했기에 그에 합당하게 행동하실 것이라고 대답하십니다. 저는 이것이 가장 중요한 핵심이라고 생각합니다. 우리가 사랑과 자유의 하나님을 전적으로 믿고 신뢰하면, 사랑과 자유의 하나님을 만날 것입니다. 그것이 여기서 믿음이 하는 역할입니다. 2장 13절은 긍휼을 베풀지 않으면 정죄를 받는다는 조건을 제시하지도, 우리를 협박하지도 않습니다. 자유가 없으면 어떻게 되는지(긍휼과 사랑이 없는 심판이 반드시 뒤따름) 그냥 묘사할 뿐입니다. 사랑이 있는 곳에 하나님의 사랑이 있고, 심판은 없을 것입니다. 긍휼이 심판을 이기고 자랑합니다.

자유에 대한 이 가르침은 자유 없는 세상이 있음을 암시합니다. 하나님이 말씀으로 우리에게 주시는 자유는 세상이 알거나 이해할 수 없는 자유입니다. 우리는 이런 현실을 실감합니다. 우리가 주변 사람들에게 말할 때는 우리가 살아가는 사회 내의 제약에 필요한 우리의 의무와 윤리적 의무, 법적 책임을 이해합니다. 그러나 이것은 자유도 사랑도 아닙니다. 여러분이 자유와 사랑을 살아내려고 애쓰는 순간, 그 즉시 혼란에 빠집니다. 앞으로 벌어질 일을 미리 아는 것은 더 이상 불가능합니다. 미래 일을 안다면, 자유는 사라지고 우리를 기다리는 제약만 남기 때문입니다. 자유와 사랑 가운데 살려면 꾸준하고 적극적인 상상력, 세상이 이해하지 못하는 상상력이 필요합니다. 행동으로 옮기는 것이 그토록 중요한 이유가 바로 이 때문입니다. 성경의 관점에서는, 이 자유를 마음에 내면화하거나 영적인 것으로만 제한할 수 없습니다. 이 자유는 완전하고 전적인 삶의 변화를 요구하는데, 그러려면 우리 행위와 사회 구조에 일종의 개입이 필요합니다. 그래서 하나님의 말씀이 우리 삶에 가장 먼저 하시는 행동은 우리가 그 말씀을 행해야 한다고 권면하는 해방입니다. 이 실천과 우리가 받은 자유는 관계가 있습니다. 다시 한 번, 야고보서가 얼마나 심오하고 섬세한 구조인지를 알 수 있습니다. 나를 자유롭게 하는 이 하나님 말씀이 그 말씀 자체의 제약에서 나를 자유롭게 해주기 때문입니다. 이것은 강요하는 말씀이 아니라, 나를 자유하게 하여 나 스스로 선택한 말씀입니다. 아시다시피, 하나님은 우리를 해방시키셔서 또 다른 노예로 만드시지 않습니다. 나를 노예로 삼는 좋은 것은 실제로는 악입니다. 나를 노예 삼는 신은 악한 신이지, 성경의 하나님이 아닙니다. 다시 말해, 말씀을 행하라는 권면만 있을 수 있습니다. 우리가 하나님의 말씀으로 자유로워진 바로 그 순간, 우리에게는 아무런 의무가 없어서 그 말씀에서 돌아설 수도 있고 말씀을 잊어버릴 수도 있습니다. 우리가 하나님의 말씀을 알 때, 결정은 오롯이 우리 몫입니다. 이 결정을 먼저 할 수도 없고, 내가 받은 자유를 실천에 옮기는 동안 다른 사람이 대신 해줄 수도 없습니다. 하나님은 물론이고, 어느 누구도 내 대신 이 결정을 해줄 수 없습니다.

이렇게 우리가 받은 자유를 고려한다면, 십계명은 어떻게 생각해야 할까요? 십계명은 명령이 아니라, 우리가 해야 할 일의 새로운 미래입니다. 예를 들어, 6계명은 여러분이 살인해서는 안 된다must not고 하지 않고, 살인하지 않을 것will not이라고 말합니다. 여러분 앞에 있는 미래는 여러분에게 자유가 있는 미래이기에 이웃을 죽이는 일은 더 이상 불필요하다는 뜻입니다. 살인하면 우리는 살인의 율법에 들어갑니다. 살인은 복수를 낳고, 복수는 더 많은 살인을 낳아 악순환이 계속됩니다. 즉, 이 계명은 다른 모든 계명처럼 생명과 죽음의 경계를 표시합니다. 유대인들은 이 율법의 경계를 넘지 않으면 살아남았고, 그 경계를 넘어서면 죽음의 영역으로 들어갔습니다. 그들이 경계를 위반해서 하나님이 벌을 주신 것이 아닙니다. 하나님은 그 백성에게 그들이 새로운 자유를 누리면서 어떻게 생명 가운데서 살아가고 죽음을 피할 수 있는지 말씀해주셨습니다. 그들의 자유는 자신들에게 최선으로 보이는 것을 선택할 수 있는 선택의 자유였고, 이런 선택의 자유를 표시할 수 있는 유일한 수단은 바로 사랑이었습니다. 하나님은 그 백성에게 자유를 주셔서 그들이 사랑할 수 있게 하셨습니다. 협박하거나 강요하면 사랑은 불가능합니다. 히브리어에서 이 율법에 **순종하라**고 말하지 않고 율법을 **행하라**고 말하는 점은 주목할 만합니다. '순종'이라는 표현은 우리 외부에 있는 법에 지배를 받는 것을 암시합니다. 히브리어 표현에는 매우 다른 함의가 있습니다. 법은 우리가 행하기 때문에 존재합니다. 이런 히브리적 성향이 말씀을 행하라고 표현한 그리스어 본문에 고스란히 담겨 있습니다. 그리스어 본문은 문자적으로 우리가 말씀을 깨닫는 사람이 되어야 한다는 뜻입니다. 여기서 말씀을 깨닫는다는 것은 말씀을 일상에 녹여낸다는 의미입니다. 그 결과, 십계명은 모든 제약을 약속으로 뒤바꾸어서 도덕적 의무를 180도 바꾸어놓습니다.

이제 여러분의 질문에 답해보겠습니다. 모든 것이 가하나 다 유익한 것은 아니라는 바울의 말을, 여러분이 좋아하기는커녕 혐오하는 대상인 창녀에게 대입해봅시다. 그런 상황에서 그 여자와 관계를 맺는 것은 여러분의 자유를 잃어버리는 것입니다. 본문은 여러분에게 허용되지 않는 유일한 행동이 바로 그것이라고 말합니다. 하나님의 율법은 우리를 노예 삼은 모든 것에서 우리를 해방시키는 자유의 율법입니다.

교회는 늘 이것을 잊어버립니다. 어떤 상황에 적절한 반응을 찾은 순간, 그것은 규칙이나 교리, 신학이 되어버립니다. 그러고는 이미 산더미 같은 기존의 규칙과 신조, 신학들에 추가되어, 끊임없이 반복되고 학습되고 조직됩니다. 그 결과, 자유는 모두 사라져버립니다.

궁극적으로, 그리스도인과 비그리스도인의 차이는 그리스도인은 구원받고 비그리스도인은 저주를 받고 하는 문제가 아닙니다. 그리스도인들은 하나님의 사랑을 받는 것을 알고, 비그리스도인들은 모른다는 것이 근본적 차이입니다. 따라서 우리가 비그리스도인들에게 말씀에 대해 이야기할 때는 그들을 개종해서 교회에 데려오는 것이 목적이 되어서는 안 됩니다. 하나님의 사랑을 받고, 삶에서 그분과 동행하며, 인생의 종착역이 죽음이 아니라 부활이라는 것을 아는 기쁨을 전해주기만 하면 됩니다. 그것이 복음입니다.

On Being Rich and Poor

12. 다른 사람들

경건하지 않은 삶?

이 본문(약 1:26-27과 2:1-11)을 처음 읽고 나서는, 다소 피상적이고 윤리적으로 지나치게 단순하다는 인상을 받을 수도 있습니다. 하지만 조금 더 자세히 살펴보면 그렇지 않다는 것을 금세 알 수 있습니다.

야고보서 1장의 마지막 두 절부터 시작하려 합니다. 이 두 절은 그리스도인의 삶을 세 가지 주요 주제로 묘사하는데, 각 주제는 조금 다른 순서이기는 하나 2장에서 자세히 다룹니다. 첫 번째 주제는 말의 중요성, 특히 말할 때 혀를 다스려야 할 필요성을 다룹니다. 두 번째 주제는 자선(넓은 의미에서)을 하나님이 받으실 만한 유일한 경건으로 간주하면서 그 중요성을 다룹니다. 이 이웃 사랑은 연약한 고아와 과부를 돌보는 데서 드러납니다. 세 번째 주제는 구별되어 세속에 물들지 않는 것의 중요성을 다룹니다. 이런 관점에서 야고보서의 나머지 부분을 읽으면, 2장 전체가 다른 사람들에 대한 우리의 행동과 지지와 이웃 사랑을 다루는 것을 알게 될 것입니다. 3장 11절까지는 말과 언어 사용, 혀를 제어하는 법을 다룹니다. 3장 나머지 부분과 4장 전체, 5장 도입부는 세속에 물들지 않는 것을 다룹니다. 이제 우리는 야고보서의 전체 구성을 파악했습니다. 야고보서는 우리가 지금까지 공부한 일반적인 서론으로 시작합니다. 서론에서는 그리스도인의 삶은 끊임없이 시험을 받고, 제대로 된 인생을 살려면 지혜가 필요하며, 그 지혜는 말씀에 귀 기울이는 것에 전적으로 달려 있다는 것을 이야기했고, 그다음에 자유의 율법이 이어집니다. 다음으로 편지의 본론은 말씀을 행동으로 옮기는 것과 관련된 세 부분으로 나뉩니다. 결론은 인내와 기도를 다룹니다. 전체적인 구조가 매우 훌륭하며, 서론에서 언급한 계획이 본문에 잘 통합되어 있습니다. 그리스도인의 삶을 논하는 면에서 야고보서는 바울서신과는 조금 다른데, 바울서신은 좀 더 신학적인 특징이 도드라진다고 볼 수 있습니다.

그리스도인의 삶은 앞서 언급한 세 요소가 엮인 하나의 실체입니다. 예를 들어, 그리스도인의 삶에서 고아나 과부를 돌보는 것은 단순히 사회복지를 제공하는 차원이 아닙니다. 정말로 그들을 돌보려면 세속에 물들지 않고 자유로워져야 하는데, 그것은 결코 쉬운 일이 아닙니다. 달리 표현해보겠습니다. 고아와 과부를 돌보는 한 개인의 내면은 근본적으로 그 관계에 기여합니다. 더 나아가, 이 사랑의 봉사는 다른 사람에게 말하는 것을 포함하는데, 그러려면 혀를 제어하여 여러분이 말하는 내용이 무엇인지 정확히 알아야 합니다. 우리가 하는 모든 일은 그리스도인의 삶에서 빠질 수 없는 일부분입니다.

또한 본문은 경건religion의 문제를 제기합니다. 종교에 대한 사회적, 역사적 연구 결과, 종교적 현상은 모든 사람의 필요에 부합한다는 사실이 일반적으로 받아들여졌습니다. 인간은 종교적 동물이고, 종교 자체가 자연스러운 것이 되었습니다. 사람은 누구나 종교가 필요합니다. 이런 해석은 그리스도인들에게 명백한 질문들을 제기합니다. 예를 들어, 프랑스에서는 제2차 세계대전 이후로, 유대교가 셈족의 종교들과 과연 다른지에 대한 기나긴 논쟁이 있었습니다. 일부 사람들은 지구라트가 하나님께 올라가려는 욕구를 분명히 드러낸다고 지적하면서 그런 면에서 유대교도 별다를 바가 없다고 지적했습니다. 확실치 않다는 사람들도 있었는데, 그들은 성경이 반대 움직임, 곧 하나님이 그 백성에게 내려오시는 것만 이야기한다고 지적했습니다. 하나님이 아담에게 말씀하시거나 바벨탑을 보러 내려오시는 장면 등 창세기에서 이 점은 이미 살펴보았습니다. 하나님은 예수 그리스도 안에서 온전히 자기 백성에게 내려오십니다. 그런 차이가 하나님의 계시와 다른 종교들을 구분하게 되었습니다. 저는 카를 바르트가 기독교와 나머지 종교의 이 근본적 차이를 극단적으로 밀고 나갔다고 생각합니다.[1] 하나님이 주시고 인간이 받은 계시는 인간의 종교 행위와 정반대입니다. 전자는 하나님이 내려오시지만, 후자는 인간이 올라갑니다.

하나님만이 그분을 우리에게 계시하실 수 있기에, 예수 그리스도의 모습으로 우리 가운데 오셨습니다. 그러나 이 계시는 우리의 종교적 필요와 열망을 만족시키지 못합니다. 성경은 이 점을 분명히 합니다. 예를 들어, 하나님이 시내 산에서 모세에게 말씀하고 계실 때, 히브리 백성은 금송아지 형상의 신을 만들어 자신들의 종교적 욕구를 채우려 합니다. 그들을 애굽에서 해방시키시고 약속의 땅으로 인도하고 계신 하나님이 그들의 욕구를 채워주시지 못한 것이 틀림없습니다. 이스라엘 백성은 이제 자신들이 보고 만질 수 있으며, 원하면 언제든 함께해주는 작은 신을 소유하게 되었습니다. 이 신은 그들에게 스스로를 계시하신 하나님과는 정반대의 체험을 제공했습니다.

이런 반대에도 불구하고, 본문은 종교를 거룩하게 구별하는 것 같습니다. 본문은 사람들이 스스로 경건하다 생각하며 자기 혀를 재갈 물리지 않으면 그들의 경건은 헛되다고 말합니다. 하나님 앞에서 정결하고 더러움이 없는 경건은 고아와 과부를 돌보고 자기를 지켜 세속에 물들지 않는 것이라고 말합니다. 우리는 이 말씀을 읽으면서 야고보가 경건과 기독교를 완전히 혼동하고 있다는 인상을 받을지도 모릅니다. 왜냐하면 야고보가 기독교를 이야기하고 있는 듯 보이기 때문입니다. 저는 이 본문이 겉으로 보기보다 훨씬 더 미묘하다고 생각합니다. 이 말씀이 그리스인 청중을 대상으로 하며, 수준 높은 그리스 문화를 활용하고 있다는 점을 기억하십시오. 이 사람들은 자신들이 경건으로 간주하는 것이 여기에 묘사된 내용과는 아무 관계가 없다는 것을 잘 알았을 것입니다. 그리스 세계에서 종교란 성물과 희생제사, 의식, 예배, 독실함, 신비 등을 뜻했는데, 본문은 이런 것들은 전혀 다루지 않습니다. 따라서 본문은 이 모든 형태의 종교 표현은 아무 의미나 가치가 없다고 암시하는 셈입니다. 모든 종교적 표현은 쓸모없습니다. 다시 말해, 신성함과 그에 따른 모든 종교적 부속물은 계시 곧 인간에게 내려오시는 하나님으로 대체되어야 합니다. 하나님이 인정하시는 유일한 경건(야고보는 기독교나 신앙을 이야기하지 않습니다)의 형식은 종교 예배나 의식이 아니라 이웃을 사랑하고 자기를 지켜 세속에 물들지 않는 것입니다.

본문은 모든 민족의 심판을 이야기하는 마태복음 25장 내용에 부합합니다. 참된 경건은 가난한 사람들에게 음식과 옷을 주고, 아픈 사람들을 간호하고, 이방인을 돌보고, 갇힌 자들을 찾아가는 것입니다. 그렇게 한 민족들은 언제 우리가 주님을 위해 그런 일들을 했느냐고 묻습니다. 예수님은 그들이 형제 중에 지극히 작은 자 하나에게 한 것이 곧 내게 한 것이라고 대답하십니다. 반대로, 그렇게 하지 못한 민족들은 예수님께 그리한 것이기에 저주를 받습니다. 이 점은 확실히 해두는 것이 좋겠습니다. 본문은 계시를 받은 사람들에 대해서는 말하지 않습니다. 민족들과 그 심판에 대해서만 이야기합니다. 여기서 '민족'으로 번역한 그리스어 단어는 계시를 알지 못하는 사람들을 가리킵니다. 하나님이 종교를 전혀 모르는 사람들이 가난하거나 어려움에 처한 사람들을 돕는 것을 종교와 경건한 행동으로 인정하신다면, 확실히 그 계시를 받은 사람들에게 그에 미치지 못하는 것을 기대하시지는 않을 것입니다. 따라서 이 본문은 그 논란을 다시 우리 그리스도인들에게 되돌려 보냅니다. 우리는 계시를 받았기에 희생제물, 의식, 예배, 신비를 비롯한 모든 종교적 부속물에서 면제되지만, 우리 이웃을 향한 사랑과 책임은 어찌되는 것입니까? 이제 야고보는 그리스도인의 행함이라는 오래되고 상세한 토론을 위한 무대를 마련합니다. 이 토론은 예수 그리스도를 언급하고, 우리 종교가 사람들이 민족들에게 기대한 것과 같다는 것을 보여주는 2장 도입부에서 시작됩니다. 우리는 계시를 받았고 그 사실은 좋은 것이지만, 우리에게는 인간의 종교적 욕구가 있고 이 욕구는 마찬가지 방식으로 표현되어야 합니다. 곧, 우리 혀를 재갈 물리고, 가난한 사람들을 돕고, 세속에 물들지 않게 자신을 지켜 거룩하게 행동해야 합니다.

2장 서두는 소위 예수 그리스도 안에 있는 우리 종교가 다른 사람들도 똑같이 위한다는 것을 보여줍니다. 우리는 하나님에게서 계시를 받았습니다. 그것은 좋은 일이지만, 우리는 다른 사람들처럼 우리의 종교적 필요를 표현해야 합니다. 전통적인 종교적 부속물로 하나님을 감동시키기를 기대해서는 안 되고, 민족들에 대한 심판에서 하나님이 기대하신 일, 곧 예수님을 위해 한 일이나 하지 않은 일의 관점에서 행해야 합니다(마 25:31-46). 우리는 다른 사람들과 똑같은 상황에 있습니다. 하나님의 말씀을 안다고 해서 이 성향에서 특혜를 주지 않는데, 그것은 모두를 위해 좋은 일입니다. 이 모두는 야고보서의 독자인 그리스인들에게는 매우 큰 충격이었을 텐데, 특히 그 내용이 야고보서의 나머지 모든 본문에도 완벽하게 녹아 들어가 있었기 때문입니다. 이것은 우리 그리스도인들에게 주시는 경고이기도 합니다.

기독교는 역사 내내 종교로 변질될 때가 많았습니다. 그런 성향은 바울의 사역 기간에 이미 엿보였습니다. 바울은 방언, 곧 사람들이 모르고 이해할 수 없는 언어를 성령의 은사로 인정했습니다. 바울은 방언은 그 내용을 해석해주는 사람이 없으면 아무 의미나 가치가 없다고 경고했습니다. 이것은 우리 혀를 통제해야 하는 또 다른 예입니다. 따라서 바울은 당시 사람들에게 익숙했던 보통의 종교적 체험, 곧 신비와 황홀경, 접신, 말을 통제하지 못하는 것 등을 금한 셈이었습니다. 바울이 방언에 대해 말한 내용은 현대 교회의 모든 종교적 표현에도 적용해야 합니다. 교회가 있는 곳에는 어디든 제도와 의식을 갖춘 예배가 있다는 사실을 회피해서는 안 됩니다. 우리는 이 모두를 끊임없이 종교로 바꾸고 있습니다. 우리 삶은 우리도 다른 사람들처럼 종교적 필요가 있다는 것을 보여주지만, 그리스도인들은 다르게 살라는 부르심을 받았습니다. 우리는 하나님의 말씀을 듣는 동안 혀를 재갈 물리는 것부터 시작해야 합니다. 그다음에야 우리가 말할 차례입니다. 우리는 이웃에게 예수 그리스도의 사랑을 보여주고, 성령님이 우리를 세속에 물들지 않게 지켜주시도록 해야 합니다. 이것이 삼위일체 하나님의 사역이라고 말한다고 해서 억지 해석이라고 생각하지 않습니다. 하나님이 말씀하시고, 예수 그리스도가 우리를 통해 그분의 사랑을 표현하시며, 성령님이 우리를 정결케 하십니다. 이것이 야고보서의 근간을 형성하는 세 가지 주제입니다.

이제 여러분의 질문에 답해보겠습니다. 세속에 물들지 않는 정결에 대해서는 야고보서 뒷부분에서 다룰 것입니다. 이것은 히브리 성경에서 성결 법전에 해당하는 내용을 가리킵니다. 이것은 단순히 계명을 어기는 죄의 문제가 아니라, 세상에서 활동하고 있는 악한 세력에 순응하느냐의 문제입니다. 예를 들어, 사탄은 성경에서 고소하는 능력이 있고, 누군가 고소를 당할 때마다 그 자리에 있습니다. 이 가르침은 법무부나 그와 비슷하게 고발과 관련된 직장에서 일하는 그리스도인에게 매우 어려운 문제를 불러옵니다. 예수님이 간음하다 잡혀온 여자를 어떻게 대하셨는지 기억하십시오. 여인은 죄를 지었지만 예수님은 여인을 고소하는 대신, 용서하시고 다시는 죄를 짓지 말라고 말씀하십니다. 사회에서는 그렇게 할 수 없기 때문에, 그런 상황에 처한 그리스도인들은 매우 난처해집니다. 기독교 사회를 창조하는 것이 유일한 탈출구라고 생각하는 것은 순전한 환상에 불과합니다. 계시록에서 분명히 보여주듯이, 기독교 사회나 정치, 국가가 불가능한 것처럼, 기독교적인 고소 방법이라는 것이 있을 수 없습니다. 우리는 돈의 권력, 경제 권력, 국가 권력 등 권력이 지배하는 세상에서 살도록 부름 받았습니다. 그래서 우리는 세속에 물들지 않고 계속해서 자신을 깨끗하게 해야 합니다.

창세기에서 보듯이 인류가 하나님과 분리된 이후로, 우리는 온갖 종류의 악한 충동에 사로잡혔습니다. 예를 들어, 예수님이 바리새인들을 위선자라고 고발하셨을 때 우리는 그들이 어떤 사람들이었는지를 기억해야 합니다. 오늘날의 그리스도인들이 바리새인들만큼만 했다면, 교회는 확실히 변했을 것입니다. 그러나 예수님은 바리새인들의 모든 행위가 악한 충동에 근거한다는 사실을 드러내십니다. 그들은 하나님 앞에서 스스로를 의롭다 하여, 스스로 선하고 순전하다고 여깁니다. 궁극적으로 그들의 동기는 하나님 앞에서 악했습니다. 그러나 우리도 십자가의 예수 그리스도 앞에서 우리 내면의 악이 얼마나 깊은지를 발견하게 됩니다. 하나님은 인류를 구원하려면 그 아들을 십자가에 죽게 하여 인류의 악을 제거하는 방법밖에 없다고 생각하셨습니다. 그 십자가로 우리가 용서 받았다는 사실이야말로 우리 악의 깊이를 가장 극명하게 보여줍니다.

우리는 악한 권세가 활동하는 이 세상에서 하나님의 말씀을 받았습니다. 하나님 말씀이 거짓의 세상 가운데 오셨습니다. 그리스도인들이 거짓의 권세 앞에 진리의 말씀을 굴복시켜서는 안 되는 이유가 바로 그것입니다.

2장 1-7절 중에서도 1절은 언뜻 보기보다 훨씬 더 복잡합니다. 1절은 마치 우리가 하나인 것처럼 "내 형제들아"라는 말로 시작하는데, 바로 이어서 우리가 구별하고 차별하는 이유를 묻습니다. 우리가 하나인 동시에 나뉠 수는 없는 노릇입니다. 다시 한 번 야고보는 복잡한 문제에 단도직입으로 접근하는 능력을 보여줍니다. 그는 예수 그리스도에 대한 우리 믿음과 우리가 불러온 분열 사이에 관계를 설정합니다. 본문에서 잠시 뒤에 설명하겠지만, 차별하지 않는 것이 사랑의 표현입니다. 다시 말해, 다른 사람에 대한 사랑은 예수 그리스도에 대한 믿음의 결과나 심지어 조건으로 드러납니다. 본문은 이제 누구나 할 수 있는 선행을 넘어서서 그리스도인들에게 좀 더 구체적인 무언가를 이야기합니다. 믿음은 모든 차별을 극복할 수 있는 사랑을 가져옵니다. 나는 이것이 비그리스도인들에게는 강요할 수 없는 그리스도인의 사랑의 한 가지 독특한 특징이라고 믿습니다. 누구라도 다르게 대하지 않는 것이죠. 비그리스도인들은 세상 기준으로 사람을 판단할 수밖에 없습니다. 하지만 그리스도인들은 누구는 낫게 여기고 누구는 못하게 여기는 식으로 사람을 차별해서는 안 됩니다. 따라서 이 사랑에는 '선천적' 요소는 없고, 오로지 믿음에서만 나올 수 있습니다.

본문은 예수 그리스도를 영광의 주로 묘사합니다. 예수님은 주로 드러나셨기에 영광스러운 분입니다. 사람들이 차별하지 않을 수 있는 이유가 이 주 되심 때문이 아니라면, 조금은 믿기 힘든 사실일 수 있습니다. 예수님은 사람을 전혀 차별하시지 않는, 모든 사람의 주이십니다. 그분은 부자와 가난한 자, 자유자와 종, 그리스인과 유대인, 남자와 여자, 그리스도인과 비그리스도인 모두의 주이십니다. 바울이 말하듯이, 그리스도 안에서 우리 사이에는 아무런 차별이 없습니다. 이는 그분이 우리의 구세주라는 사실이 아니라 그분의 주 되심에 근거합니다. 우리가 믿음으로 그분께 연결되었다면, 그분을 주님으로 모신 모든 사람과도 연결되어야 합니다. 예수님은 그분의 권위나 지배가 아니라 우리를 향한 사랑으로 이 주 되심을 행사하십니다. 다시 말해, 모든 인류의 형제애는 선천적이지도 않고, 창조의 결과도 아닙니다. 나는 야고보서가 이 점을 우리의 전통적 신학 이해에 추가한다고 믿습니다. 우리는 우리가 동일한 창조주에게 지음 받았기 때문에 모두 형제자매라고 생각하는

데 익숙해졌습니다. 그러나 그 결과가 인류의 형제애로 나타나지는 않았습니다. 성경은 우리를 형제요 자매로 변화시킨 것은 예수 그리스도의 주 되심이라고 말합니다. 예수님은 우리 모두가 형제와 자매가 되게 하는 중재자이십니다. 같은 창조자를 두어서가 아니라 같은 아버지를 두었기 때문입니다. 예수님은 하나님이 우리 아버지요 자신이 그중에서 장자라고 가르치셨습니다. 예수 그리스도를 주로 믿는 것은 우리가 세상 가치에 따라 구별하고 분류하고 계층을 만들려고 다른 사람들을 판단하는 일을 그치는 것을 뜻합니다.

예수 그리스도의 주 되심은 세상 통치자와 실세들의 주인 됨과는 매우 다릅니다. 예수님의 주 되심은 그분의 겸손과 희생에 기초하기에, 권력과는 아무런 상관이 없습니다. 우리는 똑같은 방식으로 다른 사람들을 보아야 합니다. 세상 기준과 계급으로 판단하는 일을 멈춰야 합니다. 도덕, 정치, 지성, 종교, 인종 등 어느 영역에서도 예외는 없습니다. 모든 사람을 받아들이는 것—아무도 거부하지 않는 것—은 아무런 차별 없이 우리 자신을 모든 이에게 여는 것을 뜻합니다. 우리는 똑같이 하나님의 사랑을 받기 때문에 모두 형제자매입니다. 이것이 2장 1절이 말하는 내용입니다.

1절을 다루고 나니, 2-7절은 매우 쉽고 분명해 보입니다. 본문은 부자와 가난한 사람들이 나뉜 교회(회중)에 대해 이야기합니다. 사회의 기준과 가치관에 따라 판단하는 모습에 부자를 높이는 성향이 드러나는데, 본문은 이를 정죄합니다. 사회에서 존경할 만하다고 간주하는 사람들을 존경하는 것은 악한 생각에서 비롯된 것입니다. 이것은 단순히 사회에 순응하는 문제가 아니라, 진정한 악입니다. (야고보서 1장에서 보았듯이) 세상 사람들 보기에 가난한 사람들을 선택하셔서 믿음의 부자가 되게 하신 하나님의 진실한 판단과는 정반대입니다. 그렇다고 해서 가난한 사람들만 믿음을 가진 것은 아닙니다. 뿐만 아니라, 그들은 종말의 하나님나라와는 반드시 구별해야 할, 천국을 상속받을 것입니다.[2] 다시 말해, 이 세상에서 예수 그리스도의 왕통王統을 지닌 자는 바로 가난한 사람들입니다. 그것이 곧 그들의 소명이요, 그들이 성취해야 할 역할입니다.

하나님이 가난한 자들을 그런 역할로 선택하셨다고 해서 그들이 다른 사람들보다 낫다거나 그들이 하나님을 더 사랑한다는 뜻이 아님을 강조하는 것이 중요합니다. 마르크스의 주장처럼, 가난한 사람들이 역사의 전수자는 아닙니다. 가난한 사람들은 힘이 없어서, 자원이 없어서, 세상에 자랑할 만한 것이 없다는 이유로 선택되었습니다. 그 결과, 하나님이 사람들을 매개로 하시는 일과 사람들이 스스로 하는 일 사이에 혼동이 있을 수 없습니다. 바울이 고린도 교인들에게 그들 가운데 지식인이 많지 않아서 다행이라고 말했던 것이 기억납니다. 지식인들이 하나님의 말씀을 전하면 교인들은 그 말씀을 그들의 뛰어난 논증과 능변과 착각할 위험이 있기 때문입니다. 그래서 학식이 많은 박사의 사역이 교회에서 가장 작고 보잘것없었습니다. 우리는 성경 전체에서 그와 비슷한 종류의 선택을 볼 수 있습니다. 예를 들면, 이것이 다윗과 사무엘 같은 사람들과 유대 백성을 선택한 배후에 있는 '논리'입니다. 이스라엘은 모든 민족 중에 가장 작은 민족이어서 선택을 받았습니다.

그렇다면 부자는 선택되지 못한다는 뜻입니까? 우리는 야고보서 후반부에서 부자들이 매우 가혹한 판단을 받는 것을 볼 수 있습니다. 이것은 사람들을 수용하는 것이 아니라, 차별이나 거부가 아닙니까? 기존의 계층 구조를 뒤집어서 가난한 사람들을 꼭대기에 올려놓는 것이 아닙니까? 나는 성경은 부자와 가난한 자를 똑같이 대접하는 것이 중요하다고 말한다고 믿습니다. 가난한 자에 대한 차별을 부자에 대한 역차별로 바꾸라는 것이 아닙니다. 다시 한 번 말하지만, 예수 그리스도가 나셨을 때 부유한 동방박사들도 가난한 사람들과 함께 그 자리에 있었지만, 그들은 머나먼 길을 여행해야 했습니다. 이는 부자들이 (어떤 종류의 부자든) 어떻게 계시에 이르는지를 상징합니다. 어떤 경우든, 교회에서는 부자와 가난한 사람을 차별하지 않아야 하고, 부자들을 배제해서는 안 됩니다. 하지만 부자들이 이 땅에서 예수 그리스도의 왕통을 지니고 믿음에 부요한 자들로 선택되지는 않았습니다. 이것은 그들의 역할이 아닙니다.

6-7절은 역사적 관심사라는 세부 사항을 추가합니다. 부자는 너희를 억압하고 법정으로 끌고 가지 않느냐, 너희가 품은 이름을 비방한 사람이 바로 그들이 아니냐고 묻습니다. 이는 당시의 그리스도인들이 부자가 교회—교인 대다수는 가난했습니다—에 나타나면 매우 존경했음을 암시합니다. 또한 야고보서가 우리가 흔히 생각하는 것보다 더 오래되었음을 암시하기도 합니다. 2세기 중반부터 사회 고위층에서 많은 회심자가 나오기 시작했기 때문입니다. 이때부터 기독교가 사회 고위층에 퍼지기 시작했습니다. 기독교가

주로 가난한 사람들과 노예들 사이에 퍼진 것은 예수님의 사후 처음 두 세대뿐이었습니다. 본문은 야고보서가 쓰인 당시의 교회에서 대부분의 교인들은 가난했고 소수의 예외를 제외하고는 부자들은 그들을 적대시했다는 것을 암시하는 듯합니다. 야고보는 교회들에게 그들이 부자들을 존중하는 이유를 묻기 위해 이런 상황을 지적합니다.

야고보는 동료 그리스도인들에게 경고하기를, 그들이 세상이 사람들을 판단하는 방식을 따를 뿐 아니라 그들을 법정으로 끌고 가는 사람들을 존경하고 있다고 말합니다. 당시에는 그리스도의 제자가 되는 것을 금지했기 때문에 그들은 자신들이 가진 얼마 안 되는 것마저 법정에 빼앗길 위험을 감수했습니다. 그들을 고소하는 다른 사람들에게는 보너스인 셈이었습니다. 더군다나 부자들은 그리스도인들에게 대하여 일컫는 바 그 아름다운 이름을 비방했습니다. 그들이 선포하는 믿음과 그들의 행동 방식이 천지차이였기 때문입니다. 이는 그들을 존경하지 말아야 할 또 다른 이유이기도 합니다.

우리가 부자들을 존경하지 말아야 한다면, 부자들을 경멸할 정도까지 가난한 사람들을 존경하는 정반대 행동을 해서도 안 됩니다. 그렇게 한다면, 종류만 다를 뿐 똑같은 차별을 저지르는 셈이기 때문입니다. 신명기는 상대방이 돈이 많거나 가난하다는 이유로 그에 대한 판단을 바꾸어서는 안 된다고 교훈합니다. 재산과 권력을 지닌 사람들도 남들과 똑같은 대접을 받아야 하지만, 그들이 우리 가운데 천국을 소유한 자들은 아니라는 사실을 알아야 합니다.

이제 여러분의 질문에 답해보겠습니다. 저는 이 본문에 막대한 함의가 있다고 믿습니다. 예를 들어, 제2차 세계대전 마지막에 해방이 되면서, 독일에 협력한 많은 사람들이 심한 학대를 받았습니다. 우리에게는 그들을 희생하여 승리를 누릴 권한이 없었습니다. 사람들은 자신이 짓지도 않은 죄 때문에 고발을 당하는 일이 자주 있었고, 우리는 그들을 돕고 지지할 수밖에 없었습니다. 같은 맥락에서, 저는 우리가 극단주의자들과 똑같은 종류의 무기와 전략을 가지고 그들과 싸워서는 안 된다고 믿습니다. 그리스도인들은 우리 주님을 따라, 예수님처럼 권력을 다루어야 합니다. 우리는 경찰과 군대를 통해 우리와 적대 관계에 있는 종교·정치 세력을 진압할 수 있다고 생각해서는 안 됩니다. 그리스도인들이 예수님처럼 행동한다면, 우리가 속한 사회 구조에 진정한 영향력을 행사할 수 있으리라 믿습니다. 관용은 사람들의 행동이나 가르침을 수용하는 것이 아니라, 그들을 판단하지 않는 것입니다. 저는 무정부 사회나 기독교 사회가 불가능하다는 것을 잘 압니다. 사회가 작동하려면 다양한 법과 규칙이 필요합니다. 법과 규칙 없이 움직일 수 있는 공동체는 없지만, 그렇다고 해서 우리가 특정 종류의 사회 형태나 정치 형태를 선호할 수 없다는 뜻은 아닙니다. 이것은 국가가 늘 존경과 사랑을 원하는 우리 시대에 매우 중요합니다. 우리는 국가에 복종해야 하지만, 우리 주님보다 더 사랑하는 대상이 있어서는 안 됩니다.

우리는 사회가 내리는 종류의 법적 판단을 내릴 수밖에 없지만, 법은 뭔가가 이미 잘못되었을 때 개입한다는 사실을 잊지 말아야 합니다. 예를 들어, 결혼 생활이 순조로울 때는 법은 필요 없습니다. 결혼 생활에 위기가 닥쳤을 때 법이 개입합니다. 그리스도인들은 다른 길, 곧 가난하거나 억압받거나 불행한 사람들을 변호하고 돕는 길, 화해를 찾기 위해 경제적, 사회적, 정치적 문제를 달리 해석하는 길을 따릅니다. 어떤 경우에는, 그 길을 따르기 위해 매우 확고해야 할 때도 있습니다. 예를 들어, 관용이 존재하려면 우리는 세속사회를 보호하고 국가가 종교 문제에 간섭하는 것을 허용하지 말아야 합니다. 일부 사람들이나 대다수 무슬림의 경우에, 법과 코란이 동일하고 국가와 종교도 동일한데, 그런 경우 이 문제는 매우 어려울 수 있습니다. 그러면 우리 사회를 관장하는 규칙에 따라 움직이기란 불가능에 가깝습니다. 같은 맥락에서, 우리는 하나님이 전쟁 때 우리 나라 편이라는 모든 주장을 거부해야 합니다. 이런 주장은 하나님이 모두 자기들 편이라는 터무니없는 상황을 조성했습니다. 마찬가지로, 나는 북반구와 남반구 사이에 심각한 빈부 격차가 지속되는 한 테러 문제를 해결할 수 없다고 믿습니다. 경찰이나 보안 기관에서 테러 문제를 절대로 해결할 수 없습니다. 권력이 판치는 세상에서, 우리는 다른 길, 곧 무권력의 길이 있다는 사실을 늘 보여주어야 합니다. 하나님이 우리와 함께하실 때 이 무권력은 효과를 발휘하는데, 그 효과는 우리나 세상의 기대와는 다를 수 있습니다. 또한 무권력의 길을 따르다 보면 우리가 폭력의 표적이 되는 경우가 많은 것을 봅니다. 마틴 루터 킹이 대표적인 예입니다. 늘 비폭력 수단을 강구한 그는 흑표당Black Panthers이나 블랙 무슬림보다 더 폭력에 심대한 영향을 미쳤습니다. 나는 비폭력이 결국 폭력을 무장해제한다고 믿습니다. 한 사람이 경찰과 폭력 집단 사이에 개입해서 무장해제라는 결과를 낳는 모습을 직접 여러 차례 목격했기 때문입니다.

8-11절에는 최고의 법과 이 법의 총체성이라는 두 가지 주요 주제가 나옵니다. (네 이웃 사랑하기를 네 몸과 같이 하라는) 사랑의 법은 왕이 내린 왕의 법royal law(개역개정 성경은 '최고의 법'으로 번역했다—옮긴이)으로 언급됩니다. 이것은 왕이 그분의 계시를 받는 모든 사람에게 부여한 법으로, 그분은 주님으로서 이 법을 부여하십니다. 하지만 이 주님은 또한 우리의 구원자이시기에, 이 법은 세상의 다른 법들과는 완전히 다릅니다. 이 법은 사랑과 자유에 기초합니다. 이렇게 살면 법에 대한 개념이 바뀝니다. 자유를 실천하는 것이 법으로는 불가능한 것처럼, 어떤 사람이 다른 사람을 사랑하게 만드는 것은 법으로는 불가능합니다. 세상에서 법과 자유는 완전히 반대편 극단에 위치해 있습니다. 이번에도, 하나님의 말씀은 의무가 아니라 약속을 드러내십니다. 말씀을 들을 때 사랑과 자유의 길이 여러분 앞에 열려서 이웃을 사랑할 수 있습니다. 같은 맥락에서, 이 말씀이 여러분의 마음을 꿰뚫을 때 여러분은 자유로워집니다.

이 사랑의 법과 앞서 언급한 자유의 법은 물리 법칙이나 사법 체제와는 다릅니다. 사랑의 법과 자유의 법은 우리를 향한 말씀이요, 우리는 그 법들을 삶에서 준수해야 합니다. 우리는 사랑하고 자유를 누리기 위해 태어났습니다. 사랑과 자유의 법은 생명의 법입니다. 사랑과 자유로 살아가기를 멈춘다면, 삶을 포기하는 것입니다.

야고보가 이 법을 말할 때는 히브리 토라와 그 상세 내용을 염두에 두고 있습니다. 예수님은 아주 작은 계명일지라도 금하고 남들에게도 그렇게 하라고 가르치는 사람은 누구든 천국에서 가장 작은 자가 되지만, 모든 계명을 지키고 남들에게도 그렇게 가르치는 사람은 천국에서 큰 자가 되리라고 선언하셨습니다. 다시 말해, 큰 계명도 작은 계명도 없다는 것입니다. 이것은 이 법의 총체성 문제로 이어지는데, 한 가지 율법을 범하면 온 율법을 범한 셈이기 때문입니다. 야고보는 이 율법이 우리가 흔히 생각하듯 계명을 길게 나열한 것과는 다르다는 점을 분명히 합니다. 하나님의 율법은 우리 삶 전반을 보호하려는 목적으로 그분의 뜻이 표현된 것입니다. 일반적인 표현으로 네 이웃을 네 몸처럼 사랑하라고 말하기는 매우 쉽지만, 이 사랑은 토라에 800개가 넘는 계명으로 상세히 표현되어 있습니다. 하나님의 뜻이 하나이듯이, 하나님의 사랑은 이 모든 계명을 한 사랑으로 아우릅니다. 하나님의 사랑이나 그분의 뜻은 조각조각 나누일 수 없습니다. 이 모든 계명이 보여주듯이, 우리 삶에서 하나님의 사랑과 관계가 없는 측면은 하나도 없습니다. 우리는 전통적으로 한쪽 끝에는 선이 있고 다른 한쪽에는 악이 있으며 중간에는 무슨 일이든 허용되는 무관심의 중간 지대가 있다고 주장했기 때문에, 저는 이것이 난해한 신학 문제를 초래한다는 것을 압니다. 예를 들어, 이런 중간 지대에서 과학기술이 발전했습니다. 과학기술은 마치 윤리적으로 중립이라는 듯, 선이나 악에는 무관심합니다. 하지만 수많은 계명은 인간의 삶에 그런 중립 지대는 없다고 가르쳐줍니다. 하나님은 만물을 보시고 만사를 판단하십니다. 따라서 이 모든 계명은 우리 삶을 공동으로 구성하는 사랑의 표현입니다. 게다가 우리가 이 모든 법을 성취한다 해도, 이 사랑은 모든 계명을 초월하기에 그 사랑은 고갈되지 않을 것입니다. 예수님은 산상수훈 초반부에 이 점을 분명히 말씀하십니다. "또 간음하지 말라 하였다는 것을 너희가 들었으나 나는 너희에게 이르노니 음욕을 품고 여자를 보는 자마다 마음에 이미 간음하였느니라"(마 5:27-28). 다시 말해, 율법은 우리에게 사랑의 예를 보여주지만, 하나님의 사랑은 그보다 훨씬 더 깊습니다. 그리스도인들은 이 사랑을 지지하여 너무 쉽게 토라를 저버렸고, 그 과정에서 율법보다 못한 일을 저질렀습니다. 예를 들어, 토라가 수입의 십분의 일을 드려야 한다고 말할 때 우리는 얼마든지 그것을 무시해도 괜찮다고 생각합니다. 사실은 정반대입니다. 사랑하려면 율법에 미치지 못해서는 안 되고 그보다 더해야 합니다. 모든 계명은 더 큰 사랑의 예시에 불과합니다. 게다가, 이것은 율법적인 법이 아니라 자유의 법입니다.

우리가 이 모든 내용을 받아들인다면, 낙담하기 쉬울 것입니다. 유대인들은 오랫동안 토라가 암시하는 내용을 찾으려고 애썼고, 토라를 기준으로 모든 삶을 정비했습니다. 그리스도인들에게 그보다 더한 일을 요청한다면, 시작하기도 전에 패배감을 느낄지도 모릅니다. 우리는 여기서, 율법은 우리가 얼마나 은혜에 깊이 의존하는지를 이해하도록 이끄는 교수법이라고 바울이 말한 내용을 상기해보는 것이 좋겠습니다. 우리는 유대인들이 한 것 이상을 해야 하는데, 하나님께 용서를 구하지 않고서는 이것이 불가능함을 깨달아야 합니다. 다시 말해, 이런 율법은 우리를 다시 하나님의 사랑으로 인도합니다. 이 본문이 우리가 이미 살펴본 두 구절, 곧 긍휼이 심판을 이긴다는 내용으로 끝나는 이유도 그 때문입니다. 율법을 더 잘 실천하는 것은 고사하고 그대로 따를 능력조차 없는 우리에게는 긍휼밖에 없습니다.

또한 본문은 우리가 다른 사람을 차별하고 구분할 때 우리가 그들의 자유를 깨닫지 못할 뿐 아니라 사실상 없애고 있다는 사실을 보여줍니다. 그렇지만 그들도 우리처럼 자유로운 존재입니다. 내가 그들을 판단한다면, 나는 그들이 나와 똑같이 판단하고, 특정 법규에 따라 행동해야 한다고 주장하는 셈입니다. 이것은 그들이 받은 자유에 따라 행동하는 것과는 정반대입니다.

다른 사람을 판단하는 행동의 두 번째 결과는 나도 판단을 받는다는 것입니다. 우리가 다른 사람을 용납하지 않으면, 하나님의 심판 앞에 서게 됩니다. 예수님의 말씀처럼 여러분은 다른 사람들을 판단한 잣대로 똑같이 판단을 받을 것입니다.

마지막으로, 저는 차별과 구분, 다른 사람들을 수용하지 않는 행동을 생각하면 솔제니친의 긴 글이 떠오릅니다. 거기서 그는 정의로운 심판과 불의한 심판을 이야기합니다. 그는 불의한 심판은 우리가 세상에서 경험할 수 있는 가장 끔찍한 일이라고 결론을 내립니다. 그 이유는 모든 사람이 정의로운 심판을 기대하기 때문입니다. 따라서 여러분이 불의한 심판을 받을 때는 사랑과 하나님의 뜻에 정반대되는 상황에 들어가게 됩니다. 이번에도 저는 이것이 야고보서의 큰 장점 중 하나라고 믿습니다. 야고보서는 매우 실제적인 상황을 제시하여 우리를 매우 복잡한 신학 원리로 인도합니다.

야고보가 네 이웃을 사랑하라고 말할 때는 이 사랑의 총체성을 반드시 이해해야 합니다. 무엇이든 이 사랑에 반하는 행동은 이웃 사랑의 총체성을 훼손한다는 것을 잘 알아야 한다는 말입니다. 이것은 12-13절에서, 윤리가 점점 더 율법주의로 변하는 것과 관련된 토론으로 다시 돌아갑니다. 율법주의로 가려는 유혹은 엄청납니다. 그 논쟁을 떠올려보십시오. 여러분의 이웃 사랑은 온전해야 합니다. 이 사랑을 조금이라도 위반하면 전체를 망가뜨립니다. 모든 가능한 상황을 예상할 수 있도록 수많은 작은 계명을 만들기 위해 교회가 종종 해온 일들, 곧 이웃 사랑이 무엇인지를 아주 상세하고 자세하게 분석하는 일에 우리가 관여한다면, 그것은 완전히 핵심을 빗나간 것입니다. 야고보서는 이웃 사랑은 그런 것이 아니라고 분명히 말합니다. 그런 의미에서 야고보서는 조금도 윤리적이지 않습니다. 우리는 자유의 율법 안에 있습니다. 따라서 우리는 자유의 법으로 심판을 받을 사람들처럼 말하고 행동해야 합니다.

다시 한 번, 저는 이 본문의 구조에 놀랍니다. 본문은 네 이웃 사랑하기를 네 몸과 같이 하라는 말로 시작합니다. 이 사랑은 아주 작고 사소한 부분이 전체를 망가뜨릴 수 있기에 극도로 복잡합니다. 법은 하나입니다. 여러분이 어떤 행동을 하든, 끝없는 규칙과 의무를 쌓고 분석하는 일은 하지 마십시오. 여러분은 율법이 전체라는 것을 알기 때문에 자유의 법으로 심판을 받을 사람처럼 말하고 행동하십시오. 여러분은 최고의 법 전체를 지키지 못하고 긍휼이 심판을 이길 것을 알고서, 다른 사람들을 판단하지 마십시오. 사랑과 자유의 여정 내내, 은혜가 함께할 것입니다. 은혜 없이 우리는 살 수 없기 때문입니다. 다시 한 번 강조하지만, 긍휼이 심판을 이깁니다. 우리는 과거에 다른 사람들을 판단했을 수도 있지만, 은혜를 받았으니 더 이상 남을 판단하지 않습니다. 한마디로, 이것이 이 본문의 논지입니다.

믿음을 실천하는 삶

야고보서 2장 14-26절은 앞선 내용의 연장선상에서 읽는 것이 핵심입니다. 오랜 동안 신학자들이 성경 전체 메시지를 구원 문제, 특히 개인의 구원 문제에 초점을 맞췄다는 점을 기억하는 것도 중요합니다. 이런 강조점은 종교개혁 이전부터 시작되었지만, 종교개혁이 믿음으로 받는 구원과 행위로 받는 구원을 대비하면서 상황은 더 악화되었습니다. 확실히, 구원이라는 주제는 성경에서 중요합니다. 구원이라는 주제는 양극단에서 논의되는 경우가 많은데, 부정적인 측면은 구원과 하나님의 진노의 저주, 구원과 죽음, 구원과 사탄 등과 관련된 두려운 반응과 관련이 있습니다. 이 두려운 반응은 종교적 성향과 관련된 경우가 많아서, 똑같이 그 두려움에 근거한 위로를 동반합니다(포이어바흐Feuerbach의 사상).[3] 저는 이 부정적인 면이 나타내는 것이 성경 메시지에서 중요한 요소는 아니라고 믿습니다.

하나님과 인류의 화해와, 우리와 하나님의 새로운 관계 정립이라는 구원의 긍정적인 측면이 훨씬 더 중요합니다. 저는 하나님과의 화해와 비교할 때 나머지 모든 요소는 부차적이라고까지 말할 수 있습니다. 이것은 개인보다는 하나님의 백성에게 주신 구원의 문제라고 할 수 있습니다. 게다가, 이 구원은 저주받은 자와 구원받은 자를 구별하는 것보다는 하나님나라를 세우는 것과 더 관계가 있습니다. 제가 보기에, 이런 구별을 강조하는 것은 심각한 오해입니다. 바울 신학과 야고보 신학의 논쟁을 포함하여 구원에 대한 모든 것은 하나님나라 세우기 안에 자리해야 합니다. 바울과 야고보의 신학 논쟁은 믿음으로 구원을 받느냐, 행위로 구원을 받느냐 하는 문제입니다. 설상가상으로, 이 논쟁은 이 본문을 오독한 데서 비롯된 것 같습니다. 전체 맥락을 무시하고 성경 본문만 따로 떼어 해석할 때 흔히 벌어지는 실수입니다. 이 경우에는, 14절에서 제기한 행함이 없는 믿음이 사람을 구원하겠느냐 하는 질문을 맥락은 무시한 채, 바울은 믿음으로 충분하다고 주장한 반면 야고보는 믿음은 아무도 구원할 수 없다고 생각하는 것 같다고 해석하는 식입니다.

이 질문을 주어진 맥락에서 살피는 것은 매우 중요합니다. 15-16절을 검토하면 즉시 두 가지 중요한 요소를 만납니다. 만일 형제나 자매가 헐벗거나 양식이 없는데 평안히 가라, 덥게 하라, 배부르게 하라고 말만 하고 필요한 것을 주지 않는다면 무슨 소용이 있겠습니까? 다시 한 번, 본문의 구조를 잘 살펴보십시오. 처음 열한 절은 이웃 사랑, 이웃 사랑과 율법 적용의 관계, 행함의 문제를 다루고, 이어서 이웃 사랑의 구체적 예를 제시합니다. 여러분이 누군가를 믿음 안에서 동료 그리스도인으로 여기고 그가 평안하고 따뜻하고 배부르기를 바란다면, 그 사람에게 필요한 것을 제공해 주어야 합니다. 구세군은 이를 "수프Soup와 비누Soap와 구원Salvation을"이라는 슬로건에 잘 담아냈습니다. 우리(집단 전체를 가리키는 집합명사)에게 일용할 양식을 달라는 기도에는 이 양식을 다른 사람들에게 주겠다는 헌신이 포함됩니다. 다시 말해, 우리는 말하려는 내용을 행동하지 않고서는 전달할 수 없습니다. 그렇다고 해서 이 주는 행위가 자선을 뜻한다는 말은 아닙니다. 더군다나, 음식을 주지 않는다면 복음을 전하는 것은 아무 소용이 없습니다. 우리는 이 둘을 자동으로 연결 짓는 데 익숙하지 않습니다. 본문에 따르면, 우리가 무슨 말을 할 때는 반드시 그 말을 실행에 옮겨야 합니다. 그것을 믿음에 비유할 수 있습니다. 행함이 없는 믿음은 공허합니다. 말을 행동에 옮기지 않으면, 말만으로는 아무 의미가 없습니다.

저는 이것이 매우 중요하다고 생각합니다. 우리가 성경에 나오는 단어를 사용한다 하더라도 우리가 하는 말이 하나님의 말씀과는 다르다는 것을 기억해야 하기 때문입니다. 둘의 핵심적인 차이는 하나님의 말씀에는 단순한 행동뿐 아니라 창조하는 행동이 포함된다는 것입니다. 하나님이 누군가에게 말씀하시면 그 말씀하신 내용이 실제로 존재합니다. 우리가 말할 때는 그렇지 않습니다. 우리는 이제 본문의 가장 중요한 핵심을 이해할 수 있습니다. 우리가 말할 때는 그 말을 성취할 수 있는 행동이 수반되어야 합니다. 말과 행동이 함께해야 하나님의 말씀을 표현할 수 있기 때문입니다. 하나님은 말씀만 하시면 그대로 이루어지지만, 우리는 말과 행동을 같이 해야 합니다. 다시 말해, 믿음은 그 믿음의 실천이 뒤따라야 합니다. 그것이 바로 15-17절에서 말하는 내용으로, 인간의 말과 하나님 말씀의 간극을 상기시켜줍니다.

이 본문의 또 다른 측면은, 믿음은 살아 있어야 하는데 산 믿음faith은 믿는believing 것으로 구성된다는 것입니다. 하지만 믿음faith으로 믿는believing 것은 우리가 흔히 이해하는 것과는 다른데, 그저 믿는 차원이나 지식이나 감성 차원에 머물지 않기 때문입니다. 우리의 믿음은 우리의 전 존재에 현재와 영원히 관여해야 한다는 의미에서 실존적이어야 합니다. 여기서는 이 내용을 제대로 설명하는 것은 불가능하더라도, 믿음의 실존적 차원이 무엇인지 조금이나마 이해할 수 있도록 두 신학자를 언급해보려 합니다.

몰트만Moltmann[4]은 믿음을 세 요소로 생각합니다. 첫째, 우리가 예수 그리스도를 믿은 결과로 우리 존재를 새롭게 이해하게 됩니다. 둘째로는, 사회적, 종교적 규칙과 사회의 제약, 시대에 순응해야 할 필요에서 해방됩니다. 마지막으로, 믿음은 불일치입니다. 평범하고 예상 가능한 것과의 결별, 그와 반대되는 것입니다. 다음은 카를 바르트를 살펴봅시다. 저는 다음 열 가지 요소로 그의 믿음관을 요약하려 합니다.[5] 우리는 믿음을 통해 우리가 가진 모든 수단을 소진했고 더 이상 앞으로 나아갈 수 없음을 깨닫습니다. 믿음을 통해 하나님을 아버지로 부르고, 그분께 무엇이든 기대할 수 있는 백성으로 살아갈 수 있습니다. 믿음을 통해 하나님에게서 오는 그 어떤 시련에도 (우리 스스로 그 시험에 맞설 수단을 강구하지 않고) 직면할 수 있습니다. 이 내용은 인생의 시련을 기쁨으로 여기라고 한 야고보를 떠올리게 합니다. 이 요소는 다음 요소와 밀접한 관련이 있습니다. 믿음을 통해 우리는 하나님이 늘 우리 편이신 것을 알고, 우리 고난을 그분 탓으로 돌리려는 유혹을 거부해야 합니다. 믿음을 통해 우리는 하나님이 판단하시고 그분 소유로 삼으신 사람들로 하나님 앞에서 살아가야 하는데, 이 판단은 정죄와는 아무 상관이 없습니다. 믿음을 통해 우리는 하나님의 신실하심을 기억하고 우리 자신의 불성실을 물리칠 수 있습니다. 다시 말해, 우리가 믿음을 잃었다고 생각할 때도 하나님은 신실하십니다. 그래서 우리는 그런 상황을 견뎌낼 수 있습니다. 믿음 가운데 사는 것은 하나님이 은혜를 베푸신 사람들에게 주신 삶의 자리를 취하는 것입니다. 믿음은 하나님이 우리에게 무죄를 선언하셔서 우리가 자유로이 산다는 뜻입니다. 하나님은 우리를 판단하셔서 그분 소유로 삼으셨고, 그 과정에서 우리를 해방시켜주십니다. 믿음과 자유는 불가분의 관계입니다. 믿음을 통해 우리는 자기 자신에 대한 견해를 포기하고, 하나님이 우리 가운데 창조하신 모습이 되어야 합니다. 이것은 우리가 겸손히 나아가기 위해서 자신과 타인에 대한 모든 판단을 포기한다는 뜻입니다. 그렇게 할 때 우리가 재창조되고 있다는 사실을 깨닫고 우리 내면 깊은 곳에서 활동하는 모든 것으로부터 해방됩니다. 마지막으로, 우리는 불순종을 멀리해야 합니다. 더 이상 자기 뜻에 따라 스스로 결정한 일을 하지 않고, 하나님을 향한, 하나님에 대한 사랑에 순종하여 성취할 수 있는 일을 해야 합니다. 이런 일들이 겉으로는 같은 결과를 가져온다 할지라도, 그 원동력은 제각각일 것입니다. 바울이 사랑을 묘사한 아름다운 말씀을 떠올려보십시오. 내가 가진 모든 것을 가난한 사람들에게 나누어준다 할지라도 사랑이 없으면 아무 소용이 없습니다. 하지만 사랑으로 행한 일은 큰 의미가 있습니다. 같은 행동이라도 믿음과 사랑과 순종으로 한 일이냐 아니냐에 따라 전혀 다릅니다.

믿음에 대한 이런 논쟁은 우리를 다시 이 본문과, 삶에서 믿음을 드러내지 않는 것이 가능하느냐는 질문으로 되돌려 보냅니다. 야고보는 "행함이 없는 네 믿음을 내게 보이라. 나는 행함으로 내 믿음을 네게 보이리라"(2:18)라고 간단명료하게 말합니다. 눈에 보이는 행함이 없는데, 어떻게 믿음을 보일 수 있을까요? 믿음이 완전히 우리 내면에만 존재한다면, 믿음을 보일 수 없고, 따라서 증거를 제시하는 일도 불가능합니다. 이 문제에 한 걸음 더 들어가보면, 성육신의 문제가 나옵니다. 우리가 앞서 언급한 믿음의 실존적 특징을 보여주려면 믿음은 구체적으로 구현되어야 합니다. 예수 그리스도가 성육신하셨기에 우리 믿음도 그렇게 구현되어야 합니다. 그것은 믿음에 구체적인 형상을 부여하는 것입니다. 우리의 전 존재가 믿음의 영향을 받는다는 뜻입니다. 우리는 마음과 목숨과 뜻과 힘을 다하여 주님을 사랑하라는 말씀을 듣습니다. 성경적 관점에서는 이 네 가지가 인간의 구성 요소인데, 모두가 이 사랑에 관여합니다. 다시 한 번, 이것은 그저 지적이거나 감성적인 것에 불과하지 않습니다. 인간의 인격이나 관심사에 어떤 구별이 있을 수 없습니다. 예를 들어, 믿음과 교회가 어느 한편에 위치하고 일상과 정치는 반대편에 위치하는 것이 아닙니다. 마치 정치는 사람들의 일상에 포함되지 않는 것처럼 교회에서는 정치 이야기를 하면 안 된다는 생각이 제게는 늘 놀랍기만 합니다. 인간 삶의 모든 영역 구석구석까지 미치지 못하는 믿음은 아무 의미가 없습니다.

본문에 따르면, 믿음에 이런 존재론적 구현이 없다면, 곧 행함으로 표현되지 않은 믿음은 쓸모없고 죽은 믿음입니다. 죽은 믿음은 은혜가 우리 삶에서 제대로 된 역할을 하지 못하는 것을 보여줍니다. 그래서 성육신하지 않은 믿음, 삶으로 표현되지 않은 믿음, 그래서 우리 개인과 교회 내부에만 남아 있는 믿음은 우리를 고발합니다. 그 이유는 믿음은 우리가 받은 은혜에서 비롯되기 때문입니다. 우리가 실수하거나 행함이 부족하여 죽은 믿음이라도 그 사실에는 변함이 없습니다. 죽은 믿음은 믿음이 없는 것과 다릅니다. 믿음이 없다는 것은 은혜나 성령을 받은 적이 없다는 뜻입니다. 이 차이는 은혜를 받고 알면서도 그대로 살지 못하는 교회들이 등장하는 요한계시록 서두에 분명히 나와 있습니다. 이런 상황에서, 그들의 믿음이 그들에게서 등을 돌립니다. 저는 이것이 우리가 무릅쓸 유일한 위험이라고 말할 수 있습니다. 이것은 복음서에서 말하는 성령을 거스르는 죄의 일부입니다. 제가 이해하기로는, 이 믿음과 행함의 관계는 매우 중요합니다.

본문은 "네가 하나님은 한 분이신 줄을 믿느냐? 잘하는도다, 귀신들도 믿고 떠느니라"(2:19)라고 질문하면서 이 점을 확실히 보여줍니다. 다시 말해, 여러분이 유일하신 참 하나님의 계시를 받아서 알더라도, 그것만으로는 부족합니다. 그리스도인이 아닌 사람들 중에서도 잘 아는 사람들이 있기 때문입니다. (마치 일신교가 다신교보다 우월하기라도 한 것처럼, 다신교와 일신교가 논쟁하는 내용을 떠올리면 웃음이 납니다.) 귀신들도 일신교라고 말할 수는 있지만, 귀신들은 그런 지식에 따라 행동하지 않기에 하나님을 사랑하지 않습니다. 귀신들은 하나님의 뜻을 행하는 것으로 이어지는 사랑은 없이 지식만 있습니다. 그래서 귀신일 수밖에 없습니다. 앞에서 욥기 서두를 언급했는데, 사탄은 하나님과 맞닥뜨리는 세상에 있기에 확실히 하나님을 알고 있습니다.[6] 거라사인의 지방에서 귀신 들린 사람을 고치시는 마가복음 5장 이야기에서도 같은 내용을 볼 수 있습니다. 귀신 들린 사람은 예수님이 누구신지 알아보고 그분께 절합니다. 예수님이 귀신에게 나오라고 말씀하시자, 자기를 괴롭히지 말아달라고 간구합니다. 이름을 묻자 그 사람은 "군대니 우리가 많음이니이다" 하고 대답합니다. 이 사람 안에 있던 '디아볼로스 *diabolos*'는 거기서 예수님이 누구신지 아는 유일한 존재였습니다. 게다가, 이 귀신은 하나님의 이름으로 예수님께 요청합니다. 광야에서 예수님을 시험한 마귀도 하나님의 말씀을 사용했습니다. 다시 말해, 마귀도 하나님을 알지만 사랑하고 화해하며 살지는 않습니다. 그래서 그는 '디아볼로스', 곧 하나님과 사람을, 사람과 사람을 갈라놓고 이간질하는 자입니다. 이런 마귀를 생각하면 도스토옙스키의 소설《카라마조프 형제들*The Brothers Karamazov*》이 떠오릅니다. 특히 주인공 이반은 하나님이 누구신지 알면서도 그분을 적대시하고 악령으로 취급합니다. 이런 입장을 자처하는 사람은 모든 사람 중에서도 가장 끔찍한데, 그는 하나님을 심판자로만 알기 때문입니다. 사랑이 없는 하나님은 심판자일 수밖에 없습니다. 창세기 1장을 공부할 때도[7] 똑같은 문제에 부딪힙니다. 위와 같은 상황을 피하기 위해 하나님은 아담을 낙원에서 추방하셨습니다. 그렇지 않았다면, 아담은 하나님을 알지만 그분에게서 독립하여 마음대로 반항하는 악령과 같은 처지였을 것입니다. 실제적인 관점에서, 이는 우리가 훌륭한 신학으로 꼼짝 못하게 되는 것을 피해야 한다는 뜻입니다. 우리는 세계 최고의 신학을 소유하고도 악령이 될 수 있습니다. 앞서 보았듯이 귀신이나 마귀도 훌륭한 신학을 정립합니다. 물론, 훌륭한 신학은 쓸모가 있지만 거기에만 의존해서는 안 됩니다.

그렇다면 어떻게 결론을 내려야 할까요? 야고보는 행함이 우리를 구원한다고 주장합니까, 아니면 행함이 하나님 앞에서 우리를 의롭다 할 수 있다고 주장합니까? 이것이 그가 말하는 바라고 생각한다면, 본문을 충분히 자세히 살펴보지 않은 것입니다. 2장 24절은 사람이 행함으로 의롭다 하심을 받고 믿음으로만은 아니라고 말합니다. 야고보는 여전히 공허하거나 죽은 믿음, 삶과 분리된 믿음을 가리키고 있습니다. 그런 종류의 믿음은 아무것도 할 수 없습니다. 다시 말해, 본문은 믿음은 스스로를 드러내야 한다고 말합니다. 야고보의 이 주장을 한 단계 발전시켜, 구원받으려면 믿음과 행함이 다 필요하다고 말할 수 있을까요? 그러면 가장 간단한 해석이 되겠지만, 이것도 본문의 진정한 의미는 아닙니다. 본문이 말하는 바는 행함이 없으면 믿음도 없다는 것입니다. 믿음이 행함으로 구체화되지 않으면, 지식이나 신념은 몰라도 믿음은 있을 수 없습니다. 그렇지 않으면, 믿음은 존재하지 않습니다. 그러나 이것은 단순히 믿음의 표현법이 발전하면서 생기는 행위들을 추가하는 문제는 아닙니다. 인간이 생각하기 때문에 말하느냐, 아니면 말하기 때문에 생각하느냐를 두고 끊임없이 논쟁하는 언어학자들의 경우와 똑같은 문제입니다. 둘은 불가분의 관계이기에 하나에서 다른 하나가 나오지 않습니다. 저는 믿음과 행함의 관계도 비슷한 종류라고 믿습니다.

확실히 이런 종류의 (죽은) 믿음은 바울이 말한 믿음은 아닙니다. 저는 믿음으로 구원받는다는 해석이 신학적으로 잘못되었다는 것은 차치하고, 우리가 바울을 믿음으로 구원받는다고 주장하는 신학자로 만들었다는 사실이 믿기지 않습니다. 바울 말대로 우리가 은혜로 구원받기 때문에 우리는 믿음으로 구원받지 않는다고 몇 번이나 말해야 합니까. 우리는 믿음이라는 수단을 통해 은혜로 구원받습니다. 따라서 바울을 행함 없는 믿음의 신학자로 만드는 것은 불가능합니다. 우리 모두는 행함을 믿음의 표현으로 결론짓는 바울서신을 읽었습니다. 이 모든 행태가 참으로 믿기지 않습니다.

야고보는 믿음과 행함의 불가분의 관계를 확실히 하기 위해, 이제는 고전이 된 두 가지 예를 듭니다. 첫 번째는 아브라함의 삶이 믿음의 삶이었다고 확인해주는 창세기 15장 6절입니다. 로마서는 아브라함의 믿음을 이렇게 말합니다. "그런즉 육신으로 우리 조상인 아브라함이 무엇을 얻었다 하리요. 만일 아브라함이 행위로써 의롭다 하심을 받았으면 자랑할 것이 있으려니와 하나님 앞에서는 없느니라. 성경이 무엇을 말하느냐. 아브라함이 하나님을 믿으매 그것이 그에게 의로 여겨진 바 되었느니라. 일하는 자에게는 그 삯이 은혜로 여겨지지 아니하고 보수로 여겨지거니와 일을 아니할지라도 경건하지 아니한 자를 의롭다 하시는 이를 믿는 자에게는 그의 믿음을 의로 여기시나니 이로 보건대 사람이 행함으로 의롭다 하심을 받고 믿음으로만은 아니니라"(롬 4:1-5). 그의 주장은 이렇습니다. 아브라함이 행위로써 의롭다 하심을 받았으면, 그에 대한 대가를 받았기에 은혜를 주시지 않습니다. 은혜가 없으면 약속도 없습니다. 본문을 좀 더 읽어 내려가면(13절), 아브라함이 율법으로도 구원받지 않았다고 말합니다. "아브라함이나 그 후손에게 세상의 상속자가 되리라고 하신 언약은 율법으로 말미암은 것이 아니요 오직 믿음의 의로 말미암은 것이니라. 만일 율법에 속한 자들이 상속자이면 믿음은 헛것이 되고 약속은 파기되었느니라. 율법은 진노를 이루게 하나니 율법이 없는 곳에는 범법도 없느니라. 그러므로 상속자가 되는 그것이 은혜에 속하기 위하여 믿음으로 되나니 이는 그 약속을 그 모든 후손에게 굳게 하려 하심이라. 율법에 속한 자에게뿐만 아니라 아브라함의 믿음에 속한 자에게도 그러하니 아브라함은 우리 모든 사람의 조상이라. 기록된 바 내가 너를 많은 민족의 조상으로 세웠다 하심과 같으니 그가 믿은 바 하나님은 죽은 자를 살리시며 없는 것을 있는 것으로 부르시는 이시니라"(롬 4:13-17).

다시 말해, 바울은 아브라함의 인생 여정에는 늘 믿음이 있었다고 말합니다. 은혜가 없는 곳에는 약속이 없다고 다시 한 번 확인해줍니다. 같은 맥락에서, 믿음으로 의롭다 함을 얻은 라합을 다룬 본문도 여럿 찾아볼 수 있습니다.

경건주의가 우리에게 주입한 것처럼, 이 믿음은 우리 내면에 있는 것입니까? 구약성경에서 아브라함과 라합의 믿음을 이야기할 때는 철학이나 형이상학 용어는 전혀 사용하지 않습니다. 그들이 한 일만 언급할 뿐입니다. 예를 들어, 구약성경은 아브라함이 갈대아 우르를 떠나고, 이삭을 희생 제물로 바치고, 롯을 구한 이야기를 들려줍니다. 라합은 정탐꾼들에게 그들이 자신이 믿는 하나님의 백성인 것을 믿는다고 말하면서 그들을 환대했습니다. 우리는 이 사람들의 신학 지식이나 종교적 신념에 대해서는 아무것도 모릅니다. 그들의 믿음이 그들을 구원했다는 사실은 그들이 한 행동의 맥락에서 볼 수 있습니다. 이런 설명 덕분에 우리는 믿음과 행함의 관계를 더 확실히 알 수 있습니다. 바울도 율법의 행위를 말하기 때문에 바울과 야고보는 사실상 근본적 차이가 없습니다. 나는 사람들이 어떻게 해서 정반대로 믿게 되었는지 잘 이해가 가지 않습니다. 바울은 로마서 3장 28절에서 율법의 행위에 대해 다음과 같이 말합니다. "그러므로 사람이 의롭다 하심을 얻는 것은 율법의 행위에 있지 않고 믿음으로 되는 줄 우리가 인정하노라." 다시 말해, 바울이 아브라함이 행위로 구원받지 않았다고 설명할 때 그는 율법의 행위를 지적하고 있습니다. 이것은 아브라함이 이런 행위들로 시작해서, 그 행위들을 하고 나서 신자가 되고, 신자가 되고 나서 하나님이 그에게 말씀하셨다는 것이 아닙니다. 바울은 율법의 행위를 배제하고, 야고보는 믿음의 행위만 이야기합니다. 야고보에게 율법은 자유라는 최고의 법이기 때문입니다. 따라서 이 율법의 행위, 곧 자유의 행위는 토라의 행위가 아닙니다. 야고보는 믿음의 존재를 표현하는 행위들을 말하고 있습니다. 이것은 동일한 문제에 대한 상반된 견해가 아닙니다.

야고보서 2장 22절은 아브라함의 믿음과 행함이 함께 일하고 행함으로 믿음이 온전하게 되었다고 말합니다. 먼저 믿음이 있고 그 믿음이 행함을 낳는 것이 아닙니다. 믿음과 행함의 관계는 훨씬 더 실존적인데, 여기서 실존적이라 함은 믿음이 하나님과의 내적 만남이라는 그 자체로는 온전하지 않고 삶에서 현실을 살아가면서 믿음이 강화된다는 의미에서 그렇습니다. 믿음과 행함 사이에는 서로 돕는 상호작용이 있습니다. 믿음은 행함(구현)으로 스스로를 표현하고, 행함은 이 믿음이 있는 그대로 온전히 드러나기를 요구하는 끊임없는 움직임이 있습니다. 본문은 사람이 믿음과 행함을 따로따로 소유할 수 없다고 말하면서 믿음과 행함이 떼려야 뗄 수 없는 관계라고 주장합니다. 많은 주석가들은 본문의 주장이 당시 교회에서 흔했던 상황을 다루고 있다고 믿습니다. 당시 교회는 일종의 분업 상태에 이르렀습니다. 묵상과 기도에 전념하는 경건파가 있었는가 하면, 행동과 봉사에 몰두하는 사람들이 있었습니다. 바울은 말씀 사역과 봉사 사역 사이에서 비슷한 분열을 감지합니다. 말씀 사역에 전념하는 사람들은 신학자, 설교자, 복음 전도자, 사도들이고, 봉사 사역에 전념하는 사람들은 집사를 비롯하여 궁핍한 사람들을 돌보는 사람들입니다. 이것이 단순히 분업의 문제라면 그렇다 치더라도, 믿음이 있는 사람들과 행함이 있는 사람들을 신학적으로 구분하는 것으로 정당화된다면 그것은 받아들일 수 없습니다. 모든 사람의 내면에서 믿음과 행함이 하나로 유지되어야만 합니다. 저는 이 본문은 개인적 관점이 아니라 다양한 은사와 봉사가 있는 공동체의 관점에서 해석해야 한다고 지적하고 싶습니다. 야고보는 스스로를 흩어져 있는 열두 지파의 종으로 소개하면서 이 점을 분명히 밝혔습니다. 다시 말해, 교회와 개인의 삶 모두에서 믿음과 행함의 통일성이 드러나야 합니다.

마지막으로, 이 본문이 행함을 이야기할 때는 전통적인 선행, 곧 자선 행위나 좋은 일을 하는 것을 가리키지 않습니다. 본문은 우리 조상 아브라함이 아들 이삭을 제단에 바쳐서 행함으로 의롭다 하심을 받았다고 말하면서 그 점을 분명히 합니다. 확실히 이는 선행이나 자선이라는 전통적 개념과는 거리가 멉니다. 이미 구약성경에서부터 사람들의 행동은 그들의 인생 전체를 표시했습니다. 둘은 구별되지 않습니다. 일, 가정, 정치, 예술은 모두 우리 행위에 엮여 들어가 있습니다. 삶의 어떤 영역도 중립적이거나 하나님의 통치 밖에 있지 않습니다. 어떤 의미에서 모든 것은 화해를 위하거나 반대하거나 둘 중 하나입니다. 우리의 행위로 심판을 받는다는 경고는 우리가 한 선행과 악행을 합산한다는 뜻이 아니라, 우리 삶으로 심판을 받는다는 뜻입니다. 우리는 하나님의 사랑이라는 한도 내에서 온갖 다양한 모습으로 살아가라는 요청을 받습니다. 그래야 예수 그리스도를 믿는 믿음이 우리 삶 전반에 영향을 미칠 수 있기 때문입니다. 그럴 때 이 믿음이 살아 있는 믿음이고, 그렇지 못할 때는 죽은 믿음입니다. 살아 있는 믿음은 우리 삶에서 정의의 원동력이 됩니다. 성경에서는 이 정의를 과녁에 정확히 꽂히는 화살에 비유합니다. 우리가 바로 이 화살, 곧 인생 전체라는 궤적을 그리는 화살입니다. 우리가 정의롭게 행동하기도 하고 불의하게 행동하기도 한다는 사실은 별로 중요하지 않습니다. 우리 삶은 각 행동의 총합으로 여겨지지 않기 때문입니다. 하나님은 우리 삶을 전체로 보십니다. 다시 한 번, 이것은 믿음과 행함의 통일성을 암시합니다. 야고보서의 신학은 성경 전체의 신학과 별반 다르지 않습니다. 야고보서는 (특히) 구약성경의 유대 사상에 깊이 뿌리 내리고 있습니다.

이제 여러분의 질문에 답해보겠습니다. 초기 기독교 신학자들이 '구속'이라는 용어를 사용한 방식은 로마법에서 비롯되었습니다. 로마 시민이 전쟁에서 포로가 되면, 그를 잡은 사람의 종이 되었습니다. 다른 로마 시민들이 그 종을 풀어주려면, 다른 종들처럼 그 사람을 사서 실제로 그의 주인이 되어야 했습니다. 종을 풀어주려면 주인은 치안판사 앞에서 그에 대한 권리를 포기한다고 선언해야 했습니다. 이것이 한 사람을 자유인으로 풀어주기 위해 치러야 할 대가, 곧 구속의 행위였습니다.

우리가 하나님 앞에서 살아가는 삶은 부모가 보는 데서 노는 어린아이들과 비슷하다고 생각해야 합니다. 아이들은 부모가 있어 안심하고, 어느 시점엔가는 도움이 되는 때가 있을 겁니다. 아이들은 부모가 있다는 사실을 기뻐하지, 자신들의 자유나 인생의 즐거움을 위협하는 존재로 생각하지 않습니다. 놀이를 매우 진지하게 생각하지만, 동시에 그것이 놀이에 불과하다는 것을 압니다. 같은 맥락에서, 하늘 아버지의 자녀인 우리는 삶을 진지하게 여기되, 동시에 우리 인생의 아무것도 우리에게 달려 있지 않다는 사실을 알아야 합니다.

13. 말씀

우리가 하는 말

1장 26-27절에서 그리스도인의 삶의 세 가지 핵심 요소를 소개했습니다. 고아와 과부를 돌보는 것, 혀에 재갈을 씌우는 것, 자신을 지켜 세속에 물들지 않게 하는 것. 야고보서 3장 1-12절은 두 번째 요소인 언어, 곧 말의 사용법과 그 중요성을 다룹니다. 저는 여기서 말의 힘, 말의 신학, 윤리적 함의 이렇게 세 가지를 다루고 싶습니다.

언어의 힘부터 시작하자면, 3-8절에서 혀를 말 입의 재갈이나 배의 키 곧 방향을 잡고 강제로 순종하게 하는 도구에 비유할 때 우리는 표현이 약간 과장되었다고 생각할 수도 있습니다. 그런가 하면 혀를 숲 전체에 큰 불을 일으키는 작은 불씨에 비교하기도 합니다. 한 생명체 전체를 사로잡을 수 있는 불 말입니다. 우리가 하는 말과 대화를 제외하고는 그 무엇이라도 길들일 수 있습니다. 한번 쏟아진 말은 길들일 수도, 통제할 수도 없습니다. 야고보는 주변에서 흔히 볼 수 있는 예를 사용해서 설명합니다. 우리는 말로 현재 상황을 설명하기도 하고, 다른 사람들의 열정에 불을 지피기도 하고, 상황을 망칠 수도 있습니다. 오늘날에는 의사소통과 기호학, 심리 치료에서 말의 역할, 대중사회에서 통합 선전의 다양한 형태에 대한 연구 덕분에 말의 힘은 더 막강해졌습니다.[1] 본문은 언어의 이중성을 드러냅니다. 언어는 우리 마음을 드러낼 수도 있고, 우리가 하는 말 뒤로 본모습을 가릴 수도 있고, 우리가 바라는 이미지를 조성하도록 도와줄 수도 있습니다. 말은 인간 삶의 모든 측면 중에서 우리가 가장 장악하기 원하는 영역인데, 이 점은 우리가 어떤 존재인지를 드러내줍니다. 그래서 나는 우리에게 축복인 동시에 저주이기도 한 언어가 중요하다고 믿습니다. 우리는 말로 인한 피해를 줄일 수 없습니다.

왜 언어에 이런 힘이 있습니까? 창세기 앞부분에 분명히 나오듯이, 언어는 하나님이 창조 때에 인류에게 주신 가장 큰 선물이기 때문입니다. 하나님과 인류의 관계가 끊어지고 그분의 선물인 언어는 본연의 기능에서 완전히 벗어났지만, 그 막강한 힘은 계속 이어집니다. 그런 까닭에 본문은 언어가 절대 악이요 불의의 세계라고 말합니다. 우리는 이런 표현을 과장이라고 생각할지도 모르지만, 다양한 언어, 곧 바벨의 맥락에서 이 내용을 살펴보아야 합니다. 바벨의 의미는 그 도시나 심지어 탑에 있지 않습니다(바벨탑은 천국으로 올라가는 그리스 신화와는 전혀 다릅니다). 창세기 11장에서 사람들은 도시와 그 꼭대기가 하늘에 닿는 탑을 짓고 자기들 이름을 내서 온 지면에 흩어지지 않기를 원합니다. 그중에서도 가장 결정적인 행동은 이름을 내는 것, 곧 스스로 자기 이름을 짓는 행위입니다. 성경에서 이름 짓기는 그들의 영적 존재를 표시한다는 뜻입니다. 그때까지만 해도 사람들은 하나님에게서 이름을 받았습니다. 하나님이 그들 운명의 주인이시라는 뜻이었습니다. 그들은 스스로 이름을 지음으로써 자신들과 하나님을 완전히 구별했습니다. 그때까지 하나님과 인류의 관계에서 가장 직접적으로 하나님을 표현했던 요소가 인류의 소유가 되었고, 이름 짓기를 통해 언어는 악으로 변질되었습니다.[2] 유대 랍비들은 바벨탑이 단순히 다른 언어 때문에 사람들이 서로 말이 통하지 않게 된 사건에 그치지 않는다는 데 대체로 동의했습니다. 이 사건은 같은 언어를 사용한 개인들에게도 영향을 미칩니다. 그럼에도 우리 말과 언어는 그 기원 때문에 힘을 잃어버리지 않는데, 이것은 언어와 관련된 난해한 신학적 문제를 제기합니다.

언어는 절대 악이요 불의의 세계이며 온몸을 더럽히는 능력이 있다는 본문의 주장을 도덕적으로 해석하지 않도록 주의해야 합니다. 도덕적 해석은 이런 주장들을 믿기 힘든 과장으로 만들어버립니다. 앞에서도 강조했지만, 야고보서는 도덕성과는 아무 상관이 없습니다. 야고보서는 예를 들어 칼뱅의 저술에서 볼 수 있듯이 말의 도움으로 자행되는 모든 죄를 열거한 책이 아닙니다. 그보다 훨씬 더 큰 죄가 많습니다. 그런 도덕적 접근은 본문의 핵심을 완전히 놓치는 것입니다.

언어를 절대 악과 불의의 세계, 죽이는 독으로 묘사한 것은 우리 말과 하나님 말씀의 관계에서 유래합니다. 하나님은 말씀이라는 수단으로 말씀하시고 행동하시고 창조하시고 계시하십니다. 예수 그리스도가 곧 성육신한 말씀이십니다. 인류에게 주신 말은 그것이 하나님 말씀의 연속이거나 연장이라는 뜻입니다. 다시 말해, 우리 언어는 하나님의 말씀을 말해야 합니다. 창세기에서 하나님은 아담에게 말을 주셨는데, 그 말을 제일 먼저 적용한 것은 동물의 이름을 짓는 행위였습니다. 이름 짓기는 인류가 하나님의 다스림, 곧 말씀이라는 매체를 통한 다스림에 따라 세상을 다스리는 것을 상징합니다.[3] 하나님과의 관계가 끊어지기 전에는 말씀을 통한 다스림밖에 없었습니다. 그것이 곧 영적 지명이나 이름 짓기의 다스림입니다. 이런 맥락에서, 인간에게는 일정한 권력이 있고, 그게 전부입니다. 또한 말은 인류가 듣기와 기도, 예배를 통해 하나님과 대화할 수 있게 해줍니다. 인간은 하나님의 말씀을 듣고 그 말을 할 수 있고, 이런 식으로 일종의 파트너가 됩니다. 요약하면, 이 말 때문에 인류는 모든 피조물 중에서 하나님과 독특한 관계를 맺게 됩니다. 하나님이 말씀하시기 때문에 인간도 말합니다. 저는 인간의 기술 중심 언어 이론들 때문에 사람들이 이런 내용을 이해하기 힘들다고 생각합니다.[4] 성경이 하나님이 말씀하신다고 주장할 때 우리는 이것을 단순한 인간중심주의로 받아들여서는 안 됩니다. 인간은 뭔가를 전달하려고 할 때 말을 하지만, 하나님이 무언가를 전달하실 때 그분이 실제로 말을 하신다고 결론을 내리기는 힘듭니다. 오히려 정반대의 의미로 생각해야 합니다. 하나님이 우리에게 계시하실 때 그 진리를 우리에게 전달하는 유일한 수단이 말씀이라는 것입니다. 다른 가능성은 없습니다. 그렇다고 해서 하나님이 말 그대로 인간의 언어 같은 말을 하신다는 뜻은 아닙니다. 그보다 훨씬 더 깊이 들어갑니다. 히브리어 학자인 내 친구는 그 점을 이렇게 표현했습니다. "하나님이 이스라엘 백성을 선택하신 이유는 그들의 언어 때문입니다. 하나님의 계시라는 신비를 표현할 수 있는 유일한 언어가 히브리어였기 때문이죠." 하나님의 말씀과 이스라엘의 언어 사이에 일종의 유사성이 있는데, 하나님은 이 말씀을 통해 그분의 진리를 알리십니다. 이것은 우리가 하나님의 이 진리를 전달할 수 있다는 뜻이기도 합니다. 그래서 인간의 말이 하나님의 진리를 전달하는 유일한 수단이 됩니다.

여기에는 두 가지 중요한 결과가 따릅니다. 첫째는 본문에 직접 나오지는 않지만, 그 결과를 피하기는 힘듭니다. 하나님이 말씀으로만 그분을 계시하신다면, 이미지라는 수단으로는 계시하시지 않는다는 뜻입니다. 성경적 관점에서, 신의 현현은 불가능합니다. 성경은 형상과 말씀을 철저히 대비합니다.[5] 하나님의 형상을 표현한 것은 어떤 것이라도 금합니다. 시각적 수단으로 하나님이나 그분의 진리를 표현할 수 없습니다. 다른 책에서 자세히 다루었지만, 우리는 시각으로 현실을 접하지만 진리를 발견하지는 않습니다.[6] 인간이 형상을 영적 기준점으로 삼을 때마다 성경은 늘 정죄합니다. 하나님은 눈에 보이지 않습니다. 말씀하시지만 자기 모습을 드러내시지는 않습니다. 유대-기독교는 말씀 중심이요, 형상에 반대합니다. 이것이 기독교를 다른 종교와 구분하는 또 다른 요소입니다. 기독교와 다른 종교들 사이에는 지적, 문화적, 영적 공통분모가 없습니다. 그런데도 저는 수많은 이미지가 기독교를 왜곡했다는 것을 압니다. 더군다나, 인간의 언어처럼 말씀의 계시도 한 단어 뒤에 다른 단어가 와서 문장이 완성되고 더 많은 문장이 이어진다는 의미에서 발전합니다. 그와 대조적으로, 형상은 사물의 총체를 순간적이고 포괄적으로 표현한다고 주장합니다. 이런 차이는 하나님과 인간의 관계를 이해하는 데 필수적입니다.

두 번째 결과는 본문에 직접적으로 나옵니다. 말은 진리를 전달하지만, 거짓에 넘어가기 쉽습니다. 우리는 말로는 거짓말을 하지만, 눈으로는 거짓말을 하지 못합니다. 실재를 잘 담아내지 못해서 시각적으로 부정확한 정보를 전달하는 일이 전혀 없다는 뜻이 아닙니다. 하지만 이것은 진리와는 아무 상관이 없습니다. 거짓이 갖는 더 심오한 의미에서는, 우리는 오로지 언어라는 차원에서만 진리와 거짓의 문제를 맞닥뜨립니다.[7] 거짓은 하나님의 계시와 관련해서 가장 중대한 의미가 있습니다. 진리이신 예수 그리스도와 관련된 거짓말입니다. 일반적으로 말해서, 거짓말은 나쁘지만, 그렇게 결정적이지는 않습니다. 성경에서 거짓은 하나님이 말씀하시지 않은 것을 말하는 것입니다. 하나님의 계시를 다른 것이나 심지어 반대로 전달하는 것이 거짓입니다. 이 모두는 예수 그리스도와 관련해서 특히 그렇습니다. 사탄이 궁극적으로 달성하려는 것은 인간이 예수 그리스도에 대해 거짓말하게 만드는 것입니다. 사탄을 거짓의 아비로 언급하는 것은 그 때문입니다. 사탄은 예수 그리스도의 본모습이 드러나는 것을 반드시 막으려 합니다. 마태복음 12장 31절 이하는 이 점을 확실히 보여줍니다. "사람에 대한 모든 죄와 모독은 사하심을 얻되 성령을 모독하는 것은 사하심을 얻지 못하겠고 또 누구든지 말로 인자를 거역하면 사하심을 얻되 누구든지 말로 성령을 거역하면 이 세상과 오는 세상에서도 사하심을 얻지 못하리라. 나무도 좋고 열매도 좋다 하든지 나무도 좋지 않고 열매도 좋지 않다 하든지 하라. 그 열매로 나무를 아느니라. 독사의 자식들아, 너희는 악하니 어떻게 선한 말을 할 수 있느냐? 이는 마음에 가득한 것을 입으로 말함이라. 선한 사람은 그 쌓은 선에서 선한 것을 내고 악한 사람은 그 쌓은 악에서 악한 것을 내느니라. 내가 너희에게 이르노니 사람이 무슨 무익한 말을 하든지 심판 날에 이에 대하여 심문을 받으리니 네 말로 의롭다 함을 받고 네 말로 정죄함을 받으리라."[8]

우리는 이 마태복음 본문의 세심한 구성을 볼 수 있습니다. 우리는 무슨 말을 해도 용서받지만, 성령을 모독하는 것만은 예외입니다. 성령이 하나님의 진리를 계시하시는 분이기 때문입니다. 하나님의 진리는, 말하자면 예수 그리스도 가운데 성육신하신 말씀과는 대조적으로 하나님이 직접 하신 말씀입니다. 인자가 누구인지 우리에게 가르치시는 분은 성령입니다. 따라서 말로 인자를 거역한다고 해서 반드시 그분을 부인하는 것은 아닙니다. 성령을 거역하는 죄가 심각한 이유는 예수 그리스도가 하나님의 아들이요 인자이심을 거부하기 때문입니다. 우리는 말로 이 거부를 표현하지 않을 수도 있는데, 하나님이 선택하신 유일한 용서 방법이 예수 그리스도이기 때문입니다. 이는 궁극적으로 우리가 예수 그리스도에 대해 하는 말과 그 말이 성령에게서 왔는지의 여부입니다. 심판 날에 모든 사람이 거짓을 뜻하는 무익한 말을 설명해야 할 이유가 바로 이것입니다. "네 말로 의롭다 함을 받고 네 말로 정죄함을 받으리라." 우리는 예수 그리스도에 대한 진정한 말씀을 받을 것인가, 아니면 그분에 대해 거짓을 말할 것인가? 마태복음 본문 33절의 구조는 야고보서 본문과 동일한 양자택일 구조입니다. 저는 이 야고보서 본문이 마태복음 본문에서 직접적으로 영향을 받았다고 믿습니다. 이 모든 내용은 우리의 말과 언어생활이 그토록 결정적이고 근본적인 이유를 가르쳐줍니다.

우리가 하나님에 대해 아는 모든 것은 말씀을 통해 옵니다. 그 말씀이 인간의 언어로 전달됩니다. 그 말은 성령님이 그것을 진리의 말씀으로 만드실 때에만 진리입니다. 성경에 대한 우리의 지식과 설명을 진리의 말씀으로 상상해서는 안 됩니다. 진리를 말하고 들으려는 우리의 시도를 변화시키시는 분은 성령입니다. 바울은 로마서에서 우리가 기도하면서 하나님께 무엇을 구해야 할지 알지 못한다고 설명합니다. 우리 기도를 진정한 기도로 바꾸시는 분은 성령입니다. 우리의 모든 의사소통이 다 마찬가지입니다. 인간의 의사소통은 성령의 개입에 달려 있습니다. 성령이 개입하시지 않으면 우리의 의사소통은 막히고 살 만한 인생이 되지 못합니다.

언어가 거짓의 도구가 되어 진리가 아닌 다른 것을 위해 사용될 때 야고보서가 묘사한 불과 불의의 세계로 변질됩니다. 말은 게헨나의 불(개정개역 성경은 '지옥 불'로 번역했다—옮긴이)에 타버립니다. 게헨나는 예루살렘 양옆에 위치한 두 골짜기 중 하나로, 저주받은 장소로 여겨졌습니다. 과거 가나안 사람들이 거기서 인간 제사를 드렸고, 유대인들은 그곳을 예루살렘 성읍의 쓰레기 처리장으로 사용했습니다. 심지어는 처형한 죄수의 시체를 그곳에 버리곤 했습니다. 악취가 너무 심해지자 사람들이 불을 놓았습니다. 다시 말해, 게헨나는 유대인들이 더 이상 쓸모없는 것을 내다 버리고 다른 쓰레기들과 함께 태우는 장소였습니다. 본문은 우리 언어가 사람들이 없애기 원하는 것들로 불탄다고 말해줍니다. 이것은 지옥의 이미지입니다. 또한 이 언어가 삶의 수레바퀴 또는 창조세계 전체의 수레바퀴를 불사른다고 말합니다. 이 그리스어는 번역하기 어려운데, 문자적으로는 기원의 바퀴나 동그라미를 뜻합니다. 따라서 통상적인 번역(삶의 수레바퀴나 창조세계의 수레바퀴)은 다소 추상적이고 확장된 느낌이 있습니다. 이 단어는 '창조의 우주'로 번역되기도 합니다만, 너무 많이 나간 번역이라는 생각이 듭니다. 그런가 하면, 이 단어를 '탄생의 바퀴'로 번역하는 사람들도 있는데, 이 역시 문제가 있기는 마찬가지입니다. 저라면 '기원'을 '탄생'으로 번역하지는 않을 것이기 때문입니다. 기원의 바퀴는 거짓의 언어도 태초 안에 있음을 암시한다고 생각합니다. 우리는 이 구문을 태초에 하나님이 말씀하셨다고 말하는 창세기의 맥락에서 읽어야 합니다. 하나님이 맨 처음 하신 행동은 말하기였습니다.[9] 거짓은 하나님의 말씀이 태초에 있었다고 하는 대신, 지옥 불이 태초에 있었다고 말합니다. 다시 말해, 태초에 하나님의 말씀이 창조하셨지만,

하나님과 인류의 관계가 끊어지면서 새로운 기원에 대한 욕구, 곧 창조적 욕구 대신 지옥의 파괴적 욕구가 일어났다는 것입니다. 저는 이런 맥락에서 이 문구를 '삶의 수레바퀴'나 '창조세계의 수레바퀴'로 번역한 것이 더 심오한 의미가 있다고 믿습니다. 따라서 이 구절들은 신학적 차원뿐 아니라 우주 창조적이고 형이상학적인 차원을 획득합니다. 어느 경우든, 이 모두는 단순한 윤리성의 문제와는 거리가 멉니다. 하지만 그렇다고 해서 본문에 도덕적 차원이 있을 수 있다는 것을 부인하지는 않습니다.

본문에는 네 가지 윤리적 함의가 있습니다(약 3:1-2, 9-12). 첫째, 우리는 불가능성을 직면해야 합니다. 우리는 똑같은 혀로 아버지 하나님을 찬송하고 그분의 형상대로 지음 받은 다른 사람들을 저주합니다. 같은 샘에서 단물과 쓴 물이 나올 수 없듯이, 이런 일은 불가능합니다. 악마 같은 말과, 하나님에 대해 증언하거나 찬양하는 말을 동시에 할 수는 없습니다. 우리는 두 주인을 섬기지 못합니다. 언어가 제자리를 찾는다면, 어느 차원에서든 다시는 거짓말을 할 수 없습니다. 우리가 예수 그리스도를 오해하지 않는다면, 다른 사람들에 대해서도 사사로운 한 가지라도 오해하지 않을 것입니다. 우리는 스스로를 직면하는 것이 좋습니다. 다른 사람들에게 거짓말을 하거나 어떤 식으로든 그들을 저주한다면, 우리 말은 더 이상 하나님의 진리를 증언할 수 없기 때문입니다. 이것은 윤리적 의미에서가 아니라 존재론적 의미에서 급진주의자가 되는 것입니다. 우리 언어는 동시에 두 가지 목적을 달성할 수 없습니다.

두 번째 윤리적 함의는 아무도 혀를 길들일 수 없다는 것입니다

(3:8). (도덕성을 포함하여) 극기나 자제 같은 어떤 인간의 능력도 이 상황을 바꾸지 못합니다. 회심의 결과로만 근본적 변화가 가능합니다. 즉, 우리가 인간 본성에 뿌리를 두는 것을 끊는 경우에만 가능합니다. 본문은 사람이 동물을 길들일 수는 있지만 말語을 길들이지는 못한다고 분명히 말합니다. 인간 본성을 떠나 새 생명을 받아야만 진리의 핵심, 곧 하나님 말씀과 인간 언어의 관계로 돌아갈 수 있습니다. 그제야 비로소 인간의 언어를 길들일 수 있습니다. 아니, 더 정확히 말해서, 더 이상 길들일 필요가 없습니다.

이 모든 내용은 히브리 성경에 이미 잘 나와 있습니다. 시편 62편에는 입으로는 복을 빌지만 속으로는 저주하는 이가 나옵니다. 예수님은 입이 마음속 깊은 곳에 있는 것을 말한다고 말씀하십니다. 그래서 말은 우리 존재의 가장 깊은 곳을 표현합니다. 하나님의 영광과 사랑을 말하고 기도하면서 그분을 부르거나, 거짓과 분노, 저주의 사람으로 남거나 둘 중 하나입니다. 마음의 회심만이 우리 언어를 바꿀 수 있습니다. 도덕적으로 완전무결해지는 것이 아니라, 성령 충만할 때 가능합니다.

세 번째 암시는 우리가 다 실수가 많다는 2절에서 볼 수 있습니다. 야고보는 편지의 수신인인 그리스도인들의 거룩함에 대해 전혀 환상이 없습니다. 말에 실수가 없는 사람은 온전한 사람입니다. 말에 실수가 없는 사람은 없는 까닭에, 어떤 주석가들은 이 본문을 단순한 반어법으로 생각했습니다. 하지만 말에 실수가 없다는 것은 우리가 하나님의 진리에 합당하게 말을 사용하는지를 아느냐의 문제입니다. 여기서 가리키는 완벽함은 사람의 완벽함이 아니라 하나님 말씀의 완벽함입니다. 인간이 도덕적 완벽함이나 거룩한 완벽함에 도달하느냐의 문제가 아닙니다. 하나님의 말씀을 말할 때 사람은 그 온전함을 옷 입습니다. 이런 일이 생길 때 하나님의 영이 우리 가운데 행동하신다는 눈에 보이는 증거가 됩니다.

네 번째 윤리적 함의는 우리를 다시 본문의 서두로 데려갑니다(약 3:1). 거기서는 선생 된 사람들이 더 큰 심판을 받을 줄 알고 선생이 많이 되지 말라고 조언합니다. 하나님 말씀이 우리 회심과 성령께 대한 순종의 핵심 증거가 될 때는 교회에서 말을 사용하는 모든 사람에게 경고를 주어야 합니다. 하나님 말씀과 인간의 말의 진정한 관계를 회복하기란 매우 힘들기에 절대로 가볍게 여겨서는 안 됩니다. 진리를 증언하는 일은 소위 바르게 사는 것보다 훨씬 더 어렵습니다. 본문은 우리가 말에 실수가 없으면 온몸을 제어할 수 있다고 알려줍니다. 다시 말해, 하나님 말씀과 인간 언어의 관계에서 중심을 유지하는 것보다 온갖 열정을 제어하는 것이 더 쉽다는 것입니다. 이 일을 할 수 있는 사람은 소수에 불과하기에 소수의 사람들만 말하는 편이 낫습니다. 물론 이 소수는 신학을 공부한 사람들에게만 제한되어서는 안 되고, 자기 언어에 진리를 세운 사람들이어야 합니다. 그들은 곧 교회에서 말하는 사람들입니다. 그들을 제외한 나머지 사람들은 입을 다무는 편이 좋습니다. 뿐만 아니라, 말하는 사람들은 그 일이 쉽지 않기에 매우 겸손하고 신중하게 해야 합니다. 저는 객관적으로 정확한 말은 계시를 드러내기보다는 가릴 수도 있다고까지 말할 수 있습니다. 그래서 복음을 가르치는 것과 신학적으로 해석하는 것은 큰 차이가 있습니다. 전자는 인간이 하나님 말씀을 지금 여기의 수준에서 표현한 것이기 때문입니다. 지성이 작동하기 시작하고 신학적 해석이 중요해지면 하나님의 진리를 난해하게 만들기는 너무도 쉽습니다. 이것은 모든 신학이 당면한 위험입니다. 이것은 우리가 매우 주의해서 말해야 하는 또 다른 이유입니다. 본문이 분명히 말하듯 우리는 우리가 하는 말로 심판을 받을 것이기 때문에 말할 줄 아는 사람들에게 맡기는 편이 낫습니다. 이렇게 해서 우리는 우리가 하는 말에 따라 더 강력한 심판을 받으리라는 마태복음 본문에 대한 논의로 되돌아갑니다.

하나님 말씀을 교회에 설명하는 사람들은 자신들이 가장 먼저 심판받을 자라는 것을 알아야 합니다. 그들이 실수하면 다른 사람들도 잘못된 길로 인도하게 되기 때문입니다. 개인적으로, 살면서 수많은 강연을 했지만 설교가 훨씬 더 힘들다는 걸 발견합니다. 설교할 때는 가능한 한 실수를 피하려고 최선을 다하기 때문입니다. 내가 말하는 내용이 사실에서 벗어나지 않도록 내가 할 수 있는 능력의 최대치까지 애써야 합니다. 우리는 우리가 하는 말로 심판을 받는데 그중에서도 하나님의 이름으로 말하는 사람들은 가장 먼저 심판을 받는다는 사실을 아는 데서 비롯되는 아주 막중한 책임입니다.

야고보서가 교회에 주는 조언이 탄탄한 신학적 관점에 뿌리 내리고 있다는 점은 분명합니다. 이는 우리를 바울 사상에서 본 것과 흡사한, 윤리적 특징을 지닌 일련의 결과로 인도합니다.

다시 한 번 말씀드리지만, 야고보서 3장 13-18절을 처음 읽을 때는 본문에 아무런 내용과 깊이가 없다는 인상을 줍니다. 확실한 구조도 없이 이런저런 주제를 나열한다는 느낌마저 듭니다. 본문은 순서대로 지혜와 선행, 독한 시기와 다툼, 거짓말, 상반된 두 종류의 지혜를 다루고, 마지막 절은 화평으로 심은 의의 열매에 대해 말합니다. 하지만 본문을 좀 더 자세히 살펴보기 시작하면, 여기에도 기저 구조가 있다는 점이 분명해집니다.

본문이 야고보서의 두 번째 부분과 세 번째 부분 사이에 자리하고 있음을 상기하는 것이 중요합니다. 두 번째 부분은 말씀을 다루고, 세 번째 부분은 우리가 세상에서 어떻게 행동해야 하는지를 다룹니다. 우리는 본문이 이 둘을 이어주는 놀라운 과도기 역할을 한다는 사실을 조금씩 발견하게 될 것입니다.

첫 절(3:13)은 모든 사람을 대상으로 합니다. 야고보는 믿음을 다룰 때와 동일한 접근법을 취합니다. "너희 중에 지혜와 총명이 있는 자가 누구냐? 그는 선행으로 … 그 행함을 보일지니라." 우리는 지혜롭고 총명해야 합니다. 이 둘은 그리스도인의 삶에 없어서는 안 될 필수 요소입니다. 총명함이 말을 낳고, 말은 지혜를 표현해야 합니다. 총명과 지혜는 다릅니다. '총명intelligence'으로 번역한 그리스어 단어의 정확한 의미는 전반적인 특질이 아니라 특정한 종류의 지성과 관련이 있습니다. 총명은 우리 지성을 그리스인들이 발명한 보편적 지식을 찾는 일종의 과학 연구에 적용하는 것을 나타냅니다. 이것은 엄격한 지식을 추구합니다. 같은 맥락에서, 그리스어 지혜는 인류 최고의 소명으로 간주되는, 인간의 사고와 반성에서 파생했습니다. 야고보서가 이스라엘 열두 지파와 교회에 보내는 편지임을 감안한다면, 저는 본문이 철학을 비롯한 어떤 학문에서 발견된 지성이 아니라, 하나님의 계시에서 발견된 지성을 말하고 있다고 생각합니다. 지성을 성경 이해에 적용한다는 의미에서 신학의 지성이라고까지 말할 수 있습니다. 이를 위해 가능한 모든 노력을 다해야 합니다. 성경은 우리가 읽는 본문을 아무런 비판 없이 그냥 받아들이라고 말하지 않습니다. 오히려 할 수 있는 한 철저하게 본문을 붙들고 씨름해야 합니다. 너희 중에 지혜와 총명이 있는 자가 누구냐고 묻는 이 본문은 이것이 전문가들의 일이 아님을 분명히 합니다. 이 질문은 모든 사람을 대상으로 합니다.

신약성경 서신서들에서 지성은 하나님의 계시에 대한 이해를 가리킵니다. 바울은 독자들에게 이런 지성을 가져야 한다고 말하는 빌립보서에서 바로 이 구문을 사용합니다. 단순히 계시를 듣는다고 해서 이런 지성이 생기지 않습니다. 지식을 얻기 위해 그 계시를 묵상해야 합니다. 이번에도 믿음만으로는 부족합니다. 믿음은 세상살이와 관련된 이 지성 가운데 효력을 나타내야 합니다. 다시 말해, 신학이나 교리나 신조가 하루아침에 생겨나지는 않습니다. 우리가 변하고, 우리 삶이 변하고, 세상이 발전합니다. 우리는 구약성경에서 이 지성을 언급한 부분을 이미 알고 있습니다. 신명기에서 여호수아는 지성과 지혜를 지닌 사람들을 데려가 백성을 인도하라는 명령을 받습니다. 계명을 지킨 사람들이 이 지성과 지혜를 얻었고, 그렇게 해서 유대 백성들은 하나님의 계시대로 살 수 있었습니다. 따라서 이것은 지적인 지성과는 다른 실존적 지성의 문제라고 할 수 있습니다. 우리는 신학을 만들면 그 신학을 실천하고 살아낸 결과가 그리스도인의 삶에 기여해야 한다는 것을 번번이 잊어버립니다. 그 결과, 세대가 바뀔 때마다 또다시 새롭게 시작해야 합니다. 따라서 성경 본문을 세심하게 연구하는 보수주의자들과 성경 본문의 의미를 생각하는 데 집중하는 자유주의자들의 격차를 해소하고, 지성의 문제에서 믿음과 행함을 재통합해야 합니다. 이것이야말로 우리 모두가 책임져야 할 과제입니다.

성경에서 지혜는 지성과 완전히 다릅니다. 구약성경 전반에서 이 지혜를 언급하는 내용을 볼 수 있고, 신약성경에서 바울도 예수 그리스도가 하나님의 지혜라고 말합니다. 최대한 간단하게 표현하자면, 지혜는 다스리는 방식입니다. 하나님의 지혜는 그분이 세상을 다스리고 이끄시는 방식입니다. 우리는 행함으로 이 하나님의 지혜에 동참하라는 요청을 받습니다. 지성과 지혜의 차이는 이제 분명합니다. 지성은 지적이고, 지혜는 실존적입니다. 지혜는 세상에서 우리 삶을 적극적으로 사는 것과 관련이 있습니다. 지성에 의존하는 지혜 없이는 그리스도인의 삶도 없습니다. 우리가 삶에서 하나님의 뜻인 선행을 하려면, 그분의 계시를 알아야 합니다. 때로는 하나님이 개입하셔서 직접 우리에게 그 뜻을 말씀해주시기도 합니다. 하나님의 지혜를 그분의 섭리(앞으로 일어날 모든 일을 예견하는 것을 가리킵니다)와 혼동하지 않는 것이 중요합니다. 섭리는 전혀 다른 문제입니다. 어느 경우든, 하나님은 사람들이 자신과 공동체의 삶을 잘 꾸려가고 자신의 역사를 만들어가도록 허용하시지만, 성경에서 볼 수 있듯이 가끔은 직접 개입하십니다.

따라서 지혜는 하나님이 세상을 이끌어가시는 방법이고, 우리는 동일한 종류의 지혜로 우리 삶을 살아가야 합니다. 그렇게 하려면 이 지혜와 하나님의 말씀과 관련된 지성도 필요합니다. 그러므로 본문은 말씀을 다룬 직전 본문과 우리 삶을 다스리는 지혜를 다루는 4-5장을 이어주는 다리 역할을 합니다.

세상에서 우리 삶을 다스리려면 모든 영역, 곧 직업과 가정, 정치 등에서 우리가 해야 할 일을 분별해야 합니다. 동시에 이 지혜는 하나님을 대신하여 세상을 이끄는 것이 인류의 역할이라고 전제합니다(바로 이 대목이 야고보서가 구약성경 전체 위에 세워졌다고 보는 이유입니다). 지혜는 인류가 하나님을 위해 세상을 활용한다고 전제합니다. 구약성경에 따르면, 하나님의 언약으로 인류는 이 지혜를 소유할 수 있습니다. 지혜의 활동으로 하나님의 빛이 세상에 들어옵니다. 그리스도인의 삶은 지혜가 우리에게 제공하는 두 요소를 중심으로 형성됩니다. 한 가지는 사는 것이 무엇인지 알려주는 하나님의 말씀에 대한 지성이고, 다른 하나는 인생을 살아가는 방법과 결정을 내리는 방법에 대한 지식입니다. 이것은 우리의 행함과 관련이 있기에 둘 다 이론과는 거리가 먼데, 우리의 행함은 온유한 지혜와 짝을 이룬 선행의 결과입니다.

여기서 '온유함'으로 번역한 단어는 언뜻 보기와 달리 그리 모호하지 않습니다. 이 그리스어 단어는 '아가페*agape*'는 아니지만, 우리가 다른 사람들을 수용하고 지지해줌으로써 표현하는 사랑을 뜻합니다. 따라서 '지혜의 온유함'은 사랑으로 우리 삶을 다스리는 것을 가리킵니다. 이것이 그리스도인의 삶의 핵심입니다.

14-15절에서는 지성과 지혜의 상호의존이 유지되지 않는 상황을 만납니다. 그 결과, 둘 중 하나가 나머지 하나를 지배하게 됩니다. "마음속에 독한 시기와 다툼이 있으면 자랑하지 말라. 진리를 거슬러 거짓말하지 말라." 야고보는 성경의 가르침을 단순히 오해한 사람들이 아니라, 이해한 내용대로 살지 않는 사람들에게 말하고 있습니다. 그들이 소위 뛰어난 신학을 소유했을지는 몰라도, 아는 것과 행동하는 것이 전혀 다릅니다. 다시 말해, 그들의 지성은 지혜에 배치되고, 그래서 '독한 시기'와 다툼이 생깁니다. 독한 시기란 당시 정치권의 열성당원들이 보여준 행태처럼 사람이 할 수 있는 가장 적극적인 참여를 가리킵니다. 바울은 그들을 그리스도인들의 참여의 모범으로 제시합니다. 그러나 그런 행함은 교회 내에 다툼과 내분을 낳을 수도 있습니다.

지성과 지혜의 부적절한 관계가 이런 상황을 낳을 수 있는 방식은 다양합니다. 첫째, 사람들이 자신이 진리를 소유하고 있다고 절대적으로 확신할 때 나머지 모든 사람은 그 진리를 소유할 수 없습니다. 더 이상 남 이야기는 듣지 않는 그들에게는 고발의 여지만 남습니다. 어떤 상황에서든 그리스도인들은 서로 고발해서는 안 되기 때문에, 이 정도가 되면 벗어날 방법이 없습니다. 안타깝게도, 다들 한 번쯤 이런 상황을 경험한 적이 있습니다. 어떤 사람들은 자신이 성경의 많은 내용을 이해했다고 생각하는데, 이것이 전체 진리가 되어버립니다. 그러면서 다른 사람들은 모두 이단자와 근본주의자, 자유주의자 등으로 만들어버립니다. 고발이 난무하면 지적, 신학적, 철학적 우월성이나 도덕적 광신 같은 수단으로 다른 사람들을 압박하려는 시도도 생길 것입니다.

둘째, 일부 사람들이 특정 상황에서 그리스도인들이 어떻게 행동해야 하는지 지나치게 확신할 때도 독한 시기와 다툼이 생깁니다. 이런 지나친 확신은 우리가 차별과 관련해서 이미 다루었던 상황들을 낳습니다. 사람들이 서로 판단하다가 자신과 달리 행동하는 사람을 모두 도덕적으로 판단하는 지경에 이를 때 이런 차별이 생깁니다. 대개는 지나친 열정과 열심 때문에 이런 상황이 벌어지지만, 결국엔 독한 마음 때문에 그리스도인이라면 관여해서는 안 되는 그런 행동까지 이르게 됩니다.

셋째, 지나친 열정은 기독교 행동주의라는 결과를 가져올 수도 있는데, 이것은 여타의 행동주의만큼이나 위험합니다. 행동주의의 특징은 경쟁심, 비판, 배제, 자신과 다른 사람들을 판단하고 맹비난하는 것입니다. 이런 상황이 하나님 백성 사이에 비일비재합니다. 야고보는 당대 교회에서 있었던 리더십과 권력을 둘러싼 수많은 싸움을 지적하고 있는지도 모릅니다. 독한 시기와 다툼이 교회에 흔했다는 언급은, 사실은 주님이 하신 일이 아닌데도 사람들이 그분의 이름으로 많은 일을 할 수 있다는 점을 상기시킵니다. "주여, 주여" 하면서 그분의 이름으로 온갖 일을 했다는 사람들이 많으리라는 예수님의 경고가 떠오릅니다. 하지만 예수님은 그들을 알지 못하므로 모두 돌려보내십니다.

본문에서 이야기하는 상황은 무질서를 낳는 분열과 지배의 영이 특징입니다. 이제부터는 모든 것이 어떻게 맞아떨어지는지를 볼 수 있습니다. 우리는 하나님의 말씀을 철저히 이해하고 최선의 삶을 살아갈 결정을 내려야 한다는 요청을 받습니다. 하지만 신학을 할 때는 다툼의 위험이, 교회 생활에 온전히 참여할 때는 독한 시기의 위험이 늘 도사리고 있습니다.

바로 이 지점에서 거짓이 등장합니다. 독한 시기의 영향을 받아 자신들의 진리를 강요하고 군림할 권리를 주장하는 사람들이 스스로 예수 그리스도의 이름으로 행동한다고 주장합니다. 거짓말을 들여옵니다. 본문은 진리를 거스른 거짓말을 가리킵니다. 우리가 이런 다툼에 휘말려 있을 때는 어느 쪽도 자신들의 의견이 예수 그리스도에게서 왔다고 주장해서는 안 됩니다. 그런 상황에서 예수 그리스도의 이름으로 말하는 사람들이 있다면 그것은 거짓말입니다. 이제부터는 본문의 다양한 요소가 어떻게 들어맞는지를 살펴보겠습니다.

본문은 우리가 조금 전에 다룬 지혜가 위로부터 내려오지 않았다고 말합니다. 땅 위의 것이요, 정욕의 것이요, 귀신의 것입니다(15절). 하나님과 인류, 하나님과 창조세계가 단절된 이후, 성경은 육신인 인간과 세상인 창조세계에서 그분과 무엇이 분리되었는지를 언급합니다. 따라서 세상을 다스리는 두 방식이 확실히 구별됩니다. 하나님의 방식이 있고, 예수님이 '이 세상의 임금'이라고 부르신 존재의 방식이 있습니다. 세상을 인도하시는 하나님의 지혜가 있고, 마귀의 지혜가 있습니다. 각 경우, 지혜는 세상을 다스리는 접근법을 암시합니다. 하나님은 권력이라는 수단을 사용하시지 않기에 마귀를 말살하시지 않습니다.

오늘날 우리는 대부분의 그리스도인들이 세상 사람들과 똑같이 산다는 현실에 괴로워해야 마땅합니다. 본문은 우리가 살아가는 두 가지 다른 방식이 있다고 알려주었습니다. 하나님을 섬기거나 예수님이 이 세상의 임금이라고 말씀하신 존재를 섬기거나 둘 중 하나입니다. 언젠가 마귀는 예수님께 세상 모든 나라를 보여주고 자기 앞에 엎드리면 이 모든 것을 주겠다고 말합니다. 예수님은 그 모든 나라가 그분께 속했다고 이의를 제기하시지 않습니다. "주 너의 하나님께 경배하고 다만 그를 섬기라 하였느니라"라고 대답하실 뿐입니다. 그보다 앞서 예수님은 사탄이 하늘에서 떨어지는 것을 보았다고 말씀하셨는데, 그 말은 사탄이 이제 세상에 있다는 뜻입니다. 다시 말해, 사탄은 더 이상 하나님 앞에서 우리를 고소할 수 없고, 사람들 사이에 분열과 고발을 조장할 뿐입니다. 우리가 세상 앞에서 증언할 때는 예수님이 세상에 접근하셨던 방식, 곧 그분의 권력을 사용하지 않고 사랑에 의지했던 점을 우리 삶에 대한 접근법에 적용해야 합니다. 바울이 고기 그 자체로는 아무 의미가 없기에 우상에게 바친 고기를 포함하여 어떤 고기라도 먹을 수 있다고 말한 내용에서 이 점이 잘 드러납니다. 그들은 이 고기를 얼마든지 먹을 수 있지만, 혹시라도 실족할 수 있는 형제자매를 위해 사랑하는 마음으로 자제해야 할 때도 있습니다. 다시 말해, 원칙이 아니라, 우리 주변 사람들에 대한 사랑에 따라서 자유를 실천해야 합니다. 그것이 예수 그리스도의 지혜입니다. 그렇다고 우리가 단호해야 할 경우가 없다는 뜻은 아닙니다. 하지만 단호해야 할 때에라도, 예수님이 반복해서 보여주신 것처럼 사랑하는 마음으로 그리해야 합니다.

이와 대조되는 사탄의 지혜는 쓸데없는 불안이 일으킨 폭력과 힘, 불의, 광신, 무질서에 기초합니다. 세상의 지혜가 효과가 없다거나 영향이 없다고 생각해서는 안 됩니다. 이 지혜가 약하고 심지어 실패처럼 보이는 하나님의 지혜와 비교해서 굉장히 효과적이고 영향력이 있을 때도 많습니다. 현대 사회를 보십시오. 대부분의 과학과 기술, 경제, 정치, 윤리를 비롯한 많은 부분이 이 세속의 지혜에 속해 있습니다. 이 지혜는 정욕의 것이고 귀신의 것입니다.[10] 이런 인간 활동의 영역들이 전적으로 악하다는 말이 아닙니다. 하지만 인류의 최신 과학기술 수단은 의심할 나위 없이 귀신의 지혜에 기여합니다.

이렇게 두 종류의 지혜밖에 없기 때문에 인간의 지혜 같은 것은 있을 수 없습니다. 우리는 하나님을 의지하거나 이 세상의 임금을 의지하거나 둘 중 하나입니다. 이것은 양자택일의 문제이지만, 요한계시록의 일곱 교회에 보낸 편지에서 지적하듯이 우리는 둘 다를 원할 때가 많습니다.

예수 그리스도가 하나님의 지혜라는 중요한 말씀을 다시 생각해 봅시다. 고린도전서 1장 19-30절은 다시 읽어볼 가치가 있습니다. 예수 그리스도는 한편으로는 하나님의 지혜이시지만, 다른 한편으로는 우리에게 지혜가 되셨습니다. 저는 첫 번째 가르침이 두 가지를 뜻한다고 생각합니다. 태초부터 하나님이 하신 행동들의 온전한 의미는 예수 그리스도 안에 계시되어 있습니다. 예수님 때문에 우리는 태초부터 하나님이 의도하고 계획하신 것을 알 수 있습니다. 모든 권력을 포기하고 완전한 사랑을 성취하신 예수 그리스도는 하나님의 모든 행동의 본보기이십니다. 예수님이 우리에게 지혜가 되셨다는 두 번째 가르침은 우리가 예수 그리스도 안에서만 우리 자신의 지혜를 발견할 수 있다는 뜻입니다. 이것이 위로부터 내려온 인간의 지혜요, 예수 그리스도의 지혜입니다. 예수 그리스도가 하나님의 지혜요 그분이 그 지혜의 유일한 증인이라는 계시는 하나님이 그분의 권력이 아니라 사랑으로 세상을 인도하심을 보여줍니다. 하나님의 지혜는 그 생명을 주기까지 세상을 사랑하시는 것입니다. 따라서 하나님의 지혜와 마귀의 지혜는 경쟁 상대가 되지 못합니다.

17절에서 위로부터 내려와 그리스도인들에게 주어진 지혜의 특징을 알 수 있습니다. 가장 먼저, 이 지혜는 성결합니다. 여기 쓰인 그리스어 단어는 '거룩함'으로도 번역할 수 있습니다. 성경에서 거룩함은 윤리적 의미가 없습니다. 성경이 말하는 거룩함은 특정한 목적을 위해 나머지와 구별된 사람이나 사물을 뜻합니다. 그런 성결은 하나님과 분리된 것(육신, 안목, 세상)에 오염되지 않은 상태를 말합니다. 그 결과, 거룩한 지혜는 세상과 완전히 단절하고 세상과 타협할 가능성이 전혀 없음을 상징합니다.

성결이 가장 먼저이지만, 이어서 화평, 관용, 양순, 긍휼이라는 네 특징이 추가됩니다. 첫 번째는 설명이 필요 없습니다. 관용은 바울서신에 자주 등장하는 용어로, '온건함'으로 번역하기도 합니다. 이 단어를 뭔가를 과하게 하지 말아야 한다는 뜻을 지닌 윤리적 용어로 이해해서는 안 됩니다. 그리스어 단어는 만사를 균형 잡힌 태도로 판단해서 광란과 모순이 특징인 혼미한 상태와는 반대되는 삶을 살아야 한다는 뜻입니다(그리스 신화에서 디오니소스는 광란의 신인 반면, 아테네는 중용의 여신입니다). 경제적, 재정적, 군사적 행동의 대부분이 광란에 가까운 오늘날과 같은 세상에서 균형은 더욱 중요합니다. 신중한 태도(개역개정 성경에는 '양순'으로 번역했다—옮긴이)는 이런 광란을 피하는 데 도움이 될 수 있습니다. 신중함은 인간관계에 질서와 평화를 불러오는 데도 일조합니다. 신중함은 긍휼히 여기는 관계, 이중성과 위선을 적극적으로 피하는 관계를 세웁니다. 마지막으로, 긍휼이란 하나님이 우리와 함께하시듯이 다른 사람들과 함께하는 것을 뜻합니다.

이 네 가지 부차적 특징은 관계를 다시 세우는 사랑을 실천하기 위해 세상과 귀신과 구별되는 것을 반영합니다. 이것이야말로 기독교 윤리의 핵심이라고 할 수 있습니다. 이것은 세상과 결별하는 동시에 세상과 의사소통하는 윤리입니다. 이 둘은 같이 가야 합니다. 우선, 거룩함과 자선과 사랑이 있어야 합니다. 그러려면 어떤 종류의 관계는 끊고 다른 관계를 맺어야 합니다. 예수님은 아버지와 어머니와 형제자매를 떠나면 복음을 선포할 때 다른 많은 사람을 찾으리라고 말씀하셨을 때 이 점을 언급하셨습니다. 세상의 타고난 관계를 끊는다는 것은 하나님께 기초하고 복음 선포를 통해 세워진 더 진정한 관계들을 발견한다는 뜻입니다. 그렇다고 해서 속세를 떠나 은둔자나 탐미주의자가 되어 아무 일도 하지 말아야 한다는 것이 아닙니다. 이것은 기껏해야 거룩함의 한 측면에 불과합니다. 반대로, 세상과 사랑에 빠져 그 속으로 뛰어드는 것도 아닙니다. 세상과 새로운 관계를 맺기 위해 세상과 단절하는 것은 많은 성경 본문에 나타납니다. 거룩함이 없으면 사랑도 없습니다. 세상에 예수 그리스도의 사랑을 전하지 않고 단순히 세상과 단절하면 세상을 판단하는 그리스도인밖에 되지 않습니다. 반대로, 세상을 사랑하겠다고 세상 속으로 무작정 뛰어들기만 한다면, 우리의 사랑은 구별됨에서 나오기 때문에 진실로 사랑할 수 없게 됩니다. 이것은 심판과 용서를 동시에 받는 것과 비슷합니다. 심판 없이 용서만 받는 것은 아무 의미가 없고, 은혜 없이 심판만 받는 것은 끔찍할 겁니다. 이를 통해 우리는 진리를 거슬러 거짓말하지 않는 것이 곧 말과 행동을 일치시킨다는 뜻임을 알 수 있습니다. 거룩함과 사랑의 지혜를 살아내는 사람은 예수 그리스도께 속한 사람입니다.

18절에는 난해한 번역 문제가 있습니다. '의의 열매'는 정의를 구성하는 열매, 정의가 낳은 열매, 화평을 위해 애쓰는 사람들이 심은 열매, 화평의 일을 하는 사람들을 위한 열매 등으로 번역할 수 있습니다. 저는 야고보서의 전반적인 취지에 가장 적합하고 가장 의미 있는 번역을 선택했습니다. '화평을 찾는 사람들이 화평 가운데 심은 의의 열매'라고 이해하면, 이 절은 수단과 목적의 관계에 대해 매우 중요한 질문을 제기합니다.

이 절은 우리가 거룩함과 사랑의 변증법으로 여길 만한 내용의 결론으로서 앞선 본문과 연결됩니다. 이 구절은 수단과 목적이라는 흔한 문제를 지적합니다. 화평을 찾는 것은 목적(이나 목표)을 나타냅니다. 화평 가운데 심는 것은 그 목적에 도달하기 위한 수단을 나타냅니다. 다시 말해, 닥치는 대로 아무 방법이나 사용해서는 화평을 찾을 수 없습니다. 수단 자체가 화평해야 합니다. 위로부터 내려온 지혜에 속한 사람들은 화평해야 합니다. 수단과 목적이 일치해야 합니다. 성경은 악한 수단으로 선한 목적을 달성할 수 없다고 시종일관 말합니다. 목적이 수단을 정당화하지 못합니다. 성경적 관점에서 악한 수단은 목적을 망가뜨립니다. 정의가 다스리게 하는 전략은 거룩함과 사랑의 변증법에 기초해야 합니다. 화평을 목적으로 하고 그 화평을 영구히 세우는 수단을 사용해야 합니다.

이제 본문이 지닌 논리적 일관성의 마지막 퍼즐을 맞출 차례입니다. 우리는 위로부터 난 지혜가 세상에서 우리가 살아가는 특정한 삶의 방식이요 세상을 인도하는 방식임을 살펴보았습니다. 이 지혜의 목적은 세상에 정의를 세우는 것입니다. 하지만 세상의 지혜는 귀신의 것이요 무질서를 낳기에 정의를 실행할 수 없습니다. 우리는 화평한 수단으로 화평을 찾을 때에만 의를 세울 수 있습니다. 이것이 곧 위로부터 내려온 지혜의 결과입니다. 따라서 세상에 화평을 가져오려면 세상과 똑같이 지배와 폭력이라는 수단을 사용해서는 안 됩니다. 예수 그리스도처럼 화평 가운데 의를 추구해야 합니다.

본문을 대면한 그리스도인들은 교회가 역사 내내 위로부터 내려온 이 지혜를 실천하지 못했음을 인정해야 합니다. 개인적으로든 공동체적으로든 그러지 못했습니다. 그 지혜를 삶의 모든 영역, 곧 경제, 사회, 정치 등의 영역에 확장하지 못했습니다. 마땅히 그리했어야 하는데도 말입니다. 물론 일반적으로 그렇다는 이야기를 하고 있습니다만, 교회를 통해 이루시려는, 세상을 위한 하나님의 계획은 지금까지는 실패한 것이 분명합니다. 이런 사실은 교회의 태동부터 지금까지 교회 전체를 상징하는 흩어진 열두 지파에게 보낸 야고보서의 중요성을 보여줍니다.

이제 여러분의 질문에 답해보겠습니다. 저는 우리가 어떻게 성경을 읽고 이해할 수 있겠느냐는 여러분의 염려를 얼마든지 이해할 수 있습니다. 제 대답은 우리가 수많은 다른 불가능한 일들에 맞닥뜨릴 때 제가 해드릴 대답과 비슷합니다. 우리는 은혜로 성경을 읽을 수 있습니다. 그것이 전부입니다.

저는 우리 유대인 형제자매들이 히브리 성경의 관점에서 예수님이 말씀한 내용에 새로운 게 없다고 지적한 내용은 전적으로 옳다고 믿습니다. 예수님이 말씀하신 내용은 전에도 다 있었던 내용이지만, 한 가지 중요하고 결정적인 차이가 있습니다. 예수님은 성경에 기록된 모든 것을 완성하신 분입니다. 그분은 모든 것을 성취하십니다. 따라서 우리 그리스도인들은 예수 그리스도의 지성에 따라 살아야 합니다. 야고보서의 성격이 굉장히 히브리적인 이유가 그 때문입니다. 야고보서는 이 점을 충분히 알고 있었습니다.

권력이라는 수단으로 조직된 이 세상에서 화평과 정의로 사는 것은 말도 안 되는 일처럼 보입니다. 그러나 저는 그렇게 살 수 있다고 다시 한 번 힘주어 대답합니다. 그리스도인들은 의롭다 함을 받았기에 정의에 따라 행동할 수 있습니다. 우리에게는 믿음의 의가 있습니다. 하나님이 우리를 의로 옷 입히셨다고 확신한다면, 그 정의대로 행동할 수 있습니다. 이것을 믿지 못한다면, 그렇게 사는 것은 불가능합니다. 마찬가지로, 우리는 하나님과 화해하고 예수 그리스도 안에서 다른 사람들과 화해했기에 화평으로 행동할 수 있습니다. 우리는 여기서부터 출발해야 합니다.

신학적 관점에서 교회 내의 분열은 우리가 용납할 수 없는 귀신의 일입니다. 개신교와 가톨릭은 공통점이 아주 많습니다. 개신교 내의 다양한 교파도 마찬가지입니다. 우리는 한두 가지 특정한 사안에서 갈라설 때가 많은데, 우리의 공통점과 비교해본다면 그것만으로는 교회의 분열을 정당화할 수 없습니다. 동시에, 저는 다양한 기독교 단체의 수장들이 모이는 세계 교회회의ecumenical councils를 크게 신뢰하지 않습니다. 진정 '에큐메니컬한' 행동은 함께 성경을 읽고 함께 기도하며 믿음을 실천하는 교인들과 함께 시작되어야 합니다. 거기서 교회의 진정한 화해와 재건을 꿈꿀 수 있습니다. 그런 까닭에 저는 특정한 고백적 신앙이나 신경 같은 우리의 공통점이 예배에 꼭 포함되어야 한다고 믿습니다. 교회가 복음의 일부를 무시한 결과로 분열이 일어나기도 했다는 점을 인식하는 것이 중요합니다. 예를 들어, 프랑스 전통에서는 성령에 대한 가르침을 조금씩 소홀히 여기다가 오순절 운동의 등장에 큰 충격을 받았습니다. 그런데도 우리는 이 사실을 충분히 인지하지 못했습니다. 과거에도 비슷한 일이 있었습니다. 무언가를 소홀히 한 사실을 발견했을 때 반대 견해를 가진 집단이 과잉 보상을 하고 한 가지 이슈를 절대적 이슈로 만들어서 감당할 수 없는 상황으로 급격히 발전하는 것이 문제입니다. 최초의 관심이 타당하다 해도 이것은 잘못입니다. 과거의 많은 차이점들이 오늘날에는 더 이상 문제가 되지 않는 것 같습니다. 그리스도인의 삶을 공유하는 우리의 능력 보다는 오히려 제도가 더 방해가 될 때가 많습니다.

ON BEING
RICH
AND POOR

14. 세상 속의 삶

세상은 무엇인가?

4-5장은 세상과의 관계를 다룹니다. 먼저 야고보서 4장 1-6절을 살피면서 세상의 의미를 분명히 하려 합니다. 요한일서 2장 15-17절에도 세상에 대한 정의가 나와 있습니다. 기독교 내에는 세상을 경멸하는 오랜 전통이 있는데, 이 경멸에는 다양한 형태가 있습니다. 예를 들어, 땅에 있는 것은 다 나쁘고 위에 있는 것은 다 선하다는 가르침이 있었습니다. 따라서 그리스도인들은 세상 것에 집착해서는 안 되고, 위에 있는 것들을 생각해야 합니다. 이와 비슷하게, 몸은 악하고 영은 선하다는 가르침도 있었습니다. 이런 주제들에는 다양한 변형이 있습니다. 그런데 물질적인 것이 특별히 나

뻐지 않다는 주장과 함께 19세기부터 이에 대한 강력한 반발이 시작되었습니다. 게다가, 영혼이 반드시 선하지는 않다는 신학적 주장도 등장했습니다. 물질과 영의 이원론이 그리스 철학에서 왔기 때문에 유대와 기독교 사고와는 관계가 없다는 인식이 늘어났습니다. 유대인과 그리스도인들에게는 몸과 영혼의 구분이 없었고, 인간이라는 한 존재에 엮여 있는 불가분의 관계로 여겨졌습니다. 시간이 조금 더 흐르자, 금욕주의와 청교도주의에 대한 반발이 일어났습니다. 더 후대에는 인간의 과학적, 기술적, 경제적, 정치적 노력—간단히 말해, 세상의 모든 구성 요소—을 회복하려는 시도도 있었습니다. 20세기 초반, 이런 경향은 신약성경이 말하는 세상에 대한 신학적 재해석으로 이어져서, 일상에서 사용하는 세상의 의미, 곧 우리 사회와 자연계를 포함한 주변의 모든 것을 뜻하게 되었습니다. 예를 들어, 복음서와 야고보서를 주해한 일부 주석가들은 '세상'이 하나님께 적대적인 권세를 가리킨다는 것을 보여주려 했습니다. 따라서 물질세계와 자연계는 적법하며, 반항하는 권세와는 달리 정죄받지 않았습니다. 따라서 그리스도인들은 자신의 일상 세계와는 아무런 문제가 없지만, 이 권세의 세계와는 문제가 있습니다. 그래서 성경에서 '세상'이라고 하면 더 이상 사회 전반이나 특정한 인간 행위를 가리키지 않습니다. 최신 성경사전들을 찾아보면 이런 해석이 이제는 주류임을 알 수 있습니다.

이런 신학적 발전 때문에 저를 포함한 일부 해석학자들은 '세상'이라는 용어와 관련하여 굉장히 어려운 문제와 맞닥뜨립니다. 요한, 바울, 베드로, 야고보를 포함한 모든 저자들은 '우주cosmos'라는 단어를 사용합니다. 우리가 반복해서 보았듯이, 이 저자들은 언어를 선택할 때 매우 신중하게 정확성을 기하느라 새로운 개념을 표현하는 신조어까지 만들었습니다. 따라서 그들이 전혀 상반된 두 개념에 '우주'라는 단어를 사용할 가능성은 매우 낮습니다. 우리 주변의 모든 생명체를 포함하여 창조된 우주를 가리키는 '우주'가 있고, 야고보와 요한이 이 본문에서 말하는 '우주'는 우리가 거부하고 정죄해야 할 대상입니다. 니버, 불트만, 틸리히 같은 신학자들은 이런 사고를 더 발전시켜서 세상의 성격이 긍정적이라고 보는 관점까지 나아갔습니다. 이렇게 되면 두 개념을 구분하지 않고 두 '우주'가 존재하게 됩니다. 저는 우리가 이렇게 구분할 수 없으며, 이 본문이 우리가 사는 세상을 총체적으로 이해해야 한다는 점을 분명히 한다고 생각합니다. 오히려 저는 수많은 주석가와 신학자들이 그 유명한 "하나님이 세상을 이처럼 사랑하사"라는 말씀을 이 세상이 선해야 한다는 뜻으로 사용했다는 것이 놀랍습니다. 저는 이런 해석과 그에 따른 신학적 발전을 전혀 지지할 수 없습니다. 성경에서 세상이 온전한 실재로 나타난다고 해서, 이를 철학적 개념이나 형이상학적 개념으로 해석해서는 안 됩니다. 야고보서에 이 용어는 네 차례 등장하는데, 우리가 사는 장소, 그리고 세상을 지배하는 파괴적 세력이 존재하는 곳을 동시에 가리키는 것 같습니다. 세상을 형이상학적 개념보다는 실존적 개념으로 이해하면 그리스의 이원론 사상으로 돌아갈 필요가 없습니다. 이것은 우리가—종말론적 관점에서 이미 마지막에 도달한—이 세상에서, 세상과 어떤 관계를 맺으며 어떻게 살아야 하느냐의 문제입니다.

4장과 5장이 이 세상에 대해 가르쳐주는 내용을 상세하게 살펴보는 것이 도움이 됩니다. 4장에서는 이 세상이 상업과 부, 재산의 축적과 긴밀하게 연관되어 있음을 알 수 있습니다. 5장은 부와 함께 부자들을 다룹니다. 그런 다음, 물질적 복을 추구하는 문제와 심판을 언급합니다. 그러면서 군데군데 교만과 권력욕을 이야기합니다. 다시 말해, 본문에서 우리에게 세상과 구별되라고 말할 때 정죄를 받는 행동에는 상행위와 품꾼 착취 등이 있습니다. 이런 행동들 때문에 야고보서는 후반부로 가면서 다시 한 번 세상과 관계를 끊어야 한다고 말합니다. 그렇다면 세상이 우리 사회나 사회경제적 행위 같은 것들과는 아무 관계가 없다고 어떻게 주장할 수 있습니까? 오히려 정반대가 사실인 듯합니다.

우리는 세상 속에 있지만 세상에 속하지는 않아야 합니다. 세상은 하나님의 창조세계를 나타내고, 이런 점에서 로마서의 다음 말씀을 기억하는 것이 매우 중요합니다. "피조물이 다 이제까지 함께 탄식하며 함께 고통을 겪고 있는 것을 우리가 아느니라"(롬 8:22). 따라서 그리스도인들이 그 가운데서 살아갈 방법을 배워야 하는 세상 역시 악한 세력의 지배로 고통을 겪고 있습니다. 악한 세력은 우리가 하는 모든 일에 관여하고 있기에 쉽게 거절하고 떨쳐버릴 수가 없습니다. 성경은 이 점에 대해 매우 현실적입니다. 우리는 그런 세상에서 사는 법을 배워야 합니다.

어떻게 하면 이런 사실과 야고보서와 요한복음에 나오는 세상에 대한 철저한 정죄를 조화시킬 수 있을까요? 흔히 신학적으로는, 인류와 하나님의 관계가 깨지고 나서 창조세계가 하나님과 분리되었기 때문이라고 설명합니다. 이것은 야고보와 요한이 이 본문을 쓰던 당시와 더 깊은 관계가 있다고 생각합니다. 당시에는 발전하는 기독교와 금욕주의에 대한 만연한 신념 사이에 나날이 경쟁이 심해져갔습니다. 저는 그보다 200년 전에 발전하기 시작하여 당대에 매우 영향력 있는 이념으로 자리 잡은 철학 학파인 스토아학파를 언급하고 있는 것이 아닙니다. 스토아학파는 우주가 별들이 보여주는 완벽한 질서를 나타냈기에 최고의 영적 가치라고 주장했습니다. 사람들은 이 완벽한 조화를 신으로 받아들였습니다. 사람들이 이 우주의 법칙과 조화를 이루며 사는 한, 자기 뜻대로 행동할 수 있었습니다. 인생에 대한 이런 관점의 경제적, 정치적 함의는 반사회적 성향을 띠었습니다. 우주 밖에는 아무것도 없고, 모든 의미는 이 우주 안에서만 발견할 수 있었습니다. 반대로, 성경적 관점에서 우주는 하나님의 창조물이기에 인생의 의미는 그 창조물 내에 국한될 수 없었습니다. 의미는 이 세상의 삶을 초월합니다. 더군다나, 이 창조물은 창조주께 속했기에 우리 것이 아닙니다. 청지기에 불과한 우리가 마음대로 이 창조물을 처분할 수 없습니다. 같은 맥락에서, 자녀 양육에도 상당한 차이가 있습니다. 금욕주의 인생관에 따르면, 자녀 양육이란 자녀들이 의미 있는 인생에서 만나게 될 온갖 걸림돌을 제거하는 일이었습니다. 모든 의미는 우주 안에 있기 때문입니다. 하지만 그 세상 너머에 창조주가 계시다면, 자녀와 하나님의 관계를 소홀히 해서는 안 됩니다. 기독교와 당대를 풍미한 금욕주의의 이 근본적 차이는 우주를 철저하게 정죄한 이유를 설명하는 데 도움이 될 뿐만 아니라, 그 뿌리였을지도 모릅니다. 초기 그리스도인들은 이 우주—자연계든 사회든—에서는 선한 것이 나올 수 없다는 점을 확실히 하려고 애썼습니다. 예를 들어, 자연법칙을 배우고 따르기 위해 자연계를 관찰하다 보니 사람들은 정욕에 이끌려 무질서를 낳는 결과를 불러왔습니다. 실제로 이 본문도 정욕과 이 우주의 관계를 보여줍니다. 선천적인 선은 구원의 근거가 될 수 없습니다. 따라서 야고보와 요한은 논쟁을 위한 이유로 우주라는 용어를 선택했을 가능성이 크지만, 유대교 성경이 말하는 창조가 이 우주와 당대에 만연한 인생에 대한 태도와 아무 관련이 없다는 것도 확인해줍니다. 세상과 단절하는 것은 우주와 단절하는 것이었습니다. 이 정도로는 너무 대략적이라는 것을 알지만, 이제부터 살펴볼 본문을 이해하는 데 도움이 될 것입니다.

4장 1-3절의 의미를 이해하기 위해서는 야고보서가 이스라엘 열두 지파와 전체 교회에 보내는 편지라는 점을 기억해야 합니다. 그들 중에 다툼과 분쟁이 있어서, 교회는 교인들 사이에 좋은 관계를 보여주지 못했습니다. 이런 상황은 세상에 집착하는 그리스도인들에게 원인이 있습니다. 본문은 그들에게 이 세상을 사랑하는 것이 하나님과 원수 되는 것인 줄 알지 못하느냐고 묻습니다. 다시 말해, 세상 것에 대한 집착은 그리스도인을 포함한 모든 사람 사이에 증오와 경쟁을 불러일으키는 원인입니다. 이 집착은 그리스도인이 되었다고 해서 저절로 사라지지 않습니다. 우주에 대한 순수하고 거룩한 애착 같은 것은 있을 수 없습니다. 믿음의 자유대로 살면서 동시에 다른 권력에 사로잡혀 살 수는 없습니다. 세상의 행위들이 이런 분열 행위를 유발합니다. 궁극적으로, 이는 우리가 누구 혹은 무엇에게 달라붙느냐 하는 문제입니다. 세상에 붙으면, 불가피한 현실이 기다립니다. 우리가 자신의 본성과 성향에 굴복하면 그것들은 세상 방식을 따라갈 것입니다. 우리는 정욕 때문에 세상에 달라붙습니다.

따라서 우리의 본성과 세상의 본성 사이에는 유사성이 있습니다. 다시 한 번 야고보서의 가르침은 우리 본성이 선하지 않다고 주장하는 바울의 가르침과 완벽하게 조화됩니다. 정욕에 굴복하면 세상에 동화될 것입니다. 인간의 욕구를 억압하지 말고 해방시켜야 한다고 주장하면서 그 중요성을 재발견한 시대에 이런 가르침은 특히 중요합니다. 그 이유는 두말할 필요도 없습니다. 그 결과는 세상에 대한 더 강력한 집착으로 나타날 것입니다. 어찌 됐든, 내면의 힘을 해방시키려고 억압에 반하는 노력은 우리를 세상에서 떼어내어 하나님께로 이끌어주지 못합니다. 그 힘은 오히려 정반대로 작동할 것입니다. 곧 살펴보겠지만, 우리는 성령님을 힘입어서만 본성이 아닌 행동을 할 수 있습니다.

본문은 분열하는 행위는 세상에 대한 집착에서 온다고 확인해준 다음, 당시에 흔했던 행위들을 검토합니다. 사람들이 욕심을 내도 얻지 못한다고 말합니다. 한 가지 욕구를 채우고 나면 새로운 욕구가 또 생깁니다. 그래서 사람은 절대 만족할 줄을 모릅니다. (살인을 비롯한) 극단적인 수단까지 동원한다 해도 우리의 모든 욕구를 채울 수는 없습니다. 우리는 성경에서 탐욕을 상당한 힘으로 이야기한다는 사실을 이미 논의한 바 있습니다. 야고보는 탐욕을 모든 악행의 뿌리로 묘사하고, 십계명은 다른 모든 죄의 기초인 탐욕으로 마지막을 장식합니다. 탐욕은 권력과 지배, 축재, 다른 사람들을 배제하려는 의지를 표현합니다. 우주와 그에 대한 탐욕은 밀접한 관계가 있습니다. 탐욕에 끌리기 시작하면 우리의 욕구를 절대로 만족시킬 수 없습니다. 욕심을 내어도 얻지 못하는 것은 만족을 모르기 때문인데, 우리의 소유물은 절대 안정감을 주지 않습니다. 이 가르침은 철저히 탐욕에 근거한 소비 사회에 특히 적절합니다. 탐욕은 수단과 방법을 가리지 않고 욕구를 채우라고 우리를 유혹하는데, 그렇게 세상을 좇다가는 삶이 산산조각 날 것입니다. 지적으로는, 욕구에 대한 새로운 철학들이 이런 탐욕을 정당화합니다.

또한 본문은 우리가 얻지 못하는 것은 하나님께 구하지 않기 때문이라고 설명합니다. 저는 이것이 중요한 점이라고 생각합니다. 우리는 욕심에 이끌려 원하는 것을 손에 넣지만, 우리를 진정으로 만족시킬 수 있는 것들은 아낌없이 주시는 하나님의 손에 있습니다. 하나님은 구하는 자들에게 주시는데, 사람들은 두 가지 완전히 상반된 태도로 하나님께 구합니다. 우선, 폭력을 포함해서 무슨 수를 써서라도 손에 넣고 이기려는 사람들이 있습니다. 그런가 하면 기도로 구하고 응답을 기다리는 사람들도 있습니다. 우리는 후자의 태도를 취하지 않아서 얻지 못합니다. 오히려 힘이라는 수단으로 우리가 바라는 것을 붙잡으려 합니다. 그러면 절대 성공하지 못할 것입니다. 우리에게 정말로 유익하고 우리를 만족시킬 수 있는 것은 하나님께 있으며, 하나님은 그것을 우리에게 거저 주시기 때문에 우리 스스로 그것을 획득하게 하시지 않습니다. 우리가 가끔은 구하여도 받지 못하는 것은 우리 욕구를 채우려고 잘못 구하기 때문입니다. 하나님은 세상이 동기가 된 잘못된 요구에는 응답하시지 않습니다. 이것은 하나님이 우리에게 아낌없이 베푸시는 전능하신 분임을 깨닫고, 하나님의 영광과 다른 사람들의 유익을 위해 필요한 것을 겸손하게 구하는 사람의 태도가 아닙니다. 오히려, 자기만족이라는 목표를 위해 뭔가를 얻으려는 사람과 같은 태도입니다. 그런 태도는 지배하고 움켜쥐고 결국엔 하나님을 깎아내립니다.

본문의 핵심은 하나님이 세상 모든 선한 것의 주인이시라는 것입니다. 이 서신을 받는 사람들은 정복하고 소유하려는 태도를 가지고 있어서 성공하지 못할 것입니다. 기도하고 간구하는 태도만이 하나님 보시기에 합당한 태도입니다. 따라서 우리는 하나님 앞에서 아담이 취할 수도 있었던 다른 태도를 만납니다. 자신을 하나님과 동등하게 만들어줄 것을 선택할 것인가, 아니면 하나님과 동등해지려 하지 않고 계속해서 좋은 것을 하나님께 여쭙고 받을 것인가? 하나님과 계속해서 교제하며 사는 길을 택할 것인가, 아니면 그분과 경쟁할 것인가? 이런 태도들은 창조세계에도 적용됩니다. 세상을 우리가 착취하고 지배하고 소유하고 활용하고 죽이기까지 하는 우리의 것으로 볼 것인가, 아니면 세상을 존중할 것인가? 본문이 오늘날 우리가 사는 세상에 막대한 생태학적 함의가 있는 것은 분명합니다. 우리는 우리가 결정한 대로 이 세상을 정복할 것인가, 아니면 존중할 것인가? 우리가 우주의 법칙과 우리 욕구에 굴복한다면, 끝까지 고집을 피우다가 그제야 할 수 없이 우리가 손에 넣지 못한 것을 하나님께 간구하게 될 것입니다. 하지만 그렇게 되지는 않을 것입니다.

소유하고 지배하려는 의지와 탐욕이 대량 생산, 대량 소비, 대중 광고에 기초한 소비 사회와 환경 위기에 어떤 영향을 미치는지를 이야기했습니다. 이 모두는 우리에게 창조세계를 소유할 권리가 있는지와 관련하여 근본적인 질문을 제기합니다. 우리에게는 우리의 끝없는 욕구를 채우기 위해 자연을 개발할 권리가 있는가? 물질과 동식물, 우리 자신에게 필요하다고 생각하는 일은 무슨 일이든 할 수 있는가? 과학적이고 기술적으로 가능한 일은 무엇이든 하나님이 허용하시는가? 오늘날 우리는 우리의 욕구를 채우고 이 땅의 만물을 정복할 보편적 전략과 관련하여 이런 질문들을 던지고, 결국엔 이런 시도가 성공할 수 없다는 경고에 귀를 기울여야 합니다. 우리 그리스도인들은 이 세상을 지배하고 있는 권력욕에 굴복해서는 안 됩니다.

4-6절을 더 자세히 살펴봅시다. 3절은 교만과 정복의 영과 겸손과 간구의 영의 차이를 재확인해줍니다. 4-6절은 두 주제를 다룹니다. 첫 번째부터 살펴보겠습니다. 세상을 사랑하는 것은 하나님과 원수가 되기 때문에 세상과의 철저한 구분이 필요합니다. 세상과 벗 된다는 것은 세상에서 성공하려고 애쓰는 것을 뜻합니다. 따라서 이것은 하나님과 원수가 됩니다. 하나님이 우리를 거부하시는 것이 아니라, 우리가 하나님을 거부하는 것입니다. 세상과 벗 된 동시에 하나님께도 신실할 수 있다는 주장은 말도 안 되는 불가능한 일입니다. 예수님도 우리가 하나님과 맘몬을 동시에 사랑할 수 없다고 말씀하면서 그렇게 경고하셨습니다. 세상은 우리의 사랑을

갈구합니다. 세상을 사랑하는 것은 단순히 물질이나 우리의 외적 행위에 치중하는 태도를 가리키지 않습니다. 그것은 훨씬 더 심오해서 우리 존재의 핵심까지 파고듭니다. 우리의 사랑이 있는 곳에 우리 삶 전체가 있다는 의미에서 그렇습니다. 우리 삶은 세상에 대한 사랑으로 가득하든지, 하나님에 대한 사랑으로 가득하든지 둘 중 하나입니다. 하나를 사랑하면 다른 하나는 미워하게 됩니다.

이것이 사랑의 문제이기에, 야고보서는 그리스도인을 하나님께 신실하지 못한 간음한 여인으로 묘사합니다. 성경은 그리스도와 교회 혹은 하나님과 그 백성의 관계를 결혼이라는 유비로 표현하는 경우가 많습니다. 결혼은 두 사람의 신실한 사랑의 문제입니다. 하나님의 사랑을 배신하면 우리는 간음한 사람이 됩니다.

우리는 세상을 사랑하고 나서야 비로소 세상이 우리를 만족시키지 못한다는 사실을 알게 됩니다. 인간의 정치는 이 점을 확실히 보여줍니다. 어떤 민주주의나 전체주의 국가도 단순한 복종으로 만족하지 못합니다. 나는 추상적인 의미에서 이렇게 말하는 것이 아닙니다. 정치인들의 공식 행보나 언론에서 보듯, 정치인들은 대중의 사랑을 원합니다. 조국을 사랑하고 국가를 위해서라면 목숨까지 바칠 수 있어야 한다고들 말합니다. 국가가 그저 공동선을 위해 조직되고 운영된다면 그런 문제를 일으키지는 않을 것입니다. 하지만 정치는 거기서 멈추지 않습니다. 정치는 궁극적으로 사랑의 문제입니다.

본문의 두 번째 주제는 성령을 다룹니다. 본문은 하나님이 우리 안에 살게 하신 그 영을 질투하실 정도로 그리워하신다고 말합니다(새번역). 그리스도인이 스스로를 이 세상에 대한 사랑에 내어주는 것이 그토록 위험한 이유는 우리 자신을 잃어버리기 때문이 아니라, 그것이 성령을 우리 배후에서 우리를 지지해주는 존재로 만들려는 시도이기 때문입니다. 저는 이것이 매우 이해하기 힘든 내용이라는 걸 압니다. 하나님이 우리에게 자신을 계시하시고 말씀하시고 성령을 주신 바로 그 순간부터(굳이 특별한 사건을 동반할 필요는 없습니다), 그분은 절대 물러서시지 않습니다. 우리가 실수할 때 한쪽에는 선하고 온전하신 하나님의 영이 있고, 우리는 다른 한쪽 끝에 멀찍이 있는 것이 아닙니다. 하나님은 늘 우리 배후에 계시고, 예수 그리스도 안에서 우리와 함께 계시는 분입니다. 예수님은 우리 행동을 포함한 우리 삶의 여정에 들어오십니다. 그래서 비극이 벌어집니다. 파스칼이 말했듯이, 예수 그리스도는 세상 끝까지 십자가에 매달려 계십니다. 하나님의 영을 우리가 저지른 악행 가운데 끌고 들어올 때 우리는 계속해서 예수 그리스도를 십자가에 못 박습니다. 우리가 순결하지 못할 때 이 하나님의 영이 순결할 수는 없습니다. 야고보서에서 그 더러움에 물들지 말라고 경고하는 이 세상에 우리가 동참할 때 성령이 이 더러움에 영향을 받는다는 것을 우리는 이해하기 시작합니다. 하나님이 반응하시는 것은 그분이 인간의 여정에 연루되셨기 때문입니다. 우리가 세상에 대한 사랑을 좇을 때 우리가 사랑하는 대상의 노예가 되는 것을 아시는 하나님은 우리의 자유를 시기하십니다. 하나님은 이 시기로, 우리 속에 거하게 하신 성령을 그리워하십니다. 우리가 그 영을 받았다면 우리 존재가 하나님의 영에 깊이 관여하기에, 욕심의 노예가 되어 탐욕과 시기, 심지어 살인을 저지르는 행동은 견딜 수 없습니다. 바울서신도 같은 이야기를 하고 있습니다.

따라서 우리는 세상에 대한 태도가 어떠해야 하느냐 하는 질문과 맞닥뜨립니다. 야고보서가 분명히 보여주듯, 세상에서 물러나서는 안 됩니다. 노아의 방주 때처럼 스스로를 고립시켜서는 안 됩니다. 금욕주의 같은 행동도 바람직하지 않습니다. 또한 세상에 대한 세 번째 잘못된 태도는 처음부터 세상과 구분되는 것입니다. 우리는 세상에 남아서 세상의 활동에 동참해야 하지만, 그 방법은 달라야 합니다. 우리 행동은 세상에 속한 사람들의 행동과 달라야 합니다. 앞으로 살펴보겠지만, 본문은 우리가 세상과의 관계를 발전시킬 때 매우 다른 종류의 시작을 제안합니다.

우리는 믿음 때문에 세상에서 해방되었지만, 우리가 하려는 일이 하나님을 영화롭게 할 것인지, 곧 그분을 드러내는 일인지를 늘 자문해야 합니다. 우리가 과거에 칼로 사람들을 개종시키고, 이교도들을 불태우고, 원주민들을 착취해서 하나님을 영화롭게 했습니까? 일상에서 우리는 이것이 하나님을 사랑해서 하는 일인지, 아니면 다른 무언가를 사랑해서 하는 일인지 늘 질문해야 합니다. 하나님을 사랑해서 하는 일은 우리를 자유롭게 하지만, 다른 무언가를 사랑해서 하는 일은 우리를 그 대상의 노예로 만들고 우리 안에 있는 하나님의 영을 슬프게 만듭니다. 우리는 하나님의 말씀을 들었습니다. 이 말씀은 우리 안에 그분의 영을 창조하셨습니다. 그래서 우리가 하는 일은 무엇이든 이 영이 관여하십니다. 때문에 우리는 하나님 앞에서 책임이 있습니다. 우리가 하나님을 드러내고 그 영이 우리 안에서 드러나신다면, 그분은 우리에게 큰 은혜를 주실 것입니다. 다시 말해, 우리의 욕구와 탐욕을 포기하는 것은 우리에게 있는 것을 빼앗기는 것이 아니라 더 큰 축복을 받는 것입니다.

세상과 더러움

야고보서 4장 7-10절에는 두 가지 주요 주제가 등장하는데, 언뜻 봐서는 확실히 드러나지가 않습니다. 첫째, 부정 혹은 더러움의 문제가 있습니다. 둘째는 겸손과 하나님을 가까이하는 것입니다. 첫 번째 주제부터 시작해보겠습니다.

야고보서의 큰 그림을 제시하는 1장 27절로 잠시 돌아가보겠습니다. 27절은 하나님 앞에서 정결하고 더러움이 없는 경건은 고아와 과부를 그 환난 중에 돌보고 자기를 지켜 세속에 물들지 않는 것이라고 말합니다. 4장 7-10절도 세상과의 관계에 대해 동일한 내용을 확인해줍니다. 세상을 사랑하는 것은 하나님께 대한 반역이라고 말한 직후, 8절은 손을 깨끗이 하고 마음을 성결하게 하라고 말합니다. 이 말씀은 세상의 부정함과 그 부정함에 물드는 것에 대해 말하는데, 그 의미는 조금 복잡합니다. 오랫동안 사람들은 부정함과 더러움의 문제를 심각하게 여기지 않거나, 모호한 윤리적 문제로 축소했습니다. 소위 원시종교에 대한 내용이 조금씩 알려지면서 또 다른 해석이 등장하기 시작했는데, 그런 해석은 그것이 부정함과 더러움의 '마술'이라고 주장했습니다. 따라서 더러움은 신성함과 불경함의 맥락에서 해석되었습니다. 신성함은 정결하다고 부를 수 있는 신성함과 더러움의 신성함, 이렇게 두 가지 상반되는 것으로 구성된다고 여겼습니다. 더러움의 신성함과 연관된 물건들은 그 물건에 손을 대거나 소유하는 사람들에게 악이나 저주를 불러온다고 믿었습니다. 이것이 마술에 기초한 더러움의 개념입니다.

수많은 구약성경 주석가들은 이런 통찰을 이용하여 더러움과 빚이라는 죄책에 대한 두 종류의 개념이 있다고 주장했습니다. 많은 신학자들이 민족학자들과 사회학자들을 따라 마술의 관점에서 더러움을 해석합니다. 그래서 손을 씻고, 코셔 음식을 먹고, 붉은 암송아지를 잡거나(민 19:1-10) 염소에게 더러움을 지워 보내는 정결 의식을 지키는 것은 본질상 마술적인 것으로 해석되었습니다. 이와 대조적으로, 빚은 하나님 앞에 채무자가 되는 것이었습니다. 성직자들은 죄책의 원래 개념을 더러움으로 소개하고, 선지자들은 빚으로 소개할 의무가 있었습니다. 주기도문이 보여주듯, 신약성경에서는 더러움의 개념을 버리고 빚의 개념을 채택했습니다. 실제로 보자기에 든 속된 동물을 먹으라는 음성을 들은 베드로의 환상은 부정한 것은 아무것도 없음을 보여주기 위해 사용되었습니다. 예수님은 부정하다고 간주하는 시신과 나병 환자의 몸을 만지시고도 아무런 정결 의식을 행하지 않으셨습니다. 따라서 신약성경에서 더러움의 개념은 완전히 사라졌다고 사람들은 결론을 내렸습니다. 그래서 일부 주석가들은 더 이상 문제가 되지 않는 더러움을 언급한다는 것을 이유로, 야고보서를 진지하게 받아들여서는 안 된다고 제안하게 되었습니다.

저는 이런 의견들이 대부분 초기부터 부정하고 더러운 것을 마술과 분리하는 데 성공했던 이스라엘 사람들을 고려하지 않았다고 생각합니다. 이유는 간단하고 분명합니다. 첫째, 흔한 주장들과 달리, 구약성경 어디에서도 이 사물이나 사람이 부정하다는 취지로 제시한 진술을 찾아볼 수 없습니다. 오히려 성경 본문은 늘 이렇게 선언합니다. "너희는 (무언가를) 부정하다고 주장할 것이다"라거나 "너희는 (무언가를) 부정하다고 간주할 것이다." 예를 들어, 레위기에서 부정한 동물이나 나병 환자를 언급할 때도 그렇습니다. 이것은 어떤 것 자체가 부정하다는 문제가 아니라, 그것을 부정하다고 간주하는 우리의 문제입니다. 이것은 특정한 것을 부정하게 여기라는 하나님의 계명을 나타냅니다. 그 결과, 부정하다고 선언한 무언가를 만져서 더러워지는 것은 마술에서 이야기하듯 거기에 닿았기 때문에 아니라, 하나님의 명령에 불순종했기 때문입니다. 따라서 부정하다고 선언한 무언가에 접촉하는 것은 불순종의 행위요, 그 사람은 불순종 때문에 부정해집니다. 마술이 아니라 빛의 문제인 셈입니다.

둘째로, 부정은 상호 공존할 수 없다고 간주하기에 서로 접촉해서는 안 되는 요소를 혼합한 결과일 수도 있습니다. 어떤 경우에는 이 양립 불가성이 명백한 경우도 있고, 단순히 하나님의 명령이기 때문에 그런 경우도 있습니다. 예를 들어, 하나님은 양 새끼를 어미 젖에 요리하는 것을 금지하셨습니다. 이런 부정 개념은 창조라는 독특한 개념과의 관계에서 발달했습니다. 창세기 1장은 창조 과정을 분리의 관점에서 묘사합니다.[1] 하나님은 무질서(혼란)에서 시작하여 낮과 밤, 궁창 아래 물과 궁창 위의 물, 물과 뭍을 구분하십니다. 형식이 없는 혼돈에서 질서 잡힌 것을 창조하십니다. 이런 관점에서, 더러움과 부정은 이런 창조 행위와는 정반대되는 행위의 결과로 간주할 수 있습니다. 부정과 더러움은 낮과 밤처럼 공존할 수 없는 요소들을 뒤섞어 혼돈으로 돌아가게 하는 것입니다. 이 모두는 제가 구약성경의 핵심 주제로 간주하는 것, 곧 공존할 수 없는 요소와 접촉하여 부정을 낳는 것으로 이어집니다. 이 요소들이 그 자체로 공존 불가능하든지 하나님이 그렇게 선언하셨든지 별다른 차이는 없습니다. 그것들은 파괴de-creation 행위와 무질서로의 귀환을 나타냅니다. 따라서 본문에서 가리키는 세상과의 분리는 그 자체로 부정하거나 불결한 세상이라는 개념과는 아무런 관계가 없습니다. 오히려 그것은 절대 섞일 수 없는 하나님의 영과 세상의 영의 양립 불가능성의 문제입니다. 하나님의 영에 따라 사는 삶은 어떠한 경우에도 세상의 영에 따라 사는 삶에 동화될 수 없습니다. 요약하자면, 세상은 그 자체로 더러운 것이 아니라, 하나님의 영과 관계가 없거나 그 영으로 혼동해서는 안 되는 세력의 지배를 받고 있다는 것입니다. 저는 이것이 더러움이라는 의미의 핵심 요소라고 믿습니다. 여기서 근본적인 신학 이슈는 하나님은 그분의 피조물과 같지 않다는 것, 곧 피조물은 하나님이 아니라는 것입니다. 예를 들어, 이 세상의 영이 우리 교회에 들어오게 내버려둔다면, 우리는 하나님과 그분의 피조물을 뒤섞어 혼란스럽게 만드는 것입니다. 바울은 우리 몸이 성령의 전이기에 우리가 세상의 영을 따라 행동하면 하나님의 영과 세상의 영을 뒤섞어서 하나님을 피조물 수준으로 축소시키는 것이라는 점을 분명히 합니다. 예수님도 우리가 하나님과 맘몬을 동시에 섬길 수 없다고 말씀하셔서 이 점을 분명히 밝히십니다. 둘을 동시에 사랑할 수 없습니다. 야고보가 이 세상을 사랑하는 것이 하나님과 원수 된다고 말한 것도 같은 이유에서입니다.

따라서 더러움은 세상에 대한 전혀 다른 개념과 관련이 있습니다. 하나님이 세상을 형성하고 거기에 질서를 부여하신 것은 분류를 암시합니다. 즉, 서로 양립할 수 없는 것이 존재하는데, 그것이 바로 성결입니다. 다시 말해, 성결한 것은 만물을 형성하고 질서를 부여하신 하나님의 창조 행위에 부합합니다. 구약성경에 나오는 부정은 형태가 없이 서로 뒤섞인 혼란을 뜻하기에 마술과는 아무 관련이 없습니다. 따라서 서로 공존할 수 없는 요소가 있는가 하면, 서로 공존할 수 있는 요소가 있습니다. 부정과 더러움은 창조와는 정반대되는 것입니다. 무덤에 살던 귀신 들린 자에게서 볼 수 있듯, 마귀는 혼란, 곧 생명과 죽음 사이의 혼란을 상징합니다. 따라서 야고보서에서 세상과 구별되라고 말할 때는 세상 자체가 부정하거나 나쁘다는 뜻이 아닙니다. 베드로의 환상에서 보았듯이 그 자체로 정결하거나 부정한 것은 아무것도 없습니다. 이제 자유가 다스리기 때문입니다. 바울도 동일한 방식으로 이 문제를 다룹니다.

세상과 하나님의 영은 공존할 수 없습니다. 우리는 둘을 혼동하지 말아야 합니다. 그럼에도, 현재를 포함한 교회 역사 내내 절대적 영성을 추구한다면서 세상을 지워버리거나(그 결과 세상의 부재로 혼란이 생깁니다), 세상과 우리 존재를 최우선으로 여겨 다른 종류의 혼란을 만들어내면서 성령을 소멸하는 성향이 끊이지 않았습니다.

세상과 성령의 구별은 창조라는 배경에서 근본적입니다. 같은 맥락에서, 성결과 더러움은 근본적으로 창조와 연결되어 있습니다. 하나님은 둘을 섞는 방식으로(일종의 혼란을 낳습니다) 창조세계 내에 존재하십니까? 아니면, 그 창조세계와는 전적으로 다른 존재이십니까? 우리는 사회를 하나님과 뒤섞인 존재로 여겨야 할까요? 아니면, 그분은 전적 타자이십니까? 여기서 우리는 또다시 하나님과 사회를 혼동하고 있습니다. 야고보서는 이런 종류의 혼동을 강력히 경고합니다.

세상 그 자체는 저주받지 않았지만, 그리스도인들은 하나님이 창조세계와 구별되듯 그 세상과 구별되라는 부름을 받습니다. 그리스도인들이 하나님의 영을 지닌 사람들이라면, 하나님이 창조세계와 거리를 두듯이 세상을 멀리해야 합니다. 그렇다고 이방인이나 방관자가 되거나 세상과 전혀 관계를 맺지 말라는 말이 아닙니다. 하나님은 계속해서 창조세계와 관계를 맺으시지만, 둘 사이에 유사성이 있다고는 할 수 없고, 둘이 섞일 수도 없습니다. 다시 말해, 부정은 그 거리를 유지하지 못하는 것입니다. 앞서 논의했듯, 부정은 세상을 창조하신 창조주 대신 그 세상을 사랑하고, 둘을 혼동하는 것입니다. 이제 다시, 하나님과 맘몬을 동시에 섬길 수 없다는 예수님의 가르침으로 돌아가봅시다. 우리는 둘 중 하나만 섬기는데, 이것이 곧 거리감을 뜻합니다. 신이 된 맘몬은 파괴의 대상이지만, 돈 그 자체가 꼭 악하지는 않습니다. 하지만 우리는 돈과 거리를 두어야 합니다. 재산도 마찬가지입니다. 우리는 더러움을 피하기 위해 거리를 두어야 하는데, 모든 더러움은 그 거리감을 회복하는 성결 과정이 필요합니다.

우리가 두 마음을 품은 자들이며, 마귀가 우리를 그렇게 만든다고 언급하는 본문을 이해하려면, 창조와 파괴의 맥락에서 본문을 고려해야 합니다. 하나님은 창조 행위를 통해 구별하시고, 사물에 형태를 부여하시고, 사물을 구분하십니다. 마귀도 자기 일을 통해 구별하고 나눕니다. 하지만 하나님이 나누실 때는 사랑의 관계를 세우시기 위해서입니다. 마귀가 나눌 때는 적대적인 관계를 세우기 위해서입니다. 증오심으로 편을 갈라 창조를 무효화하는 것은 사단의 일입니다. 반대로, 하나님은 사랑이 가능해지도록 나누십니다. 사랑하려면 둘이 필요하기에 나누어야 합니다. 본문에서 우리가 두 마음을 품고 있다고 말할 때는, 그리스도인들이 다투고 욕심내고 살인하기까지 한다는 전 문맥에 따라 해석해야 합니다. 이 모두는 우리 각 사람이 품은 사단의 두 마음을 보여줍니다.

앞서 언급했듯, 저는 본문의 두 번째 주제는 겸손과 하나님을 가까이하는 것이라고 생각합니다. 이 세상에 대한 사랑이 하나님께는 부당하고 세상과 벗하면 하나님과 원수가 된다는 것을 이해했다면, 우리의 첫 번째 반응은 하나님과 친구가 되기 위해 스스로를 세상과 분리하거나 최소한 거리를 두는 일일 겁니다. 그러다 보면 늘 도덕주의나 금욕주의로 빠지기가 쉽습니다. 하지만 이런 태도는 성경의 가르침에 부합하지 않습니다. 우리가 나서서 먼저 무언가를 해보려 할 때마다 궁지에 몰리기 쉽습니다. 우리 스스로 세상과 분리되기로 결단하는 것이지요. 그렇게 해서는 안 됩니다. 다시 한 번 우리는 본문의 세심한 구조를 자세히 살펴볼 필요가 있습니다. 본문은 우리에게 경고하고 나서 어떻게 해야 하는지를 보여줍니다. 우리는 하나님께 복종해야 합니다. 세상을 거부하는 것이 아니라, 그분께 복종하는 것이 첫걸음입니다. 야고보는 사회 전반이 아니라, 말씀을 들은 그리스도인들에게 말하고 있습니다. 그는 우리가 어떤 구체적인 일을 두고 매번 하나님께 허락 여부를 여쭙는 것이 그분의 뜻에 복종하는 것이라고 말하지 않습니다. 오히려 우리 삶의 의미는 우리를 사랑하고 구원하신 살아 계신 하나님으로부터 온다는 것을 깨달아야 한다고 말합니다. 하나님은 하나님과 인간, 인간과 인간의 관계를 깨뜨리고 약화시켜 분열시키는 분이 아니라 화해시키시는 분이기 때문에, 우리는 마귀를 대적할 수 있습니다. 다시 말해, 우리가 하나님께 복종하면 우리는 더 이상 하나님과 다른 사람들을 거스르지 않게 됩니다. 본문은 우리가 그분께 복종하면 마귀가 우리를 피할 것이라고 말합니다. 마귀는 사랑과 자유의 삶이라는 연합을 깨뜨리지 못하기 때문입니다. 우리가 하나님께 복종하면 세상은 더 이상 우리에게 적극적이고 공격적인 세력이 되지 못할 것입니다. 다시 말해, 세상과 단절하는 것은 어떤 특정한 일을 하느냐 하지 않느냐의 문제가 아니라, 하나님께 복종하는 문제입니다.

이 책임은 우리에게 있습니다. 하나님이 우리 대신 이 일을 해주시리라고 기대해서는 안 됩니다. 우리가 그분 뜻에 우리를 맡긴다고 해서 이른바 '책임에서 벗어나지'는 않습니다. 같은 맥락에서,

성령이 계신다는 이유만으로 우리의 영이 사라지지는 않습니다. 우리는 이런 종류의 반응을 반복해서 만납니다.

이렇게 반응하는 이유는 쉽게 이해할 만합니다. 우리는 하나님의 권세에 굴복하는 것이 아닙니다. 사랑이신 하나님께 복종하므로, 우리 삶을 그분의 사랑에 복종시킵니다. 하나님의 사랑은 폭력이나 제약, 외적 개입의 형태로 드러나지 않습니다. 우리는 하나님의 이 사랑에 반응하여 마귀를 대적해야 합니다. 마귀가 우리를 피한다는 것은 사람들을 분열시키고 관계를 깨뜨리고 증오나 긴장을 일으키는 모든 세력이 우리 개인의 내면과 다른 사람들과의 관계에서 사라지는 것을 상징합니다. 그 반대도 사실입니다. 우리가 세상에 붙어서 하나님보다 이 세상을 더 사랑하면, 우리는 그분의 사랑에 복종한 것이 아닙니다. 이런 내용이 우리의 출발점입니다.

그런 다음, 본문에는 계속해서 여러 명령이 이어집니다. 하나님을 가까이하라. 그리하면 너희를 가까이하시리라. 손을 깨끗이 하라. 마음을 성결하게 하라. 슬퍼하며 애통하며 울지어다. 주 앞에서 낮추라. 그리하면 주께서 너희를 높이시리라. 이 본문 역시 세심하게 배치되어 있는데, 경건하거나 도덕적인 이야기를 단순히 나열한 것이 아닙니다. 각 요소가 한데 묶여서 확실한 발전을 보여줍니다. 우선, 본문은 하나님을 가까이하라는 말로 시작합니다. 이런 일들을 스스로 하려고 애쓰지 말라는 뜻입니다. 야고보서가 그리스도인들과 전체 교회에 주신 말씀임을 잊지 마십시오. 이게 무슨 뜻이냐 하면, 우리와 교회가 늘 하나님과 가깝지는 않다는 말입니다. 예수 그리스도를 믿는 사람들은 하나님을 가까이하려 애써야 합니다. 자동으로 항상 그분과 관계가 있지는 않습니다. 가까울 때도 있고 그렇지 않을 때도 있습니다. 야고보서의 관점에 따르면, 하나님을 가까이하는 것은 성경 읽기와 묵상, 예배를 가리킵니다. 하나님을 가까이하면 그분이 우리를 가까이하십니다. 여담이지만, 루터는 이 본문에 격분하여 야고보서를 별로 좋아하지 않았다고 합니다. 그는 우리가 하나님을 가까이할 여지는 없고, 하나님만이 우리를 가까이하실 수 있다고 생각했습니다. 그렇지 않으면, 우리는 지구라트를 비롯하여 하나님께 접근할 수 있는 다른 종교적 시도들로 되돌아가야 하리란 것입니다. 루터는 하나님만이 먼저 손을 내미실 수 있다고 생각했습니다. 우리의 결정과 상관없이 하나님이 우리에게 오시기로 결정하신다는 것입니다. 저는 본문의 흐름상 루터의 해석에 반대합니다. 하나님께 복종하고 마귀를 대적하고 하나님을 가까이하라는 맥락을 무시한 채, 우리가 하나님을 가까이하면 그분이 우리를 가까이하신다는 말씀만 떼어서 해석할 수 없습니다. 하나님을 가까이한다는 것은 이보다 훨씬 더 큰 무언가의 일부로 보아야 합니다. 더군다나, 이것은 예수님이 말씀하신 내용—예수님이 하나님 앞에 나아가실 때 하나님이 정말 계시며, 두세 사람이 예수님의 이름으로 모인 곳에는 예수님도 그들 중에 계시다—에 정확히 맞아떨어집니다. 이것은 우리가 예수님의 이름으로 모일 때 시작되는 것과 동일한 종류의 움직임이나 발전입니다. 하나님이 늘 거기 계신다는 말은 사실 아무 의미가 없습니다. 하나님이 계신다는 느낌도 아니요, 그분께 좀 더 가까이 다가가려고 교회에 간다는 것도 아닙니다. 본문의 맥락에서 하나님을 가까이한다는 것은 그분 앞에서 우리를 낮추면 그분이 우리를 높이신다는 뜻입니다. 이것은 하나님처럼 높아지려는 종교적 행위가 아닙니다.

우리가 하나님을 가까이하고 하나님이 우리를 가까이하시면, 전에는 불가능했던 일이 가능해집니다. 이제 우리는 손을 깨끗이 하고, 마음을 성결하게 하고, 우리의 슬픔을 느낄 수 있습니다. 더러움에서 자신을 정결하게 하는 문제로 돌아가봅시다. 정결 행위는 우리 몸 안팎, 곧 세상과의 관계와 우리 내면의 분열에 모두 해당합니다. 손을 더럽히지 않고는 이 세상에서 살 수가 없습니다. 어쩔 수 없는 현실입니다. 동시에, 혼자서 청렴결백한 것도 용납되지 않습니다. 이는 세상에서 일정한 행동에 깊이 관여하는 사람들에게 막대한 어려움을 불러옵니다. 현실이 그럴 수밖에 없다고 해서 그런 사실을 받아들이기가 쉬워지는 것은 아닙니다. 예를 들면, 이것은 손은 얼마든지 더럽혀도 괜찮다고 주장한 장 폴 사르트르 같은 사람들과 정반대의 견해입니다. 그리스도인들에게 더러운 손은 악의 질서의 일부이지만, 달리 어찌할 수가 없습니다. 이것은 자유의 질서가 아니라 필요의 질서에 속했습니다. 다시 말해, 우리는 반전의 여정에 착수해야 합니다. 세상에 적극적으로 개입하여 손을 더럽혀야만 하나님을 가까이하기 위해 세상에서 손을 뗄 수도 있는 것입니다. 그런 다음, 손을 깨끗이 하고 세상으로 돌아갑니다. 성경적 관점에서 보면, 손이 깨끗하거나 더럽거나 둘 중 하나인 별개의 확실한 상황들과는 달리, 우리 삶에는 오로지 이 한 종류의 움직임밖에 없습니다. 한번 손을 깨끗이 했다고 해서 끝난 것이 아닙니다.

우리의 인생 행보는 계속됩니다.

마음을 성결하게 하는 것도 마찬가지입니다. 이 성결함은 앞에서 언급한 두 마음의 반대입니다. 더군다나 이 성결함은 도덕적인 것이 아닙니다. 우리가 선한 일을 할 때 그것은 우리 마음이 선하냐의 문제가 아닙니다. 성결한 마음이 무엇인지는 9절과 10절이 잘 설명해줍니다. 번번이 발견하듯, 이 본문은 예를 들자면 바울의 본문과는 구조가 전혀 다릅니다. 바울은 '따라서', '왜냐하면', '그래서' 같은 단어로 자신의 생각을 이어가면서 논리적인 접근법에 들어맞도록 좀 더 수사적으로 진행합니다. 야고보는 전혀 다릅니다. 그는 먼저 확실하게 말하고 난 다음에, 이어서 그 내용을 설명해줍니다. 마음을 성결하게 하는 것이 무슨 뜻인지 알려면, 그다음에 오는 내용을 살펴봐야 합니다. "슬퍼하며 애통하며 울지어다. 너희 웃음을 애통으로, 너희 즐거움을 근심으로 바꿀지어다." 이것이 성결의 의미입니다. 본문을 조금 달리 번역해본다면, 죄를 깨닫고 용서를 구하고 회개하라는 말씀이 될 것입니다(슬퍼하며 애통하며 울지어다). 이런 것들이 성결의 요소인데, 이 내용은 하나님이 우리의 성결을 위해 희생제물이나 번제물을 원치 않으시고 회개와 겸손한 마음을 원하신다는 구약성경의 많은 본문, 그중에서도 특히 시편(예를 들면 시편 51편)과 선지서들을 떠올리게 해줍니다. 즉, 죄를 깨닫고 용서를 구함으로써 더러움에서 깨끗해집니다.

우리 내면에서 감지되는 슬픔은 우리 내면의 악과 우리의 약함을 둘 다 가리킵니다. 이것은 죄를 짓는 것, 곧 자유롭지 않은 것과 같습니다. 그래서 우리 삶은 덜 충만하거나 심지어 텅 비었다는 의미에서 약해집니다. 나쁜 일은 그 징후에 불과합니다. 우리 삶이 약해지는 것이 더 근본적인 문제입니다. 이것을 도덕성의 문제로 축소해서는 안 됩니다. 성경도 이것을 고소할 문제로 보지 않습니다. 우리 죄를 인식하는 것은 자비를 구하는 것입니다. 하나님은 우리를 무엇보다 불행하고 약하고 무력한 사람으로 보시기 때문입니다. 이것이 바로 죄입니다. 우리는 하나님이 우리를 부르시고 은혜를 주실 때 이런 느낌을 가져야 합니다.

권세와 지배와 정복의 영이 세상 만물을 지배하고 있다는 전 문맥의 주제를 떠올리면 이 점은 더 분명해집니다. 우리는 욕심을 내어도 얻지 못하고, 늘 싸우다가 살인까지 저지를 수 있습니다. 이 모두는 우리의 죄성과 연관이 있습니다. 그래서 여기서는 우리의 비참함을 깨달으라고 말합니다. 우리를 사랑하시고, 우리가 세상에서 얼마나 불행한지 아시는 분이 이렇게 호소하십니다. 이것을 고발로 해석해서는 안 됩니다. 이 주장은 스스로 부유하다고 믿지만 사실은 헐벗고 가난한 교회들이 등장하는 계시록을 떠올리게 해줍니다. 저는 이런 본문들이 하나님이 우리를 어떻게 보시는지를 묘사한다고 믿습니다. 우리는 죄의 윤리적 측면에 너무 집중한 나머지, 하나님이 우리를 악행을 저지르는 자로 보신다고 믿게 되었습니다. 물론 죄에 그런 측면이 없진 않지만, 그보다는 우리의 불행과 비참함, 무기력함과 더 큰 연관이 있다고 생각합니다. 이를 깨달을 때 우리는 우리의 실상을 보고 슬퍼하며 애통할 것입니다.

이는 자연스럽게 하나님 앞에서 낮추라는 부르심으로 이어집니다. 손을 깨끗이 하는 것과 함께 이런 '움직임'이 시작되었습니다.

본문에서 중요한 문구는 '주 앞에서', 곧 십자가 앞에서 낮아져야 한다는 것입니다. 그곳은 우리가 세상과 얼마나 타협했는지, 우리 마음이 얼마나 부패했는지, 우리가 얼마나 비참한지를 깨달을 수 있는 유일한 장소입니다. 우리가 이 절대 악 때문에 진정으로 울 수 있는 곳, 그리스도의 죽음에 우리가 책임을 질 수 있는 곳은 그곳뿐입니다. 또한 우리의 슬픔이 완전한 절망으로 끝나지 않으리라는 것을 온전히 깨달을 수 있는 곳이 바로 이 주 앞이기도 합니다. 다시 말해, 우리의 애통함과 눈물은 절망의 표현이 아닙니다. 따라서 이 상황은, 예를 들어 인류의 한계와 약함을 깨닫고 절망에 도달하는 실존주의와는 근본적으로 다릅니다. 주 앞에 있는 것은 우리를 구원하시려고 죽으신 분 앞에 있는 것입니다. 이는 하나님의 정의와 사랑의 관계를 다시 한 번 생각하게 합니다. 이 전능하신 하나님은 예수 그리스도의 사랑을 통해 우리를 구원하기를 간절히 원하십니다. 동시에, 예수 그리스도 안에서 십자가에 달리신 이 하나님은 우리를 구원하실 수 있는 전능하신 분입니다. 이것이 하나님의 능력과 의지의 관계, 이른바 구원 신학의 신비입니다. 하나님은 우리를 구원하시기 원하며 그럴 수 있는 능력이 있습니다. 따라서 우리는 주 앞에서 낮출 수 있습니다. 그분만이 우리에게서 진실한 반응을 이끌어내십니다. 세상 방식과 달리, 그분은 우리에게 굴욕감을 주시지 않습니다. 우리는 세상에서는 굴욕을 당하지만, 하나님은 아무에게도 굴욕감을 주시지 않기에 우리는 스스로 그분 앞에서 낮춥니다. 하나님은 어떤 식으로든 우리를 절대 약하게 만드시지 않습니다. 자신의 유한함과 약함을 깨달은 우리가 우리를 높이시는—이 동사는 예수님의 부활에 사용된 동사와 똑같습니다—주 앞에서 스스로 낮춥니다. 우리를 높이시고 일으키신 주님은 우리를 용서하시지만, 그 전에 우리는 성결이라는 사막을 건너야 합니다. 이 사막이 우리의 권력과 지배와 정복의 영을 거두어갑니다.

본문이 묘사하는 여정은 다음과 같이 요약할 수 있습니다. 그 여정은 먼저 하나님이 그분을 우리에게 계시하는 것에서 시작됩니다. 신자들이 하나님을 가까이하면 그분이 우리를 가까이하십니다. 우리는 우리를 높이시고 일으키실 하나님 앞에 스스로 낮춥니다. 하지만 이 여정을 마쳤다고 해서 다 끝난 것이 아닙니다. 우리는 살면서 이 과정을 끊임없이 반복합니다. 이번에도 이 네 절에 전체 신학이 들어 있습니다.

본문은 새로운 두 주제를 소개하는데, 이 주제들이 이 연구의 나머지 부분에서 계속해서 생각을 사로잡을 것입니다. 첫째는 세상과의 분리가 우리 삶에서 드러나는 방식을 다룹니다. 이 내용이 4장 나머지 부분과 5장 12절까지 차지합니다. 우리는 세상과의 분리가 권력욕을 포기하는 모습으로 드러나는 것을 볼 것입니다. 다른 사람들을 판단하지 않고, 우리 미래를 통제하려 하지 않으며, 다른 사람들을 착취하지 않고, 부를 축적하지 않는 모습 등으로 나타나는데 이런 것들은 몇 가지 예에 불과합니다. 두 번째 주제는 그리스도인의 삶이 하나님과의 화해를 표현하는 방식을 다룹니다. 이 내용이 5장 나머지를 차지하고 야고보서의 결론부까지 우리를 인도합니다.

이제 여러분의 질문에 답해보겠습니다. 창세기에서 죄에 대해 배운 내용으로 돌아가봅시다. 인류의 죄는 자신들이 선악을 결정하는 모험을 감수한 것이었습니다. 이것이 흔히 '선악을 알게 하는 지식'으로 번역하는 히브리 문구의 문자적인 뜻입니다. 이렇게 인류는 하나님만이 하실 수 있는 일을 도용하여, 그분 자리를 차지하려 했습니다. 기독교 윤리가 불가능한 이유는 남들에게 이래라저래라 할 권한이 우리에게 없기 때문입니다. 이것은 남들이 강제로 따를 수밖에 없는 일종의 체제를 제공하는 데까지 이르는데, 그러면 더 이상 자유와 사랑은 존재할 수 없습니다. 이런 이유로, 도덕성은 기독교와는 정반대 지점에 있습니다. 같은 맥락에서, 계명은 어디서 어떻게 우리가 자유로울 수 있는지 그 한계—우리에게서 자유와 생명을 박탈하는 범위 내의 한계—를 밝혀서 우리가 어떻게 살아야 하는지를 보장해줍니다. 다시 말해, 여러분이 살기 원하면 도둑질이나 살인을 하지 말아야 하는 것이지요. 하나님은 신명기에서 우리 앞에 **악과 사망**과 함께 **선과 생명**을 두겠다고 말씀하시고 후자를 택하라고 권면하십니다. 물론, 모든 사회는 그 구성원들을 위해 윤리를 만들 수밖에 없습니다. 하지만 기독교가 자유와 사랑의 종교인 반면, 이 윤리는 필요성과 의무와 악에서 나옵니다. 그리스도인들도 사회의 일원이기에 자신의 믿음을 (문화적) 윤리와 종교로 변화시켜 또 다른 종살이에 자유를 굴복시키려는 유혹에 끊임없이 부딪힙니다.

판단하고 계획하는 세상

이번에도 야고보서 4장 11-17절은 윤리적 조언 정도로 굉장히 간단해 보입니다. 판단하지 마라, 인생이 유한하고 미래를 알지 못한다는 사실을 기억하고 살아라. 그런데 이런 피상적 인상에서 그친다면, 본문을 제대로 이해하지 못할 것입니다. 본문은 단순한 윤리적 조언이 아니라 실존적인 말씀입니다.

먼저, 판단의 문제를 다루는 처음 두 절(11-12절)에서부터 시작하려 합니다. 이 말씀은 세상과 분리되어 어떤 행동의 차이를 드러내야 하는지에 대해 첫 번째 예를 제시해줍니다. 세상은 사람들을 포함하여 주변의 모든 것을 판단하여 분류함으로써 조직되는 곳입니다. 우리가 사용하는 단어에서 드러나듯이, 이런 판단들이 모든 것을 구분하고 나눕니다. 확실히 이것은 도덕적 판단보다는 훨씬 더 심오한 차원의 것입니다. 우리는 세상과 사회, 사회적 범주, 계층, 인종, 국가 등 모든 것을 판단합니다. 그 범위는 포괄적입니다. 동시에, 우리가 하는 판단은 상호성이 있습니다. 우리가 남을 판단하면 그들도 우리를 판단하고, 이렇게 온갖 종류의 사회적 장벽이 생깁니다. 사회학에서는 이 사회적 장벽을 광범위하게 연구합니다. 우리가 사는 세상은 온갖 종류의 판단에 기초합니다. 어떤 사회도 판단 없이는 존재할 수 없는데, 집단에서는 이 판단을 통해 어떤 사람을 수용할지 여부를 결정합니다.[2]

판단하지 말라는 말씀에는 본문의 전후 문맥과 직결되는 두 측면이 있습니다. 스스로를 세상과 분리하고, 손을 깨끗이 하고, 마음을 성결하게 하라는 경고는 결국 판단하지 말라는 주제로 이어집니다. 그 의미는 분명합니다. 스스로를 세상과 분리한다고 해서 세상과 분리되지 않은 사람들을 판단하는 위치에 설 수 있는 것이 아닙니다. 더러움에서 우리를 성결하게 한다고 해서 남을 판단할 권한이 생기지 않습니다. 세상과 분리된다고 해서 남을 판단하는 자리에 앉아서는 안 됩니다. 저는 이것이 본문과 전 문맥의 연결고리라고 생각합니다.

판단하지 말라는 말씀은 야고보서의 나머지 모든 내용과도 관련이 있습니다. 야고보는 본문을 이렇게 배치함으로써 이어지는 내용에는 어떠한 판단도 있을 수 없다고 암시합니다만, 다음 내용은 가끔은 심할 정도로 가혹합니다. 예를 들어, 그는 부자들을 공격하지만, 특정 개인을 판단하지 않도록 주의합니다. 그는 그들의 인격이나 삶에 의문을 제기하지 않습니다. 그가 공격하는 것은 부자라는 사회적 범주입니다. 우리 중 누구라도 부자 범주에 속할 수 있습니다. 남을 판단하지 말라는 경고를 받은 뒤에는 우리 중 누구라도 부자에 대한 말씀을 자신과 직접 관련된 말씀으로 받을 수 있습니다. 우리가 이런 본문을 읽을 때는 자신에게 주시는 말씀으로 받아야지, 다른 사람에게 적용해서는 안 됩니다. 따라서 판단하지 말라는 말씀과 그다음 이어지는 내용의 관계는 매우 분명합니다.

이렇게 전후 문맥을 고려하면서, 이제는 성경이 다른 사람을 판단하지 말라고 한 말씀이 무슨 뜻인지 이해하려고 시도해야 합니다. 저는 이 말씀이 우리가 어떤 사람들에게는 끌리고 어떤 사람들에게는 끌리지 않는, 그런 즉흥적이고 자연스런 반응과는 관계가 없다고 생각합니다. 성경은 모든 사람에게 똑같은 애정이나 동정심을 품어야 한다고 요구하지 않습니다. 다른 사람들보다 제자들을 더 사랑하신 예수님의 경우도 마찬가지입니다. 예수님께도 확실히 선호하는 대상이 있으셨습니다. 그런가 하면 이런 판단을 지적 특성으로 생각하지도 않습니다. 다른 사람을 판단하지 않는 것은 어떤 의미에서는 누군가의 삶에 대한 인식 여부의 문제입니다. 하나님은 우리가 누가 지옥에 간다거나 누가 악행을 한다고 예단하는 것을 허락하시지 않습니다. 그런 판단은 본질적으로 그 사람의 구원 여부를 판단하기에, 그 사람과 관계가 끊어지거나 그 사람을 파괴하는 결과를 낳을 것입니다. 예수님은 이 문제가 얼마나 중요한지 "너희가 헤아리는 그 헤아림으로 너희가 헤아림을 받을 것이니라"(마 7:2)라고 말씀하십니다. 여기서 예수님이 말씀하시는 판단은 한 개인의 삶 전체에 대한 최종 판단을 가리킵니다. 우리는 다른 사람의 구원이나 저주에 대해 그런 최종 판단을 내릴 수 없습니다.

형제자매의 악행을 판단하는 것은 성령을 분별하는 것이 아닙니다. 사랑과 너그러움과는 정반대입니다. 사랑을 이야기하는 고린도전서 13장을 떠올려보십시오. 그 본문은 우리가 다른 사람의 내면에 있는 악을 보고 판단하면 우리가 그들을 사랑하지 않는 것이라고 말합니다.

본문은 교회에 속한 다른 그리스도인들을 판단하는 것에 대해 말합니다. 교회에 속하는 것은 기관이나 제도인 교회에 속하는 문제가 아닙니다. 하나님이 그리스도의 몸으로 세우신 교회에 속하는 문제입니다. 따라서 우리의 판단으로 다른 사람을 정죄하면, 그리스도의 몸의 연합을 깨뜨리는 셈입니다. 교회에는 늘 이런 판단이 존재하기에, 이 문제의 심각성을 볼 줄 알아야 합니다. 이것은 윤리의 문제가 아니라, 그리스도의 몸의 연합을 깨뜨리는 행위입니다. 바로 마귀의 역할이자 그가 하는 일이지요. '디아볼로스'는 가르고 나누는 존재라서, 다른 그리스도인들을 판단하는 행동이 교회에도 침투합니다.

본문은 다른 사람을 판단하지 않아야 할 근거를 몇 가지 제공합니다. 우리가 누구이기에 이웃을 판단합니까? 능히 구원하기도 하시며 해방하기도 하시는 입법자와 재판관은 오직 한 분이십니다. 예수님도 다른 사람을 판단하지 말아야 할 근거로 우리가 어떤 존재인지 질문을 던지십니다. 우리는 우리가 판단하는 대상과 정말 다른 존재입니까? 아무도 하나님의 심판을 피할 수 없다는데, 우월성을 주장할 여지가 과연 있을까요? 어떤 사람이 남들보다 하나님의 뜻을 행하는 일에 조금 더 도덕적이거나 진지하거나 탁월하다면, 그런 상대적 차이가 하나님의 심판에서 과연 의미가 있을까요? 이 질문들에 대한 답은 분명합니다.

이 본문에는 나오지 않지만 다른 본문들에 나오는 논리를 보면, 관용이 부족한 것이 문제입니다. 여러분의 이웃을 사랑하면 그 사람을 판단할 수 없습니다.

본문에 나오는 또 다른 논리는 입법자와 재판관이 한 분뿐이라는 것입니다. 곧, 우리가 남을 판단하면 하나님의 자리를 차지하는 셈이 됩니다. 하나님만이 선악을 정의하실 수 있습니다. 그래서 하나님이 율법을 주시고 그에 따라 판단하십니다. 하나님이 선의 기준이라는 뜻입니다. 이런 논리는 하나님이 말씀하신 선 이외에 다른 선이 있느냐를 둘러싼 끝없는 신학 토론을 유발할 수 있습니다. 하지만 저는 선은 그 자체로는 존재할 수 없다고 믿습니다. 선한 것은 하나님이 선하다고 선언하신 것에 부합합니다. 우리는 창세기를 연구하면서 이 부분을 이미 다루었습니다.[3] 창세기에서 하나님이 무언가를 선하다고 선언하시면, 그것은 선한 것입니다(개역개정에는 "하나님이 보시기에 좋았더라"라고 번역했다—옮긴이). 선의 다른 기초나 다른 정의를 찾는 것은 아무 의미가 없습니다. 그렇다면 우리가 남을 판단할 때는 선한 것을 스스로 결정하고 싶었던 아담의 실수를 반복하는 셈입니다. 선악을 아는 지식은 절대 지식으로 해석되곤 했습니다. 그것은 지식의 문제가 아니라, 선악을 결정하는 문제였습니다. 아담은 선악을 스스로 결정하여, 하나님이 계셔야 할 자리를 자신이 차지합니다. 또한 선악을 결정하는 윤리는 하나님과의 관계를 단절시키고 그에 따르는 모든 결과를 뜻합니다. 우리는 아담의 원죄를 이야기하지만, 살면서 그 원죄를 반복해서 재생산하기가 얼마나 쉬운지를 깨달아야 합니다.

판단하지 말라는 말씀에 대한 마지막 설명은 조금 모호해서 설명하기가 쉽지 않습니다. 본문은 형제자매를 비방하거나 판단하는 자는 율법을 비방하고 판단하는 것이라고 말합니다. 율법을 판단하는 사람은 율법의 준행자가 아니요 재판관입니다. 이 말씀에는 여러 측면이 있다고 생각합니다. 첫째는 성령이 우리 마음에 율법을 두신다는 약속과 관련이 있습니다. 지금까지는 율법이 외부에 있었지만, 예수 그리스도와 성령이 오셔서 변화가 생깁니다. 이제 율법은 내면화됩니다. 율법 안에 사는 것은 하나님의 뜻에 합당하게 사는 것입니다. 이것은 바울이 "너희 몸은 … 성령의 전"이라고 한 말씀과 같은 가르침입니다. 그 이후로, 우리가 형제자매를 판단하면 그들의 행동을 판단하는 것이고, 율법이 우리 마음에 있기에 이는 하나님의 율법을 판단하는 것이나 마찬가지입니다. 우리는 더 이상 두 돌판에 새긴 모세의 율법에 대해 이야기하지 않습니다. 모세의 율법은 우리 외부에 있어서 모든 사람이 읽을 수 있었습니다. 예수 그리스도와 성령이 오셔서 이제 율법은 모든 그리스도인의 내면에 있습니다만, 우리 모두에게 다 똑같지는 않습니다. 앞서 살펴본 자유의 율법에 대한 내용—이 자유의 율법에 의해 판단을 받는 것처럼 말하고 행동하라—에 따르면, 야고보서는 이런 해석을 확인해줍니다. 이제 야고보는 4장에서 여러분이 다른 사람을 판단할 때는 율법을 판단한 것이요, 이 율법은 자유의 율법이라고 말합니다. 우리가 판단하려는 유혹을 받는 그 사람들은 예수 그리스도가 해방시키신 사람들입니다. 곧, 그들의 자유로운 행동은 우리와는 아무 상관이 없다는 뜻입니다. 그들은 자유롭기 때문에 우리는 그들을 판단하지 않아야 합니다. 그들은 자유의 율법에 순종합니다. 따라서 그들을 판단하면 우리는 하나님이 그들 가운데 두신 율법을 판단하는 셈입니다. 우리가 다른 사람을 판단하면 그들의 자유에 걸림돌을 만들게 됩니다. 예수 그리스도가 형제자매들을 자유롭게 하셨다면, 그들에게 어떤 계명이나 판단을 부여할 권리가 우리에게는 없습니다. 그리한다면, 우리가 자유의 율법을 따르지 않는 셈이 됩니다.

정말로 판단하지 않고 살 수 있을까요? 판단은 우리 삶에 꼭 필요해서, 그것 없이는 못 살 것 같은데요? 이런 질문들 때문에 도덕주의에 빠지지 않도록 해야 합니다. 윤리적 관점에서 보면 이 본문을 이해할 수도, 받아들일 수도 없습니다. 하지만 남을 판단하는 일이 얼마나 심각한지 이해한다면, 하나님의 은혜만 의지할 수밖에 없습니다. 우리가 스스로에게 정직하다면, 우리가 다른 사람들의 자유에 방해가 되고, 그들의 구원 여부까지 판단하며, 그리스도의 몸의 연합을 깨뜨린다는 것을 하나님 앞에서 깨달아야 합니다. 우리가 죄를 고백하면서 이를 깨닫는다면, 은혜 외에는 다른 방법이 없습니다. 따라서 본문은 언뜻 보기에는 윤리적 조언 정도로밖에 보이지 않지만, 은혜로만 구원받는다는 복음의 근본과 우리 존재의 뿌리(존재론적 의미에서)로 우리를 인도합니다.

우리가 남을 판단하지 않는다면, 판단 대신 어떤 방법을 취할 수 있을까요? 형제자매의 행동이 우리와 상관이 있다면, 그들이 자유의 율법에 순종하는지 아니면 어리석은 환상을 따르는지를 알아보기 위해 대화를 시도해야 합니다. 그 사람과 관계를 세우기 위해 애써야 합니다. 관계를 세운다는 것은 일상에서 믿음의 실천, 곧 그에 따른 기쁨과 어려움과 실망과 의심 등을 나눈다는 뜻입니다. 그러면 우리 자신의 약점을 보게 됩니다. 그때 우리는 용서받고 사랑받는 경험을 나눌 수 있는데, 이런 대화는 무척 깊어질 수 있습니다. 이 모든 과정에서, 우리는 하나님이 우리를 위해 하셨듯이 상대방의 위치에 우리 자신을 놓아야 함을 기억해야 합니다. 이 일은 매우 힘들고 시간도 많이 듭니다. 근본주의자나 자유주의자, 심지어 이단자 같은 편리한 꼬리표를 붙여 상대방이 없는 곳에서 그들을 판단하거나 무시하기가 훨씬 쉽습니다. 그렇게 우리는 그리스도의 몸을 가르고, 악마에게 일조하며, 하나님과는 전혀 거리가 먼 분으로 그분을 찬미하며, 많은 사람들이 하나님나라로 가는 길을 차단합니다.

본문의 나머지 구절(4:13-17)은 특별히 그리스도인들을 대상으로 합니다. 본문은 우리가 오늘이나 내일이나 돈을 벌기 위해 계획한 일을 하겠다고 말한다면, 남들과 다를 바 없이 말하는 것이라고 지적합니다. 여기에는 일상의 일을 수행하는 것과 교만이라는 두 요소가 있습니다. 일상의 일을 수행하는 것은 아무 문제가 되지 않습니다. 본문이 지적하는 것은 우리가 우리 시간과 행동과 삶의 주인처럼 행동하는 태도입니다. 인생의 향방을 우리 스스로 결정하는 것이 문제입니다. 이것은 하나님이 주인이시며 우리 삶이 그분 손에 있다는 사실을 망각한 실수입니다. 그 결과는 우리의 의도와 결정, 선택이 우리를 향한 하나님의 행동을 방해할 수 있다는 것입니다(실제로도 그런 결과가 자주 발생합니다). 이런 행동들이 늘 분명하게 눈에 들어오지는 않습니다. 하나님의 행동들 역시 우리 스스로 결정하고 선택할 수 있는 가능성을 주기 때문에 분별하기 어려울 때가 많습니다. 내가 15분의 여유도 없이 빽빽하게 하루를 계획한다면, 하나님이 들려주실지도 모르는 미세한 음성에 귀 기울일 수 있는 때를 놓칠 것입니다. 예를 들면, 하나님이 사무엘에게 말씀하신 방법을 떠올려보십시오. 우리의 온갖 계획과 결정이 그분이 우리 삶에서 일하실 수 있는 가능성을 차단할 수 있다는 것입니다. 물론, 이것은 하나님을 주님이라고 부르며 립서비스를 한다고 해서 해결할 수 있는 문제는 아닙니다. 예를 들어, 17세기부터 프랑스 개신교인들 사이에서는 '신의 뜻대로Dieu voulant'라는 뜻의 약어 DV를 편지 말미에 쓰는 관례가 생겼습니다. 자기가 바라는 일을 마음대로 써놓고 맨 마지막에 '신의 뜻대로'라고 쓴 것입니다. 같은 맥락에서, 우리는 하나님을 주님으로 인정하는 립서비스만 해놓고 남들과 똑같은 일상을 살아갑니다. 하나님을 주님으로 인정하는 삶은 우리 마음대로 인생을 경영하기를 포기한다는 뜻입니다. 말로는 하나님이 원하시면 그분 뜻대로 우리 계획을 망가뜨리고 변경하실 수 있다고 하면서 우리 나름대로 계획을 짜는 것이 아닙니다. 본문은 이런 접근법들을 정죄하면서, 내일 당장 무슨 일이 생길지 모른다는 사실을 되새기게 해줍니다.

본문은 자발적 복종으로 자만심을 포기해야 한다고 말합니다. 그런 복종은 우리 개인의 삶과 공적 삶에 큰 영향을 끼칩니다. 예를 들어, 미래를 계획하려면 미래에 무슨 일이 생길지 조사해야 합니다. 저는 우리가 만사를 계획하고 가능한 모든 일을 예측하려고 애쓰는 두 가지는 믿음을 잃는 것과 직결된다고 확신합니다. 우리는 선하신 하나님께 우리의 세상을 전적으로 맡기지 못하는 만큼, 계획과 예측 또는 점성술 같은 비기술적 수단으로 우리의 세상을 보전하려 합니다. 그러나 미래에 대한 이런 적극적 관심은 절망의 태도로 이어지는 경우가 많아서, 매우 염려스럽습니다. 예를 들어, 어떤 사람들은 여론 조사로 여론의 추이를 예측하려는 시도가 선거 제도와 민주주의 자체를 근본적으로 바꾸어놓을 수도 있기 때문에 긍정적 발전이 아니라고 경고하기도 했습니다. 우리가 염려하는 또 다른 예로는, 우리가 안전하다고 보장해주는 온갖 종류의 보험의 확산을 들 수 있습니다. 확실히 보험은 미래를 하나님께 의탁하는 것과는 전혀 다릅니다. 저는 보험을 포기하기 쉽지 않다는 것을 잘 압니다. 여러분은 하나님이 확실히 하신 약속을 진지하게 생각해야 합니다. 하나님 손에 인생을 의탁한다고 말하면서 마치 하나님이 아무 쓸모없는 존재인 양 각종 보험을 드는 것은 의미가 없습니다. 두 마리 토끼를 다 잡을 수는 없습니다. 평생 스스로 자기 인생을 책임지다가 죽을 때가 되어서야 하나님 손에 맡길 수는 없는 노릇입니다. 하나님의 뜻을 진지하게 여긴다면, 어느 쪽을 택하든 늘 힘겨운 결정을 대면해야 합니다. 저를 잘 아는 독자라면 알다시피, 제가 이런 말을 할 때는 제 자신의 인생부터 진지하게 문제 삼곤 합니다.

우리 시대는 본문에 또 다른 차원을 부여합니다. 야고보와 바울 시대에는 삶과 죽음을 계획할 수 있는 정도에 한계가 있다는 점이 모두에게 자명했습니다. 더 강력한 수단이 등장한 현대의 사람들은 마치 삶과 죽음을 통제할 수 있는 것처럼 삽니다. 인간은 동물의 생사를 어느 정도 계획할 수 있게 되었고, 인간에게도 똑같이 할 수 있는 능력이 지속적으로 발전하고 있습니다. 이런 상황은 우리 문명과 관련하여 가장 심오하고도 골치 아픈 질문들을 계속해서 제기합니다. 인간은 지구에서 모든 생명체의 주인인 양 살아갑니다. 그럼에도 계획과 예측과 관련된 인간의 경험은 본문이 사실임을 증명해주었습니다. 실현된 계획은 극소수에 불과하고, 예측은 전혀 들어맞지 않았습니다. 인류의 기술력 발전에 대한 예측조차도 불가능한 것으로 드러났습니다. 인간의 삶은 우리가 일반적으로 인정하는 것보다 훨씬 더 예측 불가능합니다. 본문에 인용된 전도서 본문은 인생이 잠깐 보이다가 없어지는 안개('연기', '무의미' 등으로도 번역합니다)에 불과하다고 상기시켜줍니다. 이 안개를 내 맘대로 해보려고 애쓰는 일은 어리석습니다. 본문은 이 어리석음을 경고합니다. 그리스도인들은 선택을 앞두고 있습니다. 자기 계획대로 살든지, 하나님을 신뢰하든지 해야 합니다.

하나님의 뜻에 열려 있는 것은 위에서 오는 개입이나 기적보다는 대개 다른 사람들과의 관계와 더 상관이 있습니다. 우리는 그 관계에서 하나님을 마주칠 때가 많습니다. 이를 깨닫는 것은, 이웃을 네 몸과 같이 사랑하라는 계명에서 알 수 있듯 이 타인들이 우리 길에 자주 걸림돌이 되는 것을 알게 될 때 또 다른 중요한 국면이 됩니다. 산상수훈은 우리가 친구들만 사랑하면 다른 사람과 아무 차이가 없다고 말합니다. 우리 이웃은 우리가 잘 어울릴 법한 사람들이 아닙니다. 오히려 정반대여서 우리 삶에 걸림돌이 됩니다. 카를 바르트가 《교회 교의학》에서 이웃을 정의한 내용도 바로 이와 같습니다.[4] 다른 사람을 판단하지 말고 도와주라고 말한 뒤에 나오는 본문도 같은 내용을 암시합니다. 남을 판단하는 것은 그들을 무시하고 관계를 끝낼 수 있는 간편한 방식입니다. 이것은 우리의 시간 활용과도 직접적 관련이 있습니다. 내가 내 시간의 주인이면 내 관계의 주인이기도 합니다. 따라서 본문과 앞서 다룬 11-12절은 밀접한 관련이 있습니다. 나는 남을 판단함으로써 내 친구와 지인에 포함될 사람과 그렇지 않은 사람을 결정하게 됩니다. 마찬가지로, 내 일상 활동을 주도면밀하게 계획함으로써 내 사회 활동 반경에 속하는 사람과 그렇지 않은 사람을 결정합니다. 이와 대조적으로, 내 일상에 넉넉한 융통성을 발휘한다면, 이 유연성이 내 시간과 관계를 변화시켜서 성령님이 드러나실 여지를 남길 것입니다.

본문은 계획을 세우거나 보험에 가입하는 것 자체를 정죄하지 않습니다. 하나님은 그 계획을 무용지물로 만들 능력 이상의 능력을 가지신 분이기 때문입니다. 여기서 정죄하는 것은 우리의 자만심입니다. 이런 자만심은 자기 자신에 대한 자랑과, 시간 계획을 세우고 장사하고 이익을 보는 것으로 우리를 하나님 자리에 놓으려는 데서 드러납니다. 우리는 인생의 목적과 목표를 스스로 정할 수 있다고 주장합니다. 다시 말해, 누구 또는 무엇에 우리 삶을 헌신할지 스스로 결정합니다. 이것이 바로 본문이 경고하는 내용입니다. 우리는 어떤 도시에 가서 일정한 시간을 머물며 장사를 해서 이익을 봅니다. 우리 인생을 거기에 헌신합니다. 그리스도인들이 늘 내리는 이런 선택들은 주변 세상의 선택과 다르지 않습니다. 야고보가 경고하듯, 그리스도인들도 세상 사람들과 똑같이 말합니다. 세상 사람들과 똑같이 생각하고, 똑같은 결정을 내립니다. 우리는 세상과 분리되었다고 믿지만, 실상은 아닙니다. 17절은 사람이 선을 행할 줄 알고도 행하지 아니하면 죄라고 말합니다. 이 말씀은 확실히 그리스도인들에게 주신 말씀입니다. 다시 한 번, 우리 삶을 누구 혹은 무엇에 드릴지 결정해야 할 선택이 눈앞에 있습니다. 남들도

다 생각하고 행동하는 것에 드릴 것인가, 선한 것에 드릴 것인가? 후자라면, 우리는 무엇이 선한지 결정하는 분은 하나님뿐임을 기억해야 합니다.

하나님의 뜻을 분별하지 못하면, 그분이 선하다고 말씀하신 것을 듣지 못하고 이해하지 못한다면, 우리는 엉뚱한 일을 할 것입니다. 설령 선을 행하더라도, 선을 행하지 않는 그리스도인들을 판단할 권한이 우리에겐 없습니다. 무엇이 선인지 아는 그리스도인들은 다른 사람들보다 책임이 더 큽니다.

본문에 대해 두 가지를 더 말씀드리고 싶습니다. 첫째, 선을 행할 줄 알지만 행하지 않는 사람들은 죄를 짓는 것입니다. 우리가 저지르는 죄와 하나님 앞에 선 인간의 죄성을 잘 구분해야 합니다. 예수 그리스도 안에서 받은 용서의 결과로 후자의 상태가 변화되었지만, 그렇다고 해서 우리가 더 이상 죄를 짓지 않는다는 뜻은 아닙니다. 더 이상 죄나 죄악 된 본성에 좌우되지 않는다는 것입니다. 용서받으면 이런 상태는 사라지고, 이제 자유 안에서 인생을 살아갈 수 있게 됩니다. 그러면서 우리는 많은 실수를 저지르게 마련이고, 이런 실수들이 죄를 낳습니다. 우리가 저지르는 죄가 끔찍하기는 하지만, 우리의 근본 상태를 바꾸지는 못합니다.

나머지 한 가지는, 선을 행할 줄 알면서도 행하지 않는 것과 관련이 있습니다. 전통적 윤리신학에서 이것은 무언가를 하지 않는 죄를 가리켰는데, 흔히 무언가를 저지르는 죄보다는 덜 심각하게 간주했습니다. 저는 성경의 가르침은 다르다고 생각합니다. 예를 들어, 모든 민족에 대한 심판을 다루는 마태복음 25장에서 예수님은 우리가 지극히 작은 자 하나를 소홀히 대접할 때마다 주님께 그리하는 것이라고 말씀하십니다. 저는 이 말씀이 야고보서 본문과 유사하다고 생각합니다. 남을 미워하는 것이 문제가 아니라 그 사람을 사랑하지 못하는 것이 가장 큰 문제입니다. 궁극적으로 우리는 이처럼 사랑하지 못했다는 이유로 심판을 받을 것입니다. 하지만 이번에도 우리는 이 일이 전적으로 불가능함을 깨달아야 합니다. 우리가 살면서 예수 그리스도의 사랑을 드러내지 못한 적이 얼마나 많습니까? 우리가 이런 깨달음에 도달하는 것은 이것이 새로운 율법주의로 가는 길을 막을 것이기 때문입니다. 우리가 예수 그리스도의 사랑을 품은 자로 살아갈 수 없음을 깨달으면 '신의 뜻대로' 같은 말은 할 수 없을 것입니다. 다른 길은 없기에 우리가 할 수 있는 일이라고는 용서를 구하는 것뿐입니다. 윤리적 서신서로 간주되는 야고보서의 구성 방식은 우리의 도덕주의적 말투나 생활방식을 복음의 핵심, 곧 용서와 은혜로 끊임없이 되돌려 보냅니다.

15. 우리는 누구(혹은 무엇)에게 속했는가?

부자들의 세상

야고보서 5장 1-6절은 계속해서 우리가 세상과 분리되고 세속의 더러움에 물들지 않아야 할 필요성에 대해 말하는데, 이제부터는 부자들의 문제를 다룹니다. 저는 네 가지 주제를 제안하고 싶습니다. 이 문제의 범위, 무섭게 경고하는 이유, 부자들에 대한 경고의 묘사 내용, 마지막 절의 '의인'에 대한 언급이 그것입니다. 본문은 우리가 아모스서에서 살펴본 선지자의 전통을 따르지만, 돈과 관련된 부라는 한 가지 형태에 초점을 맞춘다는 의미에서 독특합니다.

성경에서 부라는 주제의 범위는 매우 넓습니다. 돈과 금이 모든 형태의 부에 대한 상징으로 사용되지만, 부는 한 개인이 다른 사람보다 우월한 모든 방식을 포함합니다. 구약성경은 부가 여러 형태를 취할 수 있다고 말합니다. 자녀 부자, 행복 부자, 명성 부자, 장수 부자, 지식 부자, 지능 부자, 손재주 부자, 일 부자도 있을 수 있습니다. 성경적 관점에서는 한 사람이 다른 사람보다 우월하거나 이점이 있는 것은 무엇이든 부로 간주합니다. 예를 들어, 우리는 지식이 있으면 다른 사람들에게 일정한 권력을 행사할 수 있다는 것을 잘 알게 되었습니다. 게다가, 유대 백성의 역사는 하나님의 계시를 받았다는 사실—또 다른 형태의 부—과 관련이 깊습니다. 기독교는 기독교도 이런 부를 누리고 있다는 점을 이해하는 데 난관이 많습니다. 일부 비그리스도인들에게는 믿음을 소유한 것 자체가 부의 한 형태라는 점이 분명한 것 같습니다. '기독교'라는 용어 자체가 남들은 갖지 못한 것을 갖고 있음을 암시하는데, 그런 면에서 그리스도인들은 부자들과 비슷하게 행동할 가능성이 있습니다. 바리새인들이 이런 형태의 부를 잘 보여주는 예라고 할 수 있습니다. 그들은 우리가 쉽게 비판할 수 있는 사람들이 아니었습니다. 굉장히 도덕적이고 경건했으며, 대부분의 사람들보다 계명을 훨씬 더 잘 지켰습니다. 그럼에도 그들에게는 이것이 일종의 부, 곧 그들의 의와 칭의가 되었습니다.

부를 이렇게 생각한다면 이 가르침에 영향을 받지 않을 사람은 거의 없습니다. 어떤 형태의 우월함이든 부가 된다고 생각하면, 부는 단순히 돈이 있고 없고의 문제가 아닙니다. 우리는 재물을 포기하지 못한 청년이 근심하며 예수님을 떠난 후에 벌어진 일을 상기해보는 것이 현명합니다(마 19:23-30). 예수님은 제자들에게 이어서 말씀하시기를, 낙타가 바늘귀로 들어가는 것이 부자가 하나님의 나라에 들어가는 것보다 쉽다고 하셨습니다. 당시 사람이라면 누구라도 그 말뜻을 이해했을 것입니다. '바늘귀'는 성벽 도시에서 밤에 한 사람이 겨우 통과할 수 있을 만한 작은 문이었습니다. 낙타도 안장을 비롯하여 짐을 다 내린다면, 이 문을 가까스로 통과할 수 있었습니다. 말씀을 들은 제자들은 깜짝 놀라서 예수님께 여쭈었습니다. "그렇다면 누가 구원을 얻을 수 있으리이까?" 예수님은 하나님만이 하실 수 있다고 대답하셨습니다. 즉, 예수님을 따르려고 많은 재물을 포기한 이 사람들은 자신들에게 다른 형태의 부(가족, 건강 등)가 아직도 남아 있다는 것을 잘 알고 있었기에, 하나님나라에 들어가려면 그 모든 것을 어떻게 처리해야 할지 궁금해했습니다. 그들은 부의 범위를 잘 알고 있었습니다.

그렇다면 부자들이 이처럼 무시무시한 경고를 받아야 하는 이유는 무엇입니까? 본문에 따르면, 부자들은 특정한 종류의 행동을 하게 됩니다. 돈으로 말할 것 같으면, 늘 더 많이 갖고 싶은 욕구가 있습니다. 흔히 보물을 쌓는다고들 하지요. 그런데 다른 형태의 부도 마찬가지입니다. 지성인이라면 누구나 지식과 기술을 더 많이 쌓으려 합니다.

부자들에게 나타나는 두 번째 행태는 부를 미래에 대한 보장으로 신뢰하는 것입니다. 우리는 미래를 좌지우지하고 싶어 하는데, 재물은 그 중요한 수단이 됩니다. 이것은 막대한 재산을 모았지만 그것을 누릴 시간이 사라져버린 비유 속 부자를 떠올리게 합니다.

부자들에게서 볼 수 있는 세 번째 종류의 행동은 다른 사람들을 억압하는 것입니다. 무엇이든 남보다 더 가졌다는 것은 덜 가진 사람들과의 경쟁을 암시하고, 이는 지배라는 형태를 초래합니다.

마지막으로, 부는 행복을 가져다줄 수 있습니다. 본문은 사치하고 방종한 삶에 대해 이야기합니다. 부는 여러분에게 어느 정도 행복을 가져다줄 수 있습니다. 그러나 야고보는 앞으로 닥칠 비극을 경고하면서, 부자들에게 재물에 탐닉하지 말라고 조언합니다. 그런 행동은 세상 사람들과 다를 바가 없습니다. 이런 종류의 행동과는 결별해야 합니다. 이는 예수님이 바리새인들에게 주신 경고와 비슷합니다. 하지만 젊은 부자 관원에게 재산을 나눠주라고 말씀하신 예수님과 달리, 야고보는 그런 말로 세상 행동과의 결별을 이야기하지 않습니다. 야고보는 부자들에게 너희에게 임할 고생으로 말미암아 울고 통곡하라고 충고합니다. 우리가 성경에서 볼 수 있는 폭넓은 의미로 부를 이해한다면, 그 부를 나눌 수 없을 때가 많습니다. 물론, 한때 교회는 똑똑한 사람들이 진정한 그리스도인이 되고 싶다면 지성을 포기해야 한다는 관점을 옹호하기도 했습니다. 미련해져야 했다는 말입니다. 야고보는, 대부분의 경우에 부자로 살기를 포기하기가 불가능하다는 것을 알았습니다. 예를 들어, 싫든 좋든 복음을 읽을 때마다 여러분은 부자가 됩니다. 이런 면에서 가난해지는 것은 우리에게 아무 도움이 되지 않습니다. 따라서 야고보는 부자들에게 임할 고생으로 말미암아 울고 통곡하여서 세상의 행위를 끊으라고 조언합니다. 성경은 부자 되기를 즐기는 통상적 반응과 달리, 부자가 되는 것을 슬퍼하라고 말합니다. 우리가 가진 부가 어떤 형태이든 말입니다.

왜 야고보는 (돈이 많은) 부자들에게 부자임을 슬퍼하라고 말할까요? 정말로 그들에게 임할 고생 때문일까요? 야고보가 말하고 있는 대상이 그리스도인이기 때문에, 이 고생이 저주를 가리키는 것 같지는 않습니다. 이 고생의 성격이 구체적으로 밝혀져 있지는 않습니다. 예를 들어, 이 땅에서의 고생을 말하는 걸까요? 아니면 영적인 저주나 다른 것을 가리키는 걸까요? 본문은 이 내용을 더 잘 이해하도록 돕는 세 가지 요소를 제공해줍니다.

첫째, 그들의 재물은 썩었고 그들의 옷은 좀먹었으며 그들의 금과 은은 녹이 슬었다고 말합니다. 야고보는 금과 은은 녹슬지 않는다는 것을 잘 압니다. 하지만 여기서 그가 지적하려는 내용은 이 금과 은이 이미 안에서부터 망가지기 시작했다는 것입니다. 이 점은 현재시제인 그리스어 동사가 증명해줍니다. 이것은 그들이 살다가 재물이 사라지는 때처럼 나중에 일어날 일도 아니고, 죽을 때 재산을 가져갈 수 없다는 문제도 아닙니다. 본문이 말하는 바는, 지금 이 순간에 이 재물이 썩어서 쓸모없게 되었다는 것입니다. 그들의 상황은 꽤나 심각한데, 그들은 부를 원한 결과로 소유하게 되었기 때문입니다. 생사의 문제에서, 우리는 우리가 사랑하는 대상에 소속된다는 점을 성경은 분명히 밝힙니다. 예수 그리스도를 사랑하면 그분의 죽음과 부활에 속하지만, 다른 것을 사랑하면 우리가 사랑하는 그 대상의 운명을 함께하게 됩니다. 성경에서 우리의 사랑은 가장 근본적인 애착으로, 그 대상은 하나님이나 사람, 혹은 사물이 될 수도 있습니다. 구약성경에서 하나님은 우상과 가짜 신들에 분노를 표현하십니다. 이 가짜 신들을 사랑하는 인류가 그것들과 함께 사라져버리는 것을 용납하실 수 없기 때문입니다. 이것은 진짜 하나님과 이 거짓 신들이 경쟁하는 문제가 아닙니다.

우리는 본문에서 돈과 관련하여 똑같은 생각을 볼 수 있습니다. 녹슨 금과 은이 그들에게 불리하게 증언하고, 불같이 그들의 살을 먹을 것입니다. 이것은 저주의 불은 아니지만, 부자들이 물질에 집착한 만큼 그들을 망가뜨릴 텐데, 앞으로 살펴보겠지만 그것은 그들에게 고통스러운 일이 될 것입니다.

두 번째 요소는 돈을 손에 넣는 방법을 다룹니다. 부자들은 늘 남의 것을 착취해서 부를 쌓습니다. 본문은 그들 밭에서 추수한 품꾼에게 주지 않은 삯이 소리를 지른다고 항의합니다. 그뿐 아니라, 추수한 자의 우는 소리가 하나님의 귀에까지 들렸습니다. 우리는 이 주제를 성경 전체, 특히 이사야서와 아모스서에서 볼 수 있습니다. 그런데 그런 본문들을 보면, 이것이 고용주의 정직 문제처럼 보일 때가 많습니다. 야고보는 특정한 필요나 불가피성을 주장함으로써 거기서 한 걸음 더 들어갑니다. 품꾼에게 주지 아니한 삯이 부자들에게 소리를 지르고 있기 때문입니다. 그들에게 달리 선택의 여지가 없는 것처럼 말입니다. 금과 은이 삯보다 더 영향을 미치기에 품꾼들은 자신이 생산한 가치를 박탈당합니다. 돈은 부자들에게 남들보다 우월한 자리를 줍니다. 이것은 남들이 열등하다는 뜻이거나, 부자들이 이런저런 방식으로 이 사람들 몫—전에는 그들이 이것으로 자신들의 우월성을 유지할 수 있었을 것입니다—을 앗아 갔다는 뜻입니다. 야고보는 단순히 사회정의만 이야기하지 않습니다. 율법에 불순종하는 문제도 다룹니다. 율법에 품꾼들의 삯을 빼앗지 말라고 분명히 말하는 두 본문이 있기 때문입니다(예를 들어 신 24:15). 해가 지기 전에 품삯을 전액 지불해야 합니다. 약속한 품삯을 무조건 다 줘야 한다는 것이 아니라, 노동 가치에 합당한 금액을 지급해야 한다는 것입니다. 그렇지 않으면, 고용인은 죄를 저지르는 것입니다. 예레미야에 나오는 명령과 이 명령은, 동료 인간을 사랑하지 않으면 하나님도 사랑하지 않는 것이라고 분명히 말합니다. 야고보서 본문은 조금 더 깊이 들어가는 것 같습니다. 폭력이라는 수단으로 다른 사람들의 몫을 박탈하는 부자의 방법과 억압당해 소리 지르는 사람들의 방법 사이에는 일종의 대립이 있습니다. 차이는 이렇습니다. 후자는 자신들의 상황을 말로 표현합니다. 어쩌면 제가 너무 많이 나간 것인지도 모르겠습니다만, 지난 며칠간 이 본문을 반복해서 읽으면서 부자와 하나님의 말씀 사이에 대립이 있다고 생각할 수밖에 없었습니다. 부는 폭력 행동으로 도용하고 축적하는 것을 암시하지만, 말씀은 소유할 수도 축적할 수도 없고 그것을 깨달음으로써 다른 사람들과 소통합니다. 반대로, 폭력은 늘 상대를 부정합니다. 그렇다면 이것은 말씀의 신학에서 근본적입니다. 이 말씀이 계시의 핵심이기에, 부를 정죄하는 것은 제가 전에 생각했던 것보다 훨씬 더 근본적입니다. 우리는 부의 문제를 윤리와 사회 이슈로 만들 때가 많지만, 이 문제는 생각보다 훨씬 더 심오합니다. 모든 형태의 부는 폭력이라는 수단을 암시하기에, 말씀과 대척점에 있습니다.

본문에 따르면, 억압당한 사람들에게는 자기들의 말 외에 다른 수단이 없습니다. 그러나 하나님이 그들의 우는 소리를 들으십니다. 그리스어 본문에서 하나님을 가리킬 때 사용한 이름은 앞서 아모스서에서 우리가 만났던 명칭, 곧 '만군의 주'입니다. 탈무드에 등장하는 한 가지 설명에 따르면, 하나님은 헤아릴 수 없이 큰 군대의 선두에 계십니다. 그래서 가장 작고 중요해 보이지 않는 사람들도 그 군대의 일부가 됩니다. 야고보는 만군의 주를 언급하면서, 이 하나님이 전능하신 심판자이실 뿐 아니라 가난하고 비참하고 낮고 소외된 사람들이 의지할 수 있는 분이라고 상기시켜줍니다. 하나님은 그렇게 약한 자들을 그분의 군대로 모으십니다. 이는 그들의 우는 소리를 들으시고 그 군대를 이끌고 오실 하나님의 최후의 개입을 확실히 가리킵니다. 이것이야말로 가난하고 억압당하는 사람들에게는 희망이요, 부자들에게는 재앙입니다. 이런 해석을 부자와 권력자들에 대한 반발을 정당화하는 데 사용해서는 안 됩니다. 가난과 절망이 더해가는 요즘 같은 시대에는 이를 받아들이기가 힘들 수도 있습니다. 가난한 자들을 그 자리에서 꼼짝 못하게 한다며 우리를 비난하고 싶은 사람들도 있을 것입니다. 저는 기독교 교회가 농업 노동자나 산업 노동자 집단, 그들의 데모나 노동조합에 성경의 논리를 잘못 사용했던 것을 너무도 잘 압니다. 설상가상으로, 기독교 교회는 산업 지도자들이 성경을 이런 식으로 사용할 때 항의한 적도 거의 없었습니다. 다시 한 번 강조하지만, 우리 중 아무도 스스로를 정당화하거나 자신의 사회적 지위를 공고히 하려고 성경 본문을 사용할 권한이 없습니다. 우리는 말씀 앞에 자신을 낮추고 선한 것에 순복해야 합니다. 이렇게 말하고 보니, 신구약을 막론하고 성경 어디에도 가난한 사람들이 자신들의 정의를 쟁취하기 위해 반항해야 한다는 말씀이 없다는 데도 유의해야 하겠습니다. 몇몇 해방신학자들과는 달리, 저는 가난한 사람들과 관련된 어떤 본문도 폭력혁명을 정당화하는 데 사용해서는 안 된다고 믿습니다.

이런 종류의 본문이 한 가지 특정한 형태의 부와 그것이 가난한 사람들에게 미치는 결과에 집중한다고 해도, 모든 형태의 부를 다루는 일반적 가르침과 따로 떼어내서는 안 됩니다. 앞서 보았듯이, 모든 부는 부자가 남을 지배할 수 있는 힘을 부여합니다. 부는 부를 가진 사람들을 소유하는 성향이 있기 때문에 그런 지배는 다른 사람들을 약화시킵니다. 그들은 자신들의 부를 사랑하고 거기에 의지하기 때문에, 그들의 진정한 주님을 사랑하지 못합니다. 가난한 사람들에 대한 부자들의 착취는 계속 심해지는데, 부자들은 항상 더 많은 것을 바라기 때문입니다. 그리스도인들은 믿음을 소유물로 생각하려는 유혹에 자주 빠지는데, 비그리스도인들은 그 점을 일종의 사회적, 윤리적 우월성에 대한 정당화로 인식할 때가 많습니다. 자주 그러는 사람들은 남을 판단하고 정죄하는 성경 본문을 이용하기도 합니다. 이는 하나님이 원하시는 선한 것에 대한 불순종을 드러낸다고 할 수 있습니다.

일부 비그리스도인들은 자신들 사회에서 이런 일들을 목격했습니다. 예를 들어, 카를 마르크스는 사람들이 덜 소비할수록 덜 존재하는 것을 당대에 목격했습니다. 동시에, 사람들은 더 많이 소유할수록 덜 존재했습니다. 이런 식으로 경제 체제가 사람들의 삶과 존재를 지배했습니다. 오늘날에도 우리는, 현 경제 체제와 대중사회에서는 더 많이 가질수록 더 못한 인간이 된다—그리스도인들의 경우에는, 우리가 부름 받은 인간의 모습에서 더 멀어진다—는 여전한 진실을 아직도 이해하지 못하고 있습니다.

세 번째 요소는 이 땅에서 부자들이 어느 정도 행복과 보상을 누린다고 제안합니다. 그리스어 본문의 어조는 매우 강합니다. 부자들은 이 땅에서 큰 쾌락과 온갖 즐거움을 누리며 살았고, 살육의 날에 자기들 마음을 채웠습니다. 본문의 평행 본문인 마태복음 6장 2-4절에는 부자들이 자기 상을 이미 받았다고 말합니다. 그들은 지금 부를 소유하고 있는데, 그것은 그들이 간절히 바라던 바입니다. 마태복음 전반에 나타나는 이 논법을 이해하거나 받아들이기가 쉽지는 않습니다. 그의 판단은, 우리가 인생에서 두 가지 목표나 목적을 가질 수는 없다는 것입니다. 예를 들어, 하나님과 맘몬을 동시에 섬길 수 없습니다. 따라서 우리 인생의 목적이 부자가 되어 행복해지는 것이라면 그 목적을 이룰 수 있을지는 몰라도, 여기에 정의나 영성, 지식, 지성을 더 쌓을 수 있다고 기대해서는 안 됩니다. 부를 통해 행복을 얻으면 우리는 "살륙의 날에 [우리] 마음을 살찌게" 할 것입니다. 저는 본문이 당대의 종말론적 사고와 밀접하게 연결된다고 믿습니다. 물론 야고보 시대에는 요한계시록이 아직 완성되지 않았을 테지만 말입니다. 이런 관점에서, 질병과 전쟁, 파괴를 일삼는 모든 것이 존재하는 인류 역사 전체는 살육의 시대로 간주해야 합니다. 인류 역사는 거대한 살육입니다. 부자들은 어떻게 반응합니까? 다른 사람들을 돕고 지지하기보다는 자기들과 다른 사람들을 구별합니다. 자기들이 가진 것을 누리면서 호화롭게 살려고 말입니다. 1340년대에 흑사병이 돌 때 일부 부자들이 보인 행동이 떠오릅니다. 유럽 대부분의 지역에서 2년 만에 인구의 3분의 2가 죽음을 당했습니다. 예를 들어, 프랑스 남서부 리모주Limoges의 인구는 5천 명에서 6명으로 급감했습니다. 부자들은 막대한 식량을 챙겨서 최악의 상황을 맞은 도시를 벗어나 시골 별장으로 피신했습니다. 바깥세상이 망해가는 동안 자기들만의 세상을 누리며 살았습니다. 저는 본문을 읽을 때마다 늘 이 이미지가 떠오릅니다. 살육이 벌어지는 한복판에서 자기들 마음만 살찌게 하는 부자들의 행동은 악의 중심이라고 할 만합니다.

여기서 중요한 것은, 우리가 앞서 보았듯이 본문이 확실히 그리스도인들을 대상으로 한다는 점입니다. 다시 말해 우리는 열두 지파, 곧 교회 밖의 악한 부자들 이야기를 하고 있는 것이 아닙니다. 본문은 그리스도인들에 대해 말합니다. 이 말인즉, 야고보서가 기록된 당시에는 기독교 교회가 더 부유해져서 부자 교인들이 많았다는 뜻입니다. 하지만 이 부자 새 신자들은 딱히 좋은 평가를 받지 못했습니다. 교회는 엘리트들을 자기편으로 끌어들이려고 적극적으로 시도하지 않았습니다. 그들도 용서받은 사람들이기에 그들을 거부하거나 내쫓을 이유는 없었지만, 사도행전과 야고보서 같은 책에서 확실히 볼 수 있듯 그들을 열렬히 환영하지도 않았습니다. 부자가 그리스도인이 되어 교회의 일원이 되면 어떻게 살아야 하는지 가르침을 받았지만 저주를 받았다는 말은 듣지 않았습니다. 그들도 형제자매로 받아들여졌기 때문입니다.

또 다른 중요한 세부 사항으로는, 부자들이 말세에 재물을 쌓았다는 말을 듣는다는 점입니다. 말세는 예수 그리스도의 죽음과 부활 이후의 시간을 가리킵니다. 부자들은 예수 그리스도의 삶과 죽음과 부활이 정확히 무슨 의미인지 분별하지 못했습니다. 그들은 임박한 하나님나라에 사는 것처럼 행동하지 않았습니다. 야고보가 그들에게 말한 것과 같습니다. "말세에 너희는 이미 썩어빠진 재물이나 축적하면서 시간을 낭비하고 있다." 그 결과, 그들은 말세에 아무런 목적도 이루지 못할 것입니다. 이방인들에게 그런 말을 해봤자 이해하지 못할 것입니다. 본문은 확실히 이미 그리스도인이 된 부자들에게 말하고 있습니다.

부의 의미를 설명하고 야고보가 무슨 근거로 부를 정죄하는지도 살펴보았으니, 이제는 세 번째 주제로 넘어갑니다. 부자들에 대한 심판은 윤리적 심판이 아닙니다. 그들이 나쁜 부자여서 심판을 받는 것이 아닙니다. 야고보에게는 좋은 부자나 나쁜 부자라는 개념이 없습니다. 부자들이 더 나은 윤리를 채택하도록 조언하려고 좋고 나쁜 행동이나 의도의 문제를 거론하는 것도 아닙니다. 이것은 윤리의 문제가 아닙니다. 야고보서는 단순히 부자들에 대해 말하는 것뿐입니다.

오히려 부자 그리스도인들에게 주는 메시지는 (종말론적 의미에서) 기다리라는 것입니다. 그들은 말세를 살고, 그들의 부는 썩고 있습니다. 여기 나오는 동사는 현재시제입니다(개역개정 성경은 과거시제로 번역했다—옮긴이). 세상의 심판과 하나님나라가 임박했으니, 만사는 이를 근거로 해석해야 합니다. 부자로 사는 것은 이미 우리

가운데 있는 임박한 하나님의 사랑과 그분의 나라 대신 (곧 멸망할) 이 세상의 권력에 동참한다는 뜻입니다. 야고보서가 가리키는 하나님나라는 마태복음에 나오는 하늘나라 비유를 떠올리게 합니다. 6절은 이런 해석을 확인해줍니다.

제가 거론하고 싶은 마지막 주제는 6절에 나오는 '의인'의 개념입니다. 이 말씀은 부자들에게 그들이 정죄하고 죽인 사람이 의인인데 그는 그들에게 대항하지 않았다고 알려줍니다. 본문을 두고 여러 해석이 분분했습니다. 한 가지는 가난한 사람들에게는 법정에 가서 소송할 수단이 없다는 것입니다. 다른 해석은 부자들이 가난한 사람들에게 가한 폭력적 행동을 늘 합법화한다는 것입니다. 저는 이런 종류의 설명들에 몇 가지 어려움을 느끼는데, 본문은 가난한 사람들이 부자들을 대항할 수 없었다고 말하기 때문입니다. 더군다나, 그리스어 원문은 '의인들'이라는 복수가 아니라 의인 한 사람을 가리킵니다. 확실히 이 단어는 의로우신 단 한 분, 예수 그리스도를 가리킵니다. 야고보서는 그리스도인들을 대상으로 하기에 이 점은 의심의 여지가 없습니다. 이 말씀은 교회 내의 부자들이 예수 그리스도를 정죄하고 죽였다는 뜻입니다. 어떤 형태의 부가 됐든 부자들의 악이 이런 결과를 가져오는데, 그 이유는 예수 그리스도가 하나님과의 분리, 온 창조세계를 지배하려는 욕구, 모든 형태의 권력을 소유하려는 의지, 하나님을 그분의 창조세계에서 차단하려는 의도의 결과로 죽으셨기 때문입니다. 포도원을 만들어 농부들에게 세를 준 어떤 사람의 비유를 기록한 마태복음 21장 33-41절은 이를 확인해줍니다. 나중에 그는 자기 몫의 열매를 받으려고 종들을 보내는데, 농부들은 종들을 때리고 죽이고 돌로 칩니다. 다른 종들을 더 많이 보내도 상황은 마찬가지입니다. 결국 그는 자기 아들을 보내면서 그들이 내 아들은 존대하리라고 생각하지만, 그의 아들도 죽임을 당합니다. 이 비유에 대한 전통적 해설은, 두 차례에 걸쳐 보낸 종들이 족장들과 선지자들을 나타낸다고 주장했습니다. 그다음에 하나님은 예수 그리스도를 보내십니다. 하지만 저는 이런 종류의 행동이 하나님과의 분리 이후로 계속되는 하나님과 인류의 관계의 영속적인 특징이라고 덧붙이고 싶습니다. 인류는 창조세계를 지배하고 장악하려는 욕심으로 바벨탑을 쌓아 하나님을 차단하려 합니다. 이런 발달상은 부와 관련된 과정과 매우 흡사했습니다. 그래서 부자들은 예수 그리스도의 죽음에 책임이 있습니다.

또한 6절은 그 의인이 대항하지 않았다고 말합니다. 의인은 그 자신을 정죄받도록 내버려두었습니다. 다시 말해, 자기 힘을 사용하지 않았고, 따라서 그와 부자들 사이에 권력 싸움도 없었습니다. 부자들이 약하고 대항하지도 않는 사람을 서슴없이 죽이는 모습에서 그들의 악이 얼마나 깊은지가 드러납니다.

이 해석의 거울상像은 예수 그리스도가 가난한 자들의 상태를 입으시는 모습입니다. 확실히 이 본문은 예수님을 가난한 자들과 결부시키는, 현대 신학에서 근본적인 본문입니다. 여기에 사용되어 온 또 다른 본문은 마태복음 25장입니다만, 저는 이것이 좋은 해석이라고는 믿지 않습니다. 하지만 야고보는 매우 분명합니다. 부자들은 품꾼들의 삯을 주지 않고, 의인도 죽입니다. 가난한 자들과 예수 그리스도의 연관성이 이보다 더 확실히 드러날 수는 없습니다. 예수 그리스도는 몸소 이 가난을 입으셨습니다. 일부 해석은 이보다 더 나아가서 예수님이 곧 가난한 자들이라는 결론을 내립니다. 저는 이 해석에는 동의하지 않습니다. 그렇다고 해서 예수 그리스도가 가난한 분이 아니라거나, 우리가 가난한 사람들을 홀대하거나 다른 사람들에게 어떤 형태로든 우월성을 행사할 때마다 예수님을 손대는 것이 아니라는 말은 아닙니다. 우리가 가난한 사람을 만날 때 예수 그리스도가 그 사람 가운데 온전히 계신 것은 아닙니다. 예수님은 그 사람과 동일한 분은 아닌데, 여기에는 더 중요한 함의가 있습니다. 마치 두 명령이 있는 것과 같습니다. 우리가 빈민을 공격할 때마다 우리는 가난한 사람들을 공격하는 것이고, 따라서 그 사람들을 아시는 하나님을 공격하는 셈입니다. 예수 그리스도가 가난한 사람들 안에 온전히 계시다면 그럴 수 없을 것입니다.

본문은 비극적이고 정죄하는 내용으로 끝을 맺는 것 같습니다. 예수 그리스도의 의로운 길은 비폭력의 길을 따르고 어떤 힘과도 경쟁하기를 거부합니다. 예수님이 의인이신 이유가 바로 그 때문입니다. 그분은 권력을 가진 사람들과는 달리 행동하십니다. 그분이 자신을 가난한 사람들과 동일시하시는 이유는 사랑 때문입니다. 가난한 사람들은 그들의 인간성을 가장 많이 박탈당했기에, 구약성경에서 보듯이 어떤 사람들보다도 더 사랑을 받습니다. 다시 말해, 의인이요 가난한 사람들과 자신을 동일시하신 분은 우리를 사랑하시고 구원하신 분이기도 합니다. 부와 재산 축적의 정반대는 모든 것이 무료인 경우입니다. 부의 법칙은 사고파는 것이지만,

사랑의 법칙은 모든 것을 거저 주는 것입니다. 따라서 6절은 부자인 우리가 은혜와 용서를 주시는 분을 정죄했다고 경고합니다. 그분은 자기 자신을 위한 의인이 아니라 가난한 자들을 위한 의인, 곧 용서하시는 분입니다. 본문의 맨 앞으로 다시 돌아가 보면, 부자들에게 그들의 재물 때문에, 곧 부자의 행동 방식으로밖에 행동할 수 없기 때문에 울고 통곡하라는 말씀을 볼 수 있습니다. 따라서 그들이 구원을 받으려면 한 가지 가능성밖에 없는데, 그들이 죽인 의인에게 호소하는 것입니다. 본문은 그들을 저주가 아닌 은혜로 다시 인도합니다.

이제 우리는 본문의 논리를 이해할 수 있습니다. 의인은 스스로를 가난한 자들과 동일시하십니다. 그들을 사랑하시기 때문에, 그들이 그 사랑이 가장 필요한 사람들이기 때문입니다. 그분이 가난한 자들을 사랑하시기 때문에 그들에게 다가갈 수 있는 유일한 방법은 무권력의 방법뿐입니다. 그분이 가지신 법은 은혜의 법뿐인데, 이 은혜는 가난한 자들에게만 제한되지 않습니다. 부자들도 자신의 재물 때문에 울고 통곡한다면 가난해질 수 있습니다. 부자들이 자신의 진짜 재물을 이해하기 시작할 때 용서와 은혜를 통해 그 진정한 재물을 얻을 수 있습니다. 그들이 십자가에 못 박은 그분이 주실 것입니다. 저는 이렇게 해서 6절이 다시 1절을 언급하게 된다고 생각합니다. 본문은 굉장히 난해하고 의미가 풍부해서, 제가 다룬 내용은 그 일부에 지나지 않습니다.

이제 여러분의 질문에 답해보겠습니다. 부자들이 바라는 행복은 산상수훈에서 이야기하는 행복과는 매우 다릅니다. 사회에서 말하는 행복의 조건은 매우 다양합니다. 일반적으로 말해서, 행복이란 대부분의 사람들이 바라는 것, 곧 조금 더 안락한 생활, 돈, 편안한 삶 등을 가리킵니다. 현대 대중사회에서 행복은 소비와 물질적 만족과 강력한 연관성이 있습니다.

앞서 언급했듯이, 그리스도인들의 믿음이 고난의 시기에 큰 위로를 줄 수 있다는 이유로 비그리스도인들이 그리스도인들을 시기한 적도 있었습니다. 다시 말해, 우리가 그런 측면에서는 부자라는 인식이 있는데, 저도 어느 정도는 그렇다고 봅니다. 하지만 그와 함께, 부자가 되는 데 따르는 유혹이 찾아옵니다. 영적인 부의 경우 이런 유혹은, 하나님의 말씀을 전하는 대신 우리가 하고 싶은 말을 할 때와 같이 하나님 말씀을 유용하는 형태로 나타납니다. 우리는 요한계시록 마지막 부분에 나오는 경고를 스스로 되새기는 것이 좋습니다. "만일 누구든지 이것들 외에 더하면 하나님이 이 두루마리에 기록된 재앙들을 그에게 더하실 것이요, 만일 누구든지 이 두루마리의 예언의 말씀에서 제하여버리면 하나님이 … 생명나무… 에 참여함을 제하여버리시리라"(계 22:18-19). 일부 대大신학자들이 요한계시록 주석 집필을 거부한 이유도 그 때문입니다. 하지만 저는 이 경고가 전체 예언과 그 내용을 가르치는 모든 사람에게 적용된다고 믿습니다. 우리는 설교를 준비할 때마다 이 점을 생각해봐야 할 것입니다. 우리는 하나님 말씀을 도용하여 그 뒤에 숨거나 남들에게 힘을 행사하려 해서는 안 됩니다. 교회 역사 내내 그런 일들이 벌어져서 교회가 요새처럼 되었습니다. 이 본문의 관점에서, 우리는 부자 편에 섰지 가난한 자들 편이 아니었습니다. 우리는 우리의 부를 세상과 달리 사용하는 방법을 배워야 합니다.

예를 들어, 우리가 가진 돈으로 무언가를 무료로 제공하는 일을 한다면 우리는 은행을 비롯한 전체 통화 제도에 불복종하는 것입니다. 돈을 비신성화하는 행동이라고 할 수 있습니다. 용역을 제공해서 받은 돈을 불태우는 행동도 마찬가지입니다. 사람들은 그 돈을 더 좋은 데 쓸 수 있지 않느냐고 반박할 수 있는데, 그 말이 맞습니다. 하지만 돈의 유용성에 굴복할 때마다 우리는 맘몬의 법칙에 순종하게 됩니다. 맘몬을 다루는 유일한 방법은 돈을 지불해야 하는 모든 것을 멀리하는 것입니다. 어떤 목적이나 목표 없이, 예수 그리스도 안에 있는 용서와 은혜의 행동으로 그저 줄 때마다 우리는 맘몬을 비신성화하는 행동을 하는 셈입니다. 이 일은 매우 어렵습니다. 예를 들어, 다른 부자들처럼 돈을 잘 버는 능력도 있고 실제로도 잘 버는 사람은 자신이 가진 돈을 대부분 기부하는 것으로는 보상할 수 없습니다. 지식인인 저도 동일한 종류의 문제에 맞닥뜨립니다. 어떻게 하면 지성의 세계에서 부자로 행동하는 것을 피할 수 있을까요? 아마도 막강한 권력을 행사하던 정치인이 개종했을 때 가장 심각한 상황이 벌어지지 않을까 싶습니다. 정치권력의 세계에서 믿음의 활약상을 보기가 쉽지는 않습니다.[1]

어떤 종류의 부를 소유하든 그것은 인간의 자유라는 질문을 제기합니다. 부와 관련된 본문들은 인간의 자유를 중심으로 구조화된 야고보서 전체의 맥락에서 읽어야 합니다. 우리는 자비가 다스리는 자유의 율법 아래서 근본적으로 자유롭습니다. 여러분이 질문을 통해 알게 된 이 모든 내용에는 또 다른 측면이 있는데, 제가 미처 다루지 못한 부분입니다. 우리는 자유롭기 때문에 그 자유를 위협하는 것, 그 자유를 완전히 무너뜨릴 수 있는 것에 계속해서 관심이 집중됩니다. 우리가 시간의 주인이라고 주장하여 자신의 일상과 미래를 계획하기 원할 때 어떻게 이런 일이 벌어지는지는 이미 논의했습니다. 바울은 그 점을 이렇게 표현합니다. "모든 것이 내게 가하나 다 유익한 것이 아니요"(고전 6:12). 다시 말해, 여러분은 자유롭기 위해 해방되었기 때문에 그 자유에서 멀어질 수 있는 일은 하지 말라는 것입니다. 이것이 기독교 윤리의 유일한 토대입니다. 그렇게 한다고 해서 삶의 기쁨이 사라지지 않습니다. 오히려 삶의 기쁨 가운데서 우리는 자유를 누립니다. 예를 들면, 흡연과 관련해서 이 문제를 잘 표현한 사람이 있습니다. 우리가 스스로에게 던져야 할 유일한 질문은 우리가 담배를 피우느냐 아니면 담배가 우리를 피우느냐 하는 것입니다. 삶의 기쁨은 하나님과 하늘나라, 구원에만 국한되지 않고, 삶의 모든 측면과 인간관계도 포함합니다.

겸손은 사람들이 끊임없이 오해하는 문제입니다. 우리는 겸손과 굴욕을 확실히 구분해야 합니다. 굴욕은 외부에서 오는 행동, 곧 우리를 억압하고 망가뜨리는 행동입니다. 겸손은 내면에서 오는 행동으로 억압과는 거리가 멉니다. 그런데 겸손의 문제는, 사실상 겸손해지려는 모든 의도는 자만심의 기회가 된다는 것입니다. 우리가 겸손해야 할지 말지에 몰두해 있는 한, 우리는 자신의 문제에 빠져 있기 때문에 덫에 걸린 셈입니다. 자유는 자신에게 빠져 있는 것과는 반대로, 사랑의 관계를 나타냅니다. 구약성경에서 겸손과 굴욕은 밀접하게 연관되어 있습니다. 마치 굴욕을 당하지 않고서는 진정으로 겸손할 수 없는 것처럼 보입니다. 이 모든 사실은 궁극적으로 우리가 은혜에 전적으로 의지할 수밖에 없는 존재임을 다시 한 번 드러냅니다.

지난 2천 년간 기독교 교회가 안겨준 실망은 권력을 추구하고 행사하는 과정에서 벌어진 경우가 많습니다. 경제적, 정치적 권력에 맞닥뜨린 교회는 똑같은 종류의 대항권력이 되기를 원했습니다. 그 결과, 교회는 세상 권력에 물들고 말았습니다.

마지막으로, 성경이 이자를 매기는 것을 금한다는 사실은 의심의 여지가 없습니다. 기독교 교회가 그렇게 하기로 한 이유를 이해하는 것이 도움이 될 것 같습니다. 중세 시대 서부 유럽에서는 통상적 이자율이 한 달에 12퍼센트 혹은 1년에 144퍼센트까지 치솟았습니다. 16세기가 시작되면서, 이런 고리대금업과 1년에 8-10퍼센트 정도인 좀 더 합리적인 대부가 구분되었습니다. 중요한 경제 변화 덕분에 이런 구분이 생겼습니다. 점차 돈을 빌려주는 일은 과거 거의 모든 곳에서 그러했던 것과는 달리 더 이상 가난한 사람들의 최소한의 생계를 위해 이루어지는 일이 아니게 되었습니다. 이런 고리대금업은 말 그대로 그들의 삶을 앗아 가는 수준까지 이르렀었지요. 그런데 자본주의가 서서히 발달하면서, 부유한 사업가들에게 돈을 빌려주고 더 많은 돈을 벌어들일 목적으로—예를 들면, 탐험이나 상업용 선박에 투자하는 식으로—대부가 이루어졌습니다. 그즈음 돈은 인류의 삶과 사회에서 매우 다른 역할을 하기 시작했습니다. 특히 개신교인들은 돈에 대해 훨씬 더 긍정적인 태도를 갖게 되어서, 1830년대에 이르러서는 젊은 그리스도인들이 어느 프랑스 개신교 지도자에게 어떻게 살아야 하느냐고 질문하자 부자가 되기 위해 최선을 다하라는 답변이 돌아올 정도였습니다. 일반적으로 말해, 부자가 된 개신교인들은 번 돈을 많이 소비하지 않았기 때문에 부가 축적되는 경향이 있었습니다.

분열된 충성심

야고보서 5장 7-12절을 얼른 훑어보기만 해도, 우리가 다루는 내용이 단순히 인내하고 맹세하지 말라는 두 가지 윤리적 조언 이상이라는 인상을 받습니다. 본문의 동기와 함께, 전체 논의와 관련된 여러 세부 사항을 꼼꼼하게 살펴봐야 합니다. 이 단락은 우리를 세상과 구별하여 세속의 더러움에 물들지 않게 하라는 야고보서 세 번째 부분의 결론입니다. 이런 구별은 스스로 자기 시간의 주인이라고 주장해서 인생 계획을 세우는 이들(부자들을 가리킵니다)의 삶에는 나타나지 않았습니다. 이제 우리는 인내와 맹세를 거부하는 것으로 세상에 대한 반대를 드러내는 세 번째 부분으로 넘어갑니다.

우리가 세상과 결별하는 방식 자체가 세상이 관계를 끊는 방식과는 매우 다르다는 점은 이미 언급했습니다. 우리는 다른 사람이나 세상을 판단하거나 저주하거나 정죄하지 않습니다. 예를 들어,

야고보는 예수 그리스도의 제자로서 부자들을 다룰 때 예수님이 하신 것만큼 하지 못합니다. 야고보는 "화 있을진저, 너희 지금 배부른 자여"(문자적 의미는, '부자들에게 저주가 있으리라')라고는 말하지 못합니다. 그는 야고보서 5장 서두에서 부자들에게 그들에게 임할 고생으로 말미암아 울고 애통하라고 말합니다. 이 말은 경고이지 저주가 아닙니다. 저는 이 점이 근본적이고 결정적이라고 믿습니다. 그리스도인들은 '저주받은 세상'이나 '저주받은 인류' 같은 온갖 저주의 말을 너무 쉽게 내뱉었습니다. 사실상 모든 종파를 그렇게 몰아갑니다. 모든 사람이 저주받았지만 우리만 구원을 받았다는 식입니다. 사상이나 정치적인 차이점을 볼 때도 거의 흡사한 행동을 보입니다. 예를 들어, 공산주의자들은 악하고 저주받았지만 우리는 좋은 편이라는 식이지요. 파시스트들은 괴물이지만, 다행스럽게도 우리는 아니랍니다. 정도의 차이는 있지만 세상 모든 사람이 이런 식으로 생각합니다. 따라서 우리가 세상과 구별되기 위해서는 달리 행동해야 합니다.

본문은 7절에서 부자들을 언급하는 내용으로 이어집니다. 7절은 우리에게 "**그러므로** … 길이 참으라"라고 충고합니다. '그러므로'라는 단어가 보여주듯, 이 논의와 인내하는 태도를 취하라는 조언은 연관성이 있습니다. 앞에서 보았듯이, 부자들은 정복과 지배라는 태도에 사로잡혀 있습니다. 그들은 상황을 있는 그대로 견디지 못합니다. 그냥 기다리지 못합니다. 성공하려면 어떤 상황이든 빨리 부딪혀야 합니다. 성경은 부자들의 이런 성급함을 자주 언급합니다.

부자들이 고난을 받아들이지 못한다는 점도 이미 살펴보았습니다. 본문에 따르면, 부자들은 이 땅에서 사치하고 방종하며 살아갑니다. 그들은 고난을 받아들이지 못하고 즉시 해결책을 찾아내는데, 그 해결책이 바로 돈입니다. 따라서 그들은 성급한 태도를 보입니다. 그런데 우리가 세상 행동과 우리를 구분하려면 반대되는 행동, 곧 인내를 취해야 합니다.

부자들이 드러내는 세상의 방식과 우리가 그 세상과 결별하는 방식이 대조되는 면은 또 있습니다. 5절의 그리스어 원문은 부자들이 그들의 마음을 **살찌게 했다**고 고발합니다. 8절에서 야고보는 동료 그리스도인들에게 마음을 **굳건하게 하라**고 말합니다. 이런 용어들은 이스라엘이 선택받은 이유와는 동떨어져서 아무 쓸모도 없게 된 상태를 '살찌다'라는 단어로 묘사한 선지자들을 떠올리게 해줍니다. 그와 반대되는 상태가 마음을 굳건하게 하는 것인데, 이런 이유로 야고보는 우리에게 마음을 굳건하게 하라고 조언합니다. 현대 번역본들은 그리스어 원문에 드러난 이런 대조를 완전히 놓친 경우가 많습니다.

따라서 흔히 '참으라'라고 번역한 그리스어 단어는 부자들의 태도와 상반되는, 세상에 대한 태도를 나타냅니다. 이것은 마음의 문제입니다. 부자들은 인내가 아니라 정복의 태도에 사로잡혀 있기에 부자입니다. 앞서 아모스서에서 주목했듯이, 이 본문은 당시에 가난한 자들로 불린 이스라엘인들의 집단을 가리킬지도 모릅니다. 그들은 인내의 본보기로 간주되었습니다. 그들은 옳은 길을 선택했다고 믿고 묵묵히 가난을 견뎠습니다. "가난한 자들은 복이 있나니"라고 하신 팔복 말씀에서 예수님도 이들을 염두에 두셨을지 모릅니다. 그렇지만 본문이 말하는 인내는 사람들이 흔히 말하는 인내와는 다릅니다. 예를 들어, 여기 나오는 참을성이란 사람들이 줄 서서 차분히 기다리는 것을 말하지 않습니다. 일종의 지혜도 아니고, 무엇보다도 수동적인 삶을 뜻하지도 않습니다. 다시 말해, 길이 참는다는 말에는 무언가를 열심히 도모하거나 종말론적 믿음을 표현하는 것도 포함됩니다. 물론 예수님이 나타나실 때까지 '평소와 다름없이' 사는 태도를 뜻하지는 않습니다. 우리는 그분의 재림을 간절히 기도하라는 권면을 받습니다. 저는 체념이 가장 큰 죄일 수 있다는 말에 대개 동의합니다. 그리스어 원문을 그저 '참으라'라고만 번역했을 때 이 본문의 뜻이 얼마나 약화되는지 모릅니다.

문제를 더 복잡하게 만드는 것은, 흔히 '인내'라고 번역할 수 있는 그리스어 단어가 둘이라는 점입니다. 1장에서 믿음의 시련의 결과를 표현할 때 쓰인 단어는 '휘포모네*hupomone*'인데 '확고함', '꾸준함', '참을성'을 뜻합니다. 이런 의미들은 기다림과는 관련성이 적습니다. 5장에서 '참으라'라고 번역한 다른 그리스어는 '마크로튀미아*macrothumia*'입니다. '큰 열정'이나 '큰 용기'를 뜻하는데, '넓은 마음'이나 '큰 영혼'을 뜻하기도 합니다. (프랑스어에서는) 장거리 경주 선수의 호흡을 가리키는 말로 번역되기도 합니다. 이 모든 뜻은 우리가 흔히 말하는 인내심과는 거리가 멉니다. 더욱 심각한 문제는 교회가 이 본문을 체념을 권하는 데 자주 사용해왔다는 것입니다.

이런 혼란은 그리스어 원문을 라틴어 성경으로 번역하는 과정에까지 거슬러 올라갈 수 있습니다. 그 과정에서 많은 오해뿐 아니라 원문과는 정반대 의미까지 등장했습니다. 이 경우, 인내심을 뜻하는 라틴어에는 수동성과 체념의 의미가 있습니다. 그래서 일부 번역가들은 인내심을 가리키는 그리스어를 어떤 것에 열정이나 "너그러운 마음을 품으라"라는 말로 다시 번역했는데 제 생각에는 이것이 원문의 의미에 가깝습니다.

구약성경 전체는 하나님의 오래 참으심을 이야기합니다. 예를 들어, 출애굽기는 우리 하나님이 오래 참으시고, 선하시며, 노하기를 더디 하시는 분이라고 말합니다. 이것은 일종의 '자유방임주의'를 뜻하지 않습니다. 하나님이 시간, 곧 사람들이 행동하고 일을 벌일 시간을 주신다는 뜻입니다. 하나님은 그분의 뜻을 강요하시지 않고 사람들과 동행하십니다. 요나의 삶에서 확실히 볼 수 있듯, 하나님의 오래 참으심은 그 사람 곁을 지켜주시는 것입니다. 하나님은 요나가 불순종할 때까지도 그가 한 일을 받아주시고, 요나가 저지른 일을 회복하시려는 과정 가운데 묵묵히 자리를 지키십니다.[2] 하나님은 오래 참으시면서 우리 삶에 개입하십니다. 사람들을 기계로 만드시거나 틀에 부어 빚으시지 않고, 스스로 회복하고 자랄 수 있게 하십니다. 이런 개입이 없으면 우리 삶은 무너질 것입니다. 하나님의 행동은 사람들이 자유로이 살아갈 수 있도록 그들의 삶에 적절히 들어맞게 고도로 조정되고 설계되었습니다.

따라서 우리의 인내는 하나님의 인내에 대한 반응이며, 그 인내를 반영해야 합니다. 하나님은 우리가 우리 인생을 살아가게 하시지만 한 가지만큼은 용납하시지 않는데, 그것은 바로 우리가 인간이기를 포기하고 그분의 형상을 포기하는 것입니다. 가인과 아벨,

소돔과 고모라 이야기에서 그 예를 볼 수 있습니다. 본문에서는 욥과 선지자들을 인내의 본보기로 내세웁니다. 어쩌면 예수님도 여기에 포함되겠지요. 이 부분의 그리스어 원문은 두 가지로 번역할 수 있습니다. 욥에 대한 언급에 이어지는 본문은 "주께서 [욥에게] 주신 결말을 보았거니와"라고 번역하거나, "너희는 우리 주(예수 그리스도)가 주신 결말을 안다"라고 번역할 수 있습니다. 둘 다 가능한 번역입니다.

이런 번역을 염두에 둔다면, 저는 인내에는 세 측면이 있다고 생각합니다. 먼저, 이 인내는 하나님나라의 도래를 기다리는 것입니다. 히브리서는 인내가 소망을 낳고 우리에게 든든한 닻을 내려준다고 말합니다(히 6:19—옮긴이). 소망은 우리로 하여금 이것이 하나님의 결정이신 줄 알고, 주님의 재림을 기다리고 기도하는 동안 변함없이 깨어 있게 해줍니다. 그때까지 우리에게는 그리스도인의 삶을 살아가는 믿을 만한 준거점이 있습니다. 우리가 하나님의 결정을 기다리는 동안, 우리에게는 소망의 시간이 있습니다. 시간에 대한 이런 태도는 부와 권력을 축적하기 위해 시간 계획을 세워서 시간을 지배하려고 하는 부자들로 대표되는 세상의 태도와는 매우 대조적입니다. 본문은 이른 비와 늦은 비에 이어지는 열매를 바라고 길이 참는 농부의 예를 들어 이 점을 잘 보여줍니다. 이른 비는 앞그루가 빨리 성장하도록 도와주지만, 비가 더 내려서 뒷그루가 나와야 비로소 전체 작물의 성패 여부를 알 수 있습니다. 따라서 농부는 그때까지 참고 기다립니다. 마찬가지로, 그리스도인들도 즉각적인 효과만 보고 자신이 내린 결정의 결과를 판단하지 말고,

이후에 더 내리는 비가 무엇을 가져다줄지 보기 위해서는 만사를 장기적인 관점에서 분별해야 합니다. 주의 강림이 가깝기에 우리는 인내해야 합니다. 대개는 이 말씀을 세상 끝이 가까웠다는 관점으로 생각하지만, 주님이 지금 여기서도 우리에게 가까이 계신다는 뜻이기도 합니다.

농부의 예는 우리가 자연스럽게 일이 진행되도록 인내해야 한다고 가르쳐줍니다. 우리가 얼마든지 속도를 높일 수 있는 일을 할 때마다 이 점을 기억하는 것이 좋습니다! 그다음에는, 일이 자연스럽게 진행되도록 기다리지 않고 믿음대로 흘러가도록 적극적으로 기다린 선지자들의 예가 나옵니다. 선지자들은 자신들이 증언한 열매를 기다리면서 큰 고난과 박해를 받은 일이 많았습니다. 그들은 자신들이 한 예언의 결과를 보고 백성이 그 말씀에 귀 기울이기까지 긴 시간이 걸릴 것을 알고서 인내했습니다. 많은 선지자들이 하나님의 약속을 보기도 전에 눈을 감았습니다. 아브라함은 이스라엘 백성이 약속의 땅을 밟기 오래전에 죽었습니다. 그가 소유한 것이라고는 아내의 장지뿐이었습니다. 무엇이든 즉석으로 이루어지는 현대 문명에 익숙해진 우리도 이 점을 염두에 두는 편이 좋습니다.

인내의 두 번째 측면은 다른 사람들과의 관계에서 인내하는 것입니다. 9절은 서로 원망하지 말아야 심판을 면한다고 말합니다. 심판주가 문 밖에 서 계신다고도 말합니다. 하나님이 우리를 오래 참아주시니 우리도 이웃을 너그러이 대해야 합니다. 그들도 회개하라는 요청을 받았으니, 우리는 마음을 넓히고 그들에게 시간을 주어야 합니다. 하나님이 우리를 압박하시거나 재촉하시지 않으니 우리도 다른 사람들을 참아주어야 합니다. 앞에서 언급했듯이, 그렇다고 해서 무조건 모든 일을 용인해야 한다는 뜻은 아닙니다. 우리가 다른 사람들과의 관계에서 맞닥뜨리는 어려움들이 우리 마음을 살찌게 하고 교회를 갈라놓아서는 안 됩니다.

이런 이야기를 하다 보니 마태복음 13장의 비유가 생각납니다. 비유에 등장하는 종들은 곡식과 가라지가 밭에서 함께 자라는 것을 보고 주인에게 가라지를 뽑아야 하지 않겠느냐고 묻습니다. 주인은 가라지를 뽑다가 곡식까지 뽑을 수 있다면서 그냥 두라고 대답합니다. 종들이 곡식과 가라지를 다 뒤집어엎고 새로 시작하자고 제안하자, 주인은 곡식이 아직 여물지 않았기 때문에 좋은 행동 같지 않다고 말합니다. 아직 때가 되지 않았다는 말씀입니다. 우리는 서두르지 말고 곡식이 익을 때까지 기다려야 합니다. 우리는 자신의 삶이나 다른 사람의 삶이나 우리가 사는 세상에서도, 인간 역사의 속도에 맞춰서 서두르지 말아야 합니다. 하나님만이 곡식이 익었는지를 판단하십니다. 우리는 곡식의 주인이 아니기에 일을 재촉해서는 안 됩니다. 이것이 주의 강림이 가깝기 때문에 마음을 굳건하게 하라(적극적인 경계)는 본문 말씀에 수반된 사고입니다. 여기서 가깝다는 말은 무언가가 가깝다는 뜻이기는 하지만, 반드시 시간적 의미에서 가깝다는 뜻은 아닐 수도 있습니다.

인내의 세 번째 측면은 11절에 나옵니다. "인내하는 자를 우리가 복되다 하나니." 우리는 고난 가운데 인내해야 합니다. 우리는 욥이 소망 가운데 인내한 것을 들었고 주께서 주신 결말을 보았습니다. 주는 가장 자비하시고 긍휼히 여기시는 분이기 때문입니다. 이 마지막 말씀은 욥이 뭘 잘해서 그런 결말을 얻은 것이 아니라는 점을 분명히 합니다. 그것은 자비의 선물이었습니다. 주의 긍휼하심이 욥의 인내에 반응하셨습니다. 욥을 영적 인내의 본보기로 보는 경우는 드물기에 이런 예는 놀랍습니다. 욥은 처음에는 "주신 이도 여호와시요 거두신 이도 여호와시오니 여호와의 이름이 찬송을 받으실지니이다"(욥 1:21)라고 고백하지만, 욥기 마흔두 장 내내 하나님과 그분이 하신 일에 반항하고 불평합니다. 이런 인내의 예는 우리가 앞서 이 인내에 대해 말한 내용으로 우리를 다시 돌려보냅니다. 그 인내는 우리가 하나님의 결정이라고 믿는 것들에 대해서는 결코 가만히 있지 않습니다. 욥이 정의롭다고 주장하는 것들에 대해 하나님과 끊임없이 대화가 이어집니다. 하나님이 그렇지 않다는 것을 그에게 보여주시기까지 말입니다. 우리의 인내도 마찬가지일 수 있습니다. 우리는 하나님 앞에서 우리가 믿는 것이 정의롭다고 주장할 수 있습니다. 주께서 강림하신다는 소망과 완벽한 확신 가운데 있는 한 말입니다. 우리는 이와 함께 시작되는 우리의 고난을 평가해야 합니다. 그렇게 하는 것은 불평 없이 묵묵히 고난을 견디는 것과는 전혀 다릅니다. 이런 행동은 우리를 세상과 구별해주는데, 이 세상에는 소망이 없기 때문입니다.[3] 또한 이 인내는 부자들의 조급함과 정반대이기 때문에 우리를 세상과 구별해줍니다. 부자들에게도 소망이 없습니다. 그래서 그들은 가능한 한 모든 것을 지금 당장 손에 넣음으로써 그것을 만회하려 합니다.

이제 여러분의 질문에 답해보겠습니다. 부모들은 아이들과 물리적으로 멀리 떨어져 있을 때에도 아이들과 가까울 수 있습니다. 가깝다는 것은 일차적으로 거리의 문제가 아닙니다. 마찬가지로, 주님의 강림도 반드시 시간상으로 가깝지 않더라도 얼마든지 가까울 수 있습니다. 주님의 강림에는 몇 가지 차원이 있습니다. 예를 들어, 사람이 회심할 때마다 우리 마음에 주님이 강림하십니다. 이것은 일종의 사건입니다. 앞선 연구에서 설명했듯이,[4] 하나님나라가 나타날 때마다 비슷한 사건들이 벌어집니다. 우리가 더 이상은 예수님이 금방이라도 재림하실 것처럼 믿었던 초대교회의 황홀경 같은 세상에서 살지 않는다는 것은 맞습니다. 이것은 예수님의 재림이 가까웠다는 복음서에 나온 그분의 말씀들에 근거했고, 지금도 근거하고 있습니다. 하지만 이것은 예수님이 그렇게 다시 오신다는 뜻은 아닙니다. 게다가 우리가 초대 기독교에 대해 믿는 내용은 맞을 수도, 틀릴 수도 있는 해석입니다. 더군다나 초기 그리스도인들 사이에는 확실히 만장일치 같은 건 없었습니다. 우리는 성경이 말하는 알파와 오메가가 물리학에서 각각 't=0'과 't=끝'에 대응한다는 생각을 가지고 있습니다. 하나님이 영원에 대해 말씀하실 때, 그에 해당하는 경험이 없는 인간으로서는 영원의 가능한 의미에 대해 어렴풋한 개념만 있을 뿐이죠. 그런데 영원이 인간의 시간 흐름에 개입한다고 하면 그 의미는 더 난해해집니다.

정치적 의사결정에서 인내하는 것과 관련하여, 저는 스스로에게 이런 질문을 자주 던졌습니다. "내가 1957년과 1958년 사이 프랑스 정부의 장관이었다면 어떻게 행동했을까?" 알제리 전쟁 직전인

1954년이라면 어떻게 해야 할지 알았을지도 모릅니다. 하지만 일단 전쟁이 터지고 나면 물러나는 길밖에는 없었으리라는 생각이 듭니다. 다시 말해, 상황이 유동적이어서 그리스도인이 정치적 사건들에 개입할 수 있는 때가 있는가 하면, 전반적으로 통제가 너무 심해서 세상에서 선의를 품은 그리스도인조차 아무것도 할 수 없는 때도 있습니다. 저는 카터 대통령이 자신의 임기 때 그런 상황을 맞지 않았나 하는 생각이 듭니다. 그는 자신의 신앙 때문에 핵발사 장치를 누르지 못했을 것입니다. 하지만 다른 정치인들이 이 점을 확신했더라면, 미국은 그들 손에 넘어갔을지도 모릅니다. 따라서 그는 핵전쟁이라는 대참사를 일으킬 수밖에 없는 상황에 맞닥뜨릴 수도 있었을 텐데, 그러나 이것은 불가능했을 것입니다. 그리스도인 정치인을 비판하기는 쉽습니다만, 저는 자주 이렇게 자문하곤 합니다. "내가 그들과 같은 상황이라면 어떻게 했을까?" 나도 달리 할 수 있는 일이 없었으리라는 생각이 드는데, 그 점은 다른 사람들도 마찬가지일 것입니다. 따라서 우리를 세상과 구별하는 문제는, 하나님의 은혜를 통해서가 아니라면 달리 의지할 곳이 없습니다.

이제 12절로 넘어가보겠습니다. "'무엇보다도' 맹세하지 말지니 하늘로나 땅으로나 아무 다른 것으로도 맹세하지 말고 오직 너희가 '그렇다'고 생각하는 것은 그렇다 하고 '아니라'고 생각하는 것은 아니라 하여 정죄받음을 면하라." '무엇보다도'라는 문구는 이어지는 내용이 우리 자신을 정결하게 해야 한다는 이 주제 중에서도 가장 중요한 내용이라고 경고합니다. 게다가 야고보는 예수님의 산상수훈에 나오는 평행 본문, 곧 마태복음 5장 34-37절을 요약하고 있습니다. 맹세는 두 가지 문제, 곧 위선과 종교의 문제를 제기합니다.

'무엇보다도'라는 도입부가 보여주듯, 맹세는 인내라는 주제를 이어갑니다. 우리는 인내하는 사람들이 너그러운 마음을 지닌 것을 보았습니다. 하지만 성경은 맹세하는 사람들은 말에서 자신의 본모습을 보여줄 수 없기 때문에 마음이 나뉘었다고 간주합니다. 따라서 스스로를 믿을 만한 사람으로 만들기 위해서는 말에다 뭔가를 덧붙여야 합니다. 그들은 마음에서 나오는 말을 하지 않습니다. 그들이 하는 행동도 그들이 하는 말에 들어맞지 않습니다. 그들은 자기 존재의 통일성을 깨뜨렸습니다. 성경은 우리가 하는 말이 마음속 깊은 곳에서 나온다고 말하기 때문에 이것은 그들의 마음과 말의 문제입니다. 내가 말하는 내용의 진실성을 입증하기 위해 내 자신이 아닌 다른 것에 호소해야 한다면, 나는 그 내용을 진지하게 받아들이는 것이 아닙니다. 나 혼자서 내가 말하는 내용에 전적으로 책임을 지는 것은 충분하지 않습니다. 그래서 내가 말하는 내용을 두고 내가 아닌 다른 권위를 언급하면, 그것이 하늘이나 땅이나 다른 무엇이든 나는 맹세와 그 맹세로 약속한 내용 뒤로 숨게 됩니다. 맹세 행위가 나쁜 까닭은 그것이 내가 스스로 책임지지 않으리라는 것을 증명하기 때문입니다. 내 말은 다른 것이 되어버리기에 위선의 표현이 됩니다.

위선과 거짓말의 차이를 아는 것이 중요합니다. 거짓말은 틀리거나 사실이 아닌 이야기를 하는 것입니다. 위선적이라고 비판을 받은 바리새인들은 거짓말을 해서 비판을 받은 것이 아닙니다. 바리새인들은 자신들이 하는 말이 사실이라는 것을 확신하고, 훌륭한 믿음으로 행동합니다. 위선은 겉으로 보이는 모습과 실제 존재가 분열된 상태입니다. 나는 예수님이 "잔과 대접의 겉은 깨끗이 하되 그 안은 더럽다"고 말씀하실 때 바로 이 상태를 가리키신 것이라고 믿습니다. 하지만 위선은 외면의 행위 뒤로 자신을 숨기는 것을 뜻하지 않습니다. 바리새인은 율법이 요구하는 모든 일을 하면서 진심으로 그리한다고 확신합니다. 그러나 그는 외적 행위로만 하여 그 일의 외양만 해낼 뿐입니다. 우리가 우리의 행위, 겉으로 드러나는 모습, 우리가 하는 말에만 만족한다면 우리도 위선자에 불과합니다. 우리는 우리가 하나님 앞에 설 때 아무것도 위장하지 않고 우리의 전 존재로 서야 함을 배워야 할 것입니다. 마찬가지로, 다른 사람을 대할 때도 아무것도 숨기지 말아야 합니다. 이웃을 사랑하는 마음으로 그들 앞에 온전히 서 있어야 합니다. 그렇게 온전히 곁을 내주는 행위가 하나님 앞에서의 모습과 달라서는 안 됩니다. 본문은 이를 가리켜, 우리의 온전한 삶으로 그렇다고 생각하는 것은 그렇다 하고 아니라고 생각하는 것은 아니라고 하는 것이라고 합니다. 우리는 그렇다고 생각할 때는 그렇다고 말할 수 있고, 아니라고 생각할 때는 아니라고 말할 수 있습니다.

우리 자신에게 100퍼센트 솔직하기란 불가능하지는 않다고 해도 매우 어려운 일임에 틀림없습니다. 부분적으로는, 내면 깊은 곳에서 우리가 스스로를 그다지 자랑스러워하지 않기 때문에 그렇습니다. 그래서 우리는 우리가 하는 말에 전 존재를 담아낼 준비가 되어 있지 않은지도 모릅니다. 뿐만 아니라, 솔직함은 우리가 다른 사람들을 대할 때 교만하거나 자비로운 마음이 부족한 것처럼 비쳐질 수 있어서 그렇기도 합니다. 있는 모습 그대로 나라는 존재를 드러내는 것은 거의 불가능에 가까운 일입니다. 우리는 주변에서 늘 흥분 상태에 있는 그리스도인들을 경험해보았을 텐데, 남들 보기에는 그런 모습이 얼마나 당황스럽고 불편한지 모릅니다.

바울이 율법 아래에 있는 자들을 얻고자 '율법 아래에 있는 자' 같이 되고 율법 없는 자들을 얻고자 '율법 없는 자'와 같이 되었고, 유대인들에게는 유대인같이, 헬라인들에게는 헬라인같이 되었다고 말한 때처럼 우리는 신중하게 처신할 수 있습니다. 이 말씀은 바울은 자유롭다는 뜻이고, 그는 이 사실을 증명합니다. 그는 자신이 자유롭다는 취지로 맹세할 필요가 없습니다. 반대로, 그의 자유가 무엇인지 말할 수 있게 해줍니다. 다시 말해, 다른 사람들과 정말로 함께한다는 것은 우리의 개성을 겉으로 드러낸다는 뜻이 아닙니다. 우리의 말과 생활방식이 온전히 하나가 된다는 뜻입니다. 이런 깨달음은 우리를 다시 예수 그리스도께로 인도합니다. 그분은 하나님 앞에서는 온전히 예라고 하시고, 사탄 앞에서는 온전히 아니라고 하셨고, 우리에 대해서는 또다시 예라고 하십니다. 이런 면에서 본보기가 되는 고린도후서 1장 19-20절을 다시 한 번 읽어보면 도움이 될 것입니다. '예'인 예수님의 존재와 '예'인 그분의 말씀은 온전한 하나 됨을 이루고 있습니다. 그런데 맹세를 하면 이런 통일성이 깨지고 말 것입니다.

이런 가르침은 선전propaganda에 막대한 함의가 있습니다. 선전을 만드는 사람은 누구든 자신이 하는 말을 절대로 믿지 않아야 한다고 한 사람은 괴벨스Goebbels였습니다. 이런 권고는 선전의 정곡을 찌릅니다. 우리는 20세기에 민주주의 국가와 비민주주의 국가를 막론하고 이런 현상이 만연해 있는 이유와, 왜 이런 상황이 변할 가능성이 보이지 않는지도 질문해야 합니다.[5]

저는 또한 이런 가르침을 보면서 17세기 사람들에게 공분을 샀던 신학 토론을 떠올립니다. 예수회는 소위 심리유보心裏留保 교리(표의자가 스스로 의사와 표시의 불일치를 알면서도 진의와 다른 의사표시를 하는 것—옮긴이)를 발전시켰습니다. 이 교리는 여러분이 마음속 깊은 곳에서 하나님께 여러분은 그리할 수 없다고 말씀드리는 한, 어떤 사건이나 사람을 견딜 수 있다는 뜻입니다. 파스칼을 포함한 많은 사람들이 이에 격렬하게 반대했습니다. 다른 사람들을 사랑하고 그들과 함께한다는 것은 그들의 행동이나 생각을 무작정 받아준다는 뜻이 아닙니다. 우리는 마음속 생각을 견고히 해야 하고, 견고히 할 수 있습니다.

맹세와 관련된 두 번째 문제는 종교의 문제입니다. 모든 종교는 맹세를 활용할 뿐 아니라, 정도의 차이는 있지만 거기에 의존하는데 비해 기독교만 맹세를 금지합니다. 저는 오랫동안 그리스도인들이 법정이나 공직에 임명될 때 맹세하라는 사회의 요구에 어쩔 수 없이 협조했다는 것을 매우 잘 압니다. 가톨릭 신자들은 십자가를 두고, 개신교인들은 성경을 두고 맹세했습니다. 미국에서는 지금도 성경에 맹세하는 관행이 이어지고 있습니다. 그럼에도, 맹세는 지금부터 우리가 살펴보려는 맹세의 종교적 함의를 포함하여 그것이 어떤 의미인지 제대로 알지 못한다는 표시입니다.

우리는 맹세를 거부함으로써 우리가 하는 모든 일이 상대적이라고 인정합니다. 단순히 맹세한다고 해서 우리가 하는 말이나 행동이 절대적인 것이 될 수 없습니다. 맹세는 우리가 하는 말이나 행동에 종교적 가치를 부여하기 때문에 성경에서는 맹세를 엄격하게 금합니다. 앞서 인용한 마태복음 본문에 따르면, 우리는 하늘이나 땅이나 예루살렘을 두고 맹세해서는 안 됩니다. 이런 종교적 행위로 거기에 종교적 특징을 부여하게 되기 때문입니다. 예를 들어, 우리가 하늘에 맹세하면 성경이 반복해서 하나님의 피조물이라고 말하는 것을 종교적인 무언가로 바꿔버리게 됩니다.

우리는 거룩하게 생각하는 대상을 두고 맹세하는데, 여기에는 두 가지가 포함됩니다. 마태복음은 하늘이 하나님의 보좌이기 때문에 거기에 맹세하지 말고, 땅은 하나님의 발등상이기 때문에 거기에 맹세하지 말라고 말합니다. 다시 말해, 맹세는 우리 것이 아닌 무언가를 유용하는 행동입니다. 하늘과 땅이 우리 말의 신실성을 증언해주지 못하는데도 하늘과 땅을 그 증인으로 취할 때 우리는 도대체 무슨 짓을 하고 있는 것입니까? 하늘과 땅은 하나님의 보좌요 발등상이기에 우리 마음대로 사용할 수 없습니다. 우리는 그것들을 우리 자신에 대한 보장으로 취할 수 없습니다.

야고보서의 평행 본문은 마태복음과는 조금 다릅니다. 야고보서는 하늘로나 땅으로나 아무 다른 것으로도 맹세하지 말라고 말합니다. 야고보 시대의 종교 배경과 관련이 있을 이 본문의 동기는 마태복음과는 다르지 않나 싶습니다. 맹세는 하늘과 땅을 종교적 가치와 신성한 권세로 만들었습니다. 그것들은 원래 우리 말에 가치를 부여해야 합니다. 맹세는 늘 이런 식으로 작용합니다. 우리는 신성한 가치를 두고 맹세합니다. 맹세는 근본적으로 종교적 행위이기에 그리스도인의 삶에서 철저하게 사라져야 합니다. 맹세하려는 유혹을 받을 때마다 우리는 종교적 영역에 들어가는 위험을 감수하는 것입니다. 종교적인 것은 성경적이지 않기에 성경의 하나님은 그것을 거부하십니다. 맹세하는 다른 방법은 없습니다. 우리가 신성한 가치라는 종교적 권력에 맹세하지 않는다면, 우리 맹세에는 아무런 무게도 없습니다.

따라서 맹세하지 말라는 명령에는 두 차원이 있습니다. 맹세할 때 나는 내 신실함이 아니라 위선을 주장합니다. 내 존재와 말이 분리됩니다. 또한 맹세는 종교적 행위입니다. 마태복음의 관점이든 야고보서의 관점이든 맹세를 허용할 수 없다는 사실에는 변함이 없습니다. 그리스도인들은 이방 종교의 영역에 발을 들여놓아서는 안 됩니다. 이 두 측면에서, 우리 생각과 달리 맹세가 사소한 문제가 아니라는 점이 분명해집니다. 이 점은 야고보가 살던 시대와 문화적 배경에서 특히 그렇습니다만, 우리가 사는 세속-종교secular-religious 대중사회에서도 그 중요성은 동일합니다.[6]

앞서 다룬 문제들처럼, 맹세는 우리를 판단에 노출시킵니다. 이제 우리는 왜 이 주제가 '무엇보다도' 맹세하지 말라는 경고로 시작하는지 이해할 수 있습니다. 맹세는 세상에서 인간 행위의 특징을 이루는 위선과 종교와 관련이 있기 때문입니다. 사회가 맹세를 강요할 때 우리는 양심적인 거부자가 되어서 우리가 맹세할 수 없는 이유를 차분하게 자세히 설명할 수 있어야 합니다. 그렇게 함으로써 우리에게 가까운 주님의 임재를 신뢰할 수 있어야 합니다.

16. 그리스도인의 공동생활

야고보는 그리스도인들이 사회에서 해서는 안 될 행동을 길게 논의한 후에, 5장 13-20절에서 야고보서의 결론으로 간주할 만한 내용에 다다릅니다. 여기서는 긍정적 측면, 즉 그리스도인들이 함께 어떻게 행동해야 하는지를 다룹니다. 이런 행동이 어떤 조직이나 사회 집단과 다른, 교회를 구성합니다. 이것은 '교회의 이론'이라기보다는 교인들의 실천 사항인데, 이런 실천이 교회를 구성하고 교회와 세상을 구분합니다. 물론, 야고보는 실제 교회에서 무슨 일이 벌어지는지 잘 알고 있다고 이미 밝힌 바 있습니다. 본문에는 네 주제가 있는데, 각 주제가 모두 기도라는 맥락에 들어 있습니다. 13절은 우리 삶의 모든 것을 하나님께 아뢰라고 말하고, 14절에서 16절까지는 눈에 보이는 악이든 영적인 악이든 악에 대한 싸움을 다룹니다. 16절은 서로 의지하라고 말합니다. 마지막으로 17-20절은 진리를 위한 싸움, 곧 생명을 위한 싸움에 대해 이야기합니다.

본문을 자세히 살펴보기 전에, 대략적인 의견을 잠시 말씀드리려 합니다. 오늘날 기독교의 현대화와 교회 재건에 대한 요청이 많습니다. 그러기 위해 우리 시대에는 너무 단순해 보이는 본문들을 경시하거나 무시하는 일이 많습니다. 일반적으로 말해서, 사람들은 좋은 의도로 그렇게 합니다. 과거에 삶이 더 단순하고 복잡하지 않았을 때에는 성경에서 말하는 특정한 실천이나 조언이 그 시대에는 잘 들어맞았으리라고 생각하면서 말입니다. 그렇지 않으면, 과거 일정한 지역에서 행하던 관습을 언급한 특정 본문들이 우리와는 관련성이 떨어진다고 주장하기도 합니다. 같은 맥락에서, 어떤 본문들에는 현대에는 사라져버린 신념이나 전제가 들어 있다고 간주하기도 합니다. 요즘 성경 주석들에서 이런 주장들을 흔히 볼 수 있습니다. 마치 우리가 성경에서 읽는 말씀들이 지금도 살아 계신 하나님의 말씀으로 변할 수 있다는 가능성을 더 이상 믿지 않는 것만 같습니다. 저는 이것이 가능할 뿐만 아니라, 우리 편에서는 우리 공동의 자원을 다 소진하기까지 이런 본문들을 함께 읽고, 함께 해석하고 토론하고, 깊이 연구해서 [그렇게 되기 위해] 최선을 다해야 한다고 확고히 믿습니다. 우리는 성령님이 우리가 읽고 묵상하는 성경 본문을 살아 있는 말씀으로 바꾸실 것을 신뢰해야 합니다. 이것은 스스로를 우리가 읽는 본문의 판사와 배심원으로 내세워 전체 과정을 속단하는 것과는 정반대의 행동입니다. 우리는 우리가 가진 자원을 한데 모아서 각 본문의 깊이를 조사해야 합니다.

가끔은 우리의 성과가 미미할 때도 있겠지만, 우리가 이렇게 노력하지 않으면 성령님은 우리가 함께 읽고 나누는 본문을 살아 있는 말씀으로 바꾸시지 않을 것입니다. 이제부터는 본문을 자세히 살펴봅시다. 이번에도 첫인상과는 달리 그리 만만하고 단순한 본문은 아닐 것입니다.

13절은 기도가 그리스도인들의 삶에서 감당하는 핵심 역할을 소개합니다. 이 점은 13-18절에서 일곱 차례에 걸쳐 언급합니다. 기도는 하나님과의 관계를 구성하고, 기도를 통해 다른 사람들과도 관계를 형성하기에 기도가 중심인 것은 당연합니다. 순전히 개인적인 기도란 불가능합니다. 우리는 기도를 통해 하나님께 시간을 내어드려야 하는데, 우선은 듣고 난 다음에 말씀을 아뢥니다. 선지자들과 교회 교부들을 비롯한 많은 사람들이 듣기의 우선성을 강조했습니다. 본문은 기도의 효력도 언급하는데, 이 부분은 나중에 다시 살펴보겠습니다.

기도는 우리 인생의 모든 상황을 대표하는, 고난과 즐거움과 연관이 있습니다. 기도는 끊임없이 변하는 우리 삶과 연결되기 때문에 단순히 반복해서는 안 됩니다. 예수님도 중언부언하지 말라고 말씀하시면서 똑같이 말씀하십니다. 기도는 우리 개인의 삶을 다루기에 의식이 되어서도 안 됩니다. 같은 이유로, 기도는 규격화될 수 없습니다. 야고보에게 기도란 개인 신앙생활의 핵심이요, 동시에 교회의 가장 온전한 표현입니다. 우리 일상의 모든 것을 하나님 앞에 가져가는 행위인 기도는 새로운 환경을 만날 때마다 늘 새로워져야 합니다.

이 가르침이 단순하고 실제적이기는 해도, 그대로 살아내기가 만만치는 않습니다. 예를 들어, 고난당할 때는 불평하기 쉽고, 즐거울 때는 그 공을 자신에게 돌리기 쉽습니다. 이런 반응들의 결과, 우리는 자기 삶을 공개하기보다는 숨기는 성향이 짙습니다. 대부분의 사람들은 고통 가운데서 외로움을 겪었습니다. 하지만 기도를 통해 하나님과 다른 사람들에게 우리 마음을 털어놓을 수 있습니다. 예를 들어, 환자를 포함한 모든 사람이 죽음이 임박한 것을 알면서도 아무도 그 사실을 터놓고 이야기하려 하지 않는 상황에서는, 어쩔 수 없이 그렇지 않은 양 행동할 수밖에 없습니다. 사람들 사이에 보이지 않는 벽이 있는 것만 같습니다. 그러다가 죽음이 찾아오면 사람들은 끔찍한 소외감을 경험할 뿐입니다. 하나님 앞에 괴로운 문제를 내려놓는 것이 얼마나 중요한지 모릅니다.

기도로 하나님께 즐거운 일을 아뢰어야 하는 이유도 똑같습니다. 본문에서는 찬송으로 하나님께 감사하고 그분을 영화롭게 한다고 나와 있습니다(곧, 하나님의 하나님 되심을 드러냅니다). 원래 시편을 노래하는 것은 하나님의 임재를 드러낸다는 의미였지만, 오늘날 교회에서는 이런 하나님의 영광을 찬미한다는 개념이 다 사라져버렸습니다. 우리가 기뻐하면 하나님이 어떤 분이신지를 다른 사람들에게 드러내고, 그분께 감사를 표현할 수 있습니다. 주기도문에서 우리에게 일용할 양식을 달라고 간구할 때 그 양식은 생명을 나타내기 때문에 우리는 생명을 구하고 있는 셈입니다. 오늘 하루 더 생명을 연장해주신 주님께 감사하고, 내일도 허락해달라고 구하는 기도입니다.

바울은 성령님이 우리가 표현할 수 있는 것을 훨씬 더 뛰어넘는 형태로 하나님 앞에 우리 기도를 가져다주신다고 설명합니다. 깨어 있지 않으면 주시는 응답을 놓치기 쉽기 때문에 응답을 기다리는 것도 중요합니다. 저는 판에 박히지 않게 주기도문을 드리는 것이 쉽지 않은 것을 압니다. 그래서 어떤 사람들은 주기도문을 외우기 전에 각자의 삶의 맥락에서 한 구절 한 구절을 묵상해보라고 조언하기도 합니다. 예를 들어, 오늘 내가 용서한 사람이 있는가? 하나님의 뜻이 이루어지도록 어떻게 노력했는가? 하나님의 이름이 거룩히 여김을 받으시게 하는 행동들에 몰두했는가? 또 다른 예는 기도하면서 하나님과 씨름했던 욥입니다. 이 모두는 기도가 고난과 즐거움을 포함한 그리스도인의 삶의 핵심임을 확실히 보여줍니다.

14절에서 16절까지는 좀 더 깊이 들어가서 악의 존재를 나타내는 질병과 죄를 다룹니다. 성경에서 질병은 늘 죄와 관계가 있습니다만, 특정한 질병이 특정한 죄에 일대일로 대응하지도 않고, 아픈 사람이 건강한 사람보다 더 죄가 많다는 뜻도 아닙니다. 특히 사복음서에서 질병은 무질서와 하나님과의 분리를 나타냅니다. 구약성경에서 질병은 잠재적인 죽음을 상징합니다. 환자는 거의 죽은 사람으로 간주했습니다. 이런 연관성은 의학 지식이 부족한 사회에 살았던 사람들의 일상 체험에 잘 맞아떨어졌을 것입니다. 어찌 됐든 구약성경에서 질병은 죽음을 표시하고, 공허함의 승리와 창조세계를 장악한 악을 표시합니다.[1] 질병과 악의 가능성은 죄라는 실재에서 발생합니다. 그 결과, 예수님의 치유 기적이 상징하듯이 하나님 앞에서는 질병이나 죽음 모두 허용되지 않았습니다. 이런 기적들이 요한계시록이 말하는 것처럼 부활 후에는 질병도, 눈물도, 그 어떤 이별도 없다는 약속까지 이어집니다.

따라서 우리는 믿음을 통한 치유라는 문제에 직면합니다. 본문은 병든 사람은 교회 장로들을 청해서 기름을 바르며 기도를 하게 하라고 말합니다. 믿음의 기도는 병든 자를 구원한다고 말합니다. 저는 믿음의 치유를 과소평가해서는 안 된다고 믿습니다. 그렇다고 그것을 영성 생활의 유일한 기준으로 생각해서도 안 될 것입니다. 일부 은사주의 집단에서 흔히 볼 수 있듯이, 믿음의 치유가 영적 은사의 기준이 되어서는 안 됩니다. 믿음의 치유도 계속되어야 하지만, 우리가 병을 얻었을 때는 기도하면서 치유를 구해야 합니다. 앞으로 살펴보겠지만, 치유가 이 기도의 주요 목적이 되어서는 안 됩니다. 근본적인 관계는 질병과 죄의 관계여야 합니다. 치유 간구에 대한 응답에서 그 점을 잊지 마십시오. 예수님도 "네 죄가 용서받았느니라"라고 자주 말씀하십니다. 나중에 병이 나을 수도 있지만, 본질적인 문제는 질병이 상징하는 죄의 문제입니다.

우리는 질병을 얻으면 흔히 효율 중심적 접근법과 태도를 보입니다. 우리를 치료해줄 의사가 있다는 것이지요. 같은 맥락에서, 환자들을 위해 기도하거나 그에 대해 이야기할 때도 낫는 것에 집중합니다. 일면 당연한 일 같지만, 본문이 염두에 둔 것은 다릅니다. '병들다'로 번역된 그리스어 동사를 히브리어로 번역하면, '하나님의 진노를 누그러뜨리다'라는 뜻의 동사가 있고 '기도하다'라는 뜻의 동사가 있습니다. 다시 말해, 유대인들에게는 기도와 하나님의 진노를 누그러뜨리는 것이 불가분의 관계라는 말입니다. 해석자들은 조금은 우스운 설명을 발견했습니다. 원래 단어는 '병들다'였습니다. 히브리어 '하라트*halat*'는 약하게 하다(약해지다)라는 뜻입니다. 이 동사는 하나님을 목적어로 하여 자주 사용되는데, 그럴 경우에는 그분의 분노를 약화하거나 달랜다는 뜻으로 쓰입니다. 이렇게 하나님의 진노를 누그러뜨리는 것은 기도로만 가능합니다. 일종의 언어유희를 통해 이런 연결이 성립합니다. 기도는 마치 일종의 병처럼 하나님을 약하게 만드는 것입니다. 우리가 기도로 하나님을 약하게 만들기라도 하는 것처럼 말입니다. 이것이 '기도'와 '질병' 두 단어의 어원의 연관성으로 추정됩니다.

본문은 교회 조직과 관련해서도 중요한데, 자신을 위해 기도해 달라고 장로들에게 청해야 할 사람이 바로 환자 자신이기 때문입니다. 환자를 위해 기도하는 일은 장로들의 책임이고, 그들은 다 같이 환자를 위해 기도합니다. 여기서 암시하는 바는, 야고보가 말하는 공동체들이 바울이 묘사한 공동체들보다 더 회당의 계통을 따라 조직되었다는 점입니다. 회당에는 개별적으로 활동하는 다양한 사역이 많았습니다. 게다가 이 장로들에게는 바울의 공동체에서 은사로 인식했던 치유의 은사는 없는 것으로 간주되었습니다. 본문에 나오는 장로들은 공동체를 대표했고, 기도를 요청한 병든 자를 위해 기도하는 일은 그들 책임이었습니다. 이렇게 해서 병든 자들은 하나님의 권세에 자신을 의탁했습니다.

다음으로, 본문은 병든 자들에게 기름을 바르는 것에 대해 말합니다. 이 내용은 굉장히 복잡합니다. 저는 세 가지 설명을 제시할 텐데, 그중에서 어느 한 가지를 골라야 할 이유는 잘 모르겠습니다.

첫째로, 기름은 고대에 흔히 치료제로 사용되었습니다. 예수님도 마가복음 6장 13절에서 기름을 사용하셨습니다. 성유聖油가 아니라 단순한 치료제 차원으로 사용되었습니다. 이 경우에 먼저 기도하고 나서 기름을 발랐는데, 이는 환자를 먼저 하나님께 의탁하고 의학적 수단을 사용한다는 뜻이 있었습니다. 이것은 우리의 상식을 완전히 뒤집어엎는데, 우리는 그렇게 한다고 해도 크게 해가 되지는 않을 거라고 생각하여 가능한 의학 수단을 먼저 사용하고 나서 기도를 병행하기 때문입니다. 하지만 이것은 우리가 어느 정도 믿는 부록에 불과합니다. 저는 이 첫 번째 설명 때문에 괴롭다는 사실을 고백해야만 하겠습니다. 당시에는 약학이 잘 발달되어 있었고 복잡했습니다. 기름은 수많은 치료제 중 하나였습니다. 이런 상황을 감안한다면, 왜 굳이 본문에서는 기름을 사용하라고 지목해서 말하고 있을까요? 이에 대한 유일한 설명은 군인들이 자상을 비롯한 여러 상처에 기름을 흔히 사용했기 때문입니다. 하지만 제게는 이 설명이 그다지 설득력이 없어 보입니다.

두 번째 설명은 기름을 바르는 행위는 연회에서 느끼는 기쁨과 한 사람을 존중하는 방식을 상징한다고 주장합니다. 시편 23편과 마태복음 6장 17절에 나오듯이, 향유와 기름으로 만든 향수를 이런 식으로 사용했습니다. 이와 대조적으로, 대개 감람유는 치료용으로 쓰였습니다. 막달라 마리아가 예수님께 했듯이 즐거운 교제와 누군가를 존경하는 표시로 사용하는 것 이외에도, 아우구스티누스의 시편 23편 주석에 근거한 또 다른 해석이 있습니다. 사망의 골짜기에 있는 사람(따라서 심하게 병든 자)은 연회에 초대를 받아 하나님의 기름 부음을 받습니다. 질병과 사망에도 불구하고, 여기서 기름은 기쁨을 표시합니다.

세 번째 설명은 기름을 바르는 행위가 왕족을 표시하는 일이라고 주장합니다. 왕을 임명할 때는 기름을 부었는데, 이 관습은 예수님 시대까지 계속되었습니다. 이런 관점에서 보면, 본문은 교회가 병든 자들을 왕족—예수님의 교회에서 예수 그리스도가 나타내는—으로 여겨야 한다는 뜻입니다. 그래서 병든 자들은 왕족의 표지를 부여받았습니다. 환자들에 대한 이런 접근법은 중세까지 지속되었는데, 치유 공동체에서 병든 자들은 '우리 주 환자들our lords the sick'로 불렸습니다. 이는 같은 종류의 관점과 접근법을 반영합니다.

이 세 가지 설명에서 볼 수 있듯이, 기름을 바르는 행위의 뜻은 모호합니다. 개인적으로 특별히 선호하는 설명은 없지만, 기름을 치료제로 보는 설명보다는 상징적인 설명이 더 가능성이 있어 보입니다. 하지만 이것은 순전히 개인적인 생각입니다.

15절은 믿음의 기도가 병든 자를 구원한다고 말합니다. "주께서 그를 일으키시리라. 혹시 죄를 범하였을지라도 사하심을 받으리라." 본문은 확실히 치유와 위로, 부활을 가리키고 있습니다. "믿음의 기도는 병든 자를 구원하리니"에 사용된 동사는 야고보서에 다섯 번 나옵니다. 각각의 경우 모두 병이 나은 사람이 아니라 영적으로 구원받은 사람을 가리키는 데 사용됩니다. 1장에서는 말씀이 우리 생명과 영혼을 구원한다고 말합니다. 2장에서는 믿음이 구원한다고 말합니다. 4장에는 우리를 구원하실 수도 있고 정죄하실 수도 있는 심판주가 나옵니다. 따라서 우리는 이 본문에서도 같은 의미라고 가정할 수 있습니다. 이 구원은 우리의 건강을 회복하는 것이 아니라, 지금과 (종말론적) 영원이라는 이중 의미에서 구원받는 문제라고 말입니다. 따라서 저는 본문이 우선적으로 환자가 낫는 것을 가리킨다고 믿지 않습니다. 저는 이 해석이 병든 자를 일으키시는 주님과도 들어맞는다고 생각합니다. 이 동사는 모호합니다. 맥락에 따라 부활을 뜻하기도 하고, 일으키는 것을 뜻하기도 하고, 깨우는 것을 뜻하기도 합니다. 본문이 셋 중 어떤 뜻을 의도했는지는 알 수 없습니다. 그렇다면 병든 자를 위한 장로들의 기도는 그들에게 구원과 부활과 치유에 대한 확신을 주는 것을 목표로 하는 것 같습니다. 병든 자를 위한 기도는 치유를 포함하여 그들의 모든 삶과 존재를 위한 기도입니다. 하지만 그 기도에는 부활에 대한 확신과 함께 이들의 죽음도 포함될 수 있습니다. 따라서 장로들의 역할은 병든 자들 곁을 지키면서 그들을 하나님께 의탁하는 것입니다. 이것이 주의 이름으로 구원하는 믿음의 기도입니다. 믿음 자체가 우리를 구원하지 않는다는 것을 잊지 말아야 합니다. 하나님은 믿음이라는 수단을 통해 은혜로 우리를 구원하십니다. 개신교 진영에서는 흔히 믿음으로 구원받았다고들 믿지만, 그것은 이런 본문들에 잘못된 의미를 부여할 수 있습니다.

야고보는 15절 하반절과 16절 상반절에서 죄라는 주제를 꺼내듭니다. 본문은 '**혹시** 죄를 범하였을지라도'라고 하여 질병과 죄가 아무 상관관계가 없음을 분명히 합니다. 다시 한 번, 이 말씀은 둘 사이에 필연적 연결고리가 없다는 것을 보여줍니다. 성경적 관점에서 모든 사람은 죄인이지만, 하나님의 은혜로 우리는 이런 조건에서 구원을 받습니다. 그러나 우리가 저지르는 특정한 죄에 대해서는 여전히 책임이 있습니다. 병든 사람이 죄를 지었을 때 본문은 우리에게 그 사람을 위해 기도하라고 조언합니다. 동시에, 우리 모두가 죄를 저지르기에 이 말씀은 병든 자들뿐 아니라 전체 공동체에 주는 조언이기도 합니다. 우리 모두는 서로 자기 죄를 고백해야 합니다. 뿐만 아니라, 모든 교인은 다른 사람이 자신에게 고백한 죄들을 용서할 수 있는 권위를 받았습니다. 여기서는 더 이상 장로들을 언급하지 않습니다. 죄의 고백과 용서를 감당하는 특정한 사역을 언급하지도 않습니다. 누구라도 내 고백을 듣고 내 죄를 용서할 권위가 있습니다. 이런 말씀을 당연하게 생각해야 하는 까닭은, 죄 용서가 우리가 구원받고 죄를 용서받았다는 복음을 선포하는 것과 별반 다르지 않기 때문입니다. 우리는 형제자매들에게 이런 말씀을 할 수 있고 또 해야 마땅합니다. 이렇게 우리는 서로 지지해주고 다른 사람의 짐을 져줍니다.

저는 우리가 하나님께 직접 아뢰지 않고 서로 죄를 고백해야 하는 또 다른 중요한 이유가 있다고 믿습니다. 고백을 들은 사람은 서로 지지해주는 것을 넘어서서 증인 역할을 하게 되는데, 이것은 교회 생활에 매우 근본적으로 중요합니다. 남 몰래 하는 뒷공론이나 염려, 죄책감, 비판만 떠올려보더라도, 서로 죄를 고백하고 용서할 때 한 사람 대신 두 사람이라는 사실이 얼마나 중요한지 깨달을 수 있습니다.

본문에는 매우 중요한 세부 사항이 한 가지 있습니다. 본문은 우리가 죄를 서로 고백하며 병이 낫기를 위하여 서로 기도해야 한다고 말합니다. 병든 자를 언급하는 전체 맥락에서 사용된 그리스어 단어는 영적인 치유를 가리키는 반면, 여기서 '병이 낫다'로 번역된 그리스어 동사는 의학적 성격의 치유를 가리킵니다. 저는 이 점이 죄는 우리 삶에서 몸의 질병으로만 나타나지 않고 때로는 '영혼의 질병'으로 나타난다는 사실—그리스적 의미가 아니라 유대 기독교적 의미에서 이해하는 한에는—을 납득시켜준다고 생각합니다. 죄는 선행을 하지 않고 하나님의 뜻에 따라 살지 **않는** 것, 하나님과 우리 이웃을 사랑하지 **않는** 것입니다. 죄는 우리가 하나님께 빚을 지고 있다는 면에서 부채를 쌓고, 우리는 신체적 혹은 영적 의미에서 병든 자가 됩니다.

이것은 다음과 같은 질문을 제기합니다. 그러면 우리는 누구에게 고백해야 하는가? 저는 이것이 상대방에 대한 신뢰, 두 사람의 우정, 우리가 공유하는 환경과 연관된 기회의 문제라고 생각합니다. 우리는 친밀감이나 우정을 느끼는 사람에게 마음속 이야기를 고백합니다. 저는 이것이 원리의 문제가 될 수 있다고 생각하지 않습니다. 물론, 우리는 다른 사람의 고백을 절대 비밀로 다루어야 합니다. 상대방을 사랑한다면 우리가 대접받고 싶은 대로 그 사람을 대하고, 사랑으로 서로 지지해주어야 합니다. 그런 고백은 앞서 언급했던 모든 것이 기도로 수렴되는 공동체적 상호 관계와 연장선상에 있습니다. 그래서 고백하고 기도합니다. 또한 그리스도인의 삶 전체는 기도가 특징입니다.

이제 여러분의 질문에 답해보겠습니다. 교회사에는 우리가 읽은 본문과는 상반되는 강력한 조치가 취해진 시기가 있었습니다. 예를 들어, 4세기에서 10세기까지는 교회 내부 사정이 말로 표현하기 힘들 정도로 엉망이어서 결국 주교들은 사제 한 사람에게만 죄를 고백하기로 결정했습니다. 그런데 이 사제 중 많은 이들이 골칫거리였습니다. 아내를 여럿 거느린 사제들을 비롯하여 글을 읽지 못하는 사제들에 대한 기록이 남아 있습니다. 문맹 사제의 문제는 전례의 발달에 기여했습니다. 이 사제들이 교회에서 엉뚱한 소리를 하지 않게 하려면 강제로 내용을 외우게 해야 했습니다. 이 5백 년간의 기록을 읽어보면 교회가 어떻게 회복될 수 있었는지 도저히 믿기지 않을 정도입니다.

제가 설명하려 한 내용이 틀리지 않다면, 본문의 흐름은 다음과 같습니다. (하나님께 복종하고, 마귀에 대항하고, 손을 깨끗이 하고, 마음을 깨끗하게 하기 위해서 등) 세상과 분리되어야 할 필요성과 이 세상을 사랑하는 것은 하나님과 원수 되는 것임을 보여주고 나서, 기도가 이 모든 것의 표지로 드러납니다. 기도는 세상에 적응하는 것과 정반대이고, 이 세상이 요구하는 일과 정반대입니다. 저는 기도가 어떤 방편도 효율성도 없는 행동이라고 믿습니다.[2] 다시 말해, 우리가 세상에 순응하지 않는다고 할 때는 다르게 행동하는 것이 최우선이 아닙니다. 결국, 그것은 행동보다는 기도의 문제라고 말하겠습니다. 세상은 우리에게 최대한 효율성을 발휘해서 한 단계씩 차근차근 행동하라고 다그칩니다. 기도는 이런 성향과는 철저하고도 근본적으로 다릅니다. 기도는 다른 수단을 사용하거나, 같은 수단을 다르게 사용하는 문제가 아닙니다. 아무 수단에도 의지하지 않고 전혀 다른 길을 가는 것입니다. 기도는 절대로 어떤 도구가 아닙니다.

우리가 의례적인 기도로 그것을 단순한 예배 순서로 만들어버릴 때가 얼마나 많은지 모릅니다. 기도는 우리가 바라는 것을 얻는 도구가 될 때가 많습니다.[3] 그럼에도 저는 기도가 모든 수단과 효율성이라는 개념을 포기하는 것이라고 믿습니다. 기도는 나의 무능력을 인정하고 하나님의 능력에 복종하는 것입니다. 기도는 이 세상의 효율성과는 정반대입니다. 기도하는 사람들은 스스로를 하나님의 자유로운 주권에 맡깁니다. 그들은 결과를 얻으려 애쓰지 않습니다.

이제 이 내용을 좀 더 자세히 생각해봅시다. 16-18절은 의인의 간구가 역사하는 힘이 크다고 말합니다. 그리스도인의 삶 전체가 기도로 형성되고 유지된다는 점은 이미 살펴본 바 있습니다. 기도는 예배나 미사 같은 특별한 행사에서만이 아니라, 언제든 드릴 수 있습니다. 우리는 종교라는 미명하에, 신에게 헌신하는 거룩한 시간과 자기 인생을 살아가는 나머지 시간으로 가르는 세상에 순응해서는 안 됩니다. 우리의 모든 삶은 구별되어야 합니다. 거룩해야 합니다. 성경은 쉬지 말고 기도하고 범사에 감사하며, 무엇을 먹고 마시든 무슨 일을 하든 하나님의 영광을 위해서(그분의 존재를 드러내기 위해서) 하라고 말합니다. 그런데 이런 가르침을 문자 그대로 받아들이는 사람들이 많았습니다. 그래서 우리는 식사 전에, 자기 전에, 교회 모임 전에 기도하고는 할 일을 다 했다고 생각합니다. 바울이 강조하려는 핵심은 식사를 비롯한 모든 일의 과정 전체가 하나님의 하나님 되심을 드러내야 한다는 것입니다. 우리가 하는 모든 일을 기도로 시작해야 합니다. 다시 말해, 우리의 기도를 **살아내야** 하는데, 이것은 예배 때 드리는 공식 기도의 문제와는 거리가 멉니다. 오늘날의 교회는 기도의 이런 성격을 완전히 잃어버렸습니다.

따라서 기도는 시간을 나누지 않는, 그리스도인의 삶의 특징입니다. 이것은 세상에 적응하는 것과는 정반대입니다. 궁극적으로 우리를 세상과 구분 짓는 것은 세상 사람들과 다른 행동 방식이 아니라 바로 이 기도입니다. 나는 행동보다 기도가 낫다고까지 말할 수 있습니다. 아우구스티누스는 로마의 두 번째 왕을 예로 들었습니다. 그는 종교 축제 도중에 적이 접근하고 있으니 군대를 소집하라는 사자의 메시지를 받았습니다. 이 이방 왕은 이렇게 대답했습니다. "적이 오고 있을지는 몰라도, 나는 기도하고 있다." 아우구스티누스에 따르면, 이것은 이미 그 시기에 하나님의 영감을 받은 사람들이 있었다는 사실을 보여주었습니다. 세상은 늘 우리에게 행동하라고 하지만 우리는 무엇보다도 먼저 기도하라는 요청을 받습니다.

개인이나 공동체나, 우리는 하나님 앞에 모든 것을 가져가야 합니다. 나는 많은 공동체에서 말을 줄이고 기도를 늘린다면 유익을 얻을 수 있다고 믿습니다. 비단 예배에서뿐 아니라, 공식 기도도 적고 심각한 일을 더 많이 다루는 모임이나 회의에서도 마찬가지입니다. 야고보가 이 문맥에서 기도를 가리킬 때 사용한 그리스어 단어는 병든 자를 위해 기도하라고 말할 때 사용한 단어와는 다릅니다. '디시스*deesis*'는 간구하는 기도를 뜻합니다. 야고보가 병든 자나

서로를 위해 기도할 때는 '기도'라는 뜻의 통상적인 그리스어를 사용한 데 반해, 역사하는 힘이 큰 의인의 기도라는 맥락에서는 '간구하는 기도'를 언급한 점이 꽤 놀랍습니다.

모든 종교는 기도에 크게 의지하기에 기독교의 기도가 어떻게 다른지를 묻는 것이 좋을 것 같습니다. 기독교의 기도는 우리가 앞서 말한 의미에서 종교적 행위가 아닙니다. 우리를 이 방향으로 인도하려고 야고보는 세 가지 특징을 지적합니다. 간절한 기도, 의인의 기도, 주의 이름으로 하는 기도가 그것입니다. 간절한 기도는 한 사람의 기도가 다른 사람의 기도보다 낫다는 그런 차원이 아니라, 한 사람의 전 존재를 드리는 기도를 말합니다. 앞에서 야고보가 맹세하지 말라고 했을 때 한 사람의 존재와 삶의 통일성이 얼마나 중요한지는 이미 살펴보았습니다. 우리의 전 존재가 우리 말에 관여하여, 둘 사이에 차이가 없어야 합니다. 우리 신앙과 행동도 차이가 없어야 합니다. 우리의 한 존재가 믿음으로 살고, 행동도 해야 합니다. 같은 방식으로, 우리가 하는 기도도 우리의 전 존재와 삶이 개입해야 합니다. 이것은 말로 하는 기도뿐 아니라, 다른 사람들과의 관계에서 표현되는 활동적인 기도에도 해당합니다.

야고보가 말하는 의인의 기도는 누가 의인이냐 하는 질문을 제기합니다. 의인이란 선한 사람이나, 정의의 이론이나 개념에 따라 행동하는 사람을 가리키지 않습니다. 야고보는 이미 2장에서 창녀 라합이 행함으로 의롭다 하심을 받았다고 말하면서 이 점을 분명히 했습니다. 아브라함도 같은 이유로 의롭다 하심을 받았습니다. 이 사람들은 하나님께 의롭다 하심을 받았습니다. 그들은 하나님이 주시는 의를 기대했고, 그들을 의롭게 하시는 그분을 믿었습니다. 이것은 인간의 행동과 하나님의 행동이 상호 침투하는 성경의 또 다른 예입니다. 저는 인간이 자유로운 존재냐 아니냐 하는 질문에 대한 성경의 대답은 그들이 해방되었다는 것—자유로운 존재라는 것과는 다릅니다—이라고 믿습니다. 같은 맥락에서, 우리 행위로는 스스로 의롭다 할 수 없지만, 하나님이 우리를 의롭다 하십니다.

마지막으로, 우리는 주의 이름으로 기도합니다. 주의 이름으로 기도한다는 것은 이 기도들이 인류를 향한 하나님의 프로젝트와 일치함을 암시합니다. 그래서 다른 사람들을 사랑하면 기도하게 됩니다. 야고보는 이런 조건에서 기도가 강력한 효력을 발휘한다고 확인해줍니다. 우리는 우리가 하는 행동은 무익하고 하나님의 행동은 온전한 효력을 발휘한다는 사실을 깨달을 필요가 있습니다. 그렇게 깨달으면 우리는 하나님의 자유로운 주권에 복종합니다. 그분이 사랑의 하나님이시기에 우리는 확신을 가지고 복종할 수 있습니다.

다음으로 본문은 엘리야 선지자의 이야기를 합니다. 야고보는 엘리야가 특출한 사람이 아니었다고 주장합니다. 구약성경에서 하나님의 부르심을 받은 이들은 모두 평범한 사람들이었습니다. 바울은 하나님이 약한 자들을 택하셔서 강한 자들을 설득하신다고 설명합니다. 하나님이 하시는 일은 분명합니다. 평범한 사람들이 자기 능력을 넘어서는 일을 성취할 때는 성령의 영감을 받은 것입니다. 열왕기상에 따르면, 엘리야는 하나님이 그에게 맡기신 사명을 완수하는 데 필요한 일을 위해 기도했습니다. 이 사명이 그의 기도를 인도했기에 그는 주의 이름으로 기도할 수 있었습니다. 사람들은 흔히 자신은 이런 종류의 일을 할 수 없다고 반응합니다. 야고보가 엘리야가 우리와 성정이 같은 사람이라고 말해주는 이유도 바로 그 때문입니다. 우리는 이런 식으로 궁지를 피할 수 없습니다. 저는 기독교 공동체의 일원이라면 누구나 사명이나 소명을 받았다고 확신합니다. 이 소명과 우리가 받은 은사가 우리의 기도를 인도하고 이끌어야 합니다.

엘리야의 기도와 관련한 난점은 그것이 백성들에게 큰 해를 끼쳤다는 점입니다. 이 기도의 결과로 3년 반 동안 비가 내리지 않아서 많은 사람들이 그 기간에 굶어 죽었습니다. 이런 사태가 벌어진 것은 왕이 모든 백성을 우상숭배에 끌어들였기 때문입니다. 우상숭배는 엘리야가 가볍게 볼 수 있는 문제가 아니었습니다. 실제로 그는 스스로를 나머지 사람들과 동일한 형편에 두었습니다. 엘리야는 안전하게 적당한 거리를 두고 니느웨의 멸망을 보기 원했던 요나와는 달랐습니다. 하나님은 엘리야를 가난한 과부에게 보내서 먹을 것을 구하게 하셨습니다. 과부는 집에 남은 것이라고는 가루 한 움큼과 기름 조금뿐인데, 아들과 같이 마지막으로 먹고 죽을 작정이었다고 대답했습니다. 엘리야는 여인에게 그걸로 자신을 위하여 떡을 만들라고 했는데, 기근이 끝나서 비가 내릴 때까지 가루와 기름이 떨어지지 않았습니다. 그는 자신을 포함한 세 사람을 날마다 하나님의 은혜를 기다리는 위치에 두었습니다. 결국 엘리야가 왕을 무릎 꿇게 만들었을 때, 그는 다시 비를 내려 땅이 열매를 맺게 해달라고 기도했습니다. 이 기사는 기도가 우리를 매우 힘든 상황에 몰아넣을 수도 있다고 경고합니다. 엘리야가 자신의 백성인 유대인들에게서 어려움을 당했듯이, 우리도 교회에서 많은 어려움을 겪을 수 있습니다. 이런 종류의 기도에는 온전한 겸손과 무비판적인 태도가 필요합니다. 그렇지 않으면, 우리가 의롭기에 남들을 정죄할 수 있다고 말하려는 유혹을 받게 될 것입니다. 엘리야는 그렇게 하지 않았습니다. 우리도 우리의 옳음을 입증하려고 하나님 말씀을 유용해서는 안 됩니다. 저는 우리가 하나님 앞에서 이런 기도를 드릴 때 이것이 근본이라고 믿습니다.

이제 여러분의 질문에 답해보겠습니다. 저는 우리가 받은 소명을 심리 검사 같은 수단으로 분별할 수 있다거나 우리 스스로 정의할 수 있다고 믿지 않습니다. 하지만 다른 사람들과의 관계나 우리가 처한 환경, (필요하다면) 우리 사회의 정치 환경 같은 데서, 뭔가 꼭 필요한 조치를 해야 한다고 느끼는 순간을 만날 것입니다. 그럴 때는 이것이 하나님이 우리에게 맡기신 소명인지를 믿음으로 분별해야 합니다. 다른 한편으로, 우리가 받은 재능들을 잘 살펴야 합니다. 이 일도 매우 중요합니다. 개신교와 가톨릭 모두에서 우리는 다양한 사역을 볼 수 있습니다. 그런데 제 생각에, 우리는 잘못된 방식으로 이런 종류의 문제들에 접근하는 데 익숙해져버렸습니다. 내 친구 장 보스크Jean Bosc는 우리가 이런 상황을 다루는 방식에 늘 맞서 싸웠습니다. 우리는 특정 사역을 먼저 시작하고, 인력이 필요하면 그 자리를 채워줄 사람을 찾습니다. 하지만 오히려 각자의 은사를 분별한 다음, 그 은사들에 적합한 사역을 시작해야 합니다. 예를 들어, 어떤 공동체에 말하는 은사가 있는 사람이 없다면 목회자는 없어야 합니다. 가난한 사람들에게 다가가는 은사가 있는 사람이 있다면 그들에게 복음을 전하는 사역을 세워야 합니다. 우리에게 필요한 사역을 나열한 다음에 그 자리를 채워줄 사람들을 채우는 식으로, 정반대로 해서는 안 됩니다. 저는 교회 권위자들에게 이것은 받아들일 수 없는 일이라고 생각합니다. 그들은 우리 사회의 관료주의 모델에 너무 익숙해져 있습니다. 하지만 공동체의 모든 사람이 영적 은사를 받았기에, 구성원의 은사를 분별하고 업무를 부여하는 것은 회중의 대표가 해야 할 일입니다.

이쯤 해서 제 개인의 경험을 이야기하고 싶습니다. 회심했을 때 신학을 공부하고 목회자가 되고 싶었습니다. 제가 신뢰할 수 있는 분께 이 이야기를 했습니다. 그분은 며칠만 생각할 시간을 달라고 하더니, 나중에 신학을 하지 않는 것이 좋겠다고 말씀했습니다. 제가 헌신된 평신도로 더 유용하게 쓰임 받을 수 있겠다고 느낀다는 이유에서였습니다. 그분은 말씀하기를, 목회자가 되면 기존의 정해진 역할을 감당해야 하지만, 평신도로서는 나만의 역할을 창조해낼 수 있고 그것이 더 큰 영향력을 미칠 수 있으리라고 했습니다. 그 말씀에 순종해서 오늘날의 제가 있습니다.

오늘날 교회에서 책임 있는 직분을 가진 사람들은 예산 문제, 인력 충원, 건축과 건물 보수 등에 온통 신경을 빼앗깁니다. 하지만 이것은 그들이 해야 할 일이 아닙니다. 앞서 말했듯이, 교역자들은 교인들의 은사를 분별하여 그들에게 적절한 임무를 맡길 방법을 찾아야 합니다. 각 공동체는 이런 측면에서 다양성을 띨 것입니다.

이를 관장할 수 있는 공식이나 조직, 제도는 없습니다.

같은 맥락에서, 저는 대형 교회를 지지하지 않습니다. 소집단에서 우리 믿음을 함께 실천하면서, 이 집단들이 한데 모여 회중을 구성해야 한다고 생각합니다. 사람들이 서로 알고 함께 믿음을 살아내는 소집단이 더 큰 집단의 기초가 되어야 합니다. 우리는 가정 교회라는 개념을 재창조하고 있는 듯한데, 이것이야말로 앞으로 나아갈 최선의 방법일 것입니다. '파루아스paroisse'(프랑스어로 '회중'이라는 뜻)는 이웃, 곧 나란히 붙은 집들을 뜻합니다. 이런 소집단의 지도자들은 사람들의 은사를 분별해서 적재적소에 배치해야 하는데, 어떤 기관도 이런 종류의 일을 해줄 수는 없습니다. 모든 사람을 위한 여지가 있는 사역들이 많습니다.

이제, 조금은 갑작스럽게 서신서를 마무리하는 19-20절로 넘어갑니다. 여기서는 흔히 볼 수 있는 마무리 형식이 빠져 있는데, 이 때문에 야고보서가 정경에 포함되지 않는다는 논란을 불러일으켰습니다. 이 부분은 형제자매를 책망하는 민감한 사안을 다룹니다. 이 내용은 교회에서 그리스도인의 삶이 어떠해야 하는지에 대한 마지막 본보기를 보여줍니다. 지금까지는 그렇다고 생각하는 것은 그렇다 하고 아니라고 생각하는 것은 아니라 하는 것, 병든 자의 곁을 지켜주는 것, 기도, 서로 죄를 용서하는 것을 다루었고, 이제는 우리가 서로 가져야 할 목양적 관심사를 이야기합니다. 바울도 데살로니가전서에서 같은 내용을 말합니다. 그는 동료 그리스도인들에게 무질서하게 사는 사람들에게 경고하고, 어려운 일을 당한 사람들을 위로하며, 약자를 돕고, 모든 사람에게 인내하며, 악을 악으로 갚지 말고, 서로 선한 일을 도모하라고 권면합니다. 요약하면 우리는 목양적 의미에서 서로를 돌봐야 합니다. 이 두 절은 진리를 떠난 형제자매들을 다룹니다. 그들은 진리를 떠나 방황하다가 예수 그리스도와의 관계마저 깨졌는데도 형제자매로 불립니다. 이런 패턴은 우리가 앞서 본 패턴—장로들을 청해야 하는 자는 바로 병든 자들이었습니다—을 따릅니다.

본문에서 흥미로운 점은, 미혹되어 진리를 떠난 자들에게 말씀한다는 것입니다. 야고보는 진리를 따르는 사람들에게, 미혹된 사람들을 주시하다가 그들을 다시 데려오라고 말하지 않습니다. 오히려 실수를 저지를 뻔한 사람에게 경고하기를, 어떤 사람이 당신을 미혹된 길에서 돌아서게 하려 한다면 그가 당신 영혼을 구하려고 애쓰는 중이라고 말합니다(한글 개역개정 성경의 번역은 다르다—옮긴이). 저는 성경적 관점에서는 이런 사건 순서가 근본적이라고 믿습니다. 남편이 아내에게 권위가 있다고 말하지 않고, 늘 아내들에게 남편에게 순종하라고 말하는 많은 성경 본문을 떠올려보십시오. 부모와 자녀의 관계도 마찬가지입니다. 성경은 자녀들에게 부모에게 순종하라고 말합니다. 즉, 성경의 권고는 늘 약하거나 열등한 상황에 있는 사람들, 병든 자나 죄인을 향합니다. 그들을 다른 사람들과 동등한 위치에 놓기 위해서입니다. 앞서 살펴본 병든 자들의 경우도 마찬가지였습니다. 먼저 행동을 취해야 할 사람은 장로들이 아닙니다. 성경의 권고는 병든 자들, 곧 어렵고 약한 사람들에게 주어집니다. 그들에게 먼저 행동을 취하고 다른 사람들에 대한 책임을 맡으라고 말합니다. 세상의 통상적인 방식과는 정반대입니다. 세상은 늘 권력을 가진 사람들을 인정해주고, 우리는 이 권력과의 관계에서 그 권력에 종속된 사람들의 상황을 평가합니다. 그런데 성경의 접근법은 정반대입니다. 성경은 소위 의무가 있는 사람들에 대해 말하고, 거기서부터 우리는 권력을 가진 사람들에게 접근합니다. 세상에서 이런 방식은 비정상입니다. 본문에서도 비슷한 종류의 비정상적 상황을 볼 수 있습니다. 흔히 미혹되어 진리를 떠난 사람들과 그들을 돌아서게 하려는 사람들을 생각할 때 우리가 떠올리는 방식은 본문이 말하는 방식과는 거리가 멉니다. 본문은 대개 이단자들을 다루는 방식을 반영합니다.

본문이 가리키는 미혹되어 진리를 떠난 자는 반드시 영적으로 잃어버린 자, 영원히 잃어버린 자를 뜻하지는 않습니다. 제 생각에는 오히려 인생의 궤도에서 길을 잃은 사람, 현실 세계에서 길을 잃은 사람을 뜻하는 것 같습니다. 어찌됐든 확실히 신학적인 진리의 문제는 아닙니다. 인생에서 길을 잃고, 누구라도 공감할 만한 두려움과 염려, 절망, 외로움, 무의미 같은 상황에 빠진 사람을 말합니다. 그런 경우에, 사람들은 진리가 어디에 있는지, 누가 진리인지 알지 못합니다. 사복음서에는 이런 종류의 상황이 나와 있습니다. 예를 들면, 예수님이 목자 없는 양 같은 무리를 보실 때처럼 말입니다. 그들은 길을 잃고 헤매고 있었습니다. 다시 한 번 말하지만, 이것은 교리나 신학적인 진리의 문제가 아니라, 그들을 생명의 길로 인도하실 수 있는 분께 다시 데려오는 문제입니다. 본문에서도 암시하는 예수 그리스도를 통해서 그 좋은 길을 찾을 수 있습니다.

본문은 미혹된 사람들이 형제자매임을 분명히 합니다. "내 형제들아, 너희 중에 미혹되어…." 이 말씀은 위선을 이해하는 또 다른 방식을 은연중에 내비칩니다. 우리가 악을 행하고 있다고, 진리를 떠났다고, 확실한 이단자라고 생각하는 사람들이 다름 아닌 형제요 자매라는 것입니다. 이 사람들이 더 이상 형제자매가 아니라고 말하는 내용은 전혀 찾아볼 수 없습니다. 저는 그들이 더 확실한 우리의 형제자매라는 의미에서 오히려 정반대라고 말하고 싶습니다. 그들은 인생에서 길을 잃은 사람들이기에 다른 그 누구보다도 형제자매로 대접받아야 할 필요가 있습니다.

초대교회의 관습은 이 점을 분명히 합니다. 처음으로 사람들을 제명하라는 결정이 났을 때 이는 그들을 성찬식에서 제외하라는 뜻이었습니다. 그들을 교회에서 사회적, 영적으로 추방하지는 않았습니다. 오히려 그 반대로, 이 사람들은 전보다 더 큰 지지와 후원과 치유를 받아야 했습니다. 그들은 처벌을 받은 덕분에 더 끈끈한 우리의 형제요 자매이기 때문이었습니다. 개인적으로 이는 성찬식의 역할을 잘못 해석한 부분이 없지 않다고 믿습니다만, 그것은 또 다른 문제입니다.

본문을 보면 이 모든 내용은 분명합니다. 본문은 미혹되어 **진리**를 떠난 자들, 죄인을 **길**에서 돌아서게 하고 그를 **생명**으로 돌려보내어 영혼을 사망에서 구원하는 자들에 대해 말합니다. 다시 말해, 진리와 길과 생명을 말하는 이 본문은 "**내가** 곧 길이요 진리요 생명이니"라고 말씀하신 예수님의 말씀을 가리킵니다. 따라서 본문은 유일한 길, 유일한 진리, 유일한 생명이신 예수 그리스도를 잃어버린 사람들에 대해 말하는 것입니다. 이것은 인격이신 예수 그리스도와 멀어진 사람들을 이야기하지, 신학적, 교리적, 철학적 진리에서 멀어진 사람들을 말하지 않습니다. 교회는 이런 실수를 반복해서 저질렀습니다. 성경의 진리는 인격입니다. 저는 사람들이 이 메시지를 받아들이기를 왜 그렇게 어려워하는지 잘 이해가 되지 않습니다. 따라서 이것은 무엇을 올바른 신학이나 교리로 받아들여야 하느냐와 관련하여 이단이 된 사람들의 문제가 아닙니다. 야고보가 진리에 대한 이런 해석을 야고보서에서 세 차례나 사용하고 있기 때문에 이 점은 의심의 여지가 없습니다. 예를 들어, 야고보서 1장 18절은 "그가 그 피조물 중에 우리로 한 첫 열매가 되게 하시려고 자기의 뜻을 따라 진리의 말씀으로 우리를 낳으셨느니라"라고 말합니다. 이 절은 말씀의 구원하는 능력, 곧 우리가 아는 예수 그리스도를 가리킵니다. 그분과 교제한다는 것은 우리의 특정한 삶의 방식과 이웃을 대하는 방식을 암시합니다. 형제자매의 행동이 이런 생활방식에서 벗어나는 것 같을 때는 이 사람이 예수 그리스도에게서 멀어졌다는 증거일 수 있습니다. 이는 그 사람의 인생을 절망과 비극, 온갖 문제로 내몰아서 더 이상 선한 것과 생명을 선택할 수 없게 만들 수도 있습니다.

야고보는 어떤 사람을 진리로 돌아서게 하는 것은 그의 영혼을 사망에서 구원하는 것이라고 말합니다. '그의 영혼'이 누구의 영혼을 가리키는지 알 수 없기 때문에 본문의 그리스어 원문은 모호합니다. 미혹되어 진리를 떠났다가 예수 그리스도께 돌아선 자의 영혼일 수도 있고, 그 사람에게 접근하여 그의 영혼을 구원하는 사람의 영혼일 수도 있습니다. 어느 쪽으로도 번역할 수 있습니다. 에스겔 33장 7-9절은 이 본문을 이해하는 데 도움을 줍니다. 어떤 사람이 하나님의 이름으로 백성의 파수꾼이 되는 책임을 받았는데 사람들이 그의 말을 듣지 않으면, 그들은 죄 가운데 죽지만 파수꾼은 생명을 보전할 것입니다. 그런데 파수꾼이 백성에게 경고하지 못하면 그는 그 책임을 져야 합니다. 에스겔 본문은 야고보서 본문과 똑같이 이중 의미가 있습니다.

'영혼'의 의미에 대해서도 의견이 분분합니다. 그리스어처럼 이 부분을 해석해서, 몸보다 우월한 영원한 불멸의 영혼으로 해석할 수 있습니다. 유대인들에게는 영혼이라는 개념이 없었습니다. '나'는 몸이고, 영혼은 소위 정신적 행동을 지시할 뿐입니다. 그래서 그리스어에서 영혼에 해당하는 단어는 한 사람의 **존재**로 번역할 수도 있습니다. 본문에서 영혼을 사망에서 구원한다고 말할 때는 한 사람의 존재, 곧 인생 여정에서 잃어버렸던 존재를 회복하는 것을 가리킵니다. 영원한 죽음에서 영원한 존재를 구원하는 것을 가리키지는 않습니다. 야고보가 쓴 다른 내용처럼, 본문이 가리키는 내용은 실제적이고 즉각적입니다. 이 죽음은 한 사람의 인생에 이미 존재하는 죽음을 말합니다. 이것은 생명을 앗아 가거나 죽음에 이르게 하는 모든 것, 곧 괴로움, 체념, 절망, 고독, 반대, 무의미, 세상의 부조리 등에서 한 사람을 구원하는 것입니다. 우리는 이 모든 것으로부터 형제자매를 보호해야 합니다. 그들의 존재는 이미 예수 그리스도 안에서 구원을 받았지만, 그렇다고 해서 이들이 자기 일상에 치명적인 절망이나 무의미라는 감정 때문에 끔찍이 불행하고 괴로워할 가능성을 없애주지는 못합니다. 우리는 이런 것들로부터 그들을 구원하는 일로 부름을 받았습니다. 그들을 예수 그리스도께 돌아서게 하는 것은 그들이 삶의 의미와 희망을 재발견할 수 있게 하는 것입니다. 저는 이것이 본문이 말하는 바라고 믿습니다.

허다한 죄를 덮는다는 표현은 조금 의외인데, 본문이 한 사람을 말하고 있기 때문입니다. 이 사람이 큰 죄인이라서 남들보다 많은 죄를 지었다는 해석은 즉시 제외할 수 있습니다. 그보다는 체념, 절망, 무의미, 고독, 반대 같은 수많은 죄가 우리를 기다리는 이 세상을 가리키는 듯합니다. 우리가 이런 허다한 죄에서 구원을 받는다는 뜻입니다. 본문은 이런 죄들이 덮어질 것이라고 말하는데, 히브리어 동사 '카사흐*kasah*'가 표현하는 내용이 바로 이것입니다. '카사흐'는 죄를 덮고 용서한다는 뜻입니다. 다시 말해, 진리를 떠난 형제자매를 돌아서게 한다는 것은, 그 사람과 하나님 사이에 계신 예수 그리스도 때문에 그 죄들을 덮고 더 이상 보시지 않는 하나님의 용서를 받는다는 것입니다. 우리는 이런 용서가 그들에게 항상 가능하다는 것을 알고, 복음으로 그들에게 다가가려 할 때 그 점을 전적으로 확신해야 합니다. 예수 그리스도는 그들을 구원하셨고, 그들의 삶에 새로운 의미와 방향을 주실 수 있습니다. 하나님은 회개하는 자들의 허다한 죄를 용서하는 일을 절대 거부하시지 않습니다. '허다한 죄'로 번역된 표현은 '허다한 사람들의 죄'로도 번역할 수 있다는 점을 염두에 두어야겠습니다. 한 사람이 죽으면 모두에게 영향을 미칩니다. 그 죽음은 우리 모두의 허다한 죄를 표현하기 때문입니다. 따라서 예수님의 어느 비유에서 말하듯이 한 사람이 예수 그리스도께 돌아가는 길을 발견할 때 교회와 천국에는 기쁨이 넘쳐납니다. 본문은 이렇게 끝을 맺는데, 야고보서의 전반적 성격에 잘 들어맞는 마무리라고 할 수 있습니다. 모든 사람의 죄가 덮이고 영원히 용서를 받습니다. 흩어진 열두 지파에게 전한 야고보서 서두를 떠올리게 하는 말씀입니다. 야고보서를 연 동일한 인사말로 서신을 마무리하는 것입니다.

이것은 형제자매를 책망하는 것과 관련하여 우리에게 무엇을 시사합니까? 마지막 말씀은 실천하기가 너무 어려워서 대다수 사람들은 신경 쓰고 싶어 하지 않습니다. 이것이 여러분 편에서의 판단으로 변하지 않으려면, 또한 상대방이 이것을 그렇게 받아들이지 않게 하려면, 여러분은 진심으로 그를 사랑해야 합니다. 스스로 예수 그리스도와 멀어진 사람을 만날 때 우리는 의인의 자리에 앉아서는 안 됩니다. 잃어버린 양들을 사랑하신다는 이유만으로 그들을 찾아다닌 예수님을 닮아야 합니다. 마찬가지로, 우리도 그 사람이 준 피해나 저주의 위험을 떠들어대지만 말고 하나님의 무조건적 용서와 사랑을 선언해야 합니다. 이것은 우리를 그 사람과 똑같은 위치에 두는 것을 뜻합니다. 우리 자신은 예수님 편으로, 상대방은 잘못된 편에 있는 사람으로 갈라서는 안 됩니다. 진리를 떠난 사람 편으로 가야 우리가 있는 곳이 아니라 그들이 있는 곳에서 함께할 수 있습니다.

저는 비행 청소년 '검은 재킷들*blousons noirs*'과 함께 청소년 범죄 예방 클럽에서 보낸 시간을 통해 이 점을 뼛속 깊이 체득하게 되었습니다. 이곳 상담자들은 끊임없이 아이들 편이 되어 아이들의 비행 가운데 살았습니다. 우리는 아이들이 훔친 물건을 클럽하우스에 자주 갖다놓는다는 사실을 잘 알았습니다. 아이들 편이 된다는 것은 아이들에게 다가가 그들을 바꾸기 위한 조건이었습니다. 그래서 우리가 어떤 난관에 봉착했는지는 쉽게 상상할 수 있을 겁니다. 언젠가는 클럽에 숨어든 살인자를 보살펴주기도 했습니다. 그 아이가 회개하고 변화되어 자수하리라고 확신했기 때문이지만, 용서하겠다는 약속과 확신이 필요했습니다. 어느 경우든, 클럽에서 일하는 상담자들은 거의 이 아이들 편에서 살아야 했습니다. 그리고 20년간 제가 한 일은 이 상황이 정도를 넘어서지 않게 관리하는 것이었습니다. 다행히도 저는 판사와 경찰서장을 온전히 신뢰하고 함께 문제를 해결할 수 있었기에 이 청소년들을 보호할 수 있었습니다. 어느 날 밤, 클럽 상담자 중 한 사람에게서 전화를 한 통 받았습니다. 그는 보르도에 사는 유명인이 동성애자라는 이유로 그 집에 불을 지르겠다는 갱단이 있다면서 어찌해야 할지 모르겠다고 말했습니다. 이 청소년들은 동성애를 극도로 혐오하고 싫어했습니다. 아이들은 이 사람이 어린 남자아이들을 여럿 끌어들였다는 것을 알아내고 그 사실을 폭로하고 집을(그가 집 안에 있으면 더 좋고) 불태우려 했습니다. 전화를 건 상담자는 아이들이 이제 막 출발하려 하는데 어떻게 하면 좋겠느냐고 물었습니다. 저는 아이들을 따라가서 무슨 수를 써서라도 막아야 한다고 말했습니다. 천만다행으로, 그 상담자는 평정심을 잃지 않고 카메라를 챙겨 가서 검은 재킷들이 문을 부수고 난잡한 현장을 목격하기까지의 모든 과정을 카메라에 담았습니다. 저는 성인 남녀 각 열두어 명과 어린 남자아이 스무 명 정도가 연루된 사진들을 보았습니다. 입에 담기 힘든 장면이었습니다. 상담자는 자신에게 증거가 있으니 갱들에게는 그만 자리를 떠나는 게 좋겠다고 말했습니다. 검은 재킷이 왜 순순히 그 말을 들었는지는 알 길이 없지만, 아이들은 그 상담자를 믿었던 것 같습니다. 어쨌든 우리는 방화와 살인 사건을 가까스로 피했습니다. 우리는 예심 판사에게 사진을 넘겼고, 다시는 그런 난잡한 파티는 반복되지 않았습니다. 얼마나 힘든 밤이었는지 모릅니다. 이 아이들은 무슨 일이든 저지를 수 있고, 상황은 자칫 심각한 상태로 빠져들 수 있었습니다. 이 일을 자랑스레 밝히는 것은 아니지만, 아이들을 교정하는 직업에 종사할 때 빠지기 쉬운 어려움을 잘 보여주는 예라고 하겠습니다.

이제 여러분의 질문에 답해보겠습니다. 솔직히 말해서, 이 경우에 갱들이 완전히 잘못한 것만은 아니라고 느낍니다. 다른 사람들이 한 행동에서도 이와 비슷한 종류의 일을 보았습니다. 자기 생각에 잘못된 일을 한 사람들을 처단하겠다고 무단 침입을 하는 경우는 드물지만 말입니다. 만약 그랬다면, 우리 모두는 불법에 가담하게 되었을 겁니다. 그럼에도, 저는 이 어린 친구들에게 그들 인생에 대한 희망과 자신감을 주기 위해 달리 어떻게 할 수 없었으리라고 생각합니다. 이 아이들만 그런 짓을 저지르는 것도 아니고, 그들을 얼마든지 구할 수 있다는 걸 알았기 때문입니다. 저는 이 모든 과정에서 복음이 꼭 필요하다고 믿습니다.

이런 경험들을 통해 배운 중요한 교훈은 또 있습니다. 함께 일한 약 150명의 상담자(말 그대로 하면, '예방 교육자') 중에서 두 집단이 눈에 띕니다. 한 집단에게 이 일은 또 다른 직업에 불과하지만, 다른 한 집단에게 이 일은 소명이었습니다. 첫 번째 집단은 의미 있는 일을 하나도 이루지 못했지만, 두 번째 집단은 청소년들과 진정한 관계를 맺을 수 있었습니다. 그런 관계는 때로 놀라운 결과를 가져왔습니다. 이런 현상은 직업과 소명의 구분을 강화했습니다.

이 일이 얼마나 힘든지 강조하는 차원에서, 한 가지 예를 더 들어보겠습니다. 친한 친구 중에, 제가 그 친구의 신경을 건드린다고 말해준 친구가 있습니다. 제가 그 친구를 덮칠 기회를 노리는 거미처럼 행동했다고 하더군요. 우리는 함께하는 시간을 즐겼지만, 제가 그 친구에게 복음으로 접근할 적당한 때를 기다리고 있었던 것은 사실입니다.

후기

유대인들과 그리스도인들의 가난과 부

육신과 율법과 영

지금까지 우리가 배운 내용 중에는 여전히 중요한 요소가 빠져 있는데, 곧 그리스도인과 유대인의 관계입니다. 야고보가 성령의 법을 언급할 때 토라와 유대인들에게는 무슨 일이 벌어지는지에 대한 의문이 생깁니다. 그 질문에 대답하기 위해서 바울이 쓴 로마서를 함께 살펴봅시다.

로마서 1-2장은 복음이 믿음이라는 수단으로 은혜를 통해 구원을 주시는 하나님의 능력이라고 설명합니다. 복음을 듣고 믿는 사람은 누구나 구원을 받을 수 있습니다. 바울은 3-7장에서 하나님이 그 어떤 장점이나 잘못, (율법의 행위를 포함한) 행위를 고려하시지 않고 거저 구원을 주신다고 말합니다. 한 번 받은 구원은 아무도 빼앗아갈 수 없습니다. 8장은 그리스도인의 삶에서 율법과 성령, 육신, 자유와 해방의 법의 연관성을 설명합니다. 이는 율법과 유대인들에게 무슨 일이 벌어지는지에 대한 의문을 제기하는데, 로마서 9-11장에서 이 부분을 다룹니다. 그리스도인이 부름 받은 역할은 유대인들이 부름 받은 역할과 밀접한 관련이 있습니다. 그래서 이 세 장에서 기독교 윤리를 소개하고, 로마서 나머지 부분에서 이 기독교 윤리를 자세히 설명합니다.

바울은 기독교 공동체의 초창기부터 분열을 불러온 문제를 다루고 있습니다. 하나님나라가 임하면 모든 것이 달라지리라고 믿는 사람들이 있습니다. 그때까지 그리스도인들은 예수 그리스도를 믿기에 소망이 있다는 것 이외에는, 이전과 다름없이 일상을 살아가야 합니다. 그런가 하면, 이미 모든 것이 달라졌다고 주장하는 신자들도 있습니다. 죽음을 뒤로하고 영생을 앞둔 그들은 전혀 새로운 사람들이 되었습니다. 바울은 첫 번째 신자 집단에게 성령이 그들 가운데 사시기에 하나님을 기쁘시게 하는 일들을 이미 할 수 있는 능력이 있다고 말했습니다. 따라서 전과 같이 사는 것은 사실상 성령을 내쫓는 것과 같습니다. 성령이 모든 것을 변화시켰다고 믿는 두 번째 집단에게는, 여전히 육신의 도구인 유한한 몸 가운데 계속해서 살아가는 것에 대해 경고했습니다. 그들은 고통과 죽음을 경험할 것입니다. 바울은 7장 마지막 부분에서 자기 삶을 돌아보면서 자신이 원하는 선은 행하지 않고 오히려 피하려 애쓰는 악을 행했다고 고백했습니다. 그는 자신의 '사망의 몸'에 대한 좌절감을 표현하기도 했습니다. 다시 말해, 바울은 그가 '육신'이라고 언급한, 인간의 삶에 존재하는 힘을 인정했습니다. 죄는 이 육신을 매개로 사람을 지배합니다. 이 육신이 우리 존재가 됩니다.

따라서 율법과 성령과 육신의 상호작용이라는 관점에서 그리스도인들이 처한 상황을 이해해야 합니다. 육신을 몸과 혼동해서는 안 됩니다. 육신은 우리의 전 존재를 표시합니다. 인류가 살아 계신 유일한 분에게서 분리되고 나서, 우리 존재는 비존재non-being가 되었습니다. 세상에서 우리 존재가 살아가는 수단은, 세상에서의 성공을 겨냥한 존재론적 목표라고 할 만한 것입니다. 이것이 우리 개인의 삶과 역사를 만들어가는 공동의 노력에 동기를 유발합니다. 이 육신의 힘이 하지 못하는 한 가지는 인간의 삶에 진정한 의미를 주는 것인데, 이 약점이 이 힘을 세상에 존재하는 모든 것을 탐하는 것으로 만듭니다. 우리는 야고보서에서 이 점을 볼 수 있었습니다. 예를 들면, 인류 역사에서 윤리의 확산이 보여주듯이, 육신은 율법이 하는 일을 스스로 하기 원합니다. 인류는 이 윤리를 하나님의 율법보다 더 우월한 것으로 여깁니다. 같은 맥락에서, 육신은 하나님께 접근하기를 탐합니다. 이런 갈망 때문에 종교마다 나머지 다른 종교들과는 다른 독점적이고 특권적인 접근법과, 계시에 대한 우세를 주장합니다. 아마도 창세기 앞부분에서 윤리, 종교, 마술을 계시의 정반대로 공격하는 것은 이런 이유 때문인 듯합니다.[1] 바울은 육신으로 사는 모든 사람은 그들의 행동과 생각, 삶으로 육신을 만족시키려 하는데, 그 때문에 하나님을 몹시 싫어하게 된다는 점을 분명히 합니다. 육신을 사랑하면(비존재) 하나님(살아 계신 유일한 분)을 증오하게 됩니다. 창세기는 이 육신의 비존재의 시작을 다룹니다.

육신은 하나님이 모세에게 주신 율법에 반대합니다. 율법은 겸손과 삶의 의미를 가르칩니다. 율법은 하나님이 선하다고 선언하신 것이 무엇인지 보여줍니다. 따라서 율법은 내면의 죄를 드러내고, 우리가 율법을 만족시킬 수 없다고 인정하게 만듭니다. 하나님의 정의는 이 율법에 따라 만족되어야만 합니다. 여기에 딜레마가 있습니다. 율법을 없앨 수도 없고, 동시에 인간이 율법에 순종하도록 율법이 육신을 정복할 수도 없습니다.

따라서 우리는 근본적 질문에 맞닥뜨립니다. 어떻게 하면 그리스도인들은 우리 내면의 죄를 정죄하는 토라에서 벗어나서 자유의 율법으로 옮겨 갈 수 있습니까? 믿음이라는 수단으로 은혜를 통해서만 구원받는다면, 토라와 유대인들은 어떻게 됩니까? 두 질문 모두 같은 문제를 제기합니다. 하나님의 정의는 토라가 드러내는 죄와 관련해서 만족되어야 합니다. 토라는 각기 다른 죄에 대해 다양한 희생제물을 규정하지만, 희생제물 자체를 주지는 못합니다.

하나님은 사랑하는 인류를 구원하시기 위해 육신을 정복하셔야만 합니다. 하지만 육신의 도구인 힘이라는 수단으로는 그렇게 하실 수 없습니다. 하나님은 율법을 따르실 겁니다. 율법은 특정한 죄, 죄의 모둠, 매해의 죄에 대해 구체적인 희생제물을 요구합니다. 우리가 지금 여기서 다루는 것은 인류가 저지른 총체적인 악입니다. 영 단번에 육신의 힘을 파괴할 절대적인 희생제물이 필요합니다. 그러려면 모든 인류를 정죄해야 하지만, 이것은 하나님의 사랑에 배치됩니다. 그 딜레마는 다음과 같이 묘사할 수 있습니다. 토라는 허다한 죄를 드러내지만, 이 죄의 뿌리는 육신에 남아 있습니다. 죄를 뿌리 뽑으려면 육신에 해야 합니다. 육신에 희생제물이 있어야 합니다. 이 희생제물은 절대적이어야 하므로 동물은 허용되지 않습니다. 해결책은 한 가지뿐이어서, 하나님이 이 저주를 몸소 떠맡기로 결정하십니다. 이 일이 얼마나 방대한지 깨닫는 것이 중요합니다. 세상의 온갖 전쟁, 재앙, 사고, 참사를 보도하는 뉴스만 보더라도, 그런 악영향을 줄이려 애쓰는 많은 사람들의 노력에도 불구하고 이런 일들이 날마다 벌어지는 것을 알 수 있습니다. 우리는 인류의 죄의 규모가 어느 정도나 되는지 조금은 알 수 있습니다. 하나님만이 그 정도 차원에 영향을 미치셔서, 인류에게 내린 저주 전체를 떠안으실 수 있습니다. 이 절대적 희생제물은 육신에 있는 죄의 뿌리의 차원에서, 그러나 겸손이나 무권력이라는 수단으로 행해져야 합니다. 하나님은 그의 아들 예수 그리스도를 주셨습니다. 예수님은 육신이 되셔서 그분의 연약함으로 그 육신을 정복하셨습니다. 다시 말해, 성자 하나님의 삶에서 더 큰 힘, 곧 성령의 힘이 육신의 힘을 지배해야 했습니다. 이런 측면에서라면, 역사적 예수에 대한 강조는 옳습니다. 예수님은 우리가 하는 모든 것을 경험하셨고, 당대 사람들과 모든 것을 공유하셨습니다. 그분은 유대인의 언어로 말씀하셨고, 유대인의 지식을 갖추셨으며, 육신의 시련과 그에 수반되는 고난을 몸소 체험하셨습니다. 하지만 예수님은 성령의 힘으로 아무것에도 굴복하지 않으셨습니다. 육신의 자만과 탐욕을 포함하는 육신의 모든 것을 떠안으시고도, 아버지의 자리를 탐하지 않으셨습니다. 이 내용은 빌립보서 2장에 잘 설명되어 있습니다. 이것이 불가능하다는 이슬람의 주장들을 유심히 살펴볼 필요가 있습니다. 아버지의 자리를 탐내는 아들이 없고서는 아버지와 아들은 있을 수 없습니다.

예수님은 바로 이 방식으로 육신을 정복하셨습니다. 그분은 신분을 속이고 오셔서 경멸을 받은 종이셨습니다. 이는 예수님의 생애에 상상하기 힘든 긴장을 불러왔습니다. 예수님은 하나님처럼 되려 하시지 않았습니다. 그러다 하나님께 버림을 받을지언정 말입니다. 바로 이렇게 육신의 온갖 자만과 탐욕이 정복되고 무너졌습니다. 따라서 십자가는 우리 죄를 용서받고 우리가 다른 사람들을 용서하는 출발점이었습니다. 동시에, 우리는 이 십자가 앞에서 우리 모든 죄의 결과를 직접 대면하게 됩니다. 육신이 파괴되면, 육신의 종 된 상태가 깨지고 자유를 얻을 수 있습니다. 심지어 신자들이 성경을 읽고 묵상하는 방식까지 바뀝니다. 성령이 육신을 정복할 때에만 이 일이 가능한데, 신자들은 자신의 문화적, 지적 자원을 포기하고 성령의 힘으로 성경을 읽는 데 순종하게 됩니다. 이것은 윤리나 종교 등으로 육신을 개선하려는 시도가 아무 소용이 없다는 뜻이기도 합니다. 그리스도인들이 할 일은 마음속에 예수 그리스도의 성령을 받는 것입니다. 로마서 7장 마지막 부분이 확실히 보여주듯, 그러는 사이에도 그들은 계속해서 사망의 몸(죽음에 이를 비존재)에서 살지만, 이제 성령이 그들 가운데 계십니다. 그들이 말씀을 듣고 성령을 따라 그 말씀에 귀 기울일 때 더 이상 육신을 따라 살지 않습니다. 그리스도가 몸이 죽은 그들 가운데 계신다 해도,

그들은 죄 때문에 죽을 것입니다. 앞에서 보았듯이, 말씀을 들을 때 그들 내면에 뭔가 새로운 것이 창조되고 기적이 생깁니다. 자유의 삶을 시작할 수 있습니다.

이 모든 말씀이 함축하는 내용 중 한 가지는 강조할 만합니다. 그리스도인들은 이 모든 상황을 역전하는 데 익숙해져버렸습니다. 그리스도인들은 율법을 읽고, 율법이 그들의 죄를 드러내며, 그들이 이 죄를 고백하고 용서를 구하면 용서받았다는 말씀을 듣습니다. 이것은 성경에 나오는 순서와 정반대입니다. 그리스도인들은 하나님이 그들을 사랑하신다는 선언에서부터 시작해야 합니다. 그런 다음에 용서받았습니다. 자신들이 죄인이요 다르게 살아야 한다는 것을 깨닫고 나서야 용서를 받았습니다. 다시 말해, 그들은 생명에서부터 시작해야 합니다. 그래야만 비로소 육신으로는 죽었다는 사실을 알게 됩니다. 인류에 대한 하나님의 결정은 영원부터 이미 정해져서, 에덴동산 중앙에는 나무 두 그루가 서 있었습니다.[2]

성령에 대한 이해에서도, 그리스도인들은 하나님에 대한 이해와 비슷한 상황에 처해 있습니다. 만족할 만한 수준에서 성령을 정의하거나 이해할 수 없지만, 그래도 그분을 증언하라는 명령을 받습니다. 하나님이 **계시듯이**, 성령도 **계십니다**. 그리스도인들은 성령을 소유하지 않기에, 성령을 **가질** 수 없습니다. 하지만 성령이 그들의 삶을 변화시키십니다. 그리스도인들은 성령의 영향을 받으면서도 미처 그 사실을 인식하지 못할 수도 있습니다. 예를 들어, 어떤 사람이 다른 사람에게 해준 말이 그 사람 인생에 전환점이 될 수도 있지만, 그 말을 해준 사람은 그 사실을 모를 수도 있습니다. 혹시 나중에 알게 되더라도, 정확히 무슨 일이 있었는지는 설명하기 힘듭니다. 하나님은 영원 가운데 인류를 사랑하기로 결정하셨습니다. 하나님은 인류에게 그분의 영을 주셔서, 그들로 하여금 그 사랑에 반응하여 그분을 지지하는 결정으로 인도하시려 했습니다. (하나님나라와는 대조되는) 천국[3]은 우리 가운데 있습니다. 그 가운데 일하는 사람들은 예수님이 걸어가신 길을 알고, 자기 삶에서 육신을 극복하려 애씁니다. 그러는 사이에도, 율법은 계속해서 존재하고, 성령을 통해서만 율법에 순종할 수 있습니다. 그들은 예수 그리스도 안에서 육신과 율법에 대해 죽고, 다시 태어났습니다. 이제 그들은 성령의 법인 자유의 법 가운데 살아갑니다.

그리스도인들은 사람들이 성령 안에서 하는 행동과 육신으로 하는 행동을 구분할 수 없습니다. 하나님만이 최후 심판 날에 구분하실 수 있습니다. 그리스도인들이 하나님의 말씀을 들을 때 그들은 현대를 사는 동시에 하나님의 영원을 살게 됩니다. 다시 말해, 그들은 영원 가운데뿐 아니라 자기 시대의 경제적, 사회적, 정치적, 종교적 상황 가운데 살아가야 하는데, 이것이 온갖 갈등을 불러일으킵니다. 인류가 세상에서 어떻게 살아가야 하는지 안내를 받기 위해 의지할 만한 윤리나 종교는 더 이상 없습니다. 신자들은 윤리나 종교가 제공하는 거짓 안정감 없이도 잘 살 수 있어야 합니다. 예수 그리스도 안에 있는 성령의 법이 죄와 사망의 법에서 신자들을 구원하였기에 더 이상 율법의 자리도 없습니다. 이제 그리스도인들은 스스로 만사를 해결하고, 성령 안에 있는 이 새로운 자유를 어떻게 살아야 할지 발견해야 합니다. 따라서 그리스도인들은 자신들에게 닥친 구체적인 상황에서 자신들의 비존재에 맞서 싸우게 되었습니다. 그들은 세상을 받았지만, 동시에 그 세상에 자신을 전적으로 주어서는 안 됩니다. 그리스도인들은 성령 안에서 할 수 있는 일을 해방시켜야 합니다. 그 일이야말로 진정한 변증법이고, 도덕적, 신학적, 철학적 안내 체제로 변할 수 없습니다. 그들은 육신에 따른 삶과 성령에 따른 삶 사이에서 나뉘어 끝없는 갈등 속에 살아갈 것입니다. 그 가운데서 세상을 살 만한 곳으로 만들 길을 찾아야 합니다. 부가 사람들의 삶을 지배해서는 안 되는 것만큼이나 가난이 지배해서도 안 되기 때문입니다. 이런 노력은 사람들이 복음을 들을 수 있는 환경을 조성하는 데 필수적입니다.

유대인들에 대한 거부

율법의 성취는 유대인들에 대한 질문을 야기합니다. 신약성경에서 유일하게 이 부분을 다루는 본문이 로마서 9-11장입니다. 칼뱅이 그중 일부를 다룬 것을 제외하고는 초기 신학자들 중에 이 부분을 포괄적으로 연구한 사람은 없었습니다. 1918년에 이르러서야 카를 바르트가 로마서 주석을 출판하면서 이 세 장에 상당한 분량을 할애했습니다. 1940년 빌헬름 피셔[4]도 이 세 장을 연구했는데, 여기서는 그의 개론을 간략하게 요약하려 합니다.

그는 로마서 1-8장에서 바울이 정리한 신학에 이어서, 복음을 거부한 유대인들은 어떻게 되는지 질문합니다. 이 상황은 막대한 신학적 문제를 제기합니다. 유대인들이 믿지 않기로 선택한다면, 구원은 더 이상 하나님의 은혜에 달려 있지 않고 인간의 결정을 따르게 됩니다. 그렇다면 구원은 인간의 윤리적, 종교적 능력에 의존하게 되고, 사람들은 하나님이 주신 은혜를 받거나 거부할 자유가 얼마든지 있습니다. 그렇게 되면 하나님과 분리된 인류는 은혜 없이도 하나님이 의도하신 선행을 할 수 있는 능력을 소유할 수 있습니다. 인류에게 자기 마음대로 선행을 할 수 있는 자유의지가 있다면 은혜는 더 이상 필요 없고, 우리를 해방시키시는 하나님의 무한한 능력도 아무 소용이 없습니다. 이제 문제점이 눈에 들어오기 시작합니다. 하나님은 유대인들에게 약속하셨지만, 그들은 그 약속을 믿지 않았기에 하나님의 약속은 효력이 없습니다. 이 말은 사람들이 이렇게 할 수 있다는 뜻입니다. 우리는 사람들의 거부 곧 자유의지의 표현이 선행을 할 수 있는 능력과 하나님의 약속을 무효화하는 능력을 나타낸다고 볼 수 있을까요? 물론 그것은 불가능합니다.

유대인들에게 드러난 계시를 살펴보면 그들이 모든 민족 중에서 은혜로 택함 받았다는 사실이 분명해집니다. 유대인들 내부에는 만인을 위한 이 은혜를 보유한 남은 자들이 항상 있었습니다. 하지만 상세히 설명하지 않더라도, 유대인들은 하나님을 반대하지 않고 자기들 스스로 선행을 하기 원했습니다. 그 때문에 자신들을 선택하신 하나님의 의도와 의미를 이해하지 못했습니다. 피셔는 그 결과 유대인들이 탕자의 비유에 나오는 큰아들과 비슷한 상황에 빠졌다고 주장합니다. 둘째아들은 자기 몫의 상속을 달라고 하여 집을 떠나 재산을 탕진하지만, 결국 집으로 돌아와 아버지의 열렬한 환영을 받습니다. 아버지는 큰 잔치를 엽니다. 큰아들은 반항하면서 자신은 늘 착한 아들이었고 아버지 말씀대로 다 행했지만 이런 잔치는커녕 아무것도 받은 것이 없다고 지적합니다. 피셔가 보기에는 유대인들이 바로 이런 감정을 느끼는 것이 틀림없었습니다. 그들은 자기들처럼 종교 의식을 행하고 계명을 지키지 않는 사람들이 어떻게 해서 하나님의 부르심을 받을 수 있는지 이해하지 못합니다. 하나님이 이스라엘에 주신 약속을 단순히 취소하는 것은 불가능합니다. 지금 당장은, 그들이 예수 그리스도 안에서 은혜로 주시는 구원을 받지 않으려 할 것입니다. 하지만 그 결과로 이제 그리스도인들은 모든 사람을 위한 복음을 감당해야 합니다. 그리스도인들은 비유대인들에게 가서 복음을 전할 수밖에 없습니다. 다시 말해, 유대인들의 거부는 바르트가 은혜의 전적인 진지함과 엄정함이라고 간주한 것을 보여줍니다. 은혜로 받는 구원은 절대 쉽지 않습니다. 그 구원은 우리 존재의 전적 개입을 요구하고 우리를 궁지에 빠뜨리는, 양자택일의 문제이기 때문입니다. 어설픈 선행이나 두어 가지 선택만으로 얼렁뚱땅 넘어가기 힘듭니다. 따라서 유대인들의 거부는 이 철저한 진지함을 증명합니다. 그들은 아니라고 대답했고, 거부당했습니다. 그러나 이 거부가 모든 백성에게 하나님의 진리의 문을 열어줍니다. 유대 백성의 불신앙과 무기력함은 예수 그리스도 안에 있는 하나님의 은혜가 이제 하나님의 유일한 선택지임을 드러냅니다. 믿음은 여전히 하나님이 거저 주시는 선물이지, 사람들의 행위가 아닙니다. 우리는 번번이 하나님의 이 방법, 곧 인류의 결정을 고려하시고, 인류를 돌보시고, 그분의 계획 가운데 이 결정을 사용하시는 방법을 마주합니다. 유대 백성이 거부할 때 하나님은 그 거부를 받아들이셔서 만민에게 복음을 전하는 데 사용하십니다. 따라서 조금은 독특하지만 희한한, 하나님과 인류의 협력이 일어납니다. 하나님은 인간의 불순종도 선을 위해 사용하십니다. 그러나 복음이 모든 사람에게 전해졌을 때 유대 백성은 더 이상 제외되는 것을 견디지 못하고 거저 주시는 하나님의 은혜의 선물을 받아들일 것입니다. 자기 행위로는 스스로를 구원할 수 없다는 것을 깨닫고 말입니다.

하나님의 전략

바울은 로마서 9장에서, 이스라엘이 예수 그리스도를 믿지 않기로 한 결정이 하나님 말씀에 능력이 없다는 뜻인지를 묻습니다. 그 답은, 절대 그렇지 않다는 것입니다. 하나님의 말씀은 친히 그 사실을 확인해주신 예수 그리스도이시기 때문입니다. 예수님은 하나님이 이스라엘에 대해 선언하신 모든 일을 성취하셨는데, 그 성취는 이스라엘의 믿음 여부에 달려 있지 않습니다. 피셔가 지적했듯이, 이스라엘의 전 역사는 끊임없이 남은 자를 선택하는 과정입니다. 이 남은 자가 불순종하면 다른 사람을 선택하여 만인을 위한 말씀을 지니게 하셨습니다.[5] 결국 마지막까지 남은 유일한 분이 예수 그리스도이십니다. 그리스도는 과거와 현재와 미래의 모든 유대 백성을 위해 말씀을 보유하셨습니다. 따라서 예수 그리스도 안에 있는 하나님의 무조건적 '예'는 믿지 않는 유대인들의 '아니오'로 취소될 수 없습니다. 유대 백성은 역사 내내 거절했고, 예수님이 친히 확인해주셨듯이 아브라함의 후손으로 여겨진 사람들은 육신의 자녀들이 아니라 약속의 자녀들이었습니다. 하나님은 약속의 자녀들을 선택하셔서 만인에게 그분을 나타내게 하셨습니다. 하지만 이스라엘 백성은 아브라함을 필두로 끊임없이 독자 노선을 추구했습니다. 하나님이 약속을 주셨지만, 아브라함 부부에게는 자식이 없었습니다. 아브라함은 당시에 통용된 방식을 따라, 종을 통해 아들을 낳았습니다. 하나님이 개입하셔서 아브라함에게 그의 아들 이스마엘이 아니라 사라가 낳을 다른 아들이 약속의 자녀라고 말씀하셨습니다.

이런 행동이 이스라엘 역사를 이해하는 열쇠입니다. 사람들은 언약과 율법을 지키는 착한 종이 되면 하나님이 그들을 구원하실 수밖에 없다고 생각했습니다. 하지만 하나님은 그 사람의 잘잘못과 상관없이 은혜를 베푸셔서 그분의 약속을 성취하십니다. 그분의 언약의 약속과 메시아, 그 나라를 받을 사람들을 완전히 자유로이 선택하십니다. 그리고 이 사람들은 완전히 자유로이 그분을 섬깁니다. 세세손손 이 질문은 항상 있습니다. 인간 중에 누가 하나님의 약속을 품을 것인가?

하나님의 약속이 구원이냐 저주냐의 약속이 아님을 반드시 깨달아야 합니다. 다음 본문을 어떻게 봐야 합니까? "내가 야곱은 사랑하고 에서는 제외하였다"(엮은이 사역).[6] 우리가 보기에는 무작위적인 선택 같지만, 사랑으로 하신 선택입니다. 우리도 마찬가지입니다. 왜 우리는 특정인을 더 좋아합니까? 우리가 사랑하지 않는 사람이 나쁘거나 인간 이하라서 그런 것은 아닙니다. 선택된 사람들은 모든 인류의 유익을 위해 할 일이 있는 자들입니다. 구원이나 저주와는 아무 상관이 없습니다.

그리스도인들은 개인 구원에만 골몰한 나머지, 이 메시지를 거의 이해할 수 없게 되어버렸습니다. 그럼에도, 구원이냐 저주냐 하는 질문은 전적으로 잘못된 문제입니다. 성경에 나오는 진정한 질문은 하나님나라와 어떻게 그 나라를 섬길 수 있느냐 하는 것입니다. 신자들은 어떻게 자신들의 하나님을 섬겨야 할까요? 이렇게 해서 하나님의 약속이 그들 주변 모든 사람들에게 전해질 것입니다. 예를 들어, 그리스도인들은 성령의 인도를 구하는 기도로 교회 모임을 시작하면서 스스로 훌륭한 종이라고 생각합니다. 그런데 기도가 끝나자마자 곧장 전략과 예산과 재정 문제로 들어갑니다. 그들 머릿속에는 자기들 조직과 계획만 가득해서, 하나님의 인도하심에 열려 있다거나 다른 여지를 두지 않습니다. 그리스도인들이 진정한 종이 되려면, 개인의 삶이든 공동체의 삶이든 하나님의 인도하심에 열려 있는지를 끊임없이 확인해야 합니다.

그다음으로 본문은 대부분의 사람들이 던지고 싶었던 질문을 다룹니다. 하나님께 과연 불의가 있을까? 사람들은 자기 기준으로 하나님을 판단하려는 유혹을 늘 받습니다. 마치 우리가 하나님을 판단할 수 있는 절대 원리를 개발할 수 있기라도 한 것처럼 말입니다. 현실적 관점에서, 하나님은 하나님이시고, 그분이 뭔가를 선택하신다면 우리가 그에 대해 할 수 있는 일은 아무것도 없습니다. 성경에서는 이런 식의 의문 제기를 찾아보기 힘듭니다. 하나님은 사람들에게 그분의 사랑을 확인해주시고, 그들로 하여금 그 사랑에 반응하여 그 사랑 가운데 살고 그런 사랑으로 이웃과 관계를 맺게 하십니다. 하나님은 그분의 약속을 지닐 자를 자유로이 선택하십니다. 선택받지 못한 나머지 사람들은 그저 그 사명을 받지 못했을 뿐, 여전히 그분의 사랑 안에 있습니다. 루터는 하나님이 그분이 부르신 자들을 오른손으로 붙들고 계시고, 부르시지 않은 자들을 왼손으로 붙들고 계신다고 설명했습니다. 우리가 저지를 수 있는 가장 끔찍한 실수는 이런 본문들을 구원이나 저주에 대한 하나님의 선택이라는 관점에서 해석하는 것입니다. 성경은 하나님이 그분의 약속을 주기로 선택하시지 않은 사람들은 다른 방식으로 성공한다고 분명히 말합니다. 이스마엘은 큰 나라가 되리라는 약속을 받았지만, 하나님의 약속을 받지는 못했습니다. 에서는 부와 권력을 소유하리라는 약속을 받고, 결국 야곱과 화해했습니다. 하나님이 에서가 아닌 야곱을 선택하신 이유를 알 수는 없습니다. 야곱은 형과 아버지를 비롯하여 모든 사람을 속였는데도 약속을 받을 자로 선택되었습니다. 둘째아들인 그에게는 아무런 권한이 없었지만, 하나님은 둘 중에 약한 자를 택하시고 천사와 씨름하는 과정에서 그를 더 약하게 만드십니다.

하나님은 자유로이 선택하시지만, 그분이 만드신 인간 피조물의 선택을 존중하셔서 그들이 거부할 가능성도 고려하십니다. 소위 선한 하나님과 악한 하나님 같은 건 없습니다. 하나님과 함께하면 선하고 하나님 밖은 악한 것도 아닙니다. 우리는 이사야 45장 7절 같은 본문을 달가워하지 않습니다. "나는 빛도 짓고 어둠도 창조하며 나는 평안도 짓고 환난도 창조하나니." 예레미야애가 3장 37-38절과 전도서 전체에서도 비슷한 선언을 찾아볼 수 있습니다. 그러나 인간이 하나님을 거부할 자유가 그분의 주권과 행동을 제한하지는 않습니다. 하나님이 인간의 거절을 존중해주시는 것은 그분의 무한한 능력 때문인데, 그렇다고 해서 하나님이나 인류를 구원하시는 그분의 계획이 도마에 오르지는 않습니다. 예를 들어, "신은 죽었다"는 신학은 하나님에 대한 거짓 이미지를 파괴하는 데 크게 이바지했습니다. 일종의 대청소로 악을 행하는 것은 좋은 일이었다고까지 말할 수 있을지 모릅니다. 히브리 성경에서 무슨 일이든 짝으로 발생하는 경우가 많다는 것을 깨달을 때 그 점이 분명히 다가옵니다. 좋은 일과 나쁜 일은 늘 같이 생깁니다. 이스마엘과 이삭, 에서와 야곱이 있습니다. 신약성경에서 유다는 예수님을 배신한 제자이고, 유다를 대신한 제자가 바울입니다. 약속을 받을 자로 선택된 사람의 반대편에는 약속에서 제외된 사람이 있습니다. 이스라엘에는 만백성을 위한 축복을 지닌, 남은 자가 늘 있었습니다. 따라서 하나님의 전략에는 항상 부정적인 요소가 포함되어 그 목적에 기여합니다. 본문은 이스라엘이 거절하는 바람에 비유대인 가운데 복음이 나타나게 되었다고 설명합니다. 앞으로 살펴보겠지만, 바로 그런 까닭에 교회는 이스라엘과 분리될 수 없습니다. 교회와 이스라엘은 밀접하게 연관되어 있습니다. 이것은 그리스도인은 옳고 유대인은 틀렸다는 그런 문제가 아닙니다. 마찬가지로, 모세와 바로의 갈등도 모세는 선하고 바로는 악하다고 해석해서는 안 됩니다. 하나님만이 선하십니다. 하나님은 이 비참한 히브리 노예들에게 은혜를 베푸셔서 그분의 능력을 나타내셨습니다. 이 능력은 당시에 최고 권력을 지닌 바로와 충돌했습니다. 바로는 의도치 않게, 그 당시 전 세계에 하나님의 능력을 선포하고 그분의 이름을 알리게 되었습니다. 말하자면, 구원 역사에서 한 몫을 담당했습니다. 하지만 하나님의 능력과 공의를 혼동해서는 안 됩니다. 바로도 하나님의 사랑 안에 있었습니다. 하나님은 인류와 화해하려는 그분의 전략에서 바로의 거절까지 고려하셨습니다.

인간이 하나님과 결별하기로 결정했을 때 그분의 능력을 감안할 때 했음 직한 일이 두 가지 있었습니다. 하나님은 모든 창조세계를 전멸하시거나 모든 것을 기계화하셔서 사랑의 가능성을 완전히 없애버리실 수도 있었습니다. 그런데도 그분은 무권력과 사랑이라는 복잡한 전략을 선택하셔서 그 백성의 자유를 존중하시고, 그분의 계획에 그들의 결정을 활용하셨습니다. 하나님에 대한 대중적인 이미지는 인간을 사랑하시고 우리를 구원하시려고 총력전을 펼치시는, 질투하시는 하나님을 완전히 간과합니다. 물론 하나님의 전략에서 가장 중요한 짝은 십자가와 부활입니다.

그릇과 토기장이를 다루는 9장 본문을 해석하는 오랜 전통이 있습니다. 하나님이 사람을 창조하시면서 어떤 사람은 그분의 분노를, 또 어떤 사람은 그분의 은혜를 받기로 계획하셨다는 겁니다. 본문은 전혀 그런 뜻이 아닙니다. 오히려 하나님이 멸하기로 준비된 진노의 그릇을 오래 참으신다는 뜻입니다. 하나님이 어떤 사람들에게는 벌을 주시거나 그들이 행한 악의 결과로 고난을 받게 하신다는 그런 문제가 아닙니다. 하나님은 구원의 약속이 선포되기까지 인내하십니다. 하나님의 진노를 위해 만들어진 이 그릇들이 이 약속을 들을 때 그 약속을 받고 그분의 진노가 무엇인지 알게 될 것입니다. 이 진노를 온전히 떠안으신 유일한 분이 바로 예수 그리스도이시기 때문입니다. 그분만이 십자가에서 온전히 저주와 복을 받고, 다른 모든 그릇들은 그분 안으로 수렴됩니다. 따라서 요한계시록이 보여주듯이,[7] 예수 그리스도는 모든 인류 역사의 열쇠가 되십니다. 유대 백성의 불순종을 통해 하나님은 열방의 모든 백성을 택하십니다. 전에는 배제되었던 사람들이 이제는 포함되었습니다. 하나님은 일시적으로 사람들을 불순종하게 하셔서 모든 사람에게 자비를 베푸십니다.[8] 본문은 이 점을 분명히 합니다.

사랑과 정의

로마서 9장이 하나님 중심이라면, 10장은 사람 중심입니다. 9장과 10장 모두 유대 형제자매들의 구원을 바라는 바울의 기도로 시작합니다. 바울의 기도는 유대 백성의 미래가 여전히 열려 있다는 뜻입니다. 그들의 거절로 유대 백성의 미래가 결정되었다면, 그들은 모두 잃어버린 자들이기에 그들을 위해 기도할 필요가 없습니다. 하지만 유대 백성의 운명은 그렇지 않습니다. 바울은 유대 백성의 미래를 예상할 수 있다는 것을 보여주려고 이 스물한 절에서 히브리 성경을 열 군데나 인용합니다. 이스라엘의 일시적인 거절로 그들은 모두 죽었습니다. 하나님은 다음 두 시나리오에 각각 대처할 준비가 되어 있으십니다. 유대인들이 하나님을 열방에 나타내라는 그분의 택하심을 받아들여 순종하면, 이스라엘 덕분에 만민이 믿게 될 것입니다. 반대로 이스라엘이 자신들이 선택받은 과제를 거부하고 불순종하면, 본문에 설명된 대로 일이 진행될 것입니다.

9장 32-33절과 10장 서두는 이스라엘의 일시적인 거부와 관련하여 하나님의 정의의 문제를 다룹니다. 본문에 따르면 이스라엘의 잘못은 불의입니다. 본문이 말하는 의는 경제적, 사회적, 정치적 개념이 아님을 아는 것이 중요합니다. 인류 스스로는 알 수 없는 의입니다. 이 의는 욥기 28장에 나오는 지혜와 매우 비슷한데, 인간이 혼자서는 찾을 수 없습니다. 의는 하나님이 하시는 일입니다. 이스라엘은 하나님의 의인 율법을 받았지만, 율법을 정확히 지키면 자신들이 의로워질 수 있다고 오해했습니다. 그래서 그들은 하나님의 의를 전용했고, 바울은 이를 가리켜 행함을 통한 의라고 말합니다. 유대 백성은 이렇게 해서 율법이라는 주춧돌에 걸려 넘어졌습니다. 유대인들은 살아 있는 말씀인 토라를 받아서 닫힌 문서로 바꿔버렸습니다. 따라서 거기 쓰인 내용을 해석해야 했고, 하나님을 토라에 가둬버렸습니다. 하나님은 그에 대한 반응으로 아무것도 모르는 다른 열방을 부르셔서 이제 그들로 하여금 의란 그들에게 의를 주신 분이라고 깨닫게 하십니다. 카를 바르트는 하나님께 의란 여러분이 아무것도 빚지지 않은 사람들에게 주는 것이라고 말하는 반면, 당시 유대인들에게 의란 여러분이 빚진 것을 남들에게 주는 것이었습니다. 하나님은 이런 식으로 불의한 사람들을 의롭게 하십니다. 받을 자격이 없는 자에게 주십니다. 조건이 있다면, 믿음으로 믿어야 한다는 것뿐입니다. 바울이 표현한 대로, 유대인들은 믿기는 해도 자신들의 성경 지식과 행함으로 온전해지려는 시도에서 드러나듯 열의가 대단합니다. 하지만 이것은 하나님을 향한 열의 곧 모든 사람에게 거리낌 없이 주는 사랑이 아닙니다. 유대인들은 모든 이를 향한 이 사랑을 이해하지 못하고, 계시를 자기들만의 것으로 만들어버렸습니다. 만민에게 자신을 선포하신 하나님이 토라를 주셨다는 사실은 잊어버리고, 계시를 그들만의 특권으로 생각했습니다. 그들의 과제는 토라를 끊임없이 연구하고 해설하는 것이 아니라, 만백성에게 그것을 전하는 것이었습니다. 그들이 저지른 이런 실수 때문에 하나님은 다른 사람들을 택하여 그 과제를 맡기셨습니다. 하나님은 예수 그리스도를 '토라의 마지막end of the Torah'—토라에는 더 이상 하나님의 뜻과 정의를 표현하는 목적이 없다는 이중 의미에서—으로 보내셔서 토라를 이어가셨습니다(영어 단어 'end'에는 목적과 마지막이라는 두 가지 뜻이 있다—옮긴이). 예수 그리스도 이후로 토라는 더 이상 이 의도에 부합하지 않습니다. 예수 그리스도 안에서 토라가 끝났다는 것은 그분이 토라를 완전히 성취하셨다는 뜻이기도 합니다. 그렇다고 해서 그리스도인들이 이 율법을 없애버릴 수 있다는 뜻은 아닙니다. 히브리성경은 예수님이 누구이신지 가르쳐주기 때문입니다. 예를 들어, 구약의 모든 희생제물은 예수 그리스도라는 궁극의 희생제물을 가리킵니다. 그리스도인들은 레위기를 읽으면서 이 모든 희생제물이 어떻게 예수님의 생애로 요약되는지를 배울 수 있습니다. 따라서 토라는 이런저런 방식으로 계속해서 그들을 일깨워줍니다. 바울이 본문에서 이 점을 언급하지는 않지만, 예수님은 제자들에게 토라를 넘어서라고 가르치셨습니다. 예를 들어, 그들이 필수인 10분의 1 이상을 드리지 않으면 율법 아래로 후퇴하는 것입니다. 따라서 율법의 의와 믿음의 의가 있는데, 바울이 히브리 성경에서 인용하는 내용을 통해 볼 수 있듯이 이 둘이 예수 그리스도의 십자가에서 만납니다. 의로운 분이 불의한 사람들을 위해 죽으셨는데, 이것이 하나님의 의입니다. 예수님이 토라를 온전히 성취하셨을 때 토라도 십자가에 있었습니다. 하나님의 사랑이 그분의 의라는 점이 분명해집니다. 예수님의 죽음이 보여주듯, 이 사랑에는 한계가 없습니다.

히브리 성경에 따르면, 이스라엘이 자신들이 받은 수많은 경고를 듣지 않은 데 대한 변명거리가 있었습니까? 그들은 알지 못했습니다. 하나님이 선물로 주신 구원과 의는 믿음에 반응하기 때문입니다. 유대인들은 믿음이란 것을 들어본 적이 없는데 어떻게 이 믿음대로 살 수 있었겠습니까? 믿음은 들음에서 옵니다. 스스로를 기록된 대로 언급하는 유대인들과 선포된 말씀(이 말씀의 기원은 하나님이십니다)을 듣고 모든 것을 얻은 그리스도인들이 상반됩니다. 다른 사람들에게 말씀을 전하는 것은 그리스도인들에게 최고의 우선순위입니다. 바울은 당시 유대인들이 회당에서 선포되는 복음을 들었다고 주장합니다만, 그는 아마도 창조세계가 말씀이라는 시편 19편을 가리키고 있는 것 같습니다. 이것이 일종의 자연 신학이라서가 아니라, 하나님이 그렇게 계시하시기 때문입니다. 유대인들은 이 시편을 알았기에, 말씀이 토라를 받은 사람들에게만 제한되지 않고 보편적이라는 사실을 깨달았어야 합니다. 바울은 "순종하지 아니하고 거슬러 말하는 백성에게 내가 종일 내 손을 벌렸노라"라는 이사야서 말씀을 인용하면서 마무리합니다. 하나님은 아직도 그 백성을 부르고 계십니다(다시 한 번 그분이 그들을 거부하는 한계를 드러내십니다).

카를 바르트는 로마서 10장 주석에서 이 본문을 기독교 교회에 적용하고 교회에 죄가 있다고 말했습니다. 교회는 유대인들의 계시를 전용하고 그들을 배제함으로써 그들에게서 성경과 계시를 빼앗았습니다. 예수 그리스도의 의를 율법—이것은 하고 저것은 하지 말아야 한다는 식으로—으로 바꿔버렸습니다. 믿음으로 윤리를 만들어버린 셈입니다. 율법은 행함으로 의를 얻을 수 있다고 믿고, 말씀보다 율법의 수단과 조직을 더 신뢰합니다. 유대인들이 하나님과 그분의 구원 약속을 만민에게 전하는 방법을 몰랐던 것처럼, 교회는 대신에 율법과 윤리를 가져왔습니다. 교회는 기록된 말씀을 살아 있는 말씀으로 바꾸지도 못했습니다. 그리스도인들은 자신이나 다른 사람들에게 믿음이 있는지를 묻는 데 너무나 익숙해진 나머지, 믿음을 소유할 수 없다는 사실을 전혀 이해하지 못했습니다. 게다가, 교회는 자기들의 활동과 재정을 계획하기 바빠서 성령께 열려 있도록 기도하고 묵상할 시간이 거의 없습니다.

유대인들이 만민에게 계시를 전하는 과제를 더 이상 성취하지 못하자, 하나님은 전 세계에 미칠 수 있는 다른 방법을 찾으셨습니다. 유대인과 비유대인으로 구성된 매우 작은 교회들이 계시를 받아들이고, 이제 그들이 유대인들이 부름 받은 그 일을 해야 합니다. 유대인들은 이제 구경꾼 신세지만, 자신들이 받은 은혜가 비유대인들에게 전해진 은혜보다 더 클 때는 좀처럼 개종하지 않을 것입니다. 유대인들의 거부가 세상의 화해라면, 그들의 회복은 '죽은 자들 가운데서 산 자'가 아니고 무엇이겠습니까? 이 랍비들의 문구는 부활이 아니라 그들이 최후에 하나님의 사랑을 깨닫는 것을 가리킵니다. 예수님이 먼저 죽은 자들에게로 내려오셔서 영원히 죽음을 물리치셨기 때문입니다. 요한계시록이 확실히 보여주듯, 이 대목에서 유대인들의 개종이 만민의 구원을 촉발합니다. 바울은 전적으로 유대인들의 개종의 관점, 곧 그 특성상 종말론적인 관점에서 이방 나라들에서 자신의 사역을 해석합니다. 하나님이 유대인들을 따로 구별해서 비유대인들의 구원을 가져오기 바라셨다면, 지금 하나님은 비유대인들의 개종이 유대인들의 질투를 사서 그들도 그분의 은혜와 구원을 찾게 되기를 기대하고 계십니다. 하나님의 일은 유대인들과 함께 시작해서 유대인들과 함께 끝날 것입니다.

따라서 유대인의 불신앙에 대한 책임은 기독교 교회에 있습니다. 그들의 개종이 유대인들의 질투를 자극해야 합니다. 하지만 그리스도인들이 자유와 사랑, 의와 거룩함으로 유대인들을 자극하지 않는다면, 그들은 크게 개의치 않을 것입니다.

이런 이유로 이 세 장이 2천 년 가까이 무시되어온 것도 당연합니다. 유대인들의 개종이 그리스도인들의 신실함에 달려 있다는 메시지는 너무 무시무시했습니다.

유대인의 나무에 접붙여지다

바울은 유대인들을 감람나무의 뿌리와 가지에 비교합니다. 돌감람나무 가지를 기름을 생산하는 열매를 맺는 참감람나무 가지에 접붙이는 비교는 감람나무의 일반적인 접붙임 방식과는 대조적입니다. 비유대인들은 돌감람나무 싹에 해당하는 그들의 '본성'에 속해 있습니다. 가지가 꺾이는 바람에 본성을 거슬러 좋은 감람나무에 접붙임을 받았습니다. 사람들이 하는 일과는 정반대입니다. 따라서 바울의 이 이야기에 나오는 감람나무는 본성이 아니라 은혜와 자유를 나타냅니다. 뿌리는 은혜를, 감람나무가 맺은 열매는 그 은혜의 열매를 나타냅니다. 정원사는 돌감람나무 가지를 가져다가 참감람나무에 접붙여서, 그 뿌리와 가지에 자리한 하나님의 은혜에 참여하게 합니다. 비유대인들이 신자가 되는 것은 본성을 거스르는 것이었습니다. 그들은 열매를 맺지 못하는 나쁜 종류의 가지였는데, 이제는 하나님의 택하심을 받은 백성에게 접붙여져서 확실히 하나님의 백성이 됩니다. 비유대인 신자들을 좋은 나무에 접붙이신 하나님의 이 특별한 사역에서 기름이 나오고, 그들은 그 뿌리와 가지에 의지합니다. 개인적으로는, 제가 평생 참석한 유대 지식인들과 신학자들과의 여러 만남에서 늘 마음이 편안했습니다. 제가 속한 곳에 접붙여진 사람 같은 느낌이 들었습니다.

하나님은 유대인들에게 엄격하셔서 더 이상 열매 맺지 못하는 가지를 잘라버리셨기에, 그리스도인들이 유대인들과 같은 실수를 저지르면 그리스도인들에게도 그리하실 수 있습니다. 그리스도인들도 자신들이 받은 택함과 계시를 스스로를 위해 유용한다면 가지에서 잘려나갈 수 있습니다. 유대인들과 똑같이 거부당할 수 있습니다. 따라서 그리스도인들은 유대인들을 멸시하고, 자신들의 가르침과 윤리, 신학과 행위로 남들을 없애려 해서는 안 됩니다. 유대인들이 마음을 강퍅하게 한 것은 어디까지나 일시적이어서, 오늘날 일어나는 일로 뭐든 판단해서는 안 됩니다. 결국, 유대인들은 개종할 것이고, 우리는 이 종말론적 사건과 연관시켜 현재를 해석해야 합니다. 모든 윤리나 신학은 특성상 종말론적이어야 합니다. 종말 곧 모든 사람을 향한 하나님의 사랑과 관련하여 모든 것이 정해지기 때문입니다. 유대인들이 이 사랑을 유지해왔고, 그 사랑이 그리스도인들에게 접붙여졌습니다.

바울이 "하나님이 모든 사람을 순종하지 아니하는 가운데 가두어두심은 모든 사람에게 긍휼을 베풀려 하심이로다"(11:32)라고 한 말씀은 무슨 뜻입니까? 하나님이 모든 사람을 불순종으로 인도하신다거나 죄를 짓게 하신다는 뜻입니까? 야고보는 그런 뜻이 아니라고 장담했습니다. 그러면 본문에서 말하는 불순종은 도대체 무엇입니까? 하나님을 사랑하고 이웃을 사랑하라는 두 가지 큰 계명에 불순종하는 것을 말합니다. 아무도 하나님과 이웃을 이토록 온전하고 배타적으로 사랑할 수 없습니다. 그래서 의인은 아무도 없고 인류는 이 사랑 밖에 살아가는 불순종에 사로잡히게 됩니다. 그러나 하나님은 이 불순종을 그분의 사랑을 만민에게 베푸시는 도구로 만드십니다. 유대인들이 불순종하자, 하나님은 그 불순종을 사용하셔서 비유대인들에게 구원을 주십니다. 이어서, 개종한 사람들이 유대인들을 개종하게 만들 것입니다. 따라서 이 불순종은 인류 역사에서 찰나에 지나지 않습니다. 모든 사람이 그분의 사랑을 알게 되는 것이 하나님의 목적이기 때문입니다. 하나님이 자기 자신을 희생하셨다는 것이 그 증거입니다. 우리가 우리 자신을 사랑하는 것보다 하나님은 우리를 더 사랑하십니다. 하나님이 먼저 우리를 사랑하셨고, 우리는 오로지 그 사랑 때문에 사랑이 무엇인지 압니다.

신약성경에 나오는 '신비'라는 단어가 종말과 관련된 계시를 가리키고 그 계시를 종말론적으로 만든다는 점을 짚고 넘어가야 할 것 같습니다. 유대 백성의 역사는 종말과 밀접한 연관이 있습니다. 유대인들의 거부는 모든 사람이 그리스도를 믿게 될 마지막 때까지 계속될 것입니다. 그때에 이스라엘 전체가 구원을 받고 다시 하나가 될 것입니다. 모든 인류 역사는 일곱 번째 날에 발생하지만,[9] 인간이 사랑으로 살지 못할 때 하나님의 안식을 방해합니다. 사랑이 다스린다면 하나님의 안식은 방해받지 않을 것입니다.

이 세 장(9-11장)이 말하는 내용은 그리스도인들이 진정한 그리스도인이라면 유대인들이 개종하리라는 것입니다. 다시 말해, 바울이 그리스도인들에게 그리스도인답게 살라고 권면하는 이유는 은혜의 신학 때문이 아니라, 유대 백성 때문입니다. 이제 로마서의 구조가 확실해집니다. 첫 번째 부분은 바울의 은혜의 신학을 설명하고, 두 번째 부분은 유대인과 그리스도인의 관계를 다루고, 세 번째 부분은 이 모든 내용에 기초해서 기독교 윤리를 세웁니다. 바울은 그리스도인들에게 권면하는 12장 서두에서 이 점을 분명히 합니다. 권면을 명령과 혼동해서는 안 됩니다. 바울이 말하는 대상은 이미 해방된 사람들이기 때문입니다. 따라서 이것은 하나님이 모든 사람에게 품으신 긍휼 가운데 살아갈 수 있느냐의 문제입니다. 이 하나님은 우리와 함께 고난당하시고, 우리의 문제들을 이해하시고, 우리가 그분의 안식을 방해할 때 그 문제들 속으로 들어오십니다.

바울은 인간의 몸으로 그의 윤리를 세우기 시작합니다. 우리는 무엇보다도 우리의 몸이라고 말할 수 있습니다. 즉, 그리스도인의 삶은 일상에 첨가된 영성, 주중과 구별된 일요일, 몸보다 영혼을 선호하는 문제가 아닙니다. 물질적인 삶과 영적인 삶을 구별해서는 안 됩니다. 그런 이유에서 바울이 그리스도인들에게 제시하는 윤리에서 몸을 드리라는 말씀이 처음으로 등장합니다. 이 윤리는 하나님에 대한 진정한 섬김이 있는 일상에서 시작됩니다. 그리스도인들은 이 세상과 시대의 영이 그들이 손대는 모든 것의 형태를 띠기 때문에 그들의 세상과 시대가 되어서는 안 됩니다. 소비의 세계에서 독자적으로 인간의 삶을 살기 원하는 권력과 탐욕의 영이 그 삶과 세상을 파멸로 몰아갑니다. 그리스도인들은 이 시대의 (영의) 형태로 들어가기를 거부해야 합니다. 세상의 방식과 관행을 따르지 않는 사람들이 되어야 합니다. 그리스도인들이 신실하다면 이 세상은 어떻게 달라지겠습니까? 하지만 결국에는 유대인들도 그들의 부를 그리스도인들과 나누고, 그리스도인들도 그 부를 다른 모든 사람들과 나눌 것입니다. 지금 우리가 보는 것은 가난한 황무지뿐이지만 말입니다. 그리스도인들이 세상을 파악하는 지성을 시급히 개선해야 합니다. 권력이나 탐욕에 의지하지 않고 무권력과 사랑에 의지하도록 말입니다. 마음과 목숨과 뜻과 힘을 다하여 하나님과 이웃을 사랑하는 것은 이 모든 것의 의미를 지적으로 이해하는 데서부터 시작됩니다. 모든 그리스도인은 세상에 순응하지 않고, 하나님과 이웃을 위해 자유와 사랑으로 그리하기로 작정해야 합니다.

주

서문

1 여기서 '체제(system)'는 "체제라는 게 원래 그렇잖아" 혹은 "당신이 체제를 무너뜨릴 순 없어요"라고 말할 때의 경험을 뜻한다. 20세기 후반 기능했던 이 체제에 대한 가장 포괄적인 묘사는 자크 엘륄의 저술들을 참고하라. 그의 책들은 이 체제가 기술적, 경제적, 사회적, 정치적, 법적, 윤리적, 종교적으로 어떻게 기능하는지 잘 묘사하고 있다.

1. 아모스 도입

1 한 프랑스 저널리스트는 자크 엘륄이 20세기 후반의 거의 모든 주요 사건들을 예견했음을 시사하는 책을 썼다(Jean-Luc Porquet, *L'homme qui avait presque tout prévu*, Paris: Le cherche midi, 2003). 이 예측은 대부분 그의 기술 분석 및 기술이 인간의 삶과 사회에 끼치는 막대한 영향에 대한 분석에 근거한 것이었다(Jacques Ellul, *The Technological Society*, trans. John Wilkinson, New York: Knopf/Vintage, 1967).

2. 주변 6개국을 규탄하는 예언

1 Andre Neher, *Amos: Contribution a l'étude du prophétisme* (Paris: J. Vrin, 1950).

2 Wilhelm Vischer, *The Witness of the Old Testament to Christ*, trans. A. B. Crabtree (London: Lutterworth Press, 1949).

3 Jacques Ellul, *The Presence of the Kingdom*, trans. Olive Wyon (New

York: Seabury, 1967). 《세상 속의 그리스도인》(대장간, 2010); *The New Demons*, trans. C. Edward Hopkin (New York: Seabury, 1975) (특히 209-228쪽의 "Coda for Christians" 장을 보라); *Hope in Time of Abandonment*, trans. C. Edward Hopkin (New York: Seabury, 1973). 《잊혀진 소망》(대장간, 2009); *False Presence of the Kingdom*, trans. C. Edward Hopkin (New York: Seabury, 1972).

3. 유다와 이스라엘을 규탄하는 예언

1 Emmanuel Levinas, *Du sacré au saint: Cinq nouvelles lectures talmudiques* (Paris: editions de minuit, 1977).
2 Gerhard von Rad, *Genesis: A Commentary*, trans. John Marks (Philadelphia: Westminster Press, 1972). 《창세기》(한국신학연구소, 1981).
3 André Neher, *Amos: Contribution à l'étude du prophétisme* (Paris: J. Vrin, 1950).

4. 엮여 있는 주제들

1 Jacques Ellul, *On Freedom, Love, and Power*, comp., ed., and trans. Willem H. Vanderburg (Toronto: University of Toronto Press, 2010). 《자유, 사랑, 능력에 관하여》(비아토르, 2017).
2 Jacques Ellul, *The New Demons*, trans. C. Edward Hopkin (New York: Seabury Press, 1975); *The False Presence of the Kingdom*, trans. C. Edward Hopkin (New York: Seabury Press, 1972). 국가뿐 아니라, 과학과 기술도 숭배된다.
3 André Neher, *Amos: Contribution à l'étude du prophétisme* (Paris: J. Vrin, 1950).
4 Jacques Ellul, *The Politics of God and the Politics of Man*, trans. geoffrey

W. Bromiley (Grand Rapids, MI: Eerdmans, 1972). 《하나님의 정치와 인간의 정치》(대장간, 2012).

5. 하나님의 교수법과 진화하는 계시

1 정치적으로 올바른 표현을 쓰는 대세에 편승하기에 앞서, 이런 언급들은 자크 엘륄이 우리의 문명에 대해 진행한 평생의 연구와 그에 충실했던 실천적 삶이라는 맥락 안에서 주의 깊게 해석해야 한다는 점을 지적하고 싶다. 그의 연구 성과는 그의 많은 저작을 통해 확인될 수 있는 반면 그의 실천적 삶은 북미에서 별로 알려져 있지 않다는 것은 불행한 일이다. 다른 사람들도 지적한 바 있지만, 지금 돌이켜 볼 때 엘륄이 예견한 거의 모든 것이 현실이 되었다고 확실하게 말할 수 있다는 점은 주목할 만한 일이다. 이런 통찰은 20세기 후반의 많은 지적 유행들과 선명한 대조를 보이는데, 대부분의 지적 유행은 지나가는 망상에 불과했다. 우리 문명의 진로에 대한 엘륄의 사회적 해석의 과학적 타당성은 현재와 이후의 사건들로만 확증될 것이다. 바로 이런 이유로 나는 자크 엘륄이 20세기의 가장 중요한 과학사상가이자 기독교 사상가라고 믿는다. 에이즈 같은 민감한 주제에 대한 엘륄의 언급은 그의 다음 저작들을 염두에 두고 해석하는 것이 좋다.
The Technological Society, trans. John Wilkinson (New York: Knopf/Vintage, 1967); *Propaganda: The Formation of Men's Attitudes*, trans. Konrad Kellen and Jean Lerner (New York: Vintage Books, 1973). 《선전》(대장간, 2012). 특히 대중사회에서의 삶을 다룬 2, 3, 4장을 보라. 내가 가르치는 사회학도들 및 공학도들은 언제나 이 분석에 깊은 인상을 받았다.; *The New Demons*, trans. C. Edward Hopkin (New York: Seabury Press, 1975); *Déviances et déviants dans notre société intolérante* (Toulouse: Érés, 1992); *Jeunesse délinquante: Des blousons noirs aux hippies* (Yves Charrier와 공저)(Paris: Mercure de France, 1971); *Hope in Time of Abandonment*, trans. C. Edward Hopkin (New York: Seabury, 1973).

2 André Neher, *Amos: Contribution à l'étude du prophétisme* (Paris: J.

Vrin, 1950).

3 Jacques Ellul, *Reason for Being: A Meditation on Ecclesiastes*, trans. Joyce M. Hanks (Grand Rapids, MI: Wm. B. Eerdmans, 1990). 《존재의 이유》(대장간, 2016).

6. 정의 및 관련 주제들

1 Jacques Ellul, *The Theological Foundation of Law*, trans. Marguerite Wieser (Garden City, NY: Doubleday, 1960). 《자연법의 신학적 의미》(대장간, 2013).

2 Jacques Ellul, *On Freedom, Love, and Power*, comp., ed., and trans. Willem H. Vanderburg (Toronto: University of Toronto Press, 2010).

3 Ibid.

4 Jacques Ellul, *Apocalypse: The Book of Revelation*, trans. George W. Schreiner (New York: Seabury Press, 1977). 《요한계시록 주석》(한들출판사, 2000).

5 André Neher, *Amos: Contribution à l'étude du prophétisme* (Paris: J. Vrin, 1950).

6 Wilhelm Vischer, *The Witness of the Old Testament to Christ*, trans. A. B. Crabtree (London: Lutterworth Press, 1949).

7. 다섯 환상

1 Wilhelm Vischer, *The Witness of the Old Testament to Christ*, trans. A. B. Crabtree (London: Lutterworth Press, 1949).

2 Karl Barth, *Church Dogmatics*. 정확한 출처를 찾을 수가 없었다. 《교회 교의학》(대한기독교서회, 2003-).

3 자크 엘륄은 이 주제로 한 권의 책을 썼는데, 그 책에서 그는 듣기와 보기,

진실과 현실, 말과 이미지 등을 대조한다. 이 책은 그가 성경을 공부하고 주위의 세상을 관찰한 경험을 다 반영하여 이 주제에 대한 자신의 생각을 (각 장에서 번갈아가며) 검토한 유일한 저작이다. Jacques Ellul, *The Humiliation of the Word*, trans. Joyce Main Hanks (Grand Rapids, MI: Wm. B. Eerdmans, 1985). 《굴욕당한 말》(대장간, 2014).

4 우리가 듣는 것(말씀)과 보는 것(이미지와 우상) 사이의 대립은 성경 전체에 걸쳐 등장한다. 성경은 현대의 삶과 문화에 근본적인 의문을 제기하기에 자크 엘륄은 이 주제로 《굴욕당한 말》이라는 책을 썼다. 그의 사회학적 사색이 그의 기독교 사상과 (별개의 장들에서) 대화를 나눈 유일한 책이다.

5 나는 말과 이미지의 관계에 대한 자크 엘륄의 생각을 *Our War on Ourselves: Rethinking Science, Technology, and Economic Growth* (Toronto: University of Toronto Press, 2011)에서 발전시켰다. 간단히 말해, 우리가 보는 모든 것은 자기 공간에 존재한다. 그것은 한 가지 것일 수만 있고, 다른 모든 것과 분리될 수 있으며, 측정, 수량화, 수식화에 열려 있다. 이것은 접히지 않고 변증법적이지 않은 복잡성의 일부이다. 아기들과 아이들이 언어와 문화를 통해 들어서는 '세상'과 달리, 시각적 '세상'은 분리가능성, 비모순성, 닫힌 정의, 응용논리의 원리들을 표현한다. 이것은 접히고 변증법적인 상징적 우주와 대조된다. 이 우주의 의미와 가치들은 여러 차원을 갖고 있으며, 그 차원들은 종종 모호하고 때로는 서로 모순될 가능성도 있다. 우리가 보는 것의 복잡성은 한 번에 한 구성요소씩 쌓아올릴 수 있다. 반면, 개인적, 집단적 인간의 삶이라는 상징적 우주는 분화와 통합을 통해 전개된다. 아기들과 아이들의 세계는 미분화된 자극에서 생겨난다. 그것은 한 번에 한 구성요소씩 결합될 수 없는 관계적 복잡성이다.

여기에서 과학과 기술, 그리고 그것들로 세워지는 모든 것은 우리 눈에 보이는 것과 특성을 공유하는 반면, 상징으로 이어지는 사회관계, 집단, 사회들은 그와 정반대의 특성을 갖는다는 결론이 따라온다. 이 두 '세계'의 충돌은 인간의 삶과 사회를 탈상징화하는 영향력을 낳았고 상징적 종(種)으로서의 인류의 미래가 위험에 처할 지경에 이르렀다.

6 Jacques Ellul, *On Freedom, Love, and Power*, comp., ed., and trans. Willem H. Vanderburg (Toronto: University of Toronto Press, 2010).

7 André Neher, *Amos: Contribution à l'étude du prophétisme* (Paris: J. Vrin, 1950).

8. 기득권 종교 세력과 벌인 대결, 그리고 하나님의 침묵

1 Jacques Ellul, *The New Demons*, trans. C. Edward Hopkin (New York: Seabury Press, 1975).

2 Rudolph Otto, *The Idea of the Holy: An Inquiry into the Non-rational Factor in the Idea of the Divine and Its Relation to the Rational* (London: Oxford University Press, 1924). 《성스러움의 의미》(분도출판사, 1999).

3 Jacques Ellul, *On Freedom, Love, and Power*, comp., ed., and trans. Willem H. Vanderburg (Toronto: University of Toronto Press, 2010).

4 André Neher, *Amos: Contribution à l'étude du prophétisme* (Paris: J. Vrin, 1950).

5 Jacques Ellul, *On Freedom, Love, and Power*.

6 우리 문명은 인간의 삶과 사회에서의 의미 부재가 완전히 정상인 것처럼 보이게 만들려고 가능한 모든 것을 다했다. 기능주의, 구조주의, 시스템 이론, (가장 최근에는) 포스트모더니즘은 모두 어떤 식으로건 우리가 기능, 기계, 정보처리장치라고 말하고 있는데, 이 모두는 생명이 없는 기계의 어떤 측면들이다. 이것이 사실이라면 우리 삶에서 어떤 의미에 대한 허기나 목마름을 모두 떨쳐버리는 일이 가능해진다. 과거에 유행했던 이런 이론 없이 사는 데 익숙해지는 것이 우리에겐 나을 것이다. 나는 이런 태도를 *Our War on Ourselves* (Toronto: University of Toronto Press, 2011)에서 언급한 바 있다. 이것은 인류에 대한 궁극적 공격이다. 자크 엘륄은 사회학적이고 역사적인 분석을 통해 이것이 기술이 인간과 사회를 지배할 때 불가피하게 따라오는 결과임을 보여주었다. 이것은 일반적으로는 경험과 문화의, 구체적으로는 우리의 가치와 준거점의 탈상징화를 가져온다. 과학이 알 수 있는 것, 기술이 할 수 있는 것, 국민국가의 정치적 조직화 대상에 한계가 없다고 믿는 한, 모종의 준거점이나 세속적 우상은 계속 남아 있을 것이다. 하지만 그런 것들의 탈상징화는 고통을 누그러뜨리

고 삶에서 도피하기 위해 여러 중독성 물질에 의존하는 경향을 부추기고 있다. 소위 마약과의 전쟁은 개인적, 집단적 삶이 모종의 의미를 회복하게 하려는 시도가 되어야 마땅하다. '범죄에 대한 강경 대처'는 모두가 일정한 역할을 할 수 있는 경제를 창조하려는 시도가 되어야 한다. 물론, 이런 문제들에서 교회는 찾아볼 수 없다. 교회는 꼬리에 꼬리를 무는 유행을 노예처럼 따르고 있다.

9. 화해

1 Jacques Ellul, *On Freedom, Love, and Power*, comp., ed., and trans. Willem H. Vanderburg (Toronto: University of Toronto Press, 2010).

2 Oscar Cullmann, *Christ and Time: The Primitive Christian Conception of Time and History* (London: Westminster Press, 1964). 《그리스도와 시간》(태학사, 1987),

3 André Neher, *Amos: Contribution à l'étude du prophétisme* (Paris: J. Vrin, 1950).

4 Ibid.

5 체를 써서 알곡과 쭉정이를 분리해내는 이미지는 아모스 당시의 모든 사람에게 친숙했을 것이다. 그들은 곡식을 수확하고 타작한 후에 알곡만 거두어들여야 했다. 체를 앞뒤로 움직이면 체에 난 구멍들 사이로 찌꺼기들이 빠져나갔다. 가벼운 찌꺼기들은 바람에 날려갔고 체로 떨어지지 않도록 체질을 잘하면 쭉정이의 상당 부분이 제거되었다. 땅에 떨어진 무거운 찌꺼기들은 모아서 불에 태웠다. 이 이미지는 귀금속을 가열해 불순물이 표면에 떠오르면 걷어내는 귀금속 정련의 이미지와 닮았다.

6 Jacques Ellul, *Apocalypse: The Book of Revelation*, trans. George S. Schreiner (New York: Seabury Press, 1977). 이 연구서에서 엘륄은 말 탄 네 사람 중 하나가 정치권력이라는 것을 보여준다. 또한 그는 최후의 심판 때 이 정치권력과 사람들이 분리될 것이고 이후 이 권력이 다른 모든 권력과 함께 파괴될 것임을 보여준다.

7 자크 엘륄이 이해한 정치에 대해 더 알고 싶다면 다음을 보라. Jacques

Ellul, *The Politics of God and the Politics of Man*, trans. Geoffrey W. Bromiley (Grand Rapids, MI: Eerdmans, 1972); *The Political Illusion*, trans. Konrad Kellen (New York: Vintage Books, 1972).《정치적 착각》(대장간, 2011); *The New Demons*, trans. C. Edward Hopkin (New York, Seabury Press, 1975).

8 Jacques Ellul, *On Freedom, Love, and Power*.

9 Jacques Ellul, *On Freedom, Love, and Power*에 나와 있는, 욥기 마지막 부분에 대한 자크 엘륄의 연구를 보라.

10 앙드레 슈라키(Andre Chouraqui)가 출간한 다양한 번역본이 있다. 자크 엘륄이 인용하는 번역문은 슈라키 성경에 나오지 않는다.

11 Jacques Ellul, *On Freedom, Love, and Power*에 나오는 창세기 첫 몇 장에 대한 자크 엘륄의 연구를 보라.

12 Ibid.

13 하나님나라에서 섬기기 위해 선택받음에 대한 자크 엘륄의 연구는 다음을 참고하라. Jacques Ellul, *On Freedom, Love, and Power*.

10. 야고보서 도입

1 쇠렌 키르케고르는 주로 다음 두 저술에서 야고보서를 사용한다. *For Self-examination*, trans. Howard V. Hong and Edna H. Hong, in *The Essential Kierkegaard* (Princeton, NJ: Princeton University Press, 2000); Part One, "Purity of Heart Is to Will One Thing", *Upbuilding Discourses in Various Spirits*, trans. Howard V. Hong and Edna H. Hong, in *Eighteen Upbuilding Discourses* (Princeton, NJ: Princeton University Press, 1990).
마르틴 루터는 야고보가 행함을 언급한 내용을 거부했지만, 쇠렌 키르케고르는 *For Self-examination*에서 그리스도인의 삶에서 행함을 강조하는 야고보를 지지한다. 그러나 키르케고르는 두 가지 방식으로 루터를 옹호한다. 그는 루터가 행함을 거부한 것은 실제로는 행함으로 구원을 얻는다는 가톨릭교회의 관점과 행함에 대한 가톨릭교회의 제한된 관점을 거부한 것이라고 설명한다. 키르케고르가 지적하듯, "믿음은 가만히 있지 못해서" 한 사람의 인생 전체를 뒤바꿔놓는다. 루터는 진리에 대한 증언을 포함하여 행함을 재정의하면서, 스스로 인식한 것보다 더 야고보에 근접했다. 가장 중요한 점은 키르케고르가 (야고보를 따라) 행함이 사람이 하는 **모든 일**에서 믿음의 표현이라고 강조한 것이다.

키르케고르는 '성경의 거울'이자 '자유의 온전한 법'이라고도 일컫는 야고보서의 은유를 많이 언급한다. 성경이라는 거울에 나를 비춰볼 때 내가 상상하는 좋은 사람이 아니라 진정한 나, 곧 죄인을 볼 수 있다. 현실적인 내 모습을 보려면, 내게 개인적으로 말씀하시는 하나님의 말씀을 들어야 한다. 키르케고르가 하나님의 무한한 요구—완전하라는 요구—라고 말한 것에서 나를 지키려면, 하나님의 말씀을 객관적이고 비인격적인 교리로만 다루면 된다. 하지만 이 무한한 요구는 자유의 온전한 법 안에 있다. 따라서 나는 자유로운 사람으로 내 구원을 이루어가야 한다.

키르케고르는 "Purity of Heart Is to Will One Thing"에서 "두 마음을 품었다"는 야고보의 표현을 묵상한다. 두 마음이란 하나님과 자기 자신을 모두 위하는 세속적인 방식이다. 하지만 이것은 불가능한데, 하나님이 우리에게 자신의 세속적인 자아에 죽고 사랑하는 사람이 되라고 요구하시기 때문이다. 따라서 두 마음을 품는 것은 하나님을 위하는 것이 아니다. 하나님을 위한다는 것은 하나님과 다른 사람들을 사랑하기에 기꺼이 모든 고난을 감내한다는 뜻이다. 두 마음을 품는 것의 예는 하나님을 사랑하되 적당히 사랑하거나, 보상을 바라거나 벌을 피하려고 사랑하는 것이다. 키르케고르는 두 마음이 실제로는 죄(罪)인, 일종의 질병이라고 주장한다. 하나님을 온전히 사랑하거나 자기 자신을 이기적으로 사랑하거나 둘 중 하나다. 따라서 우리 모두는 두 마음을 품은 사람이지만, 엘륄이 지적하듯이 하나님이 우리를 사랑하셔서 우리의 이기심에도 불구하고 우리를 구원하신다.

2 자크 엘륄이 야고보서의 구조를 해석한 내용을 이해하려면, 인류 역사에서 하늘나라의 역할, 곧 역사를 완전히 뒤바꿔놓는 누룩이나 소금을 떠올려보면 도움이 될 것이다. 야고보서는 이 일이 우리 일상에서 어떻게 일어나는지를 설명하는 내용으로 간주될 수 있다. 우리는 우리의 믿음이 뜻하는 바를 실천하는 책임을 져야 하는데, 이것은 곧 일상의 경험이 그 믿음을 시험한다는 뜻이다. 처음에는 세상에서 우리 삶을 이해하려 애쓰는 갓난아이와 같겠지만, 이번에는

문화가 아니라 믿음으로 이해하려 한다. 우리가 인내하고, 이 믿음 가운데 세상에서의 삶이 새로운 의미와 가치를 띠기 시작하면, 우리는 조금씩 성장하면서 어린아이가 될 것이다. 더 많은 인내는 우리를 성인으로 자라게 해준다. 다시 말해, 우리는 믿음을 소유물처럼 생각하여 절대로 믿음을 **가지고 있다**고 주장할 수 없다. 우리가 우리 삶에서 믿음이 성장할 수 있도록 허락할 때 믿음이 우리를 소유할 뿐이다.

자크 엘륄은 다음 책에서 하늘나라에 대한 해석을 자세히 설명했다. *On Freedom, Love, and Power*, comp., ed., and trans. Willem H. Vanderburg (Toronto: University of Toronto Press, 2010).

3 Louis Simon, *Une éthique de la sagesse* (Geneva: Labor et Fides, 1961).

11. 그리스도인의 삶에 대한 개관

1 야고보서는 단순한 윤리적 조언이 아니라는 키르케고르와 엘륄을 비롯한 여러 사람들의 주장은 일상에서 믿음의 역할을 매우 구체적이고 실제적인 것으로 해석함으로써 제대로 이해할 수 있다. 믿음은 비자연적이고 따라서 비문화적이다. 인류 역사 내내 여러 집단과 사회는 매우 다양한 생활방식과 문화방식을 채택하여 살아왔다. 우리는 모두 시간과 장소와 문화의 영향을 받는다. 우리의 문화적 차원에는 궁극적 준거점에 대한 암묵적 헌신이 포함되는데, 이것이 궁극적으로 알 수 없는 현실을 살 만하게 만들어준다. 문화인류학에 따르면, 우리는 우리 문화에 대한 일종의 영적 지향점으로 신화에 헌신한다. 간단히 말해, 이 신화들은 특정한 것들을 자명하고 확실하게 만들어서, 그렇지 않았다면 생각할 수도 없고 살 수도 없었을 인간의 삶과 세상의 가능성을 존재하게 해준다. 그 결과는, 어떤 문화의 특정한 역사 시대 동안 그것들을 절대적인 것으로 경험하고 살게 된다는 것이다. 이 신화들이 절대적이지 않다는 사실은 시간이 흘러서, 세상(과 세상과 관계를 맺고 살아가는 인간의 삶)이 매우 다양하다는 점이 확실해져야만 분명해진다. 하지만 일정 기간에는 그런 사실이 드러나지 않는다.

하나님은 유대인들을 이집트(생명과 죽음이라는 이중고를 의미하는)에서 구해내시면서 거짓 신을 두지 말라고 명령하셨다. 우상을 인생의 중심에 두는 이웃 나라들과 달리 유대인들은 하나님을 그들 인생의 중심에 두라는 명령을 받았다. 우상숭배의 결과는 연기와 수증기에 불과하다. 가뭄이 심할 때 이 헛된 우상들은 아무것도 해주지 못한다. 유대인들은 율법과 언약에 표현된 하나님의 방식을 취하여 그들의 해방에 동참하라는 권면을 받았다. 이것은 자신들의 문화적 방식과의 끝없는 갈등을 암시했다. 대부분은 그들 문화의 필요가 이겼고, 아모스서에서 보았듯이 율법과 언약은 여느 문화적 윤리나 종교와 비슷한 기능을 하게 되었다.

오늘날 우리는 소위 대중사회에 살고 있다. 더 이상 다른 종류의 신들은 없기 때문에, 거짓 신들에 대한 성경의 가르침들이 조금은 낯설어 보인다. 이것은 극단적인 이원론을 권장했다. 마치 세속 사회에는 아무 윤리와 영성도 없는 것처럼, 기독교가 세속 사회에 어떤 윤리와 영성을 들여와서 세속 사회를 보완해주기라도 하는 것처럼 기독교를 실천하도록 말이다. 하지만 우리 문화에 세속 신화들이 있다면 어떻게 될까? 그 세속 신화란 우리 일상의 실체들이 그것들이 실제로 전달해줄 수 있는 것보다 우리를 위해 훨씬 더 많은 것을 해줄 수 있다는 기대와 함께, 그것들을 실제보다 더 크게 만들어주는 상징화다. 우리 일상에 과학이 알 수 없는 것들이 많다면? 기술이 우리의 성취를 도와주지 못하는 것들이 많다면? 국민국가가 우리의 가치관과 열망을 전달해주는 데 무기력하다면? 물론 그렇다면, 우리가 지식을 과학에, 행동을 기술에, 정치 조직을 우리 국민국가에 맡길 때 우리는 곤란에 빠질 뿐 아니라, 이 땅의 삶을 잠재적으로 끝내야 할 수도 있다.

하늘나라에 동참하는 그리스도인들은 예수님을 삶의 중심에 모심으로써 책임을 다하라는 부르심을 받는다. 이것은 예배에 참석하거나, 우리 문화가 개입된 어떤 일들을 하지 말아야 한다고 주장하는 그런 문제가 아니다. 인류 역사라는 '반죽'을 변화시킬 누룩이 되는 일에 믿음을 기초로 참여하는 문제다. 그렇게 하려면 믿음으로 살아야 한다. 우리 문화에서 자명한 것은 실상은 그 겉모습과는 다른데, 우리는 믿음으로 이를 분별해야 한다. 다시 말해, 예수님을 우리 삶의 중심에 두고 믿음으로 사는 삶은 우리 일상을 시험, 곧 우리 문화를 따르느냐 아니면 하늘나라의 방식을 따라 살아가느냐를 가늠하는 시험으로 바꿔놓는다. 우리는 과학과 기술, 국민국가의 한계를 분별하는가, 아니면 그것들을 만능으로 생각하는가? 그렇다면, 하나님의 사랑을 받고 그분이 선악을 아신다고 믿는 자유로운 백성으로 살아가기 위해서 삶과 행동의 방식과 우리 공동체를 조직하는 방식을 개발해야 한다. 우리가 관여하는 모든 상황과 결정은 죽음이냐 생명이냐를 결정하는데, 우리는 생명을 주는 일로 초청을 받는다. 예수님은 어떻게 이 일을 해야 하는지 우리에게 보여주신다. 이런 관점에서, 믿음은 반윤리와 반종교로 행동하는데, 이 내용은《자유, 사랑, 능력에 관하여》에서 창세기 앞부분을 다루면서 이미 살펴보았다.

요약하면, 소위 세속 대중사회의 관점과 반대되는 성경적 관점으로 야고보서를 읽는다면, 이 책은 구약 성경의 성경적 메시지에 깊이 뿌리를 내리고 있을 뿐 아니라, 우리로 하여금 하늘나라에 동참하고, 모든 사소한 일에 있어서까지 하나님의 방식과 우리 문화의 생활방식 사이에서 벌어지는 전쟁에 참여하도록 도와준다.

2 Jacques Ellul, *On Freedom, Love, and Power*, comp., ed., and trans. Willem H. Vanderburg (Toronto: University of Toronto Press, 2010).

3 Louis Simon, *Une éthique de la sagesse* (Geneva: Labor et Fides, 1961).

4 Jacques Ellul, *Reason for Being: A Meditation on Ecclesiastes*, trans. Joyce Main Hanks (Grand Rapids, MI: Eerdmans, 1990).

5 Jacques Ellul, *The Humiliation of the Word*, trans. Joyce Main Hanks (Grand Rapids, MI: Eerdmans, 1985).

6 자크 엘륄은 이 주제에 책 한 권을 할애했다. *Living Faith: Belief and Doubt in a Perilous World*, trans. Peter Heinegg (San Francisco: Harper and Row, 1983). 안타깝게도, 영어 제목 'Living Faith'는 프랑스어 원제를 전혀 살리지 못했다. 직역하면, '의심의 대가를 치른 믿음Faith at the Cost of Doubt'이다.《의심을 거친 믿음》(대장간, 2013).

7 Jacques Ellul, *Money and Power*, trans. LaVonne Neff (Downer's Grove, IL: Inter-Varsity Press, 1984).

8 Jacques Ellul, *The Meaning of the City*, trans. Dennis Pardee (Grand Rapids, MI: Eerdmans, 1970).《머리 둘 곳 없던 예수》(대장간, 2013).

9 Jacques Ellul, *The Politics of God and the Politics of Man*, trans. Geoffrey W. Bromiley (Grand Rapids, MI: Eerdmans, 1972).

10 Jacques Ellul, *False Presence of the Kingdom*, trans. C. Edward

Hopkin (New York: Seabury, 1972); *The Political Illusion*, trans. Konrad Kellen (New York: Knopf, 1967); *The New Demons*, trans. C. Edward Hopkin (New York: Seabury, 1975).

11 Jacques Ellul, *On Freedom, Love, and Power*.

12 어느 무명 독자는 이 문제를 이렇게 표현했다. "여기서 자크 엘륄은 야고보의 욥기 해석이 이전의 모든 해석을 대체하며, 시험의 문제는 완전한 오독이라고 주장한다. 동시에, 엘륄은 욥기와 야고보서의 확실한 단절과 모순을 해결하고 싶어 하는 것 같다. 왜일까? … 엘륄은 성경을 아무 모순이 없고(우리의 잘못된 해석학이 성경에 부여한 모순들을 제외하고) 전체가 일관성 있는 신성한 문서로 이해하는가, 아니면 엘륄의 성경은 오랜 세월에 걸쳐 형성된 인간의 문서라서 각 부분이 나머지 부분을 뒷받침하고 서로 일치하고 연결되어야 한다는 문제에 해당되지 않는가?"

자크 엘륄의 성경 해석은 기독교의 입장보다는 유대인들의 입장에 훨씬 더 가깝다. 기독교의 입장은 성경에 대한 과학적, 역사적 비평을 해석학적 질문보다 우선시했다. 예를 들어, 창세기 앞부분에 대한 머리말에서 엘륄이 던지는 질문은 이것이다. 창조에 대한 두 기사가 명백히 모순되는 것을 감안할 때 왜 랍비들은 둘 다 계시에 중요하게 기여한다고 보고 보유했을까? 마찬가지로, 해석학적 관점에서 보면, 욥기에서 이론이 있는 부분은 서로 아주 잘 들어맞아서, 원래 사본에 없었다든지 나중에 다른 저자가 추가했다든지 하는 역사적 근거로 거부할 수 없다. 요점은 이렇다. 유대 사람들은 이 모두를 계시의 일부분으로 분별했다. 이 책 뒷부분에서 엘륄은 로마서 9-11장에 대해 비슷한 언급을 한다. 번역 문제도 혼란에 일조했다. 예를 들어, 엘륄이 예수님의 시험을 다룬 자신의 책 *Si tu es le Fils de Dieu* (Paris: Editions du Centurion, 1991)에서 설명하듯, 주기도에서 "우리를 시험에 들게 하지 마옵시고…"는 매우 부적절한 번역이다. 이 말씀은 우리가 선을 분별할 능력이 없기 때문에 우리를 궁극적인 시험에 두지 말라는 뜻이다. 하나님만이 선을 분별하실 수 있다.

13 Jacques Ellul, *On Freedom, Love, and Power*.

14 Yves Charrier et Jacques Ellul, *Jeunesse délinquante: Des blousons noirs aux hippies* (Paris: Mercure de France, 1971).

15 자크 엘륄은 29쪽에서 유기적 원인들도 중요한 역할을 할 수 있다고 인정

한다. 인간의 자유의지에 대해 말하기 좋아하는 철학자들은 우리가 생물학적, 유전적, 경제적, 사회적, 이념적 요인들에 얼마나 깊이 영향을 받을 수 있는지 보여주는 막대한 과학적 증거를 완전히 무시한다. 우리의 '자유의지'는 소외된 존재의 의지, 혹은 성경적으로 표현하자면, 마치 종처럼 자기 삶에 대한 통제권이 매우 제한된 죄인의 의지다. 구원은 우리의 전 존재가 궁극적으로 해방된다는 메시지다.

16 Jacques Ellul, *The Judgment of Jonah*, trans. Geoffrey W. Bromiley (Grand Rapids, MI: Eerdmans, 1971). 《요나의 심판과 구원》(대장간, 2010).

17 Jacques Ellul, *On Freedom, Love, and Power.*

12. 다른 사람들

1 Jacques Ellul, *Perspectives on Our Age: Jacques Ellul Speaks on His Life and Work*, ed. Willem. H. Vanderburg (Toronto: House of Anansi, 2004), 2nd ed. 4장을 보라. 《세계적으로 사고하고 지역적으로 행동하라》(대장간, 2010).

2 Jacques Ellul, *On Freedom, Love, and Power*, comp., ed., and trans. Willem H. Vanderburg (Toronto: University of Toronto Press, 2010).

3 Ludwig Feuerbach, *The Essence of Christianity*, trans. George Eliot (New York: Harper and Row, 1957). 《기독교의 본질》(한길사, 2008).

4 믿음에 대한 이 언급의 출처를 찾을 수 없었다. 전반적인 개요로는 다음 책을 보라. Jürgen Moltmann, *An Autobiography by Jürgen Moltmann*, trans. Margaret Kohl (Minneapolis, MN: Fortress Press, 2008). 《몰트만 자서전》(대한기독교서회, 2011).

5 안타깝게도, 녹음 중간에 테이프를 뒤집게 되면서 믿음의 처음 몇 가지 요소에 대한 자크 엘륄의 설명이 소실되었다. 원래의 녹음과 내가 프랑스에 머물 때 그전에 야고보서를 공부하며 만든 또 다른 녹음을 짜 맞춰서 내용을 복원할 수 있었다.

6 Jacques Ellul, *On Freedom, Love, and Power.*

7 같은 책.

13. 말씀

1 Jacques Ellul, *Propaganda: The Formation of Men's Attitudes*, trans. Konrad Kellen and Jean Lerner (New York: Knopf, 1965); *The Humiliation of the Word*, trans. Joyce Main Hanks (Grand Rapids, MI: Eerdmans, 1985); *The Political Illusion*, trans. Konrad Kellen (New York: Random House/ Vintage, 1972); "De la signification des relations publiques dans la société technicienne," extrait de *L'Année Sociologique 1963* (Paris: Presses Universitaires de France, 1963).

2 Jacques Ellul, *The Humiliation of the Word.*

3 Jacques Ellul, *On Freedom, Love, and Power*, comp., ed., and trans. Willem H. Vanderburg (Toronto: University of Toronto Press, 2010).

4 Jacques Ellul, *The Humiliation of the Word.*

5 같은 책.

6 같은 책. *Apocalypse: The Book of Revelation*, trans. George W. Schreiner (New York: Seabury, 1977)도 보라.

7 Jacques Ellul, *The Humiliation of the Word.*

8 자크 엘륄은 내가 영어로 번역한 루이 세공의 프랑스어 번역을 읽고 있다.

9 Jacques Ellul, *On Freedom, Love, and Power.*

10 나는 기술이 지배한 인간 문명에 대한 자크 엘륄의 해석을 한 단계 더 발전시켜서 *Our War on Ourselves* (Toronto: University of Toronto Press, 2011)에서 우리의 현 상황을 언급했다. 이 책은 기술이 어떻게 우리 언어, 곧 지금까지 인류를 형성해온 것을 탈상징화하는지 보여준다.

14. 세상 속의 삶

1 Jacques Ellul, *On Freedom, Love, and Power*, comp., ed., and trans. Willem H. Vanderburg (Toronto: University of Toronto Press, 2010).

2 나는 자크 엘륄이 이 단락에서 인간의 삶에서 문화의 역할을 언급하고 있다고 믿는다. 이것은 그가 자신의 사상에서 저술한 적이 거의 없는 부분이다. 1973-1978년에 내가 박사 후 펠로우로 그와 함께 일하면서 준비했던 내 첫 책 초고에 대한 그의 반응이 이를 잘 요약해준다. 그는 원고를 읽고 나서, 그가 이 부분을 이미 해결했다고 생각하지 않느냐고 내게 물었다. 나는 그의 책을 모두 다 읽어보지는 못했다는 점을 인정하고는 그에게 참고문헌을 요청했다. 며칠 뒤, 그가 다시 와서는 자신이 그 부분을 다루지 못했다고 인정했다. 하지만 많은 부분이 그의 저술에 암시되어 있다고 말했는데, 나도 그 점에 전적으로 동의한다. 이 문화 이론은 엘륄이 쓴 서문과 함께 맨 처음 *The Growth of Minds and Cultures* (Toronto: University of Toronto Press, 1985)로 출판되었다.

3 Jacques Ellul, *On Freedom, Love, and Power.*

4 Karl Barth, *Church Dogmatics, Vol III: The Doctrine of Creation, Part 2* (Edinburgh: J. & J. Clark, 1960).

15. 우리는 누구(혹은 무엇)에게 속했는가?

1 Jacques Ellul, *The Politics of God and the Politics of Man*, trans. Geoffrey W. Bromiley (Grand Rapids, MI: Eerdmans, 1972).

2 Jacques Ellul, *The Judgment of Jonah*, trans. Geoffrey W. Bromiley (Grand Rapids, MI: Eerdmans, 1971).

3 Jacques Ellul, *Hope in Time of Abandonment*, trans. C. Edward Hopkin (New York: Seabury, 1973).

4 Jacques Ellul, *On Freedom, Love, and Power*, comp., ed., and trans. Willem H. Vanderburg (Toronto: University of Toronto Press, 2010).

5 Jacques Ellul, *Propaganda: The Formation of Men's Attitudes*, trans.

Konrad Kellen and Jean Lerner (New York: Knopf, 1965); *The Political Illusion*, trans. Konrad Kellen (New York: Random House/Vintage, 1972).

6 Jacques Ellul, *The New Demons*, trans. C. Edward Hopkin (New York: Seabury, 1975).

16. 그리스도인의 공동생활

1 Jacques Ellul, *On Freedom, Love, and Power*, comp., ed., and trans. Willem H. Vanderburg (Toronto: University of Toronto Press, 2010).

2 기술 수단과 효율성, 기술 지향성이 지배하는 우리 문명에 대한 자크 엘륄의 방대한 연구에 익숙하지 않은 독자들이라면 이런 관찰의 무게를 제대로 인식하지 못할 수도 있다. 그의 사상에 대한 전반적인 개요로는 *Perspectives on Our Age: Jacques Ellul Speaks on His Life and Work*, ed. Willem H. Vanderburg, 2nd ed. (Toronto: House of Anansi, 2004)를 참고하라. 더 자세한 내용으로는 다음 책들을 추천한다. Jacques Ellul, *The Technological Society*, trans. John Wilkinson (New York: Knopf/Vintage, 1967); *Propaganda: The Formation of Men's Attitudes*, trans. Konrad Kellen and Jean Lerner (New York: Knopf, 1965); *The Political Illusion*, trans. Konrad Kellen (New York: Random House/Vintage, 1972). Jacques Ellul, *Prayer for Modern Man*, trans. C. Edward Hopkin (New York: Seabury, 1970)도 보라.

3 Jacques Ellul, *Prayer for Modern Man*, and *Living Faith: Belief and Doubt in a Perilous World*, trans. Peter Heinegg (San Francisco: Harper and Row, 1983). 프랑스어 제목을 문자적으로 번역하면, 각각 '불가능한 기도'와 '의심의 대가를 치른 믿음'이다.

후기: 유대인들과 그리스도인들의 가난과 부

1 Jacques Ellul, *On Freedom, Love, and Power*, comp., ed., and trans.

Willem H. Vanderburg (Toronto: University of Toronto Press, 2010).

2 같은 책.

3 둘의 차이점은 Jacques Ellul, *On Freedom, Love, and Power* 3부에서 자세히 설명했다.

4 Wilhelm Vischer, "Étude biblique sur Romains IX à XI," in *Foi et Vie*, 1988. "Le Mystère d'Israël", in *Foi et Vie*, 1965 (Geneva: Labor et fides)도 보라.

5 같은 책.

6 대부분의 번역은 '에서는 미워하였다'라고 되어 있지만, 사랑과 미움을 뜻하는 히브리 동사는 감정이 아니라 행동을 가리키기 때문에 '제외하였다'가 더 좋은 번역이다.

7 Jacques Ellul, *Apocalypse: The Book of Revelation*, trans. George W. Schreiner (New York: Seabury Press, 1977).

8 어떤 독자들은 자크 엘륄이 소위 보편구원 교리를 지지한다는 잘못된 결론을 내리기도 했다. 보편구원 교리는 하나님을 '기계화'하고 그분의 주권을 부인하기 때문에 그에게 그런 교리는 있을 수 없었다. 하나님만이 결정하시지만, 많은 성경 본문에 약속된 것처럼, 그분은 인류를 구원하려고 모든 사람에게 복음을 전하고 계신다. 이것은 교리가 아니라 약속이다. 보편구원 교리를 믿는 사람들은 예정 교리를 믿는 사람들만큼이나 오해하는 것이다. 하나님은 그분을 구속하는 '시스템'으로 대체될 수 없는 분이다. 이것은 학문적 성격을 띤, 모든 조직신학의 문제다. 다른 책에서 말했듯이, 그런 학문들은 삶을 다루기엔 역부족이다.

9 Jacques Ellul, *On Freedom, Love, and Power*.

부와 가난에 관하여

자크 엘륄 지음
빌렘 반더버그 엮음 홍종락, 이지혜 옮김

2017년 4월 25일 초판 1쇄 발행

펴낸이 김도완
펴낸곳 비아토르
등록 제406-2017-000014호(2017년 2월 1일)
주소 경기도 파주시 문발로 197 102호(우편번호 10881)
전화 031-955-3183
팩스 031-955-3187
전자우편 viator@homoviator.co.kr

편집 강영특
디자인 정지현
제작 제이오
인쇄 민언프린텍
제본 정문바인텍

ISBN 979-11-88255-01-6 03230

이 도서의 국립중앙도서관 출판예정도서목록(CIP)은 서지정보유통지원시스템 홈페이지(http://seoji.nl.go.kr)와 국가자료공동목록시스템(http://www.nl.go.kr/kolisnet)에서 이용하실 수 있습니다.(CIP제어번호: CIP2017009198)